AF619464

BIBLIOTHECA MARIANA

DE LA

COMPAGNIE DE JÉSUS

PAR

CARLOS SOMMERVOGEL

STRASBOURGEOIS

DE LA MÊME COMPAGNIE

PARIS

ALPHONSE PICARD, ÉDITEUR

LIBRAIRE DES ARCHIVES NATIONALES ET DE LA SOCIÉTÉ DE L'ÉCOLE DES CHARTES

82, rue Bonaparte, 82

—

MDCCCLXXXV

BIBLIOTHECA MARIANA

DE LA

COMPAGNIE DE JÉSUS

BIBLIOTHECA MARIANA

DE LA

COMPAGNIE DE JÉSUS

PAR

CARLOS SOMMERVOGEL

STRASBOURGEOIS

DE LA MÊME COMPAGNIE

PARIS

ALPHONSE PICARD, ÉDITEUR

LIBRAIRE DES ARCHIVES NATIONALES ET DE LA SOCIÉTÉ DE L'ÉCOLE DES CHARTES

82, rue Bonaparte, 82

MDCCCLXXXV

Dans cette *Bibliotheca Mariana*, je n'ai pas cru devoir insérer les divers traités théologiques, les panégyriques et méditations qui se trouvent dans les cours de théologie, dans les recueils de sermons et de méditations. Je me suis borné à indiquer les ouvrages spécialement consacrés à établir ou à propager le culte de la Sainte Vierge. Quant à l'ordre suivi dans leur classement, c'est l'ordre chronologique sous chacun des différents titres qui divisent la matière.

TABLE DES MATIÈRES

I. — Vie de la Sainte Vierge

II. — Grandeurs et Privilèges de Marie

III. — Liturgie

IV. — Mystères et Fêtes

V. — L'Immaculée Conception

PAGES

VI. — Dévotion a la Sainte Vierge

VII. — Dévotions particulières.

VIII. — Congrégations de la Sainte Vierge.

IX. — Pèlerinages.

X. — Poésie. — Théatre.

ERRATA

N° 1284. — Le renvoi en note est au n° 1280.
N° 1449. — Cet article n'est pas à sa place; le mettre après le n° 1833.

BIBLIOTHECA MARIANA

DE LA

COMPAGNIE DE JÉSUS

I

VIE DE LA SAINTE VIERGE

1. — *Histoire et Méditations.*

1. — De vita et laudibus Deiparæ Mariæ Virginis Meditationes quinquaginta. Antverpiæ, ex officina Christophori Plantini, 1587, 16°, pp. 428. (Par le P. François Coster.)

Plusieurs éditions. Cet ouvrage a été traduit en français (*Anvers*, 1590), en flamand (*idem*), en allemand (*Dilingen*, 1588.)

2. — Mariæ Virginis Deique Genitricis Vita. Ad publicam disputationem Theologicam proposita, in celebri et Catholica Academia Dilingana, die XXI Novemb. Anno MD.XXCIX. Præside Joanne Pelecyo Societatis Jesu, SS. Theologiæ Professore ordinario. Respondente... M. Bernardo Wandel Gamundiensi... Dilingæ, 4°, pp. 45.

3. — Vita B. Mariæ Virginis (1591 [?]). *Manuscrit*. (Par le P. Antoine Arias.)

Il se conservait autrefois au Collège de Madrid.

4. — Vita D. Mariæ Virginis Deique Genitricis in gratiam Congregationis D. Virginis Annuntiatæ, auctore Jacobo Gretsero, S. J. Ingolstadii, typis Wolfgangi Ederi, 1592, 12°.

Réimprimé dans le tome X de ses *Opera*, p. 1-31.

5. — Meditationes de B. Maria Virgine. Cracoviæ, 1592, 4°. (Par le P. Jean Unchalius.) .

6. — Meditationi della Beatissima Vergine Maria. In Brescia, Pietro Maria Marchetti, 1599. — Libretti d' Imagini e di brevi meditationi : 1° Sopra la vita della S. Vergine Maria madre di Dio ; 2° Sopra i quindici misterii del Rosario della S. Vergine Maria ; 3° Sopra i quatro Novissimi dell' huomo ; composti dal P. Luca Pinelli. In Napoli, 1594, 1599, 1600, 8°, 3 vol.

Traduit en allemand par le P. Mairhofer; en latin, en anglais, en portugais, en français, en tout ou en partie.

7. — Zywot Panny Mariey Matki P. Jesusowey. Na Częśći albo Rosmyslania pięcdziesiąt rozdielony. Z Ksiąg Lacinskich na Polski ięzyk przełozony, y rozmaitemi przydatkâmi rozszerzony. Dla pożytku y pociechy ludzi nabożnych przez X. Jana Wuchaliusza Societ. Jesu. w Krakowie w Drukarni Jak. Sibeneychera R. P. MDXCVII, 4°, ff. 240, sldpelt. — Ibid., 1648.

Vie de la sainte Vierge divisée en cinquante méditations.

8. — Vida de la gloriosa Virgen Maria Señora nuestra, escrita por el P. Rivadeneira, de la Compañia de Jesus... Barcelona, Imprenta de Luis Tasso, 1849, 4°.

Tiré de son *Flos sanctorum* (1599), réimprimé plusieurs fois et traduit en plusieurs langues.

9. — (La vie de la Sainte Vierge, en langue *tamoule*.) (Vers 1600.) (Par le P. Henri Henriquez.)

10. — (Méditations sur la vie de la Sainte Vierge, par le P. Pinelli.) (En allemand.) Augsburg Christoffh Mang, 1600 (?) 8°. (Par le P. Mathias Mairhofer.)

11. — Ioannis Bonifacii a Societate Iesv Historia Virginalis de Beatissimæ Mariæ perpetuæ Virginis Matris præpotentis Dei vita et miraculis ; ad utramque hominum sanitatem pertinentibus, tam publicæ concioni, quam privatæ cujusque lectioni fructuosa. Ad gymnasia Societatis ejusdemque Sodalitia in laudem sanctissimæ Deiparæ Virginis instituta. Parisiis, apud Michaelem Sonnium, M.D.C.V, 8°, pp. 714. — R. P. Ioannis Bonifacii Soc. Iesv Theol. De Divæ Virginis Mariæ Vita et Miracvlis. Libri V. In gratiam Eiusdem sodalium ab innumeris mendis repurgati correcti et aucti. Sumptibus Bernardi Gvalteri. Coloniæ, MDCX, 8°, pp. 836, sll. — Ibid., M.DC.XXVIII, 8°, pp. 857, sllelt.

12. — Cinquenta Meditaciones de Nuestra Señora y otras tantas de la Pasion de Christo. Madrid (1610 [?]). (Par le P. Louis Ferrer.)

C'est la traduction des *Quinquaginta Meditationes* du P. Coster (Voir n° 1).

13. — Historia Deiparæ Virginis Mariæ. Ad veritatem collecta, et veterum Patrum testimoniis comprobata, accurateque discussa per Patrem Christophorum de Castro, e Societate Jesu Theologum, Tua tui tibi offerimus. Compluti, Ex officina Joannis Gratiani, apud Viduam. Anno Domini MDCV, 4°, pp. 620, sll. — Historia... Excusum in ostio aureæ Moguntiæ, quod in altiori Mœni ripa est :

Typis Balthasaris Lippij, Sumptibus vero Zachariæ Palthenij D. MDCX, 8°, pp. 433 (*pour* 734), sllelt.

Une autre édition sous le titre : *Rosetum Marianum... Coloniæ Agrippinæ, Sumptibus Petri Eller, MDCXXIV, 8°, pp. 734* ; — une autre, sous celui de : *Viridarium Marianum... Coloniæ in Vireto apud Andream Bincium, MDCXLIX, 8°, pp. 433* (pour *734*), *sldpelt.* — Inséré au t. II de la *Summa aurea* de Migne. — Traduit en bohémien par le P. G. Constanz, et en espagnol par Michel de Castro. Alcala, 1607.

14. — Vita della Beatissima Vergine Madre di Dio. Nella quale si contiene quel tanto, che sin'hora si è scritto da graui Autori; intorno alle gratie, bellezza, priuilegij, virtudi, Antifone, Orationi, Hinni, Imagini, Miracoli, Chiese, e grandezza di lei : ed in particolare, e separamente si pone la Vita del felicissimo Sposo santo Gioseppe. Composta per il Reuer. P. Lorenzo MASELLI da Napoli Sacerdote Teologo della Compagnia di Giesu. In Napoli, ad instanza di Andrea Pellegrini Libraro. Nella Stamperia di Gio. Battista Sottile, 1606, 4°, pp. 877. — In Venetia, 1610.

15. — Παρθενομητρικα, id est, Meditationes, preces, lavdes in Virginem Matrem, potissimùm ex Ecclesiasticis Græcorum monumentis. Ad usum Parthenicæ Sodalitatis Augustanæ. Per Iacobvm Pontanvm Societatis Iesv. Avgvstæ Vindelicorum, Apud Davidem Francum, MDCVI, 12°, pp. 151, sld. (Par le P. Jacques PONTANUS.)

16. — Vita B. Virginis Mariæ distincta capitibus ad meditandum. Dilingæ, 1612. — Mediolani, apud Bidellum, 1620. — Ibid., 1623, 12°. (Par le P. J. Auguste CONFALONIERI.)

Il publia cet ouvrage en italien : *Milano*, 1621.

17. — Libro della Vita della Beatiss. Vergine, e delle sue Heroiche Virtu, e Titoli. Con alcuni Dialoghi, ed altre diuotioni à lei pertinenti. Composto dal P. Bernardino ZANONI da Reggio di Lombardia, della Compagnia di Giesù. In Genova, per Giuseppe Pauoni, 1613, 12°, pp. 600, sld.

18. — Manual de la Vida y virtudes de la Reyna Nuestra Señora la Virgen Maria, y en lo que sus devotos y esclavos la han de imitar. En Valencia, Juan Godinez, 1614, 8°. (Par le P. Thomas DE VILLACASTIN.)

Traduit en flamand par le P. Rosmer, et en français *(Toulouse, 1618.)*

19. — Historia de la Virgen Madre de Dios Maria, desde su purisima Concepcion sin pecado original, hasta su gloriosa Asuncion ; poema heroico de D. Antonio DE MENDOZA ESCOBAR, natural de Valladolid. En Valladolid, por Jeronimo Murillo, año de 1615, 16°. — Ibid., 1618, 16°, ff. 248, sll.

Il fut réimprimé sous le titre : *Nueva Jerusalem Maria : poema... Fundase en los doce preciosos cimientos de la mistica ciudad, la vida y excelencias de la Virgen, Madre de Dios. Cuarta impresion enmendada por su Autor. En Valladolid, por Juan Bautista Varesio, año de 1623, 16°, ff. 262, sllelt.*

20. — Het Leven van de Heylighe Maghet ende Moeder Godts Maria, princesse der Maeghden. Met een cort tractact van den Maegh lelycken staet Met seer schoone figuyren verciert... Tot Loven, by Franchoys Fabri, voor P. J. Paets, 1620, 8°, ff. 112. (Par le P. Héribert ROSWEYDE.)

21. — Meditationi de i sacri gigli. Ouero esercitio diuoto sopra le sette bellezze, sette dolori, sette allegrezze della Vergine nostra Signora. Della Congregatione de i Cherici dell' Assuntione in Napoli nel Collegio della Compagnia di Giesù. Scritta dal R. P. Francisco Pauone di Catanzaro, Teologo della Compagnia di Giesù. In Napoli, per Lazaro Scoriggio, 1627, 12°, pp. 224, slt.

22. — Sacræ Meditationes super Christi Domini et B. Virginis Deiparæ Mysteriis item super Vitijs et Virtutibus à R. P. Iacobo Canisio è Soc. Iesv concinnatæ. Monachii, Apud Melchiorem Segen, M.DC.XXVIII, 12°, pp. 549, sllelt.

23. — Cheng mou hing che. Kiang scheou, 1631. — Pekin, 1798. — Tou sai wai, 1866. (Par le P. Alphonse Vagnoni.)

Vie et miracles de la Sainte Vierge..

24. — The Life of the blessed Virgen Mary. S. Omer, 1632, 12°. (Par le P. Jean Falconer ou Dingley.)

25. — Meditations affectvevses svr la vie de la tres Sainte Vierge Mere de Diev. Par le R. P. Estienne Binet de la Compagnie de Iésvs. A Anvers, Chez Martin Nutius, aux depens de Theodore Galle, 1632, 8°, pp. 131 et 33 grav. — A Lyon, chez Jean Aymé Candy, 1634, 12°, pp. 145, sll.

26. — Manual del Christiano de varias consideraciones para el exercicio Santo de la oracion. Compuesto por el Padre Hernando de Castro, natural de Leon., Religioso Professo de la Compañia de Jesus... Dividese este obra en tres partes... En la segunda, se trata de la vida de Christo N. S. y de la Santissima Virgen Maria su Madre... En Valladolid, Por la Viuda de Juan Lasso de las Peñas, Año MDCXXXIII, 4°, pp. 488, sllelt.

27. — Croone van XII schoon-glinsterende sterren oft deuchden van de Godtbaerende Maghet Maria door den Eerw. Thomas de Villacastin, ende verduytst... door T. R. beyde Priesters der Societeyt Jesu. T'Antwerpen, by Joan. Cnobbaert, 1633, 24°, pp. 354. — Ibid., 1706, 1709. (Par le P. Théodore Rosmer.)

C'est la traduction de l'ouvrage du P. Villacastin : *Manual de la Vida y virtudes de la Reyna Nuestra Señora la Virgen Maria...* (supra, n. 18.)

28. — O nayświętszey Bogarodzicy Pannie uważania y rozmyślania pewne przez X. Jana Nieliskiego Kapłana Zakonu Soc. Jesu wydane w Krakowie u Fr. Cezarego, 1636, 4°, pp. 701, slt.

Ce sont des Considérations et des Méditations sur la Sainte Vierge.

29. — Xivot pricistæ Bogorodiçæ vazda Diviççæ Mariæ Mayke Isukartovæ gospoye nascæ. (Par le P. Barthélemi Kassich.)

C'est une Vie de la Sainte Vierge, qui se trouve, p. 81-119, de l'ouvrage du même auteur : *Xivot gospodina nascega Isukarsta. Vita del signor Giesu Christo. In Roma, 1638, 8°.*

30. — Magnæ Deiparæ Vita Encomiasticè, et Historicè descripta Adiectis ex Sacris Scripturis, SS. Patribus, Scriptoribus Ecclesiasticis, et Scholasticis Doctoribus ijs, quæ eam maximè illustrant, et celebrant. Pars Prima. Ab æterna in Dei

Matrem electione vsque ad Diuinum Partum. — Pars altera... A Divino Partu ad triumphalem Assumptionem, et alia maxima tum in cœlo, tum in terris æterna decora. Mediolani, Ex Typographia Philippi Ghisulphij, (1639), 12°, 2 vol., pp. 486, sldelt. et 612. (Par le P. Hortense PALLAVICINO.)

On en a fait un extrait : *Elogia Mariana sive vita Magnæ Dei Matris ex P. Hortensio Pallavicino decerpta... Bambergæ, 1673, 32°, pp. 94.*

31. — Vida de Maria Santisima, por el padre Gerardo GERARDIN, de la Compañia de Jesus, año 1641. — *Manuscrit.*

32. — Van de Liefde der Christen tot de Moeder Godts Maria; door P. Joannes Eusebius Nierembergh, ende overgheset door P. Andreas DE BOEYE, beyde Priesters der Societeyt Jesu. T'Hantwerpen, by Hendrick Aertssens, 1641, 12°.

33. — Libro de la Gvia de la virtud, y de la Imitacion de Nvestra Señora, para todos los estados. Por el Padre Alonso DE ANDRADE de la Compañia de Jesus, Calificador del Consejo Supremo de la Santa y General Inquisicion, natural de la imperial ciudad de Toledo. Dedicado al Excellentissimo Señor don Pedro de Castro, Freyre de Andrade, Conde de Andrade, Primogenito mayorazgo de la muy noble Casa de Lemos. Primera parte diuidida en tres libros, en los quales se trata de la necessidad, y calidades de la Guia de la Virtud, y de como se hallaron con eminencia en la Reyna del Cielo, y como nos Guia a el desde su Concepcion, y Nacimiento, con los exemplos de vida de su infancia. En Madrid, por Francisco Maroto, Año de 1642, ff. 4, pp. 308-293 et 13 ff. 1/2. — Libro de la Guia de la Virtud, y de la Imitacion de Nuestra Señora. Segvnda parte, en que se trata de su Presentacion en el Templo; de la vida que hizo en el, hasta sus desposorios con el glorioso S. Iosef. Diuidida en tres libros, para Religiosas-Beatas, Terceros, Continentes, Religiosos y Religios s, y todas las personas que desean caminar por la senda de la virtud : hasta llegar à la perfeccion, con vna exortacion de la perseverancia à los Novicios. Compuesto por el Padre... Dedicado al Illustrissimo Señor el Doctor Juan Valdez de Valdivieso, Obispo de Avila, del Consejo de su Magestad. En Madrid, por Francisco Maroto, Año de 1644, 4°, ff. 4°, pp. 748 et ff. 17 de tables. — Libro de la Guia de la virtud y de la Imitacion de Nuestra Señora. Tercera parte. En qve se trata de su vida, y de los heroycos exemplos que diò a los fieles de virtud; y en particular a los casados, y viudos, desde su desposorio con el glorioso San Ioseph, hasta su dichoso transito al cielo. Año 1646. Compuesto por el Padre... A las muy Ilustres Señoras D. Maria Paez de Castillejo Cordova y Valenzuela, Señora de Villa-Harta, y a Doña Juana Chumazero y Carillo su sobrina... En Madrid, por Diego Diaz de la Carrera, s. a. (*1646*), 4°, ff. 4, pp. 505 et 13 ff. et 1/2 de tables.

34. — Vida da Santissima Virgem Maria May de Deos Senora Nossa. (En *éthiopien.*) (1642.) (Par le P. Antoine FERNANDEZ.)

35. — Abregé de la Vie et de la Doctrine de Iesvs-Christ, en forme de Meditations pour tous les jours de l'année, avec un Abregé de la Vie de la glorieuse Vierge Marie et de S. Joseph, en forme de Meditations pour tous les samedis. Par le P. Amable Bonnefons, de la Compagnie de Iesvs. A Paris, chez Iean et Mathurin Henault, 1645, 12°. — Liège, 1649. — Paris, 1656. — Lyon, 1664. — Avignon, 1842.

Traduit en arabe, par G. Zouaïn : *Beyrouth, 1880 (?), 18°.*

36. — (De Vita Beatæ Virginis.) (En *flamand.*) (1647 [?]) (Par le P. Gilles de Smidt.)

37. — Zywot Przenachwalebnicyszey Bogarodzicy Panny Maryi zebrany z Pisma S., tudzież z Doctorow Kościelnych., wydany przez jednego Kapłana S. J. Krakow, Dr. L. Kupisza, 1648, 8°, pp. 5-450 et 45. (Par le P. André Konski.)

C'est la *Vie de la très glorieuse Mère de Dieu, la Vierge Marie, d'après l'Écriture et les Docteurs de l'Église.*

38. — (Vie de la Sainte Vierge.) (En vers *tamouls.*) (1650 [?]) (Par le P. Robert de' Nobili.)

39. — Leben der heiligen Jungfrau Maria, nach den Zeugnissen der heiligen Vättern und bewährten Geschichtschreiber. Augsburg, A. Arsperger, 1652, 4°. (Par le P. Wolfgang Herman.)

40. — Sabati del Giesù di Roma, overo esempi della Madonna... In Roma, appresso Ignazio de Lazzeri, 1655-1665, 4°, 2 vol., pp. 778 et 476, sldelt. (Par le P. Jean Rho.)

Traduit en allemand par O. Panzau : *Augsburg, 1737, fol.*

41. — (Vie de la Sainte Vierge.) (En *tonkinois.*) (1656.) (Par le P. Jérôme Maiorica.)

42. — (*Historia Deiparæ Virginis Mariæ*, composée par le P. Christophe de Castro (voir n° 13), traduit en bohémien par le P. George Constanz.) Prag, 1661, 12°.

43. — Vita et Elogia Beatæ Virginis. Authore P. Petro l'Abbé Soc. Jesu. Avenione, ex Typographia Georgii Brammereau, M.DC.LXI, 4°, pp. 36.

44. — Annales Mariani, qvibvs Historia SS. Virginis Mariæ Dei Genitricis In singulos annos distribuitur, et oppositis subinde rerum humanarum successibus illustratur. Avctore Io : Baptista Cancellotto Septempedano e Societate Iesv S. D. N. Alexandro VII. Pont. Max. a confessionibvs. Pars Prima. Ad annum Christi CII. et natæ Virginis CXVI. ducitur. Romæ, Typis HH. Francisci Corbelletti, M.DC.LXI, fol., pp. 678, sldpelt. — Romæ, 1757, fol.

La 2e partie ne fut pas imprimée.

45. — Vita B. Virginis. (1662.) *Manuscrit.* (Par le P. Gaspar Druzbicki.)

46. — Negotivm sæcvlorvm Maria, sive Rerum ad Matrem Dei spectantium, chronologica epitome, ab anno mvndi primo, Ad annum Christi millesimum sexcentesimum sexagesimum Studio P. Petri Covrcier Societatis Iesv Presbyteri, et Sacræ Theologiæ Doctore. Divione, apud Viduam Philiberti Chavance, M.DC.LXII, fol., pp. viii-440-xii.

47. — Meditationes in Virginis vitam. (1672.) — *Manuscrit.* (Par le P. Jean Ferrand.)

48. — Poema de Beatæ Virginis Vita. (16e siècle.) (Par le P. Joseph Anchieta.)

Ce poème contient 2,086 distiques; il a été imprimé à part, je suppose, et réimprimé par le P. Simon de Vasconcelles dans sa *Chron'ca do Brasil*, p. 481-528, et dans sa *Vida do Ven. Padre de Anchieta, Lisboa, 1672.*

49. — Aspirationes sacræ Sodalis Mariani ad Deiparam Virginem Mariam ex sacris litteris juxta Sanctissimam Ejusdem Vitam depromptæ, per R. P. C. W. Soc. Jesu... Anno M.DC.LXXVI. Viennæ Austriæ, Typis Leopoldi Voigt, 12°, pp. 188, sld.

50. — Gosto para todos repartido en tres Partes. Na I. se contém as Jornadas, que a Virgem Senhora Nossa, com seu Santo Esposo, fizeraõ de Nazareth a Bellem; Nascimento do Menino Deos, e vindha dos Santos Pastores. Na II. os motivos porque o Menino Deos se circuncidou; louvores, e excellencias do SS. Nome de Jésus. Na III. La vindha dos Santos Reys; ofertas, que fizeraõ, e caminho porque se voltaraõ. Lisboa, por Joaõ Galraõ, 1687, 8°. (Par le P. Emmanuel Moraes.)

51. — Mariæ Filiæ Dei primogenitæ Vita, Mariæ Elisabeth filiæ Leopoldi I, Cæsaris ter Augusti primogenitæ centum Elogiis in exemplar proposita. Placentiæ, 1687, 8°. (Par le P. Flaminien Lupi.)

52. — Les travaux de la Sainte Vierge.) (En *espagnol.*) Sevilla, 1688, 16°. (Par le P. Pierre Mercado.)

53. — Life and death of the most blessed among Women, the Virgin Mary, Mother of our Lord Jesus. (1693.) — *Manuscrit.* (Par le P. Antoine Lucas.)

54. — La solitude des Vierges ou la vie et les vertus de la très-sainte Vierge. Tirées de l'Évangile et des saints Pères, mises en Meditations pour une retraite de huit jours. Modele de perfection proposé à toutes les vierges consacrées à Dieu, soit par les vœux de Religion, soit par l'estat d'une vie plus retirée dans le monde. Par le P. Gentil, de la Compagnie de Jesus. A Paris, chez Jean Anisson, M.DC.XCVI, 12°, pp. 520, sldelt. — Ibid., chez Anisson et Posuel, MDCCIV, 8°, pp. 438. — Nouvelle édition, revue, corrigée et augmentée. Par M. l'abbé S.... A Lyon, chez Steyert et Cie, 1838, 12°, pp. 490.

Traduit en italien par J. B. Cola, de la Congrégation de la Mère de Dieu : *Roma*, 1812, 12°, pp. v-358.

55. — Breviarum asceticum quotidianis per annum meditationibus et lectionibus piis de Deo, et perfectionibus divinis Christi, ac Deiparæ V. Vitâ et Excellentiâ studioque perfectionis christianæ in usum et commodum cujusvis status Personarum præsertim spiritualium instructum a Rdo P. Joanne Drews, Soc. Jesu... Brunsbergæ, Typis Collegii Soc. Jesu. Anno sæculari MDCC, 4°, 4 vol., pp. 313, 311, 312 et 268-37.

56. — Istoria della vita della Madre di Dio in compendio. (1700.) — *Manuscrit.* (Par le P. Annibal Marchetti.)

57. — Corona Vitæ continens meditationes de vita, ac præcipuis perfectionibus Christi Domini, atque Divinæ Parentis in singulos dies Hebdomadæ, Mensis, Annique totius digestas. Authore Petro CONTESSINO Societatis Jesu. Bononiæ, typis Constantini Pisarij. 1702, 12°, pp. 380, sllelt.

58. — Vita di Maria Vergine divisa in Meditazioni per tutte le Feste della medesima per tutti le novene d'esse e per tutti i Sabbati dell' Anno. Quarta impressione. In Napoli, per Michele Luigi Muzio, 1713, 12°, pp. 569. (Par le P. Simon BAGNATI.)

La 1re édition, d'après l'approbation, doit être de 1701.

59. — Vita di Maria Vergine divisa in Meditazioni per tutti i Sabbati dell' anno. In Venezia, per Domenico Lovisa, 1713, 8°. — Ibid., 1737. (Par le P. Simon BAGNATI.)

60. — (Meditationes de Vita B. V. Mariæ, ac de mysterio Sanctissimi Eucharistiæ Sacramenti in duas partes.) (En *espagnol.*) Madrid, Franc. Martinez Abad, 1714. (Par le P. Martin DE RAXAS.)

61. — La vida de la Santissima Madre de Dios. (1723.) — *Manuscrit.* — (Par le P. Jean CARNERO.)

62. — Glossarium in totam Sanctissimæ Deiparæ vitam pro instruendis ad pietatem omnigenam in omni ætate tam viris, quam feminis cujuscumque status. In-fol., 2 vol. (1725[?]). — *Manuscrit.* (?) (Par le P. Jean Ignace MALAVEHAR.)

63. — Das Leben unseres Erlösers und Seligmachers Jesu Christi, wie auch Mariä der göttlichen Mutter untermengt mit historischen und sittlichen Anmerkungen. München, 1725, 8°. (Par le P. Antoine REMY.)

64. — Vida de la Virgen Maria manifestada en sus Quince meditaciones de sus misterios principales. En Mégico, por Nogal, 1726, 8°. — Palma, 1841. (Par le P. Jean Antoine DE OVIEDO.)

65. — (La Vie de la bienheureuse Vierge Marie, par Marie d'Agreda, traduite de l'italien.) (En *illyrien*) (1728.) — *Manuscrit* inachevé. (Par le P. Ignace GRADI.)

66. — Miasto święte, niedościglemi tagemnicami ublogosławione, cud cudow, przepaść łask wszechmocności, mądrośći, miłośći Boskiey, życie przedziwney Matki wćielonego Boga Maryi, Królowey naszey, na oświacenię świata, Kósciola Bożego pociechę y całego Narodu ludzkiego zbawienie, Wielebney Maryi de Jesu Zakonice Franciszka S. de Observantia. Xieni w mieście Algreda, objawionie a teraz wyrażną Krotkośćią do druku podane przez X. Piotra KWIATKOWSKIEGO S. J. Kalisz, Dr. S. J., 1731, 8, 2 vol., pp. 84, 240 et 224. — W Lublinie, 1732, 4°. — Calissii, 1767, 4°, 4 vol.

C'est une traduction abrégée de la Vie de la Sainte Vierge par la sœur Marie d'Agreda.

67. — Historia Mariana brevi metro concinnata per Elegias XL. Cassoviæ, 1733, 12°. (Par le P. J. B. PRILESZKY.)

68. — Maria Santissima mystica Cidade de Dios, Breve compendio da Vida, e Mysterios de Maria que nas obras da ven. Madre Soror Maria de Jesus de Agreda se contem. Lisboa, por Domingos Gonzalves, 1738, 4°. — Ibid., 1746, 4°, pp. VIII-328-64. (Par le P. François DA FONSECA.)

69. — Vita B. Virginis Mariæ 510 rhytmis exposita. (1760.) — *Manuscrit.* (Par le P. Michel VENEGAS.)

70. — La hermosura sin lunar, qual es la del alma y cuerpo de Maria Santisima, significada en su vida, escrita en estancias de can ion real y segun la revelò la Señora á su servia, la M. Maria Jesus de Agreda. Su autor el P. Dr. Joaquin NAVARRO de la Compañia de Jesus, ex-catedrático de prima de la universidad de Alcalá. Dedicada à la bellissima imàgen de la misma Virgen con el titulo de la Hermosura, ó Madre del Amor Hermoso, protectora del autor. Madrid, Imprenta de D. Joaquin Ibarra, 1762, 4°. — Ibid., 1772 (?), 4°.

71. — Leben und Sitten der Heilige Jungfrau Mariä. Augsburg und Wurzburg, 1765, 8°. (Par le P. Jacques SCHMID.)

72. — Vita de la Madre de Dios, y siempre Virgen Maria. En Cesena, 1779, 4°, 2 vol. (Par le P. Joseph Ignace VALLEJO.)

73. — Lob und Leben Mariä in 50 Betrachtungen für Geistmänner und Prediger. Augsburg, 1781, 8°. — Freyburg, 1782. (Par le P. Ferdinand REISNER.)

74. — Meditaciones breves y prácticas sobre los Novisimos Misterios del Salvador y de su Santisima Madre, que para las personas religiosas, eclesiasticas y para varias seglares, que tratan de oracion, dá á luz, con una práctica instruccion sobre los modos y caminos de Oracion, el P. Pedro DE CALATAYUD, de la Compañia de Jesus. Madrid, por Ramon Ruiz, 1795, 12°.

75. — Vita B. Virginis. In-fol. (1802). — *Manuscrit.* (Par le P. Jean Louis MANEIRO.)

76. — Vie de la très sainte Vierge méditée, ou méditations sur la très sainte Vierge, par le R. P. ALVAREZ DE PAZ, de la Compagnie de Jésus. Traduites par M. Henri le Mulier. Besançon, Tubergue, 1847, 12°, pp. 247. — ...Édition corrigée et augmentée d'une notice biographique sur le P. Alvarez de Paz, ainsi que d'une table de Méditations pour les fêtes de la très sainte Vierge. Bruxelles, L. de Wageneer, 1851, 12°, pp. 158.

Le P. Jacques Alvarez de Paz mourut à Potosi, le 17 janvier 1620. C'est, je pense, d'après cette traduction française qu'a été faite une traduction allemande : *Betrachtungen über das Leben der allerseligsten Jungfrau. Ins Deutsche übersetzt von einem Priester der Diözese Rottenburg. Schaffhausen, Hürter, 1860, 16°, pp.* IX-187.

77. — Das Leben, die Tugenden und Ehrenverzüge Mariä. Nach Schrift und Tradition in siebenzig Betrachtungen der frommen Verehrung und treuen Nachfolge dargestellt... Regensburg, 1849, 12°, pp. VI-563. — Ibid., 1856. (Par le P. François Antoine SCHMID.)

78. — Vita di Maria SS., ossia disquisizioni su i principali fatti e misteri della vita di Maria SS. Napoli, 1849, 8°. (Par le P. Joseph Posilicchio.)

79. — Vie (La) de la très sainte Vierge Marie, Mère de Dieu, entremêlée de notes historiques et de courtes réflexions morales, par le P. Jean Croiset. Nouvelle Édition, précédée d'une préface par Ed. T. Bruxelles, C. J. A. Greuse, 1850 (?), 12°, pp. 171. (Par le P. Édouard Terwecoren.)

80. — Das Leben, die Tugenden und Ehrenvorzüge Mariä nach Schrift und Tradition in 70 Betrachtungen. Zweite Auflage mit einem Gebetbuch. Regensburg, 1856, 8°.

81. — La Vie et les mystères de la bienheureuse Vierge Marie, distribués en lectures pour tous les jours du Mois de Mai. Ouvrage posthume du Père Arthur Martin, de la Compagnie de Jésus. Dessins de MM. Kellerhoven, Ciappori, Gsell et Ledoux, exécutés en chromolithographie, sous la direction de M. Kellerhoven. Mantes, imp. typ. Charpentier; Paris, lith. Lemercier; Paris, Charpentier, 1859-1864, fol., pp. 122. (Publié par le P. J. Tailhan.)

82. — Le vrai portrait de Notre-Dame tracé par saint François de Sales. Entretiens pour les fêtes de la très sainte Vierge et le mois de Marie recueillis dans les ouvrages du Bienheureux, par le P. Ch. Clair, de la Compagnie de Jésus. Paris, Douniol, 1865, 16°, pp. 216.

Réimprimé, avec additions, sous le titre : *La Vie de Notre-Dame, par S. François de Sales... Paris, Palmé (1881), 16°, pp.* xvi-*312.*

II. — *Paroles de la Sainte Vierge.*

83. — Palabras de la Virgen Nuestra Señora sacadas del S. Evangelio. Madrid, 1661, 16°. (Par le P. Pierre Mercado.)

84. — Tractatus de Septem Verbis B. V. Mariæ, deque virtutibus in eis relucentibus. Pragæ, typis Archiepiscopalibus, 1683, 12°, pp. 164. (Par le P. Jean Malobiczki.)

85. — (Commentaire sur le Magnificat.) (*En flamand.*) (1630.) (Par le P. Arnould Catheus.)

86. — (Explication du *Magnificat.* Sermons.) (En *hongrois.*) (1634.) — *Manuscrit.* (Par le P. George Kaldi.)

87. — Fidelis Prophetissa, seu impletum SS. Virginis Mariæ Vaticinium Luc. I « Beatam me dicent, etc. » Explicatum a R. P. Adalberto Tylkowski S. J. Typis Monasterii Olivensis S. Ord. Cisterc. Anno MDCLXXIV, 4°, pp. 348. slt. — Ibid., 1675.

88. — Il Magnificat spiegato. (1680 [?].) (Par le P. Paul Segneri.)

Cet opuscule a-t-il paru séparément, avant ou après la mort de l'auteur (1694) ? — Il se trouve dans ses *Opere.* — Traduction allemande : *Regensburg, 1856.*

89. — La corona de i cantici; il cantico del Magnificat spiegato, Napoli. 1700, 12°. (Par le P. Pierre ANSALONE.)

Réimprimé, tome I, p. 99 des *Opere Spirituali del Padre P. A. Ansalone... In Napoli. 1721, 4°, 2 vol.*

90. — Canticum Marianum, hoc est, Sanctissimæ Dei Genitricis Virginis Mariæ Canticum, nempe eius Magnificat, litteralibus pariter, ac mysticis illustrationibus investigatum, investigatore P. Magistro Petro DE AMARAL Societatis Iesu, olim in Collegio Conimbricensi ejusdem Societatis per quindecim annos sacræ paginæ interprete. Eboræ, ex Typographia Academiæ, Anno Domini M.DCC.IX, 4°, pp. 885 (*pour* 893).

91. — La Salve Regina y la Magnificat explicadas en varios discursos (1723). — *Manuscrit.* (Par le P. Jean CARNERO.)

92. — Prima corona di dodeci stelle, discorsi sopra il Cantico Magnificat precedenti alla festà dell'Immacolata Concezione della divina madre Maria Santiss. In Napoli, nella stamperia di Angelo Vocola, (1744), 12°, pp. 643. — Seconda corona... sopra la Salutazione Angelica... pp. 672. — Terza corona... sopra il Salmo Ottantesimo Sesto... pp. 660. (Par le P. François PEPE.)

93. — Il cantico di Maria Santissima esposto in dieci sermoni morali. Venezia, 1796, 8°. — Seconda Edizione. Vienna, presso Mattia Andrea Schmitt, 1815, 8°, pp. 167. (Par le P. Ignace PIETROBONI.)

II

GRANDEURS & PRIVILÈGES DE MARIE

I. — *Écriture Sainte.*

94. — Annotationes in Evangelia Festorum B. M. V... (1560 [?].) *Manuscrit.* — (Par le B. P. Pierre Canisius.)

95. — In capvt primvm Matthæi. De Christo Domino, Sanctissima Virgine Deipara, veróque eius dulcissimo, et Virginali sponso Iosepho. Libri quinque. Doctore Petro Morales Valdepeñensi apud Calatrauam, Societatis Iesv Presbytero Authore. Nvnc primvm prodiere..... Lvgdvni, svmptibvs Horatii Cardon, M.DC.XIV, fol., col. 1000, sllelt. — Parisiis, 1869, 4°, 2 vol.

Traduit en français par l'abbé Bénac : *La Sainte Famille... Paris, Vivès, 1878, 8°, 3 vol.*

96. — Judith illustris perpetuo Commentario Literali et Morali, cùm Tractatu appendice de Judith figurata ; id est de Virginis Deiparæ Laudibus. Auctore R. P. Didaco de Celada Monteladensi, Societatis Jesu, Theologiæ quondam Professore... Lugduni, Sumptibus Jacobi et Petri Prost, MDCXXXVII, fol., pp. 714, sllelt. — Editio secunda, ab eodem auctore et accurate correctior et copiose auctior. Ibid., Sumptibus Petri Prost, MDCXLI, fol., pp. 710, slt.

Plusieurs autres éditions. La première de toutes serait de Madrid, 1635 ; la dernière est de Lyon, 1664.

97. — Maria Virgo, Sive Paraphrasis capitvm VIII. Proverbiorvm et XXIV. Ecclesiastici de avgvstissima Virgine Maria. Autore Patre Antonio Chanvt E Societate Iesv. Tolosæ, Apud Arnaldvm Colomerivm, 1642, 8°, pp. 100, sll.

Ce poème se trouve dans le *Parnassus Societatis Jesu*, p. 396-411.

98. — R. P. Didaci de Celada Monteladensis e Societate Iesv... In Estherem Commentarij Litterales et Morales Cvm dvplici Tractatv appendice, Altero de Assueri conuivio mystico, id est, Eucharistico : Altero de Esthere figuratâ ; in quo Virginis Deiparæ laudes in Esthere adumbratæ prædicantur... Editio secunda. Lvgdvni, Sumptibus Hæred. Petri Prost, Philippi Borde, et Laurentii Arnavd, M.DC.XLVIII, fol., pp. 790, sllelt. — Venetiis, apud Guerilios, 1650, fol. — Editio vltima a mendis expvrgata. Lvgdvni, Sumptibus Philip. Borde, Lavr. Arnavd, et Clavd. Rigavd, M.DC.LVIII, fol., pp. 790, sllelt.

99. — R. P. Didaci DE CELADA Monteladensis e Societate Jesu... in Rutham Commentarii litterales et morales. Cum duplici tractatu appendice ; altero de Boozi convivio mystico, id est Eucharistico, altero de Ruth figuratâ, in quo Virginis Deiparæ laudes in Ruth adumbratæ prædicantur... Lugduni, Sumptibus Petri Rigaud et Antonii Jullieron, 1651, fol., pp. 604, à 2 col., sllelt. — Nvnc secvndvm in lucem prodit. Lvgdvni, Apud Ioannem Gregorivm, M.DC.LII, fol., pp. 604, slt. — Nvnc primvm in Belgio prodit. Antverpiæ, Apud Hieronymvm Verdvssiv. : et Henricvm Aertssens. Anno M.DC.LII, fol., pp. 604, slt.

100. — R. P. Didaci DE CELADA Monteladensis, e Societate Iesv... in Svsannam Danielicam Commentarii litterales, et morales, Cum Tractatu appendice de Susannâ figuratâ, In quo Deiparæ laudes, in Susannâ adumbratæ prædicantur..... Lvgdvni, Sumptibus Philippi Borde, Lavrentii Arnavd, et Clavdii Rigavd, M.DC.LVI, fol., pp. 672, slt.

101. — Commentarius Litteralis, Panegyricus, Moralis, in caput vigesimum quartum libri Ecclesiastici, quod est sacra quædam, ac prælustris concio, à Christo Jesu, et Maria ejus Matre in suam ipsorum laudem, atque in Orthodoxæ Ecclesiæ, Hispaniensis signatim, ac Religiosæ præsertim, et Evangelicæ Doctrinæ commendationem habita coram Triade Sanctissima, plaudentibus Angelorum millibus, cum indicibus... Auctore R. P. Ildephonso DE FLORES E Societate Jesu Theologo, Et in Bœtica Provincia Theologiæ Positivæ Interprete, Concionatoreque. Antverpiæ, 1661, fol. — Coloniæ Agrippinæ, Sumpt. Fratrum de Tournes, M.DCC.XXXV, fol., pp. 643-79.

102. — In Canticum Commentarius, sive de Mariæ Deiparæ Elogiis. Lugduni, typis Laurentii Arnaud, et Petri Borde, 1669, fol. (Par le P. Antoine ESCOBAR Y MENDOZA.)

103. — Una parafrasis ó comento del capitulo 24 del Eclesiastico aplicado à la Santisima Virgen. (1686.) — *Manuscrit*. (Par le P. Matthieu CRUZ.)

II. — *Théologie*.

104. — De Maria Virgine incomparabili, et Dei Genitrice Sacrosancta, libri qvinqve : Atq, hic Secvndvs Liber est Commentariorum de Verbi Dei corruptelis, aduersus nouos et veteres Sectariorum errores nunc primum editus. Avctore D. Petro CANISIO Societatis Iesv Theologo... Ingolstadii, Excudebat David Sartorius, M.D.LXXVII, fol., pp. 780, slt. — Ibid., 1583. — Parisiis, 1584. — Lugduni, 1584.

105. — B. Anselmi liber de excellentia Beatissimæ B. Mariæ, cui Idiotæ, viri tum docti, tum pii tractatus ejusdem argumenti adjunctus est... Opera et studio Henrici SOMMALII Societatis Jesu. Duaci, ex officina Balthasaris Belleri, 1605, 16°, pp. 351.

106. — Opus Marianum, siue de Laudibus et Virtutibus Mariæ Virginis Deiparæ, in quatuor Partes divisum nempe : Speculum Marianum, speculum patientiæ et charitatis Jesus et Maria, Polemicas Marianas, Florida Mariana. Auctore Martino DEL-RIO Antwerp. Societatis Jesu S. Theologiæ Doctore et divinorum librorum publico olim professore. Cum duplici Indice. Lugduni, apud Horatium Cardon, 1607, 8°, pp. 1168.

107. — Le triomphe de la glorievse Vierge Marie contre les calomnies du liure du M^{stre} Simeon Codur dressé par Valentin GERARD Ambrunois de la Compagnie de Iesvs. Auec la collation des impostures contenues au réimprimé scandaleux du mesme Ministre Codur. A Lyon, pour Abrahâ Cloquemin, 1607, 8°, pp. 999, sllelt.

108. — Elvcidarivm Deiparæ, Avtore Ioanne Baptista POZA, Societatis Iesv, Cantabro, in collegio Complutensi Sacræ Theologiæ professore. Prævivs Explorator maiori ex parte pugnax, et contentiosus. De Chronographia, et Geographia mysteriorum Virginis. Liber primus. De re paterna Liber secundus. De corpore Virginis. Liber tertius. Supplementum pro definiendo immaculato conceptu. Liber quartus... Compluti, Ex officina Joannis de Ordvña, Anno 1626, fol., pp. 1008, sldelt. — Lvgdvni, Ex officina Rouilliana, Sumptibus Andreæ et Iacobi Prost, M.DC.XXVII, 4°, pp. 1250, sllelt.

Cet ouvrage fut mis à l'index du 11 avril 1628. Le P. Poza publia plusieurs défenses, que je crois superflu de détailler, et qui furent aussi en partie condamnées.

109. — Nomenclator Marianus, e titulis selectioribus, quibus B. Virgo à SS. Patribus honestatur, contextus a R. P. Theophilo RAYNAVDO, Societatis Iesv Theologo. Ejusdem ad Nomenclatorem Observationes et Glossarium. Lugduni, apud Philippum Borde, Boissat, 1639, 12°.

110. — Diptycha Mariana, Qvibvs inanes beatissimæ Virginis prærogativæ, plerisque novis scriptionibus vulgatæ, à probatis et veris apud Patres, Theologosque receptis, solidè et accuratè secernuntur. A. R. P. Theophilo RAYNAVDO, Societatis Iesv Theologo. Gratianopoli, Apud Claudium Bureau, M.DC.XXXXIII, 4°, pp. 421. — Lvgdvni, 1654.

111. — Guilielmi DE LANDSHEERE S. J., Heiligendienst, das ist Vast ende klaer bewys, dat de H. Catholycke Roomsche Kercke, in 't eeren ende aenroepen vande Moeder Gods Maria ende andere Heylighen, gheen afgoderye en bedryft : nóch d'eere Gods, of het betrouwen op de verdiensten Christi vermindert, etc. Teghen een halve-dozyne Geuse-Predicanten : welcker naemen uyt-ghedruckt staen in het naer-volghende bladt. T'Antwerpen, By Arnout van Brakel, 1648, 8°, pp. 231.

112. — De gloria Virginis opus complectens excellentiam, et facilitatem, seu incrementum et progressum cognitionis scientiæ divinæ de Virgine. Pars Prima. Pars secunda. De Persona Virginis, quæ divinam maternitatem, aliasque illius annexas potestates continet. Pars tertia. De anima Virginis, quæ Immaculatam puritatem et gratiam, cæteraque dona quæ ex ea promanant complectitur. Pars quarta.

De Corpore Virginis, cujus attributa et proprietates naturales et supernaturales profert. Pars quinta. De tota Virgine, atque adeo de Vita, Morte et Gloria. Pars sexta. De cultu et pietate totius Ecclesiæ et Sanctorum in Virginem. (1649.) — *Manuscrit* inachevé. (Par le P. François SPARACINI.)

113. — Theologia Mariana, Hoc est Certamina Litteraria de Beatissima Virgine Dei Genitrice Maria, quę tam apud Theologos Scholastici pulueris, quam apud Sacrorum Voluminum Interpretes Exagitari solent... Authore R° Patre Christophoro DE VEGA Tubalensi ex Aragonię Provincia Societatis Iesu Theologiæ quondam Professore. Lvgdvni. Svmpt. Philip. Borde, L. Arnaud et Cl. Rigaud, 1653, fol., 2 part., pp. 452-473. — Napoli, 1865, 8°, 2 vol.

114. — Nomenclator Marianvs, sev nomina sanctissimæ Virginis Mariæ, Dei Genitricis, ex Scriptvra, Sanctisqve Patribus petita, eorvmdem Sanctorvm Patrvm verbis relata, et illvstrata. Authore P. Honorato NICQVETO Soc. Iesv Sacerdote. Rothomagi, Ex Typographia Lavrentii Mavrry junioris, M.DC.LXIV, 4°, pp. 563, sll.

115. — De Maria advocata nostra. Adnotationes et exempla. Avctore P. Ioanne Antonio VELAZQUEZ, olim Provinciali Societatis Iesv in Provincia Castellana, et in Regio Salmaticensi Collegio Sacrarum Litterarum Professore; modò Regio Theologo è cœtu Immaculatæ Conceptionis B. Virginis... Matriti. Excudebat Matthæus Fernandez; Anno 1668, fol., pp. 603, sldlelt.

116. — Dissertationes scholasticæ de Sacratissima Virgine Maria. Mexici, 1721. — Genuæ, 1726. — Antverpiæ, 1734, 8°. (Par le P. Antoine DE PERALTA.)

117. — Quæstiones de Verbo Incarnato et de eiusdem admirabili Matre Virgine ex prælectionibus P. Joannis MORAWSKI, S. J. disputandæ in Coll. Posnan. eiusdem Societ. a P. Fr. Stephano Samer Ord. S. B... an. 1671 Majo... Lesnæ, imprim. M. Buck, 8°, pp. 125, sll. — Cracoviæ, 1684, 4°, pp. 6-144.

118. — Theologia Mariana (1686.) — *Manuscrit*. (Par le P. Christophe DE ORTEGA.)

119. — Apologia pro Beatissima Virgine Maria contra tres libellos Hennengi Bernh. Witteri Prædicantis Lutherani quorum primus Mariolatro Andabata. Secundus Abgenötigte Declaration. Tertius Schuldige Revange inscribitur DD. Sodalium Marianorum Hildesensium hortatu, auspiciis et sumptibus edita a R. P. Balthasare ALFF Societatis Jesu. Pars secunda. Hildesii, Typis Joannis Leonardi Schegelii, 1708, 12°, pp. 236.

120. — Mercurius contra Luthericolum quemdam scriptus, quo B. V. Mariæ et Sanctorum Cultus vindicatur. Cassoviæ, typis Academicis, 1724. (Par le P. Gabriel SZERDAHELYI.)

121. - Dissertationes scholasticæ de divinis decretis Sacratissimæ Virgini. Mariæ Dei Genitrici, nostræque etiam Charissimæ Matri, ac Dominæ consecratæ

Mexici, typis et sumptibus Josephi Bernardi de Hogal, 1727, 8°, pp. 399, slpelt. — Antverpiæ, 1734. (Par le P. Antoine DE PERALTA.)

122. — Disputatio de admirabili et pretiosissima Dei Matre Virgine Maria theologice propugnata a R. P. Adriano MIASKOWSKI S. J. Th. Polono. Pragæ, typis Acad. S. J., 1728, fol., pp. 6-3-27.

123. — Deus Homo, seu Incarnatio Verbi Divini et excellentia Deiparæ Virginis Mariæ, quinque disputationibus theologicis propugnata a R. P. Adriano MIASKOWSKI Societatis Jesu Polono. Pragæ, typis Universitatis Carolo-Ferdinandeæ in Collegio Societatis Jesu ad S. Clementem, per Norbertum Joannem Fitzkii, 1728, fol., pp. 891, sllelt.

124. — De Beatissima Virgine Dei-genitrice Maria Domina nostra. 1748. — *Manuscrit.* (Par le P. Mathieu DELGADO.)

125. — Opusculum Theophilosophicum, de Principatu, seu antelatione Marianæ Gratiæ illud S. Joannis Damaceni Oratione Prima de Nativitate Virginis Mariæ circa principium explanans affectum : Etenim natura gratiæ cedit, ac tremula stat progredi non sustinens ; quoniam futurum erat, ut Deigenitrix Virgo ex Anna oriretur, natura gratiæ fœtum antevertere minimè ausa est, verùm tantisper exspectavit, dum gratia fructum suum produxisset. Ubi concordatâ Physicâ cum Theologia ; Naturâ cum Gratia ; Scientiâ cum Religione ; Scholasticam accendit facem ad primordialem Immaculatæ Virginis Dei-Genitricis in Primo suo Conceptionis Instanti Gratiam Nonnihil Illuminandum A Patre Francisco Xaverio LAZCANO Societatis Jesu, in Regali, ac Pontificia Mexicana Academia Professore Theologo elucubratum. Mexici, ex Typographia Regalis, et Antiquioris S. Ildefonsi Collegij, 1750, 4°, pp. 150. sllelt. — Venetiis, 1755, 12°.

126. — De Principatu Marianæ Virginitatis (1762). — *Manuscrit.* (Par le P. François-Xavier LAZCANO.)

III. — *Ascétisme.*

127. — Elogia Deiparæ ex sacris litteris juxta vitæ ejus seriem digesta. Neapoli, 1585. — Romæ, 1587, 1595. (Par le P. Pierre Antoine SPINELLI.)

128. — De la Imitacion de Nuestra Señora. Valencia, 1588, 4°. — Sevilla, 1593. (Par le P. François ARIAS.)

Ce traité, souvent réimprimé à part, se trouve dans son *Aprovechiamento espiritual... En Valladolid, año 1593 et 1592*, 4°, et dans les autres éditions. Il a été traduit en latin, en français, en italien, en polonais, en flamand, en allemand, en anglais, soit par des Jésuites, soit par d'autres auteurs.

129. — Traicté de l'Imitation de Nostre-Dame, la glorieuse vierge Marie, mere de Dieu, contenant une particuliere description des vertus d'icelle, lesquelles tous chretiens, qui desirent estre les vrays et devots serviteurs doivent imiter. Composé par le R. P. François Arias de la Compagnie de Jesus. Et nouvellement mis en François. Au Pont-à-Mousson, par Estienne Marchant, 1596, 12°, ff. 274, sll. (Par le P. François SOLIER.)

Les premières éditions sont peut-être de Paris, 1595 et 1596. Il y en a plusieurs postérieurement, qui ne sont pas toujours anonymes.

130. — Fasciculus Laudum Beatæ Virginis Mariæ... (1600 [?].) (Par le P. Jean RIVULINUS.)

131. — R. P. Francisci Arias, Societatis Jesv Theologi, de imitatione beatiss. Virginis Mariæ Liber. Nunc primùm ex Italico idiomate in linguam Latinam conversus. Coloniæ Agrippinæ. In Officina Birckmannica, sumptibus Arnoldi Mylii. Anno 1602, 12°, pp. 360, sllelt. — D. Virgo imitanda R. P. Francisci Arias, Societatis Jesu Theologi, siue de Imitatione B. Mariæ Virginis Liber, et Sacrum eiusdem Rosarium. Editio nova, ex Hispanico passim restituta et aucta. Coloniæ Agrippinæ, apud Joannem Kinckium, 1613, 12°, pp. 125, sld. (Par le P. Jean BUYS.)

Le traducteur est plus connu sous le nom de *Busée*.

132. — O Naśladowaniu Paniey naszey, Panny przeczystey Bogarodzice Maryey, ksiazka. W ktorey sie wyrazny opis, poiedynkowych teyze Panny cnot zamyka; ktorych Chrzescianin kazdy ku niey nabozny, ma nasladowac. Przez W. O. Franciszka Ariasza, Societatis Jesu napisana, a przez X. Symona WYSOCKIEGO tegoz zakonu, na polskie przelozona. W Krakowie, w drukarniey Mikolaia Loba, Roku Panskiego, 1613, 12°, pp. 569, sllelt.

Traduction polonaise de l'Imitation de la Vierge du P. Arias.

133. — Septem Excellentiæ Beatissimæ Virginis et modus quotidie eamdem salutandi, ejusque coronam et Officium devote recitandi, in gratiam Sodalitatis B. V. Annunciatæ in Academia Vilnensi Societatis Jesu. Vilnæ, in Officina Josephi Karcani, 1614, 4°, ff. 4. (Par le P. Jean ARGENTI.)

134. — Cento e trenta Privilegj della B. Virgine. Perugia, presso Aluigi, 1615, 4°. (Par le P. Paul COMITOLI.)

On attribue aussi cet ouvrage à son frère, Napoleone Comitoli, évêque de Pérouse.

135. — Encomia Sanctissimæ Eucharistiæ, et Beatissimæ Virginis Mariæ ex Sacra Scriptura deprompta. Hispali, apud Gabrielem Ramos, 1615, 8°. — Viennæ, typis Michaelis Rictii, 1632. (Par le P. Alvare ARIAS DE ARMENTA.)

136. — Maria Deipara Thronvs Dei. Neapoli, Typis Tarquinii Longi, 1613, fol. — Maria Deipara Thronvs Dei, de Virginis Beatissimæ Mariæ lavdibus præclarissimis, svb typo Divini Throni in Apoc. c. 4. adumbratæ: deq pietate ac deuotione qua eadem Deipara à nobis colenda est; opvs ex sacris litteris, sanctis Patribus ac Rationibus Theologicis depromptum. Accessit Appendix... Avctore Petro Antonio SPINELLO Neapolitano è Societate Iesu. Nunc primum in Germania editum. Coloniæ Agrippinæ, apud Ioannem Gymnicum, Anno M.DC.XIX, 4°, pp. 861. — Ibidem, apud Ioannem Busæum, Anno M.DC.LXIII, 4°, pp. 792.

137. — De Pulchritudine B. Mariæ Virg. Disceptatio quodlibetica. (1629 [?].) (Par le P. Nicolas Suys.)

Inséré dans l'ouvrage posthume : *Nicolai Susii e Societate Jesu Opuscula litteraria... Antverpiæ, apud Heredes Martini Nutii, 1621, 12°, pp. 275.*

138. — De Beata Virgine. (1620 [?].) — *Manuscrit.* (Par le P. Paul Joseph de Arriaga.)

139. — La Rosa de Jericó : excelencias y grandesas de la Santissima Virgen Maria. (1620 [?].) — *Manuscrit.* (Par le P. Antoine de Ayala.)

On le conservait à la Bibliothèque de l'Université de Mexico.

140. — (Marie Mère de Dieu, Thrône de Dieu, par le P. Spinelli.) (Traduit en *japonais.*) (1622.) (Par le P. Pierre Paul Navarro.)

141. — Pasos de la Virgen Santissima Maria Madre de Dios Nvestra Señora con dotrina moral para todos estados. En Alcala, Por Juan de Villodas Orduña. Año 1629, 4°, ff. 345, sllelt. (Par le P. Alphonse Ezquerra.)

142. — Millefolium laudum et prærogativarum B. Virginis e SS. Patribus collectum (1629). — *Manuscrit.* (Par le P. Dominique Lesniewski.)

143. — (Helice devotis B. V. Deiparæ.) (En *italien.*) (Vers 1630.) (Par le P. J. B. Martinengo.)

144. — Discorsi dell' Eccelenze di Maria Vergine Beatissima. In Napoli, per Secondino Roncagliolo, 1630, 4°, pp. 889, sldpelt. (Par le P. Marc Antoine Capece.)

145. — La triple couronne de la Bien-heureuse Vierge Mere de Dieu. Tissue de ses principales grandeurs d'Excellence, de Pouvoir et de Bonté. Et enrichie de diverses inventions pour l'aimer, l'honorer et la servir. Par le R. P. François Poiré de la Compagnie de Iesvs. A Paris, Chez Sébastien Cramoisy, MDCXXX, 4°, pp. 392 et 760, sldlelt. — Ibid., 1634, 1653, 1656.

La Mère de Blémur, religieuse bénédictine, retoucha ce travail qui, sous le titre de : *Les Grandeurs de la Mère de Dieu*, parut à Paris en 1681 et 1696, puis en 1818, 1858, sous le titre ancien. — Les PP. Janin et Schirmbeck l'ont traduit en latin; un anonyme, en allemand.

146. — Navis Institoris. (1633.) — *Manuscrit.* (Par le P. Albert Mura.)

Sotwel dit de ce Manuscrit : « Opus ingens de B. Virgine. »

147. — De Excellentiis B. Virginis. (1633.) — *Manuscrit.* (Par le P. François Encinas.)

148. — Le grand chef d'œuvre de Diev. Et les sovveraines perfections de la saincte Vierge sa Mere. Par le R. P. Estienne Binet, de la Compagnie de Iesvs. Paris, 1634, 8°.

Plusieurs éditions. Le P. Jennesseaux en a donné une nouvelle : *Paris, 1855, 1864, 12°.*

149. — Abrégé des Perfections de la Sainte Vierge par le P. Charles Pajot, S. J. La Flèche, Georges Griveau, 1635, 1654 (?), 8°.

150. — Le principe des ouvrages de Dieu, ou l'excellence de la B. Vierge. Paris, 1635. (Par le P. Etienne BINET.)

151. — Rosæ selectissimarum Virtutum quas Dei Mater Orbi exhibet. Pars I (et II) quam coram Ser^mo Utriusque Bavariæ Duce S. R. I. Archidapifero Electore Maximiliano et Ser^ma Conjuge Elisabetha explicavit et latine scripsit Hieremias DREXELIUS e Societate Jesu. Monachii, Formis Cornelii Leysserii, MDCXXXVII, 12°, pp. 555 et... — Antverpiæ, 1636, 1637, 1641, 1652. — Monachii, 1639. — Duaci, 1636 et 1637.

Traduit en flamand par le P. Fr. Smidt; en français par l'abbé Perrin.

152. — De sacris privilegiis, ac festis Magnæ Filiæ, Sponsæ et Matris Dei. Argumenta selecta concionum, quibus accesserunt Sanctissimus Joachinus, Anna et Josephus. Antverpiæ, apud Martinum Nutium, 1638, fol. (Par le P. Pierre DE BIVERO.)

153. — Corona stellarum Duodecim sive de Excellentia Virginis duodenaria, ejusdemque imitatione libri tres. Cum duplici indice, Authore R. P. Joanne Baptista POSAREL, Bergamensi, e Societate Jesu Doctore Theologo... Viennæ Austriæ, typis Georgij Gelbhaar, 1638, 4°, pp. 504, sllelt.

154. — La magnificence de Dieu envers sa Sainte Mère. Par le R. P. Paul DE BARRY, de la Compagnie de Jesus. Lyon, 1639, 12°.

Le titre complet est peut-être le suivant, qui se trouvait sur un Manuscrit de l'ouvrage : *La magnificence de Dieu envers sa Ste Mère déclarée par 1122 de ses éloges et titres d'honneur, surpassant le nombre des étoiles du Ciel que les Pères, et les Docteurs de l'Eglise lui ont donnés en leurs écrits divisés en IV parties selon les 4 qualités d'aymable, d'aymée, d'amante et d'amour.* — Le P. Sibenius a traduit cet ouvrage en latin.

155. — (Le Thrône de Marie; sur les excellences de la Ste Vierge.) (En langue *bohême.*) Prag, 1642, 12°. (Par le P. George FERUS ou PLACHY.)

156. — (Marie Porte de la Sainte Eternité.) (En *hongrois.*) Posen, 1645. (Par le P. Jean NADASI.)

157. — Corona Augustissimæ Virginis Dei Matris ex præstantissimis ipsius dotibus Triplici ordine Contexta. Ex fusiore R. P. Poiræi de Societate Jesu, opere Gallico. Latine contracta a R. P. Ludovico JANINO ex eadem Societate Jesu. Lugduni, apud Laurentium Anisson, et Hær. Gab. Boissat, M.DC.XLV, 12°, pp. 346, sllelt.

C'est une traduction abrégée de la *Triple Couronne* du P. Poiré.

158. — Mundus Marianus, seu Maria Speculum Mundi archetypi, seu Divinitatis. Tom. I. Viennæ Austriæ, typis Matthæi Cosmerovii, 1646, fol. — Mundi Mariani Pars secunda. Maria speculum Mundi Cœlestis. Auctore R. P. Laurentio CHRYSOGONO Dalmata Spalatensi Societatis Jesu Theologo. Cum indice rerum copiosissimo. Patavii, Sumptibus Junctarum, et Joan. Jacobi Hertz, Anno MDCLI, fol., pp. 1100, slt. — Mundus Marianus, sive Mariæ speculum Mundi sublunaris...

Augustæ Vindelicorum, Impensis Philippi Jacobi Veith, et Fratrum, Anno MDCCXII, fol., pp. 998, slt.

La dédicace du 3e volume, publié soixante-deux ans après la mort de l'auteur, est signée : *Græcense Soc. Jesu Collegium.*

159. — Maria Mater admirabilis, das ist Beweisz was die Kirche über 1600 Jahr von der Mutter unsers Heilandes geglaubt und gelehrt hat. Ingolstadt, 1647, 12°. (Par le P. Gebhard RAZENRIEDT.)

160. — Encomia Deiparæ R. P. Joannis Baptistæ MASCULI, Societatis Jesu Neapolitani. Neapoli, 1648.

161. — La gloria delle glorie di Maria, Cioè il suo merito, spiegato in volgare, con discorsi scritturali, et essaminato in Latino con questioni Theologiche, da Cesfranco Coroncin. Napoli, Francesco Collegi, 1648, 4°. (Par le P. François RINCONE.)

162. — Theologia Mariana, sive de laudibus B. Virginis. (1649.) — *Manuscrit* (Par le P. Vincent NAVARRO.)

163. — Magnificentia Dei erga Mariam, ex gallico P. Pauli de Barry latine vertit P. Martinus SIBENIUS, Soc. Jesu. Coloniæ, 1649, 16°.

164. — Les attribvts de la Mere de Dieu. Par le R. P. Iean VIGNIER, de la Compagnie de Iesvs. A Lyon, Chez Hierosme de la Garde, M.DC.L., 4°, pp. 422, sll.

165. — Mariæ Virginis Deiparæ, Matris misericordiæ excellentia, potentia, et misericordia, Marianæ Congregationis in Collegio Societatis Jesu Cortraci Ecclesiastici Ordinis et Sæcularis Sodalibus, civibusque Cortracensibus compendio præsentata Festo Virginis præsentatæ. Anno MDCLI. Antverpiæ, apud Viduam Joan. Cnobbari, 12°, pp. 197, sld. — Deipara mater misericordiæ, sva excellentia, et misericordia admirabilis, Marianis cvltoribvs compendio exposita. Ibid., M.DC.LVII, 12°, pp. 197. (Par le P. Josse ANDRIES [?].)

166. — La provision spiritvelle en meditations, povr tovs les samedis de l'année; svr les plvs beavx Eloges de Nostre Dame. Pour diuerses occasions ou rencontres extraordinaires. Pour l'Octaue des Ames de Purgatoire. Et povr les exercices spiritvels, vne fois l'Année durant huict iours, propres aux Personnes Religieuses. Par le Pere Pavl DE BARRY, de la Compagnie de Iesvs. A Lyon, Chez Antoine Cellier, M.DC.LII, 8°, pp. 495, slpelt.

Traduit en allemand par Schmachner : *Speiskammer der Andacht.*

167. — Les passe droits de la très sacrée Vierge Mère de Dieu, réduits en l'ordre de ses festes, avec des reflexions morales et spirituelles, par le P. Turrien LE FEVRE. Tournay, veuve Quinqué, 1652, 16°.

168. — Arias. De l'Imitation de Nostre Dame, et de ses vertus. A Paris, Chez Gaspar Meturas, 1652, 24°, pp. 616. (Par le P. Antoine GIRARD.)

169. — Cielo estrellado de Maria. Madrid, 1655, fol. (Par le P. Jean Eusèbe NIEREMBERG.)

170. — Theatrum Excellentiarvm SS. Deiparæ ex consociatione excellentiarvm sui Filii, opvs Reip. Ecclesiasticæ, ac Politicæ Moderatoribvs, Ascetis, ac Verbi Dei Præconibvs apprime vtile. Cùm quadruplici Indice... Auctore R. P. Martino Philippo DE CONVELT Trajectensi, Societatis Jesu, è Domo Professa. Antverpiæ, Apud Viduam et Hœredes Joannis Cnobbari, M.DC.LV, fol., 2 vol., pp. 1264, sllelt.

171. — (La Sainte Vierge et saint Joseph, exemples de toutes les vertus, pour les époux). Lyon, Simon Matherel, 1656, 12°. (Par le P. Joseph FILERE.)

172. — Parthenium sive de laudibus Beatiss. Mariæ. Tomi duo. (1657.) — *Manuscrit.* (Par le P. Jean DE PINA.)

173. — Rosa Mariana centum Elogiis Magnæ Dei Matris explicata. Græcii, 1657, 12°. (Par le P. Paul ROSMER.)

174. — Meditationes pro toto anno in tres partes distributæ... Tertia (est) in Vitam Christi reliquam et Passionem, Excellentias Deiparæ, et varias Functiones... Auctore R. P. Joanne Baptista ENGELGRAVE Antverpiensi, Societatis Jesu Theologo. Antverpiæ, apud Viduam et Hæredes Joannis Cnobbari, M.DC.LVIII, 4°, pp. 454, sllelt.

175. — Millelogium Encomiasticon Marianum, mille titulis, totidemque Elogiis in laudem B. Mariæ Virginis, ex variis scriptoribus concinnatum et per centurias distributum. In-fol., 8 vol. — *Manuscrit.* (1658.) (Par le P. Paul BELLI.)

176. — Rosa coronaria Marianis elogiis combinata. Græcii, 1658, 12°. (Par le P. Frédéric RAINER.)

177. — Geminum sidus Mariani diadematis, sive duplex Disquisitio de Infinita dignitate Matris Dei atque de ejus gratia habituali infinita simpliciter. Hispali, 1660, 4°.— Editio secunda a mendis expurgata. Lugduni, sumpt. Laur. Arnaud et Petri Borde, 1673, 8°, pp. 338, sldelt. (Par le P. Jean DE CARDENAS.)

178. — Metaphoricos esemplares de esclarecida origem, e illustre descendencia das virtudes por Evangelicas parabolas, e allegorias figuradas cum hum tratado elegiaco sobre as excellencias, e grandezas da Virgem May de Deos. Lisboa, por Antonio Craesbeeck, 1661, 8°. (Par le P. François AYRES.)

179. — Eloges alphabetiqves de la Sainte Vierge... A Tovrnay, De l'Imprimerie de la Vesue Adrien Qvinqve, 1661, 12°, p. VIII-64. (Par le P. Jean VINCART.)

180. — De Laudibus Deiparæ. (En *espagnol* [?].) (Après 1662.) (Par le P. Antoine ALVARES FERREIRA.)

D'après Sotwel (p. 61), un des disciples de l'auteur publia cet ouvrage.

181. — Elogia Mariana, alphabeticis literis ordine digesta, sacræ scripturæ sanctorum patrvm ac theologorvm sententiis, nec non moralibvs docvmentis illvstrata. Avctore R. P. Joanne Vincartio Gallo Belga Insulano e Societate Jesv. Tornaci, typis viduæ Adriani Quinqué, 1668, 4°, pp. 284.

182. — Philosophia Mariana, novem Propositionibus ex SS. Litteris in Elogia D. Virginis ab Ecclesia translatis comprehensa... Viennæ, 1668, fol.

183. — De la maternité divine ou de ses prérogatives. Vienne, Claude Baudran, 1670, 12°. (Par le P. Jacques Lambert.)

184. — Maria Virgo sive Divinæ Matris centum Elogia bifariam divisa, Notisque accuratis Illuminata. Authore Flaminio Lupo Mirandulano e Societate Jesu. Pars Prior. Placentiæ, in Duc. Typographia Jo. Bazachij, 1680, 8°, pp. 268, sllelt.

185. — Maria figurata jesuitico tantum calamo illustrata. In-4° (1680). — *Manuscrit.* (Par le P. Christophe Gomez.)

186. — De Encomiis B. V. Mariæ. (1680 [?].) (Par le P. Mathias Soutermans.)

187. — Nombres y oficios de la Virgen Maria. (1686). — *Manuscrit.* (Par le P. Matthieu Cruz.)

188. — Consequentiæ Partheniæ in forma pulcherrima Mariæ, deductæ ex Patribus aliisque Mariophis Auctoribus. Græcii, 1687, 8°. (Par le P. Ferdinand Krimer.)

189. — Le Grandezze del'a Madre di Dio opera composta dal P. Nicolò Maria Pallavicino della Compagnia di Giesù. In cui si rifiutano le antiche, e moderne Eresie contro la Divina Maternità, e le altre Doti della Vergine si stabiliscono sopra le base della Fede, e della ragione le sue sublimi virtù, e i privilegij concedutili da Dio. Si defendo contro le calunnie dell' ignoranza, e dell' empietà l'altissimo culto, con cui l'onora la chiesa cattolica Romana... In Roma, Nella stamperia di Gio. Giacomo Komarek Boemo, MDCXC, 4°, 2 part., pp. 304 et 252, sllelt.

190. — Fasciculus Marianus continens quinquagenam quæstionum de prærogativis B. V. Mariæ. Viennæ, Heyinger, 1696, 8°. (Par le P. Jean Macher.)

191. — Eloges des grandeurs de Jésus, Marie et Joseph. A Pont-à-Mousson, chez Bouchard, 1699. (Par le P. Jean Michel.)

192. — De Excellentia Beatissimæ Virginis Mariæ. (Vers 1700.) — *Manuscrit.* (Par le P. François Aguilera.)

193. — Philosophia Mariana seu conclusiones philosophicæ, Symbolis Marianis illustratæ. Quam sub auspiciis... Comitis Ferdinandi Hannibalis ab Herberstein... In Alma ac celeberrima Universitate Græcensi publice defendet ...Dominicus Scobl, Præside R. P. Joanne Macher, e Soc. Jesu... Græcij, apud Hæredes Widmanstadij, 1700, 12°, ff. 28, nch.

194. — Η παρθενόφιλος διδασκαλευμένη τὴν ἀληθινὴν εὐλάβειαν τῆς Θεοτόκου καὶ ταῖς εἰς αὐτην δυναταῖς παρακίνησες καὶ μερικὰ τὸν τρὸπον νὰ ευλαβῆται μὲ τα

Εννατα ταῖς ἑπτὰ μερικαῖς της ἑορταῖς καὶ δύο ἄλλαις τῆς συλλυπουμένης τὰ πάθη τοῦ Χριστοῦ, καὶ τῆς απαντοχῆς τῆς παρθενικῆς Γέννας. Και πῶς νὰ συμπλέκη τῆς ἀυτῆς παρθένου διαφορα στεφάνια. Παρα τοῦ πατρος Στανισλάου ντ ʿΑνδρια Χιου της συντροφιας τοῦ Ιήσου. — *Manuscrit.* (Par le P. Stanislas D'ANDRIA.)

195. — Grandezze di Maria panegirici per tutte le suo Festività Principali dell' anno. Composti dal P. Simone BAGNATI della Compagnia di Gesù. Dedicati all' Illustriss. Maestro di Campo di J. D. Nicolò Marulli... In Napoli, MDCCIII. Nella stamperia di Dom. Antonio Parrino, 12°, pp. 422, sldelt. — Grandezze di Maria... Consecrati al Molto Reverendo Padre il Padre Maestro Fr. Francesco Bernardo Veneto, Definitor perpetuo, e Predicator insigne de' Min. Conv. di San Francesco. In Venezia, MDCCV. Per Domenico Lovisa, 8°, pp. 419.

196. — Meditazioni della Passione di N. S. Giesù Cristo per il venerdi, e dell' Eccellenze della Madonna SS^ma^ per li Sabati di tutto l'Anno. Composte dal P. Ranieri CARSUGHI della Compagnia di Giesù. In Roma, Nella Stamperia di Antonio de' Rossi, MDCCV, 12°, pp. 362, sll.

197. — De excellentiis singularibus B. Mariæ (1718). — *Manuscrit.* (Par le P. Gérard VIRGILIO.)

198. — La Maestra e Esemplare delle Virtu tutte Maria Augustiss. Madre di Dio... Meditazioni sopra le Virtù principali di Maria SS. per tutti i Sabati dell' Anno di Giuseppe Silva Sacerdote. In Firenze, 1719, nella stamperia di S. A. R. per Gio. Gaetano Tartini, e Santi Franchi, 12°, pp. 216. (Par le P. Joseph Marie SOTOMAYOR.)

199. — Concordantiæ Marianæ, sive quæ ad laudem Dei Matris pertinent, adnotatis Autorum nominibus et operibus. Tyrnaviæ, 1721. (Par le P. André SPANGAR.)

200. — El Racional de Aaron, o las Piedras de su Pectoral ponderadas en elogio de la Santa Virgen (1723). — *Manuscrit.* (Par le P. Jean CARNERO).

201. — Maria dotata Spiritus Sancti donis (1725). — *Manuscrit.* (Par le P. Jean Emmanuel ZUAZO.)

202. — Ethica Mariana Sermonibus Panegyrico-moralibus in virtutes atque excellentias Magnæ Dei Matris et Virginis Mariæ clientibus Partheniis pro consuetis cœtibus, solenníoribus in festivitatibus proposita et explicata a R. P. Francisco HACK e Societate Jesu, SS. Theologiæ Doctore, Ejusdemque in Almâ Euo-Franciâ Julio-Duca i Herbipolensium Universit. Professore Publico et Ordinario. Opus posthumum... Moguntiæ, sumptibus et typis Majerianis, 1731, 4°, pp. 515-72, sll.

203. — De l'Imitation de la Ste Vierge, dans un Abrégé de sa vie, de ses vertus et des mystères que l'Église celebre à son honneur : traduit de l'Espagnol du P. François Arias, de la Compagnie de Jésus, par le R. P. DE COURBEVILLE, de la même Compagnie. Paris, Delusseux, 1733, 12°.

Plusieurs éditions. C'est d'après cette traduction française qu'ont été faites les traductions flamandes, et la polonaise du P. Alex. Brodowski.

204. — Coroa dos doze principaes privilegios da Santissima Virgem Maria Symbolizados nas doze Estrelas de que apareces coroada no Ceo, e offerecida aos devotos da mesma Virgem Senhora para se exercitarem quotidianamente em seus louvores, e se prepararem para hum boa morte. Coimbra, no Real Collegio das Artes da Companhia de Jesus, 1735, 24°. (Par le P. Emmanuel DOS ANJOS.)

C'est une traduction d'un ouvrage italien. Elle parut sous le nom du *P. Manuel de Oliveira Monteiro.*

205. — Tre speciali privilegij, e tre speciali corrispondenze di Maria SS^a^. Napoli, Salzano e Castaldo, 1743. (Par le P. Laurent SOLARI.)

206. — Delle Grandezze di Gesù Cristo e della Gran Madre Maria Santissima Lezioni Sacre. In Napoli, nella stamperia Muziana, 1745-49, 12°, 8 vol. (Par le P. François PEPE.)

Les *Grandezze di Maria* sont dans les tomes 5 à 8.

207. — Marianischen Academia oder Hohe-Tugend-Schul von der göttlichen Lehrmeisterin aller Tugenden Maria eröffnet durch Sonntägliche Lectiones in dem Marianischer Convent. Authore P. Ferdinando HUEBER, der Gesellschaft Jesu Priestern. Ingolstadt, im Verlag Johann Andreä de la Haye Seel. Wittib. München, gedruckt bey Maria Magdalena Riedlin, Wittib, 1746, 4°, pp. 216.

208. — Escala Mistica de Jacob, en que se trata de las soberanas Exellencias de Maria SSma, por ser Madre de Dios. Obra postuma... En Zaragoza, por Josef Fort, 1750-1751, 4°, 3 vol., pp. 608, 525 et 626, sllelt. (Par le P. Michel Jérôme MONREAL.)

209. — Frag : ob Maria Mutter Gottes Etwas Zu unserm Heyl Beytragen könne? Beantwortet von P. Francisco NEUMAYR Soc. Jesu, an dem Fest der unschuldigen Kindlein. Im Jahr Christi, 1756, 4°, pp. 38.

210. — Florilegium Marianum ex SS. Patrum Sententiis contextum et in fasciculos redactum pro Marianis Festivitatibus. (1760.) — *Manuscrit.* (Par le P. Michel VENEGAS.)

211. — L'Imitation de la très-Sainte Vierge sur le modele de l'imitation de Jésus-Christ. A Paris, chez Charles Pierre Berton, M.DCC.LXVIII, 18°, pp. XVI-267. (Par le P. Alexandre Joseph DE ROUVILLE.)

Nombreuses éditions. Traduit en allemand par le P. Richter, en latin par le P. Engstler, en polonais par le P. Brzozowski, en italien (*Milan, 1829*), en flamand (*Bruxelles, 1840*), en allemand par Jos. Erckens (*Aix-la-Chapelle, 1838*).

212. — Imitatio Sanctissimæ Virginis ad normam Imitationis Jesu Christi e gallico latine reddita a Josepho ENGSTLER. S. T. D. Sodalitatis Præside Dominis Dominis Sodalibus Academicis sub titulo Beatæ Mariæ Virginis gloriose in Cœlos adsumtæ in Cæsareo et Academico Collegio Viennæ Austriæ Congregationis in strenam oblata Anno a partu Virginis MDCCLXXXIII, a Confirmata Sodalitate CCIV. Characteribus Geroldianis, 8°. pp. 351, sll.

C'est la traduction de l'*Imitation de la Ste Vierge* du P. de Rouville, qui a été elle-même traduite en allemand par le P. Ferdinand Richter.

213. — L'intérieur de Jésus et de Marie. Par le R. P. Grou de la Compagnie de Jésus. A Paris, chez Beaucé, 1815, 12°, 2 vol., pp. 490 et 384.

Plusieurs éditions ; le P. Cadrès en a donné les dernières d'après les manuscrits autographes. On a publié à part : *L'intérieur de Marie. Suivi d'exercices en l'honneur de son très saint cœur. Nouvelle édition, revue avec soin par un père de la même Compagnie. Paris, Grou, 1874, 32°, pp. 348. — L'intérieur de Marie, modèle de la vie intérieure. Nouvelle édition. Paris, Sarlit, 1878, 18°, pp. 287.*

214. — Traité de la Ste Vierge. Les excellences de Marie rappelées à l'esprit des fidèles et sa dévotion ranimée dans les cœurs par les prières qui se disent le plus souvent à son honneur. Par S. J. Picot de Clorivière, prêtre de la Compagnie de Jésus. (1820.) — *Manuscrit*, 8°, 2 vol., pp. 18, 247, 166 et 307.

C'est l'explication des Litanies, du Magnificat, de l'Ave Maria et du petit Office de l'Immaculée Conception.

215. — Le Trésor des serviteurs de Marie, ou méditations sur les vertus et les glorieuses prérogatives de la Sainte Vierge ; par le R. P. Louis Dupont, de la Compagnie de Jésus. A Lyon, chez Rusand, 1829, 12°, pp. VIII-423.

C'est une partie des méditations du P. L. de la Puente, traduites en français par le P. Jean Brignon, en 1683-1684, et plusieurs fois réimprimées.

216. — Maria auf dem Himmelsthrone. Ein Votivbüchlein von Joh. Nep. Stöger, S. J. Regensburg, 1850, 18°, pp. 178. — Ibid., 1858, 16°, pp. 192.

Traduit en italien par le P. Melandri; en flamand par le P. Vanderspeeten; en français (1855).

217. — Maria, volgens de H. Schrift en de eerste eeuwen des Christendoms. Door A. Frentrop. Te's Gravenhage, by Gebr. Van Langenhuysen, 1858, 8°, pp. 96.

218. — Il sabbato dedicato a Maria, ossia : Considerazioni sulle grandezze, virtù e glorie della SS. Vergine per tutti i sabbati dell'anno : Operetta del P. Francesco Cabrini d. C. de G. Seconda edizione, riveduta dall' Autore. Torino, G. Marietti, 1861, 16°, pp. 407.

La 6e édition : *Venezia, 1862*. Cet ouvrage a été traduit en allemand : *Regensburg, 1865* ; en français, par le chanoine Hallez : *Tournai, 1862* ; en anglais : *New York, 1878*.

219. — L'imitation de la Sainte Vierge ; par le P. François Poiré, de la Compagnie de Jésus. Nouvelle édition... Lyon, Briday, 1861, 18°, pp. 324.

C'est, je pense, un extrait de *La triple couronne*.

220. — La Madre di Dio descritta dai Santi Padri e Dottori della Chiesa, con appendice di narrazioni maravigliose. Opera di Geminiano Mislei, d. C. d. G. Roma, 1862, 8°, pp. 652. — Torino, 1863. — Ediz. VI. Torino, 1876, 8°.

Traduit en allemand (1866.)

221. — La divina Maternità di Maria Santissima dichiarata nel Concilio Efesino, narrazione storica di Giuseppe MELANDRI, d. C. d. G. Bologna, 1863, 16°, pp. 31.

222. — Maria op den Hemeltroon door Joannes Nepomucenus Stöger uit het hoogduitsch vertaeld door H. P. VANDERSPEETEN Beide uit het Gezelschap van Jesus. Brussel, H. Goemaere, 1864, 18°, pp. 106.

223. — Simples explications sur la coopération de la très sainte Vierge à l'œuvre de la Rédemption et sur sa qualité de Mère des Chrétiens, par le P. Pierre JEANJACQUOT, de la Compagnie de Jésus. Paris, Albanel, 1868, 18°, pp. 204. — 2e édit. Paris, Curot, 1875, 18°, pp. XI-267.

Traduit en italien (1876), en anglais (1869), en espagnol (1873).

224. — Glorias de Maria. Obra de San Alfonso Ligorio, dividida en dos partes y traducida por el P. Ramon GARCIA de la Compañia de Jesus. 2a edicion. Tolosa, imprenta de Modesto Gerosabel, 1868, 16°, pp. 222 et 248.

225. — The Virtues of Blessed Mary, Mother of Jesus Christ. By Father Francis Arias, of the Society of Jesus. With Preface by Father George PORTER, S. J. London, Burns and Oates, 1872, 8°.

226. — La maternità divina e le conseguente prerogative, esposte dal P. Enrico BORGIANELLI, d. C. d. G. Napoli, Testa, 1874, 8°, pp. 380.

227. — Die Mutter Gottes. Geschildert von den heil. Vätern und Lehrern der Kirche mit einem Anhange wunderbarer Enzählungen. Aus dem Italianischen. Von P. Mislei, S. J. Mit einer Vorrede von P. Th. SCHMUDE, S. J. Wien, Mayer, 1875, 8°, pp. 634.

IV. — *Panégyriques*[1].

228. — Atlas oratorius in gloriam B. Virginis Mariæ sacratus, et juxta ordinem septem festorum I. Conceptionis. II. Nativitatis. III. Præsentationis. IV. Annunciationis. V. Visitationis. VI. Purificationis. VII. Assumptionis compositus. Accedunt Miscellanea Mariana De Annunciatione Angelica. Angelica salutatione. B. V. M. Nominis Mar. significationibus. Mariano Cantico Magnificat. Sabbatho Mariano Die Hebdomata (*sic*). Triplici ejusdem Numero cabalistico. Septimanis Christi et Septenario. De Duabus Mariæ alis et Ancillis. Desponsatione B. V. Mariæ. Nomine Esther, ejusq; Cabala. Mundo muliebri Mariæ. Numero 274. Dierum B. V. M. Tribus Mariæ Urbibus. Jesu et Maria ex Virgilio. Precatoria Rosarii Corona. Augusti Cæsaris Mensisque signo, etc. Authore R. P. Johanne STYLLERO, Soc. J. Vetero-Pragæ, Typis Archiepiscopalis Seminarii in Collegio S. Norberti, M.DCCII, 4°, pp. 176, sllelp.

1. Sous ce titre, on ne trouvera que les recueils de Panégyriques ; les sermons, prêchés pour telle ou telle fête, sont cités dans le chapitre : *Mystères et fêtes.*

229. — Florida Mariana, sive de Lavdibvs Sacratissimæ Virginis Deiparæ Panegyrici XIII. Antverpiæ, Ex officina Plantiniana, Apud Ioannem Moretum, M.DXCVIII, 8°, pp. 239. (Par le P. Martin Delrio.)

Inséré dans son *Opus Marianum*.

230. — R. P. Bartholomæi de Escobar Hispalensis Societatis Iesu. Conciones super omnes Beatæ Virginis festivitates. Parisiis, Apud Sebastianum Cramoisy, M.DC.XXIV, 4°, pp. 620.

231. — Marial que contiene varios sermones de todas las Fiestas de Nra Señora predicados a las Magestades de Philippo III y Philippo IIII. Nuestro Señor, Por el Padre Geronimo de Florencia de la Compañia de Jesus... Alcala, Juan de Orduña, 1625, fol., 2 vol., pp. 450 sl'elt. et....

232. — R. P. Maximiliani Sandæi e Societate Jesu Doctoris Theologi Aviarium Marianum sive Orationes ad Sodales in festivitatibus Deiparæ habitæ; desumpta materia ab avibus.... (Moguntiæ), Impensis Joh. Theobaldi Schönwetteri, M.DC.XXVIII, 12°, pp. 473, sll.

233. — (Sermons sur la Sainte Vierge.) (En *hongrois*.) (1634.) — *Manuscrit*. (Par le P. George Kaldi.)

234. — Podziękowanie Naswiętszey Pannie Maryey, za szczęśliwe w Moskwie powodzenie Naiáśnieyszemu y Niezwyciężonemu Monarsze, Wladislawowi IV. Krolowi Polskiemu y Szwedzkiemu, etc. v Syna ziednane, przez X. Adama Makowskiego S. J. obywatelom korony podane. w Krakowie, w Drukarni Franciska Cezareigo, 1635, fol., pp. 56 nch.

Sermon d'actions de grâces à la Sainte Vierge pour les succès remportés par le fils de Ladislas IV.

235. — (Sermoens de N. Senhora.) (1639.) — *Manuscrit*. (Par le P. Antoine de Moraes.)

236. — Sermones en todas las Fiestas de Nuestra Señora, tres en cada una. Por el Padre Diego de Baeza, de la Compañia de Jesus, en la Provincia de Castilla. Al Excel. S. D. Rodrigo Pimentel, Duque de Biana, Gentilhombre de la Camara de Su Magestad. Año 1642. En Valladolid. Por Geronimo Murillo, 4°, pp. 327, sllelt.

237. — Conciones duodecim de B. Virgine. (1647.) — *Manuscrit*. (Par le P. Jules César Recupito.)

238. — Sermones panegiricos Predicados en las Festividades de la Virgen Nvestra Señora, por el P. Manvel de Naxera, Catedratico antes de Sagrada Escritura en su Colegio de la Compañia de Iesus de la Vniversitad de Alcala,... Madrid, 1648, 4°. — Ibid., 1649, 1651. — Tomo segundo. Ibid., 1654.

239. — Rosa pentaphylla, hoc est : quinque sermones Panegyrici in quinque præcipuas festivitates Beatissimæ Virginis. Pragæ, typis Academicis, 1648, 8°. — Coloniæ, 1655, 8°. (Par le P. Georges François Plachy.)

240. — Orationum Nicolai AVANCINI, è Societ. Jesu, pars secvnda, de Beatissima Virgine Dei-Parente, et Sanctis. Viennæ, 1656, 1660. — Coloniæ Agrippinæ, apud Joannem Wilhelmum Friessem, anno 1688, 12°, pp. 284.

C'est la deuxième partie des *Orationes Nicolai Avancini, è Soc Jesu, in tres partes divisæ*... Elle renferme quatre discours pour l'Immaculée Conception, un pour l'Annonciation, un sur Marie notre Mère, un sur Marie colonne de feu dans le désert, un sur l'Assomption; les autres sont sur saint Jean-Baptiste, saint Léopold, sainte Catherine, sainte Ursule, sainte Barbe, saint Ignace et saint François-Xavier.

241. — Plenilunium Marianum, sive Oratio de B. Virgine. Pragæ, Typis Universitatis, 1657. (Par le P. Arnould ENGEL.)

242. — Alvei septimi appendix duplex pro ornatu concionvm in omnibvs solemnitatibvs B. V. Mariæ, Prima. Sive duodecim centuriæ devotionum erga beatam Virginem Mariam, vel mille ducentæ praxes Dei matris amandi, colendi, venerandi, etc. ex SS. Patribus et variis piis, libellis collectæ... pp. 68. — Alvei septimi appendix altera pro ornatu... B. V. Mariæ, sive duodecim centuriæ favorum Beatæ Virginis erga suos clientes, ex SS. Patribus..... pp. 68. (Par le P. Philippe KISEL.)

Se trouve à la fin de son : *(Nili mystici)... Alveus septimus sive septimus annus concionum in Dominicas et festa per Annum, additis duodecim margaritis siue totidem exhortationibus ad sodales Christi in cruce agonizantis... Bambergæ, sumptibus Joannis Arnoldi Cholini, Anno M.DC.LXII, 4°, pp. 530, 328, 48, 4, 68 et 68.*

243. — Le sei giornate del mondo idea della Madre di Dio. Orationi panegiriche dette in Roma in S. Gio. de Fiorentini da Gioseppe PERDICARO della Compagnia di Giesu... In Roma, per Nicolò Angelo Tinassi, 1664, 4°, pp. 175, sllelt.

244. — Panégyriques de la Sainte Vierge pour toutes les fêtes de l'année. Lyon, Antoine Cellier, 1665, 8°. (Par le P. Joseph DE OUDEAU.)

245. — Orazioni in lode della santissima Vergine Madre di Dio Maria Signora Nostra. In Milano, appresso Filippo Ghisolfi, 1668, 4°, pp. 409, sllelt. (Par le P. Jean RHO.)

246. — Prediche Panegiriche e morali della Beatissima Vergine Maria. In Roma, per Bartolomeo Lupardi, 1672, 8°, pp. 392, sldelt. (Par le P. François VERCIULLI.)

247. — Maria honestissimarum artium et scientiarum antiquissima amplissima et celeberrima Universitas, quindecim orationibus celebrata. Viennæ, typis Mathiæ Cosmerovii, 1677, 8°. (Par le P. Mathias NEUMANN.)

248. — Conceptus de Beatissimæ Virginis ac Dei matris Mariæ solemnitatibus præcipuis formati et pronuntiati ad DD. Sodales Academicos B. M. V. Annunciatæ Herbipoli a Wolffgango SCHWAN è Soc. Jesu. Xenium Anni M.DC.LXXVII. Typis Eliæ Michaelis Zinck, 8°, pp. 166, sllelt.

249. — Joannis FORESII, è Soc. Jesu Allocutiones oratoriæ Habitæ In Solemnitatibus Christi, B. Virginis et Sanctorum, aliisque Academicorum, ac Marianorum Sodalium congressibus publicis. Viennæ, 1679, 8°. — Juxta exemplar Viennæ

Impressum, Sumptibus Michaelis Mayer. Monachii, Typis Mariæ Magdalenæ Rauchin, Viduæ, Anno 1700, 12°, pp. 789 (*pour* 689), slpclt.

250. — Corona Stellarum duodecim, seu Orationes duodecim de Magistra Sapientiæ. Tyrnaviæ, typis Academicis, 1682, 12°. (Par le P. François THEODATI.)

251. — Quaresimale con i Sabbati di Maria Vergine. Venezia, per Andrea Poleti, 1681, fol. — Bologna, per gli Eredi Recaldini, 1685, 4°. (Par le P. J. B. MANNI.)

252. — Sermones Panegyricos Tomo uno divido en dos Partes. Primera, Sermones de Nuestra Señora. Segunda, Sermones de Sanctos. Por el P. M. Carlos DE ECHEVERRIA, Natural de Madrid, Religioso de la Compañia de Jesus, y cathedratico de Escritura, y Theologia Escholastica, en el Colegio de Alcalà. Año 1681, en la Imprenta de Francisco Garcia Fernandez, 4°, pp. 268 et 226, sll.

253. — Ehren-Cron Mariä oder Marianische Predigten. Nürnberg, 1690, 4°. (Par le P. Philippe KISEL.)

254. — Hortus Marianus Symbolicus. S. Scripturæ plantis mysticis Deiparæ elogiis moralibus LI Allocvtionibvs consitus quadruplici indice instructus, in gratiam eorum, qui Dei Verbum tractant... Authore R. P. Michaele PEXENFELDER, Soc. Jesu. Dilingæ, Typis et Sumptibus Joannis Caspari Bencard, Per Joannem Federle, Anno M.DC.LXXXII, 4°, pp. 546, sllelt.

Inséré dans la *Summa aurea* de Migne, t. III, col. 259-580.

255. — Sermons sur les Mystères de la Vierge, par le R. P. Odet DALIER de la Compagnie de Jésus. A Lyon, chez Antoine Tomaz, M.DC.LXXXIV, 8°, pp. 370, sllelt.

256. — Discursus encomiastici et morales in omnibus Festis Jesu Christi Domini et servatoris nostri et Mariæ Sanctissimæ ejus Matris et Virginis. Authore Antonio GHUYSET Societatis Jesu Sacerdote. Leodii, apud Guilielmum Kalchovium, 1686. Venales Antwerpiæ, apud Marcellum Parys, 8°, pp. 279. — Antwerpiæ, apud Alexandrum Everaerts, 1726, 12°, pp. 374.

257. — Vida y virtudes de là Virgen Santisima, esplanada en mas de ochenta sermones. (1686.) — *Manuscrit*. (Par le P. Matthieu CRUZ.)

258. — Triphyllum Marianum, oder das Marianische Kleeblat. Drey newe Lob-Reden auff einen jeden Freyertag Mariä. Cölln, Erben Widenfeld, 1688, 4°. (Par le P. Daniel SCHWARTZ.)

259. — Mariale Teorico, e Pratico consistente in Discorsi, osservationi Cronologiche, Istoriche e Dottrinali, in Preparationi, Meditationi, ec., sopra dodeci feste che trà l'anno si celebrano della gran Madre di Dio. Opera composta dal Padre Giuseppe SALICETI della Compagnia di Giesù. Roma, per Gio. Giacomo Komarek, 1690.

260. — (Sermones de festis diebus præcipuis B. Virginis.) (En *italien*.) In Napoli (1690) [?]), 4°. (Par le P. André DA POZZO.)

261. — Fasciculus oratorius de B. V. Maria ex campo Eloquentiæ. Tyrnaviæ, typis Academiæ, 1691, 12°. (Par le P. Marc STRUSSICH.)

262. — Trias Orationum panegyricarum. I. De S. Maria sine labe originali concepta. II. De Assumta in cœlos. III. De B. Stanislao Kostka æstu divini amoris extincto. Cassoviæ, 1692. (Par le P. Jean BADLAHAR.)

263. — (De Beata Virgine in festo ei sacro jussu Regis pro electione successoris. Oratio. (En *espagnol.*) Alcala, Francisco Garcia Fernandez, 1697. (Par le P. Jean MARIN.)

264. — Tria charissima : Iesus Crucifixus, SS. Sacramentum, et B. Deipara virgo. In gebundener Rede vorgesungen. Prag, 1699, 8°. (Par le P. Barthélemi CHRISTEL.)

265. — Prediche Panegiriche e Sermoni per le otto Feste Principali della Gran Madre di Dio. Piacenza, Zambelli (1699), 12°, pp. XXII-348. (Par le P. François Marie QUATTROFRATI.)

266. — Sol Marianvs triplex nuper in Polonica Societate Jesv exortus, nunc in Germania novo typo resplendens. Seu P. Joannis KWIATKIEWICZ, P. Danielis PAWLOWSKI, P. Theophili RUTKA, Soc. Jesv Panegyres Marianæ. Viennæ et Norimbergæ, Sumptibus Martini Endteri repressæ. Anno Christi, MDCCI, 12°, pp. 486.

267. — Divozionario Mariale, contenente trenta Panegirici per le Feste della Vergine Madre. In Napoli, nella stamperia di Giacomo Raillard, 1702, 4°. (Par le P. Antoine MANFREDI.)

268. — P. Joannis LUSKEN, S. J. Rosetum Mariano-Saxonicum, seu orationes sacræ et Panegyricæ in præcipuis festivitatibus B. V. Mariæ solemniter habitæ, in quibusdam B. V. sodalitatibus eorum locorum, quæ olim inter Rhenum et Albim tempore Caroli M., sub nomine veteris Saxoniæ inclaruerunt. A. 1707. Paderbornæ, typis Joach. Friderici Buch, 12°, pp. IV-456.

269. — Sermones ad sodales Parthenios academicos authore P. Joanne Baptista FRÖLICH Soc. Jesu, SS. Theologiæ Doctore, ejusdemque olim Professore, et almæ congregationis Præside. Dilingæ. Typis et Sumptibus Joannis Caspari Bencard, Anno M.DCC.IX, 4°, pp. 384.

270. — Orationum Marianarum Pentas. Græcii, Typis Hæredum Widmanstadii, 1710, 8°. (Par le P. Antoine MAURISPERG.)

271. — Doze Sermoens prégados nas doze Festas principaes de Maria Santissima Mây de Deos. Lisboa, por Antonio Pedrozo Galraô, 1715, 4°. (Par le P. Antoine MORIM.)

272. — Sermones breves, de Officio Hominis Christiani et Mariani Clientis, sive Exhortationes Sacræ ad Academicos Deiparæ Sodales olim dictæ. Nunc verò in lucem editæ à P. Joanne BANHOLZER Soc. Jesu. Œniponti, sumptibus Michaelis Antonii Wagner, 1715, 4°, pp. 678, sldelp.

273. — Encomia Virginis beatissimæ Exercitationibus oratoriis adumbrata. Tyrnaviæ, 1717, 8°. (Par le P. Antoine Mindzenti.)

274. — Mariæ Sacri Sermones. (93 sermons.) (1718.) — *Manuscrit.* (Par le P. Etienne Csete.)

275. — Tromba Mariana, cioè Panegirici, Sermoni, Panegirici Morali, e Novene sopra i Misterj, e Festività principali della Beata Vergine madre di Dio Maria. Fatta su i libri di parechi celebri Autori singolarmente Spagnuoli. Divisa in due parti. In Napoli, Per Michel Luigi Muzio, 1720, 4°. — In Venezia, presso Niccolò Pezzana, 1743, 4°, pp. 640, sldelt. (Par le P. Jean Antoine Ardia.)

276. — Królowa Nieba y Ziemi. Naydostoynieysza, Bogarodzica, Marya, Kazaniami na wszystkie swoje Swięta od X. Stefana Poninskiego S. J. wysławiona. Poznań, Dr. S. J. R. P. 1721, fol., pp. 249. — Ibid., 1726.

Sermons pour les fêtes de Marie.

277. — Thesaurus Marianus in primo Matthæi cap. absconditus, atque efformandis sermonibus Septuagesimæ, Sexagesimæ, Quinquagesimæ, Quadragesimæ, Adventus Jesu Christi, Deiparæ Virginis, et omnium uniuscujusque Sancti Festivitatum in annum occurentium tam abunde locuples, quam facilè utilis. Madriti, typis Regiis, 1727, fol. (Par le P. J. B. de Leon.)

Publié sous le nom de son frère : *Fr. Eusèbe de Leon y Gomez.*

278. — Konklusya bez zakończenia, powitanie bez pożegnania, exortacya do nieustającego ku Matce Bożey nabożeństwa przy doroczney uroczystości Zwiastowania teyse Przeczystey Panny na ostatniey wieczonney konklusyi, po solenney Processyi szlachetney Kongregacyi Kollegium lwowskiego od jednego teyse S. J. Kapłana miane 26 Marca, 1729, 4°.

Sermon sur la dévotion à la Mère de Dieu, prêché à Lemberg.

279. — Orationes sedecim Panegyricæ in laudem Magnæ Dei Matris, quas per festa B. M. Magno in variis Academiis Plausu ad Sodales Parthenios dixit R. P. Balthasar Alff, Societatis Jesu Sacerdos. Coloniæ Agrippinæ, Sumpt. Viduæ Wilh. Metternich et filii, Anno MDCCXXXI, 8°, pp. 134.

280. — Glorias de la Virgen, predicadas en sus mas solemnes festividades, repartidas en dos tomos, por el P. M. Agustin de Castejon de la Compañia de Jesus, catedrático de sagrada escritura en los colegios de Alcala y Madrid, calificador del consejo de la suprema general Inquisicion, predicador de los Sermos, reyes catolicos los Sres. D. Felipe V y Carlos II, examinador sinodal del arzobispado de Toledo. Madrid, Imprenta de J. de Zuñiga, 1739, 4°, 2 vol.

281. — Sermons pour les Mystères de N. S. Jésus-Christ et de la Ste Vierge. (18e S.). — *Manuscrit.* In-4°. (Par le P. François-Xavier Boccard.)

Ces sermons se conservent à Fribourg en Suisse, où ils furent prêchés de 1740 à 1746.

282. — Discorsi sacri per eccitare i Fedeli alla divozione della B. Vergine sotto il titolo di Reina del Paradiso. In Palermo, per gli Eredi di Riccardo, 1745, 8°. (Par le P. J. B. CAMPISI.)

283. — Marianischer Hof-und Lust-Garten, das ist : Marianische Exhortationes Ehedessen in dem gewohnlichen Convent der Sodalium mündlich gehalten : Nun auch zu Lieb, und Nutz derselben offentlich in den Druck gegeben. Von P. Ferdinando HUEBER, der Gesellschaft Jesu Priestern. Ingolstadt, in Verlag Johann Andreä de la Haye Seel. Wittib. München, gedruckt bey Maria Magdalena Riedlin Wittib, 1746, 4°, pp. 248, sll.

284. — Marianischer Himmel oder Astronomische Observation, Ausserlessnister an dem Marianischen Firmament glantzender Sternen zu Nachfolg des Tugend-Glantzes vorgenommen durch Lauff eines Jahrs denen Sodalibus in dem Sonntäglichen Ordinari-Convent erkläret, und vorgetragen von P. Ferdinando HUEBER, der Gesellschaft Jesu Priestern. Ingolstadt, in Verlag Johann Andreä de la Haye Seel. Wittib. München, gedruckt bey Maria Magdalena Riedlin, Wittib. 1746, 4°, pp. 218.

285. — Componimenti in onore della B. V. Maria. (1749). — *Manuscrit.* (Par le P. Simon Marie POGGI.)

286. — Epifania Mariana. 1753. (Par le P. Joseph Antoine Lopez Cotilla Enriquez DEL VALLE.)

287. — Kazania na Adwent y Passya Jezusa Chrystusa, oraz y Uroczystości Nayswiętszey Maryi Panny z przydatkiem różnych Kazań. Sandomierz, Dr. S. J., 1753, 4°. (Par le P. André MURCZYNSKI.)

Ce sont des sermons pour l'Avent, la passion de Notre-Seigneur, les fêtes de la Ste Vierge et autres sermons divers.

288. — Discorsi in lode di Maria Santissima per tutt'i Sabbati dell' anno di Francesco PEPE della Compagnia di Gesù. In Napoli, per Benedetto Gessari. 1756, 4°, 2 vol., pp. 471 et 397, sldelt.

289. — Fascetto di Rose, ovvero Raccolta di varj disegni, e materie per tessere eruditi e fruttuosi Discorsi in lode di Nostra Signora del SS. Rosario, e di altre principali Feste a lei dedicate. Napoli, nella Stamperia di Alessio Pellecchia, 1758, 4°, 2 part., pp. 280 et 275. (Par le P. Thomas REVIGLIONE.)

290. — Dreyfache Sittenreden auf jedes Fest der göttlichen Mutter Mariä aus der evangelischen Brosamen des P. Franzens NEUMAYR, gesamelt von A. A. E. B. P. O. P. Augspurg, in der Joseph Wolffischen Buchhandlung, 1764, 8°, pp. 576. — Ib. 1776.

C'est un extrait des *Micæ Evangelicæ* du même auteur.

291. — Ausbreitung der Ehre Mariä durch Trost-und zahlreiche Wallfahrts-Predigen, deren auch viele an Festtägen der Himmels-Königinn können gebraucht werden. Zum Heyl der Frommen und Sünder, zum Trost der Kirchfahrter, zum Behülf der Procession führenden Seelen-Eyferer, herausgegeben von P. Leopoldo

Fraydt, aus der Gesellschaft Jesu Missionarien. Wien und Prag, gedruckt bey Joh. Thomas Edlen von Trattnern, 1765, 8°, pp. 533.

292. — Schrifftmässige Lobsprüche Mariæ der mächtigen Himmels Königin, welche durch vierzig Lob-und Ehrenreden nach der H. Väter Lehr, und Meinung erklärt, und ausgelegt werden ; zum Heil, und Trost aller Glaubigen, zum Behülf, und Mühe Erleichterung der Seelsorger, und Missoniarien in marianischer Gnadenorten, forderist der Vorsteher marianischer Versammlungen herausgegeben von P. Leopold Fraydt, der Gesellschaft Jesu Missionarien. Wien, verlagt von Joseph Kurzböcken, 1769, 8°. — Salzburgi, gedruckt bey Joh. Jos. Mayrs, 1770, 8°, pp. 74 (*pour* 474), slt. — Augsburg, Wolf, 1770, 8°.

293. — Su Parocu in s'altare, promotore de sa devocione de Maria SSma. Discursos familiares compostos de su celebre Missioneri I. B. Vassallo et traductos dà idiome Italianu in Sardu per ateru Sacerdote, amiga sou. Adiunctas in fine algunas Laudes devotas. Edicione posthuma. Patari, annu 1777, in s'imprenta de Simone Polo, 8°, pp. VII-225.

Traduit et publié par le P. Salvatore Baxu Puddu.

294. — Kazania na uroczyste dni Matki Bożey Naydastoynieyszey, Nayświętszey Maryi Panny, i na dni niektóre niektórych Swiętych przypadające, ku przygodzie do druku podane przez X. Piotra Konitzera. Kaliśz, 1781, 8°, pp. 8-460.

Sermons pour les fêtes de Marie et de quelques saints.

295. — Suppellex Concionatoria in festis Deiparæ Virginis et SS. Angelorum cum 2 dissertationibus. Pars I. Leutschoviæ. — Pars II. Cassoviæ, 1781. (Par le P. Jean Fridvaldsky.)

296. — Fünffache Lob und Sittenpredigten auf die Festtage Mariä, und auch des heil. Rosenkranzes. Augsburg, 1782, 8°. (Par le P. Ferdinand Reisner.)

297. — Kazania o tajemnicach życia i śmierci, czyli na Uroczystości P. Jezusa i Najświętszey Panny, przez X. Józefa Lisikiewicza, Kanonika. Lublin, 1795, 4°, pp. 570.

Ce sont des sermons sur les Mystères de Notre-Seigneur et de la Sainte Vierge.

298. — La Vierge Marie d'après Mgr Pie. Extraits des discours publiés ou inédits, précédés d'une étude, accompagnée de sommaires et suivie d'une table analytique. Par le R. P. Mercier, de la Compagnie de Jésus. Paris et Poitiers, Oudin, 1881, 12°, pp. CXXXIV-510.

299. — Marien-Predigten. Von P. G. Patiss, der Gesellschaft Jesu. Vierte... Auflage. Innsbruck, Rauch, 1882, 8°, pp. 535.

III

LITURGIE

I. — *Office de la Sainte Vierge.*

300. — Godzinki s Nayświtszey Pannie. Krakow, s. a. (1580 [?].) (Par le P. Jacques Wujek.)

Ce sont les *Horæ de SS. Virgine.*

301. — Officium B. V. Mariæ latino-græcum. Accesserunt Orationes aliæ quamplurimæ. Augustæ Vindelicorum, imprimebat David Francus, 1612, 12°. (Par le P. George Mayr.)

302. — Manuale continens Psalteriolum B. Virginis Mariæ et aliqua exercitia. Coloniæ, apud Gualterium, 1615, 12°. (Par le P. Philippe Bebius.)

303. — L'Office de la Vierge Marie pour tous les temps de l'année, reveu et ordonné suivant la reformation du Concile de Trente avec plusieurs pièces faites par le R. P. Cotton de la Compagnie de Jésus. Le tout par le commandement de la Royne Regente. A Paris, chez Eustache Foucault, s. a. (*1618*), 8°, pp. 634.

Plusieurs éditions.

304. — Parvum Psalterium Beatæ Virginis Mariæ. (1620 [?].) (Par le P. Antoine Sucquet.)

305. — Modo di fruttuosamente recitare l'ufficio del Signore, e della Beata Vergine, ec. In Roma, per il Corbelletti, 1628, 12°. (Par le P. Pierre Giustinelli.)

Traduit en latin : *Rationale Christianorum et doctrina devote recitandi officia. Coloniæ Agrippinæ, 1634, 12°. — Directorium generale officii, seu Modus recitandi officium B. V. Mariæ et quodcumque aliud. Salisburgi, 1661, 12°.*

306. — Officium o Pannie piastującey Chrystusa. (1640 [?].) (Par le P. Jean Jacknowicz.)

C'est-à-dire : *Officium de Virgine tenente Christum.*

307. — Pietas Mariana Græcorum : pleramque partem, ante annos plus mille, in Divinis Græcorum Officijs, jam tum quotidie usurpari consueta : et post tot demum sæcula, nunc primum ex antiquissimis, ac latine nunquam excusis, Divinorum Græciæ officiorum Codicibus, quos primus collegit S. Sabbas, reparavit autem et auxit, post S. Sophonium, Patriarcham Hierosolymitanum, S. Joannes Damascenus, In latinum sermonem traducta; atque ob Tenerorum erga Deiparam Affectuum copiam, in plures Centurias distributa. Chiliadis Primæ, Centuriæ quinque priores. Interprete Simone WANGNERECKIO, Societatis Jesu Sacerdote. Sumptibus Joannis Wagneri, typis Lucæ Straub, Monachii, 1647, 12°, pp. 600, sllelt.

308. — Vesperæ Marianæ. (1649.) (Par le P. Laurent LEBRUN.)

Inséré, p. 177-185, de son *Ecclesiastes Salomonis Paraphrasi Poeticâ explicatus. Rothomagi, 1649.*

309. — Officium B. Virginis a Pietate. Ulyssipone, apud Petrum Crasbeeck, 1666, 4°. (Par le P. Louis BRANDAO.)

310. — Psautier de la Vierge Marie. (En *espagnol*.) Seville, 1691, 16°. (Par le P. Pierre MERCADO.)

311. — Heures de Marie. (En *espagnol*.) Sevilla, 1691, 16°. (Par le P. Pierre MERCADO.)

312. — Officium B. Mariæ illustratum cum lacrymis Davidis seu Psalmis Pœnitentialibus. Authore Matthæo RICCA e Soc. Jesu. Monteregali, ex typographia Vincentij, et Io. Baptistæ FF. de Rubeis, 1693, 8°, pp. 80.

313. — Occupation chrétienne pour tous les jours, toutes les semaines, et tous les mois de l'année, contenant les ardeurs séraphiques, ou l'office de la Sainte Vierge pour chaque jour de la semaine, plusieurs autres offices, diverses Litanies... A Liège, de l'imprimerie de Pierre Danthez, 1696, 12°, pp. 390. (Par le P. Jacques CORET.)

314. — Pseautier de la sainte Vierge composé par S. Bonaventure. Traduction Nouvelle. A Lyon, chez la Veuve et Fils de Jean Verati, M.DCC.XIV, 16°, pp. 437. (Par le P. Joseph DE GALLIFET.)

Cette édition anonyme a été suivie de beaucoup d'autres, qui portent le plus souvent le nom du traducteur.

315. — Officium B. V. Mariæ perpetua paraphrasi et brevibus notis illustratum ad usum DD. Sodolium Academicorum iisdemque in Xenium oblatum a Congregatione majore Academica Ingolstadiana. Anno MDCCXXXII. Ingolstadii, Godefr. Zipper, 12°, pp. 158. (Par le P. François FÉGELY DE SEEDORFF.)

316. — Officium et Missa in festum Maternitatis et Puritatis B. M. Virginis pro Lusitania. (1750 [?].) (Par le P. Joseph CARPANI.)

317. — Uffizio della B. V. M. in versi. Parma, 1797. (Par le P. Joseph Marie TASCHINI.)

318. — Officia D. N. Iesu Christi, et B. M. Virginis. Panormi, Pedone-Lauriel, 1842, 12°. (Par le P. Alexis NARBONE.)

II. — *La Salutation angélique.*

319. — Xing nù King Kiai. (1630 [?].) (Par le P. Jacques Rho.)

C'est l'explication en chinois de l'*Ave Maria.*

320. — Salutatio Angelica, multiplici precularum, hymnorum, endologiarum serto coronata. Coloniæ, 1637, 16°. (Par le P. Maximilien van der Sandt ou Sandæus.)

321. — Exercice de piété sur le Pater, l'Ave et le Credo. (1640 [?].) (Par le P. Guillaume Montanus.)

322. — Essay de la plus divine manière d'honorer la Très-Sainte Mère de Dieu : Par la Salutation Angélique de l'Ave Maria. (Par le P. Laurent Chiflet.)

Dans le *Recueil* de ses *Œuvres spirituelles.* (Anvers, 1618.)

323. — La Ave Maria, Salutacion Angelica, trazada por el mismo Dios, rezada por el Archangel S. Gabriel, ilustrada con asuntos varios en abono de la Immaculada Concepcion de la Virgen Madre de Dios. Sevilla, Juan de Ossuna, 1658, 4°. (Par le P. Ildephonse de Flores.)

324. — Immaculatum rosarium quindena contentum decade, sive quinquaginta supra centum anagrammata omnino elementaria, et pura ex Angelicis Verbis Ave Maria, gratia plena, Dominus tecum. Auctore Gracioso Eremicola. Taurini, apud Bartholomæum Zapatam, 1662, 4°. (Par le P. Hippolyte Sangeorgio.)

325. — Oratio Angelica, id est divini Amoris mensis Angelicus, sive XXXI incitamenta, et praxes, ad Salutationem angelicam, ferventer, frequenter recitandam. Viennæ, 1670. — Tyrnaviæ, 1674. (Par le P. Jean Nadasi.)

326. — A. M. D. G. Anielskie Pozdrowienie, albo Zdrowas Marya, na boznymi áktámi, y dowodnymi Historyami : do pierwssych piaci Vroczysłosci, Naswiętszey Boga rodzicy żawsze Panny Maryi przez Wielebnego X. Marcina Bogumiła Grymosza Societatis Jesu. 1698. w Lublinie, w Drukarni Coll. Soc. Jesu, 8°, pp. 398, sld. — Ibid., 1700, 8°, pp. 20-364.

C'est la Salutation Angélique, accompagnée de réflexions et d'histoires.

327.— Anagrammata ex Verbis Ave Maria, etc., in singulos anni dies. (1700[?].) (Par le P. Martin Szentivani.)

328. — Godtvruchtighe bemerckinghen op de Engelsche Groetenisse, doorgaens ghenoemt den Weest Gegroet, verciert met Beelden, en goede gheneghentheden : ten eynde men de H. Maeghet groete met eerbiedinghe en vreught, ghelyck sy van den Engel ende Elisabeth is gegroet ghewe est. Brussel, F. Foppens, 1706, 8°, pp. 81. (Par le P. Gislain Perduyn.)

329. — Salutatio Angelica et humana explicata autore Deo ab æterno componente, Angelo in tempore perorante, Maria Virgine approbante, mancipiorum maximo peccatore scribente. (25 sermons.) (1718.) *Manuscrit.* (Par le P. Étienne Csete.)

330. — Oratio Dominica, orationum omnium Summa... Unà cum adjuncta Angelico-Mariana Salutatione : Ave, Illius nobili et Corollario, et Complemento, Juxta ejus VII. Petitiones studiosè accommodato, a P. Mathia Herz, Societatis Jesu. Litomericii, Typis Francisci Skrochowsky. Anno 1739, 8°, pp. 314, slpelt.

331. — Ave Maria, duo pour deux soprani, avec accompagnement d'harmonium, ou piano, composé et dédié à MM. les élèves du pensionnat St Michel, à Bruxelles, par J. Giméno, S. J. Bruxelles, Lith. de E. Persenaire (1840 [?]), in-8°, pp. 6.

Le même avec orchestre.

332. — Ave Maria. Pastorale. A trois voix. Avec accompagnement d'orgue. Paris, Ve Canaux (184..), 4°, pp. 3. (Par le P. Louis Lambillotte.) — Ave Maria. Duo dialogué pour Soprano et Ténor. Avec... Ibid.

333. — Angelus, motet à quatre voix, avec accompagnement d'orgue ou de piano. Paris, 1848, 8°. (Par le P. Louis Lambillotte.)

334. — Ave Maria, solo de soprano ou de tenor avec accompagnement d'Orgue expressif, par le R. P. de Doss, S. J. (1854). — Ave Maria, à 3 voix d'hommes (1854 [?]).

335. — L'excellence de la salutation angélique ou les charmes de l'Ave Maria. Par un Père de la Compagnie de Jésus. Bruxelles, F. Hænen, 1863, 18°, pp. 68. (Par le P. Duvernet [?].)

336. — L'Ave Maria janséniste. — Dans les *Précis historiques,* 1873, p. 237-244. (Par le P. Constantin van Aken.)

337. — Pilgerreise nach Maria-Zell. Lehrreiche Ausdeutung des Ave Maria. Düsseldorf, Schulgen, 1877, 8°, pp. 252. (Par le P. François Hattler.)

338. — Ave Maria, pour deux ténors et basse. Par le P. Adolphe de Doss. (1877.)

339. — Verdediging van het « Ave gratia plena. » — Dans les *Studien op Godsdienstig, Wetenschappelijk en Letterkundig Gebiet,* t. XI, p. 278-293 (1879). (Par le P. Henri te Braake.)

340. — Ave Maria sive Maria ab Angelo variis linguis salutata cui omnia a se collecta scriptaque D. D. D. P. A. Pfister S. J. Changhai, 1882, 8°, pp. 6, 182 nch. et 16. (*Autographié.*)

III. — *Hymnes et Antiennes.*

341. — Parnassus Marianus seu flos Hymnorum, et rhythmorum de SS. Virgine Maria. Ex priscis tum Missalibus, tum Breviariis plus sexaginta. Accessit Parnassus Jesu, seu Mons Myrrhæ et Paraphrasis aurea super Salve Regina. Collectore P. Antonio de Balinghem Societatis Jesu. Duaci, Typis Baltazaris Belleri, Anno 1624, 12°, pp. 670, sllelt.

342. — Himnos y Antifonas virginales. (1686.) *Manuscrit*. (Par le P. Matthieu Cruz.)

343. — Cursus annuus Præsidis Mariani : in quadriga Solennium quatuor Antiphonarum Alma Redemptoris Mater. Ave Regina Cœlorum. Regina Cœli lætare. Salve Regina Mater misericordiæ. E Sacris Litteris, Patribus, Revelationibus, et Historiis præparatus, et expeditus : In subsidium Præsidum Congregationum Marianarum, necnon Concionatorum in festis Beatissimæ Virginis. A. R. P. Georgio Worpiz, Societatis Jesu Sacerdote. Augustæ Vindel. et Dilingæ, Apud Joannem Casparum Bencard, MDCCVI, 4°, pp. 620, slpelt. — Ibid., 1772, 4°.

344. — Meditationes septem in Canticum Salve Regina. Antverpiæ, ex officina Christophori Plantini, 1588, 16°. — Ingolstadii... — Coloniæ... — De Cantico Salve Regina Septem Meditationes : Authore R. P. Francisco Costero, Doctore Theologo Societatis Jesu. Venetiis, Apud Jo. Baptistam Bonfadinum, MDLXXXVIII, 12°, pp. 92.

Traduit en flamand (*Anvers, 1590*), en allemand (*Dilingen, 1588*).

345. — Tratado sobre Salva Raynha. (1600 [?].) (Par le P. Jean Rebello.)

346. — Paraphrastica explicatio in hymnum Salve Regina et hymnum Ave Maris Stella. Antverpiæ, ex officina Plantiniana, 1609. (Par le P. Gilles Schondonch.)

347. — Paraphrasis poetica in Hymnum Salve Regina. Romæ, (1640 [?].) (Par le P. Jean Luccari.)

348. — Gaudium Orbis universi, sive lætitia generis humani, Augustissima Cœlestium, Terrestrium, et Infernorum Regina, Deipara Virgo, Maria, ex qua per benedictum fructum ventris ejus, post tot Myriades annorum, post tot SS. PP. vota, desideria, suspiria, gemitus et lacrymas, afflicto generi humano, risum fecit Dominus, et Gaudium attulit universo Mundo, sacro et pervetusto Ecclesiæ Hymno Salve Regina, devota panegyri, in marianam gloriam concinnato, in odas duodecim distributo. Salutata et celebrata a P. Mathia Schmuker, Soc. Jesu Sacerdote. 1685. Glacii, in officina Andræ Franc. Pegen, 8°, pp. 416. — Ibid., 1685, 4°, pp. 206, sllelt.

349. — Zodiacus stellarum XII series ambiens Mariam seu Commentarii in Salve Regina Canticum XII Matris Virginis SS. titulos continens, respondentes sex præcipuis solennitatibus eiusdem. Auctore R. P. Michaele Ginkiewicz, S. J. Gedani, impensis Ægydii Janssonii a Wæsberge, 1707, 8°, pp. 761. — Pars posterior. Gedani, typis J. Z. Stollii, 8°, pp. 772, sllelt.

350. — Salve Regina, pour quatre voix d'hommes. Par le P. Adolphe de Doss. (1878.)

351. — Le mois de la reine du ciel ou le Salve Regina médité pendant le mois de Marie, par le R. P. Antoine Denis, de la Compagnie de Jésus. Liège (?), 1883.

352. — In Hymnvm Ave Maris Stella meditationes. Auctore R. P. Francisco Costero, Doctore Theologo Societatis Jesu. Antverpiæ, ex officina Christophori Plantini, M.D.LXXXIX, 16°, pp. 188. — Lugduni, 1593. — Coloniæ Agrippinæ, Apud Antonium Hierat, DC (*pour* MDC), 12°, pp. 174.

353. — L'Estoille mystique servant de guide à toute âme qui desire parvenir au port du salut, dressée sur le suiet de l'hymne *Ave Maris Stella*, enrichie à chaque quadrain de belles figures des mystères de nostre redemption par le R. P. François Bonald du Guiaudan, Prestre de la Compagnie de Iesus. Lyon, 1606, 12°. — Douay, Charles Boscard, 1609, 12°, pp. 376.

Traduit en latin par le P. A. Dulcken, Chartreux, *Coloniæ, 1607; — Duaci, 1607 et 1688.*

354. — L'*Ave Maris Stella* en vers malabares. (1732.) — *Manuscrit*. (Par le P. Jean Ernest Hanxleden.)

355. — L'inno Ave Maris stella parafrasato in verso italiano. Roma, Salviucci, 1862, 16°. (Par le P. François-Xavier Patrizzi.)

---

356. — Hymnus Stabat Mater, argumentum quinque considerationum. Monachii, 1788. (Par le P. Louis Seccard.)

357. — Stabat Mater. Solo, Duo et Chœur à trois voix égales. Paris, Ve Canaux, (184..), 4°, pp. 9. (Par le P. Louis Lambillotte.)

358. — Stabat Mater (en musique). 1883 (?). (Par le P. Abel Collin.)

---

359. — (Drama Marianum, quo Sodales Veldkirchenses celebrem illum S. Casimiri hymnum *Omni die* dedêre spectandum. Anno 1657.)

360. — Tota pulchra, solo concertant pour basse-taille et violoncelle, avec accompagnement de 2 violons alto et basse, composé par J. Giméno S. J. Dédié aux éléves du collége Saint-Michel, de la Compagnie de Jésus, à Bruxelles. A Bruxelles, De Wageneer, 1840 (?), 4°, ff. 8.

361. — La preghiera Tota pulchra es, voltata in verso italiano. Roma, Salviucci, 1863, 16°. (Par le P. François-Xavier Patrizzi.)

362. — Musica sacra del P. Stanislao di Pietro d. C. d. G.... Tutta bella sei Maria, Canzonica popolare... Roma, 1866, 4°.

---

363. — Cantilena : O Virgo Virginum (et alii Libelli filiationis Mariæ.) Cassoviæ (?), (1730 [?]). (Par le P. Mathias Pock.)

IV. — *Litanies et Prières diverses.*

364. — Carmen quo litanias de Beata Virgine breviter et pie complexus est. (16e S.). (Par le P. Edmond Campian.)

Le P. Sotwel a inséré cette pièce, composée de douze pentamètres, à la p. 184 de sa *Bibliotheca Scriptorum Societatis Jesu.*

365. — (Litaniæ B. M. Virginis.) (En *espagnol.*) (1600 [?].) (Par le B. Alphonse Rodriguez.)

366. — Litaniæ Lauretanæ, aliæque in singulos hebdomadæ dies ad B. Virginis laudem, ex sacra scriptura, sanctisque Patribus conflatæ, cum notis musicis. Parisiis, per Thonam Brumennium. (1600 [?].) (Par le P. Michel Coyssard.)

367. — Apis argumentosa mella legens ex sacris elogiis B. V. Mariæ quæ in ejusdem litaniis pie cantari solent. Monachii, 1631, 12°. — Coloniæ, 1633, 12°. (Par le P. Georges Schroetel.)

368. — Litaniæ Lauretanæ de B. Virgine Maria. 1639. (*Avec musique.*) (Par le P. Simon Berent.)

369. — Breue Esplicatione delle Litanie della Beatissima Vergine data in luce dal P. Silvestro Pietra Santa della Compagnia di Giesù. Per secondare la pieta di quelli, che l'ascoltano nella Chiesa del Giesù di Roma. Con aggiunta nel fin delle medesime Litanie, Hinni, et Orationi consuete, per commodità di chi voglia dirle. In Roma, nella Stamperia delle tre Palle d'Oro, Appresso Pietro Antonio Facciotti, 1643, 12°, pp. 391, sld.

370. — Paraphrase poetique latine et françoise sur les litanies de Nostre Dame de Lorette. Dediée à Messieurs de la Congregation de la Sainte Vierge, chez les Pères de la Compagnie de Jesus à Tournay. A Tournay, de l'Imprimerie de la Veuve Adrien Quinqué, 1669, pet. 12°, pp. 127, sld. (Par le P. Jean Vincart.)

371. — Angeli Custodis pia in Clientem officia. Sub typo agricolæ Hortulani ac ducis. Angelophilo adumbrata quibus in Parthenophili gratiam adjunctæ sunt Litaniæ Marianæ Elogia metrica. Per P. Franciscum de la Rue Societatis Jesu. Tornaci, ex officina Jacobi Coulon, s. a. (1681), 18°, pp. 23.

372. — Las litanias Lauretanas esplicadas en mas de ochenta sermones. (1686.) — *Manuscrit.* (Par le P. Matthieu Cruz.)

373. — Litaniæ Beatæ Virginis Mariæ, pro felici morte impetranda, latinæ, græcæ et hebraicæ. Congregationibus Academicis ejusdem Deiparæ, dedicatæ. Avgvstæ Vindelic., M.DCXVIII, pet. 8°, pp. 12. (Par le P. George Mayr.)

374. — Affettuose Meditazioni sopra le Litanie della Madonna tradotte dal Francese, e con Esempi illustrate da Giuseppe Antonio Patrignani della Compagnia di Gesù. In Firenze, Nella Stamperia di Michele Nestenus, MDCCXX, 12°, pp. xii-312.

375. — Respiri dell' anima divota di Maria, le litanie Loretane ponderate. (17e S.) (Par le P. Pierre ANSALONE.)

Inséré au t. I, p. 191, de ses *Opere spirituali. In Napoli, 1721, 4°, 2 vol.*

376. — Secunda Deiparæ Virginis laudum minuta post laudes lauretanas collecta. Carmen elegiacum. Claudiopoli, 1736, 16°. (Par le P. Georges SZEGEDI.)

377. — Eruditi piique conceptus de Beatissima Deiparente, de variis ejusdem prærogativis ac titulis, etiam ex litaniis lauretanis desumpti. (1742.) — *Manuscrit.* (Par le P. Mathias HAYKO.)

378. — Anagrámas, Epigrámas, y Elegios sobre la Litania de la Virgen. — *Manuscrit.* (1760.) (Par le P. Luc ALVAREZ.)

379. — Die sogenannte Lauretanische Litaney erklärt von Dechant SCHÖNFELD. Prag. 1783, 12°.

380. — Parafrasi, ossia esposizione poetica delle litanie della SS. Vergine Maria, Madre di Dio. Torino, G. Fea, 1796, 8°. (Par l'abbé Jean Dominique GIULI.)

C'est une seconde édition.

381. — Litaniæ Beatæ Mariæ Virginis. Valentiæ, typis Viduæ Augustini Laborda, 1802, 4°. (Par le P. Manuel LASSALA.)

382. — Mariana y Lauretana letania : ameno paraiso en donde hallan los mas dulces y tiernes entretenimentos los hijos de la gran reina de los angeles. (1810.) — *Manuscrit.* (Par le P. François-Xavier LLAMPILLAS.)

383. — Les litanies de Notre-Dame de Lorette, expliquées par le P. Arthur MARTIN, de la Compagnie de Jésus; et enrichies de trente-six lithographies en couleur et en or. Par Gigniez et Launay. Paris, Debost et Desmottes, 1844, gr. 32°, pp. 271.

384. — Litanies de la Ste Vierge à 3 et 4 voix, pour être chantées alternativement entre le plain-chant et la musique avec accomnt d'orgue. Paris, Poussielgue-Rusand (1844), 4°, pp. 31. (Par le P. Louis LAMBILLOTTE.)

385. — Litanies de la très-sainte Vierge, à l'usage des établissements religieux, par le R. P. BASUIAU de la Compagnie de Jésus. Paris, Poussielgue-Rusand (1857), 4°.

386. — Le Litanie della Santissima Vergine espiegate e proposte in forma di considerazioni dal P. Pasquale GRASSI, della Compagnia di Gesù. Napoli, presso G. Nobile, 1859, 8°, pp. XX-306.

Traduit en français (1862).

387. — Trente-deux litanies de la Sainte Vierge. Par le P. A. COLLIN, S. J. Paris, Renaud, 1868.

388. — Litanie a tre voci con accompagnamento d'organo, composte dal P. Stanislao DI PIETRO d. C. d. G... Roma, 1868, fol.

389. — Collegium Lugdunense Societatis Jesu. B. Mariæ V. litanias Lauretanas perpetuo carmine redditas variisque interpunctas flosculis 3ª Junii 1872 scholæ omnes dedicarunt. (Lyon, imp. L. Perrin), 4°, p. 1.

390. — May Papers; or, Thoughts on the Litanies of Loreto. By Edward Ignatius Purbrick, Priest of the Society of Jesus. London, Burns, 1874 (?).

391. — Die Lauretanische Litanei. Sonette von Alexander Baumgartner, S. J. Freiburg, Herder, 1883, 12°, pp. 68.

---

392. — Memorare o piissima virgo Maria. Marie, refuge des pécheurs, priez pour nous : solo avec chœur (à volonté), musique du P. L. Lambillotte. Bruxelles, chez Katto (1850 [?]), 4°, pp. 12. — Paris, 4°, pp. 16. — Souvenez-vous, paroles du P. Lefebvre, musique des PP. Louis et Joseph Lambillotte; avec accompagnement d'orgue ou de piano. Paris, 12°.

---

393. — Sub tuum. Sur un motif de Beethoven. Chœur à 3 voix égales et trois invocations. ... 1880. (Par le P. Louis Zugmeyer.)

---

394. — La prière du P. Zucchi, ou prière O ma Souveraine! (1862.) (Par le P. Léonard Cros.)

---

395. — Corona di varie salutazioni alla Beata Vergine. In Milano, 1612, 12°. (Par le P. Pierre Giustinelli.)

396. — Turibolo di preci a Gesù e Maria di Giuseppe Rainaldi. Roma, Mascardi, 1648, 24°. (Par le P. François Rainaldi.)

397. — (Lilia et rosæ. Libellus precatorius Marianus.) (En *allemand*.) Gräz, Jos. Sirolla, 1844, 12°; — 1846. (Par le P. François de Sales Scherer.)

IV

MYSTÈRES & FÊTES

I. — *Généralités.*

398. — Mysteria dierum B. V. Mariæ dicatorum. (1596.) — *Manuscrit.* (Par le P. Jules Fatio.)

399. — Meditations sur les sept solennitez principales de N. Dame avec quatre excellens discours pour toutes Festes des autres Saints. Le tout distingué par figures de l'Ancien Testament, par Propheties, Considerations et Instructions morales, et composé par le R. P. Vincent Bruno, de la Compagnie de Jesus, puis traduit en François ... par le P. Jean de Villers, de la mesme Société de Jesus. A Douay, chez Baltazar Bellere, 1601, 8°, pp. 475. — A Rouen, 1606. — Lyon, 1615.

400. — Quinquatria Mariana, sive de quavis quinque solennitatum Deiparæ Virginis Mariæ quatuor discursus Concionatorij. ...Viennæ Austriæ, typis Michaelis Richtij, 1632, 8°, pp. 235. (Par le P. Jean Gans.)

401. — Carmina Regia de præcipvis Avgvstissimæ Virginis Mariæ Mysteriis. Autore Patre Antonio Chanvt E Societate Iesv. Tolosæ, Apud Arnaldvm Colomerivm, 1642, 4°, pp. 65, sll.

402. — Præcipua septem Augustissimæ Virginis Mysteria. Autore P. Antonio Chanut Arverno e Societate Jesu. Pars prior. Tolosæ, apud Petrum Bosc, MDCL, 8°, pp. 679, sllelt. — Pars posterior. Ibid., apud Raymundum Bosc, 1655. — Pars tertia. Ibid., apud Arnaldum Colomerium, 1657.

Cet ouvrage a été inséré dans le *Parnassus Societatis Jesu*, p. 183-395.

403. — Meditations sur les Festes et Octaves de la Mere de Dieu, qui se rencontrent chaque Mois de l'Année. Par le R. P. Paul de Barry, de la Compagnie de Jesus. A Paris, chez Florentin Lambert, 1651, 12°, pp. 650, sll.

Traduit en latin par le P. Sibenius, en allemand par le P. Deininger.

404. — Ehren-Thron der über alle chor der Engel erhöhten Himmels Königin Mariä. Deutsch durch G. Deininger, S. J. München, 1659, 4°.

C'est la traduction de l'ouvrage précédent.

405. — Le sette feste di Maria, feconde di grazie singolari a' divoti, che le han celebrate con singolari ossequj. Scritte da Tommaso AURIEMMA della Compagnia di Gesù. In Napoli, appresso Girolamo Fasoli, 1661, 8°. — In Venezia, appresso Cristoforo Zane, MDCCXXX, 12°, pp. 443, sll.

406. — SS. Anagrammata de Festis Christi et B. Virginis. Varsaviæ, Typis Elertianis, 1666, 12°. (Par le P. Adalbert TYLKOWSKI.)

407. — (Manière de passer les fêtes principales de la sainte Vierge Marie.) (En *allemand.*) Prag, 1669, 12°. (Par le P. Charles de GROBENDONCQUE.)

408. — Pratique de dévotion pour les 12 fêtes de la Sainte Vierge. Paris, Simon Benard, 1670, 12°. (Par le P. Louis JOBERT.)

409 — Cultus Festorum Mariæ Virginis. S. l. et a., 12°, pp. 144. — *A la fin :* Viennæ Austriæ, typis Josephi Kurtzböck.

410. — Summa perfectionis christianæ in pium usum collecta, una cum sex Orationibus in sex præcipuis Marianis Festis in Congregatione Majori Academica B. V. Annuntiatæ Herbipoli superiore anno dictis et DD. Sodalibus ejusdem Congregationis in Xenium oblata. Typis Eliæ Michaelis Zinck, 1684, 12°, pp. 126-151. (Par le P. Martin CAUDT.)

411. — Il tempio di Maria in cui si celebrano le sue feste colle Novene per apparecchio ad ogni Festa. Opera del P. Pietro ANSALONE della Compagnia di Giesù. In Napoli, per Dom. Antonio Parrino, s. a. (*1704*), 12°, pp. 396, sll. — In Napoli, presso Niccolò Migliaccio, 1740, 12°. — Ibid., s. a., 12°, pp. 251. — In Venezia, MDCCXLIII, 12°. — In Napoli, MDCCLVII, 12°. — In Venezia, 1760 (?).

Inséré au t. I, p. 315, des *Opere Spirituali del P. Ansalone... In Napoli, 1721, 4°, 2 vol.*

412. — Vigilie Mariane, overo Meditationi per le Vigilie delle sette Feste di Maria. (1706.) — *Manuscrit.* (Par le P. Jérôme RAGUSA.)

413. — Il Sacerdote Mariano : meditazioni delle principali sette feste di Maria Vergine applicati allo stato Sacerdotale. Palermo, 1724, 12°. (Par le P. François Marie RICCI.)

414. — Corona de doce estrellas, de doce elogios y deprecaciones à la Santissima Virgen, para celebrar sus festividades y conseguir su patrocinio. La dedica a Nuestra Señora de Belen el P. Pedro CALATAYUD, maestro de teologia y misionero de la Compañia de Jesus. 1734. — Saragoça, Joseph Fort, 1751, 24°, pp. 26. — Palma, D. F. Guaps, 1841, 8°.

415. — La divozione alla SS. Vergine accresciuta dalla spiegazione delle principali Feste e Privilegj da un Religioso della Comp. di Gesù. In Palermo, nella stamperia di Giuseppe Gramignani (1740 [?]), 8°. (Par le P. Antoine SACCONE.)

416. — Honor Najowiętszej Maryi historycznie wy rażony wopisaniu tajemnie początku i czci Swiąt Icj w kazdym miesiącu, oraz z temi na wszystkie dni roku punktami zycia Swiętych, w których affekt, Jch ku Matle Boskiej, albo swiadczone Im od Niej łaski wykazują się.... Kaliszu, w Dr. col. 1741, 8°, pp. 400. (Par le P. Adalbert BYSTRZONOWSKI.)

Le P. Brown traduit ainsi ce titre : *Honor SS. Mariæ historice describendo mysteria originem et cultum Festorum Ejus quolibet mense et ea in quemlibet totius anni diem vitarum Sanctorum puncta, in quibus vel Eorum affectus erga Matrem Dei, vel in Illos ab ea collata beneficia re ucent.* A la suite il y a un calendrier pour 1741 et un Abrégé de l'histoire de la Compagnie, à l'occasion du 2e centenaire de sa fondation.

417. — Considerazioni sopra le seguenti Feste di Maria, della Concezione, Natività, Annunziazione, Purificazione, Visitazione, Presentazione, Assunzione. In Bologna, nella stamperia di Lelio dalla Volpe, s. a. (1749 [?]), 12°. (Par le P. Antoine François MARIANI.)

Ces neuvaines parurent d'abord séparément.

418. — Marianischer Tempel, das ist : Neuntägige Vorbereitung auf alle Fest-Täg der Jungfräulichen Mutter Gottes. In welscher Sprach hervor gegeben von P. Petro Ansalone, der Gesellschaft Jesu : anjetzo von P. Franc. Xav. GENNZINGER, gemeldter Societät in das Deutsche übersetzt. Augspurg, und Würtzburg, 1749, 8°. — Dritte Auflag. Augsburg, Verlegt von den Gebrüdern Veith, 1768, 8°, pp. 283, sll.

419. — Koronka, nie już z dwanaście gwiazd świętnych, ale ze dni Swiętych honorowi Matki Boskiey dedykowanych, złożona, albo historye, reflexye y przysługi na rózne Festa Maryi Panny sluzące przez X. Jana KORSAKA S. J. w Wilnie, w Druk. akad. S. J., 1759, 8°.

Ce sont des histoires, réflexions et dévotions pour les différentes fêtes de la Sainte Vierge. Cet ouvrage aurait une édition anonyme de 1718.

420. — Triduo Mariano, ó disposicion previa de tres dias para celebrar con mucho fervor, y fruto las fiestas mas principales de Nuestra Señora. En Valencia, por Benito Monfort, 1760, 12°. (Par le P. François-Xavier HERNANDEZ.)

421. — Lezioni Sacre per apparecchio alla Festa della SS[a] Vergine che si celebra solennemente ogni anno la secunda Domenica di Maggio nell' Oratorio della Communion generale di Roma. Composte da un Padre della Compagnia di Gesù... In Roma, appresso il Bernabi e Lazzarini, 1760, 12°, pp. x-211. (Par le P. Alexis PICHI.)

422. — L'Ame fidèle animée de l'esprit de Jésus-Christ par la considération de ses divins Mystères avec des considérations sur les Mystères de la Sainte Vierge. A Lyon, chez B. M. Mauteville, 1771, 12°, pp. 188 et 106. (Par le P. Barthélemi BAUDRAND.)

Nombreuses éditions. Traduit en espagnol, en allemand, en anglais, en flamand.

423. — Festa Mariana celebriora per annum ex more et instituto almæ congregationis B. M. V., etc. Annunciatæ Heidelbergæ, sermonibus panegyrico-moralibus illustrata. Heidelbergæ, 1778, 8°. (Par le P. André BISSING.)

424. — Elegiæ VIII SS. Dei Genitricis octo præcipua festa continentes. Viterbii, per Josephum Poggiarello, 1780. (Par le P. Joseph Zacco.)

425. — Les fastes et les fêtes de Marie. (1789.) — *Manuscrit.* (Par le P. Gabriel Brotier.)

Il est à la Bibliothèque nationale de Paris.

426. — Esame critico delle principali feste di Maria Sanctissima del Conte Canonico Alfonso Muzzarelli. In Fuligno, 1794, per Giovanni Tomassini, 4°, pp. vi-211.

427. — Le Feste delle SS. Vergine celebrate con ossequiosi Sonetti. Parma, 1797, 8°. (Par le P. Joseph Marie Taschini.)

428. — Novene in apparecchio alle Festività di Maria SS. Roma, 1804. (Par le P. Louis Mozzi de' Capitani.)

429. — La Semaine de Marie ou les sept fêtes de la Sainte Vierge, méditations d'après la méthode de saint Ignace; par le P. Marin de Boylesve, de la Compagnie de Jésus. L'Annonciation. Paris, Bouquerel, 1866, 32°, pp. 15. — Ibid., 1867.

430. — Les Fêtes de la Ste Vierge. (*En malgache.*) Tananarive, 1868, 12°. (Par le P. Laurent Ailloud.)

431. — La visita a Maria Santissima da farsi nel sabbato e nelle sue feste, in riparazione degli oltraggi che ella riceve dagli empii, proposta ai devoti della Vergine. Roma, 1870, 32°, pp. 91. (Par le P. Joseph Vagnozzi.)

432. — Méditations sur la très-sainte Vierge pour tous les samedis. Par le P. Marin de Boylesve, S. J. Paris, Haton, 1874, 32°, pp. 104.

433. — Le culte de Marie proposé à la jeunesse catholique, ou considérations pour sanctifier le mois et les fêtes de la T. S. Vierge, par le P. J. Van Volckxom, de la C. de J. Liège, Dessain, 1883. — 3e Édit. Ibid., 1884, 18°, pp. 500.

Traduit en flamand, 1885.

V

L'IMMACULÉE CONCEPTION

I. — *Écriture Sainte.* — *Théologie.*

434. — Commentarius in Evangelium Matthæi. Tomus I... Matriti, typis Francisci Martinez, 1634, fol. — Tomus II, totus agit de Immaculata Conceptione Beatissimæ Virginis. Ibid., 1640... — Tomus III... 1641. (Par le P. Jérôme Guevara.)

435. — In Canticum Canticorum Salomonis. (1672.) — *Manuscrit.* (Par le P. Jean Everard Nidhard.)

Sotwel dit : « in quo ostendit, Canticum illud divinum in sensu litterali saltem secundario de Immaculata Conceptione Deiparæ Virginis esse intelligendum. »

436. — Commentaria in Cantica Canticorum, quibus Immaculatæ Conceptioni Deiparæ dilucidandæ totum illud Sacrum Epithalamium deservire contendit. (1691.) — *Manuscrit.* (Par le P. Diego Oqueta.)

---

437. — Utrum B. Virgo fuerit sanctificata in primo instanti Conceptionis, atque adeo ab originali peccato præservata. (160... [?].) (Par le P. François Suarez.)

Ce traité ne fut imprimé qu'après sa mort ; il est inséré dans ses *Opuscula sex inedita. (Bruxellis, 1859.)*

438. — Informacion Ecclesiastica ex defensa de la Limpia Concepcion de la Madre de Dios... Por el Padre Pedro de Ojeda de la Compañia de Jesus, Catedratico de Escriptura en el Colegio de la misma Compañia de Cordoua. Impresso en Cuenca, en Casa Saluador de Viader. Año de mil y seyescientos y diez y seys, 4°. ff. 67, sll. — Madrid, 1616, 4°.

439. — De Immaculata B. V. Dei Genitricis M. Conceptione, sive de singulari illius Immunitate ab Originali peccato, per Jesu Christi filii ejus cumulatissimam Redemptionem Liber unus. Authore Jacobo Granado Gaditano Societatis Jesu, in Collegio Hispalensi, S. Hermenegildis ejusdem Societatis, Theologiæ Professore... Hispali, apud Franciscum de Lyra, Anno MDCXVII, 4°, ff. 114, sll.

440. — Ferdinandi Quirini de Salazar Conchensis è Societate Jesu in Complutensi Collegio Sacrarum litterarum Interpretis. Pro Immaculata Deiparæ Virginis Conceptione Defensio. Ad Philippum III. Hispaniarum, et Indiarum Catholicum

Regem. Compluti, Ex officina Joannis Gratiani, Anno 1618, fol., pp. 456, à 2 coll. slpelt. — Coloniæ Agrippinæ, apud Joannem Kinchium, MDCXXII, fol., pp. 412, slleft. — Parisiis, M.DC.XXV, fol., pp. 446, sldelt.

Des exemplaires de la 1re édition portent : *Compluti et Parisiis venundantur, 1621.*

441. — Informatio brevis pro tuendo titulo Immaculatæ Conceptionis. (1620 [?].) (Par le P. Pierre GONZALEZ DE MENDOZA.)

442. — De Immaculata Conceptione disputationes duæ. (1623.) — *Manuscrit.* (Par le P. Diego SECO.)

443. — De Immaculata Conceptione Deiparæ. (1627.) — *Manuscrit.* (Par le P. Pierre DE OJEDA.)

« Ingens volumen, » dit Sotwel.

444. — Utrum possit ab Ecclesia definiri Præservatio B. Virginis ab Originali labe. (1629.) — *Manuscrit.* (Par le P. Jean Jérôme DE SOPRANIS.)

445. — Apologia Scholastica, sive Controversia Theologica, pro Magnæ Matris ab originali debito immunitate, ex Sanctis litteris, Conciliis, Patribus, aliisque Theologicis argumentorum sedibus ad rem pertinentium diligenter collecta : Joanne PERLINO Madritensi Presbytero, Societatis Jesu... authore... Lugduni, sumpt. Jacobi, Andreæ, et Matthæi Prost, 1630, 4°, pp. 757, sllelt.

446. — Libri duo de Immaculata Virginis Conceptione. (1639.) — *Manuscrit.* (Par le P. Sébastien DO COUTO.)

447. — De illibata et prorsus immaculata Conceptione Virginis Mariæ. (17e S. [?].) — *Manuscrit.* (Par le P. Diego MADUENO.)

448. — Memorial ajustado de los fundamentos incontestabiles de la Immaculada Concepcion de la Virgen Maria Nuestra Señora. Valladolid, 1640, fol. (Par le P. André MENDO.)

449. — P. Andreæ PINTI RAMIREZ Vlysiponensis, Societatis Iesv, Deipara ab originis peccato præseruata : Vbi, postquàm scholastico tenore quædam breuiter expenduntur ; fusissimè deinde ab Scriptura, et Patribus, amœniores semitas enarrat calamus Tomus vnus, Indicibus necessariis clarus. Nunc primùm prodit. Lvgdvni, Sumpt. Hær. G. Boissat, et Laurentij Anisson, M.DC.XLII, fol., pp. 416, sllelt.

450. — Vindiciæ Deiparæ Virginis de peccato originali, et debito illius contrahendi, rigore Theologico præstructæ, et a nemine hactenus ex Professo discussæ In quibus quæstiones variæ tum ad Scholasticam, tum ad expositivam disciplinam spectantes noviter agitantur. Auctore R. P. Dre Ambrosio DE PENALOSA Mondejarensi Societatis Jesu... Antverpiæ, apud Hieronymum Verdussen, MDCL, 4°, pp. 455, sllelt.

451. — De immaculata Conceptione Beatissimæ Virginis. (1650 [?].) — *Manuscrit.* (Par le P. François SALINAS.)

452. — Angelici Doctoris S. Thomæ Aquinatis de Beatissimæ Virginis Deiparæ Immaculata Conceptione sententia e multis Ejus operibus studiose collecta et edita a P. Nicolao Cichovio S. J. Theologo. Posnaniæ, typis Alberti Reguli. An. D. MDCLI, 4°, pp. 10-78. —Viennæ, typis M. Rictii, 1660, 12°, pp. 14-152.— Editio Tertia. Patavii, typis Jo. Baptistæ Conzatti, 1720, 12°, pp. 162, slldt.

453. — Memorial del ultimo estado que tiene para ser difinida por dogma da Fee la pia opinion que afirma haber sido concebido sin culpa original la Virgen Nuestra Señora. Madrid, 1652, fol. (Par le P. Joseph Guarnizo.)

454. — Immunitas B. V. Mariæ ab ipso etiam originalis labis contrahendæ debito. Opera Adami Burghabers Societatis Jesu SS. Theologiæ Profess. Lucern. typis Davidis Hault, Anno MDCLII, 12°, pp. 171, sll.

455. — De Immaculata Conceptione B. Virginis pro ejus ultima definitione tractatus. Barcinone, 1653, 4°. (Par le P. Joseph de Olzina.)

456. — Maria immaculate concepta. Philippo IIII Hispaniarum Regi Catholico Novo Constantino Augusto, Mundi globum Aræ Mariæ Sacræ ad firmitatem ponenti. Auctore P. Joanne Antonio Velazquez Provinciali Societatis Jesu in Provincia Castellana... Anno Christiano MDCLIII. Pinciæ, exudebat Barth. Portales, fol., pp. 837, sldelt. — Lugduni, 1653.

457. — Joannis Eusebii Nierembergh e Societate Jesu. De perpetuo obiecto festi Immaculatæ Conceptionis Virginis... Valentiæ, apud hæredes Chrysostomi Garriz, per Bernardum Noguès, 1653, 4°, pp. 302, sllelt.

A la suite : *De doctrina circa immaculatam Conceptionem Epistola*..., pp. 59; — *De gratia Deiparæ debita in Conceptione sua, Epistola*..., pp. 21; — *De controversia virgineæ Conceptionis decidenda epistola*..., pp. 20.

458. — Supplex libellus pro immaculata B. Virginis Conceptione et pace Christianorum Principum, ad Sanctissimum Alexandrum Septimum. 1654. (Par le P. Jean Eusèbe Nieremberg.)

459. — De la Conception immaculée de la Vierge. Par Paul de Cabiac. Grenoble, chez Jean Nicolas, 1654, 4°. (Par le P. Henri Albi.)

460. — Immaculata Conceptio B. Mariæ Virginis deducta ex origine peccati originalis. Romæ, typis Hæredum Corbelletti, 1655, fol. — Florentiæ, 1655, 4°. (Par le P. Martin de Esparza Artieda.)

Réimprimé encore d'autres fois et inséré dans les *Parthenica* du P. Nieremberg et dans l'*Immaculata Deiparæ Conceptio* du P. Fassari.

461. — Joannis Eusebii Nierembergh Societatis Jesu. Exceptiones Concilii Tridentini pro omnimoda puritate Virginis expensæ, accedunt Dissertationes Epistolicæ de Immaculata Conceptione Deiparæ. Antverpiæ, ex officina Plantiniana Balthasaris Moreti, 1655, 8°, 2 part.

462. — Joannis Eusebii Nierembergh Societatis Jesu. Theoria Compendiosa de solida veritate conceptæ Deiparæ absque labe originali; ex canonicis, atque orthodoxis fundamentis. Jam eiusdem Sacrosyllabus de explicata ab Ecclesia, et Patribus Scriptura pro immaculata Conceptione... Valentiæ, per Bernard. Noguès, 1656, 8°, pp. 396, sldelt.

463. — Dissertatio de retinendo titvlo Immacvlatæ conceptionis Deiparæ Virginis. A R. P. Theophilo Raynavdo, Societatis Iesv Theologo. Coloniæ, apud Cornelium ab Egmondt, 1657, 12°.

464. — Trophæa Mariana, sev de Victrice misericordia Deiparæ Patrocinantis hominibvs. Exqvisitissimis SS. Patrvm Sententiis, Rarissimis Historiis, Selectissimis Moralis Doctrinæ Præceptis, ac inusitatis per ejus simulachra perpetratis Miraculis mirificè illustrata... Auctore R. P. Ioanne Evsebio Nierembergio Societatis Iesv. Antverpiæ, Apud Viduam et Hæredes Ioannis Cnobbari, M.DC.LVIII, fol., pp. 325.

A la suite : *De Virginitate Sanctissimæ Dei Matris, Superadmirandâ, superexcelsâ, et Deum decente, ultra Leges Naturæ, et Virtutis Moralis, comprobanti Immaculatam Virginis Conceptionem etiam passivam, Apologetica Dissertatio, pp. 34.*

465. — R. P. Ioannis Evsebii Nierembergii e Societ. Iesv. Opera Parthenica de super-eximia et omni-moda Puritate Matris Dei, Opus novum ac eximium ; in quo quidquid ad Sacram Deiparæ Conceptionem defendendam afferri potest, doctissime expenditur et enucleatur... Lugduni, sumptibus Claudii Bourgeat, et Mich. Lietard, M.DC.LIX, fol., pp. 531, sllelt.

466. — De Heroica Virginis Virtute, Immaculataque Sanctitate. (1659.) — *Manuscrit.* (Par le P. Grégoire Ferrari.)

467. — Examen Theologico de quatuor proposiciones, de ciertos autores anonymos En que ponen achaques al Culto, Fiesta, Objeto, y Sentencia pia de la Immaculada Concepcion de la Virgen Santissima Madre de Dios, y al breve de Nuestro Santissimo Padre Alexandro VII que en su fauor ha expedido a ocho de Diziembre de 1661. Hecho, de orden de N. Catolico Rey de las Españas, è Indias Felipe IV que Dios guarde. Por el P. Juan Everardo Nidhardo de la Compañia de Jesus.... S. l. et a., fol., ff. 51, sld. — *A la fin :* Per orden de su Magestad. En Madrid, à 24 de Julio de 1662.

Traduit en latin par l'auteur : *Matriti, 1665 ; Antverpiæ. 1682.*

468. — Corolla Virginea de Immaculata Conceptione B. V. Auctore Hugone Sifilino. In Hispania... — Panormi... — Bruxellis, 1661, 12°. (Par le P. Honoré Fabri.)

469. — Opera varia de Immaculata Conceptione. (1663.) — *Manuscrit.* (Par le P. Vincent Fassari.)

470. — R. P. Vincentii Fassari Panormitani Soc. Jesu Immaculata Deiparæ Conceptio, Theologicæ commissa Trutinæ ad dignoscendam et firmandam certitudinem ejus. Lucubratio opuscula varia complectens. Opuscula Duo. De acceptione nominis Conceptionis, pro Conceptione seminum, a prima antiquitate, usque ad tempora S. Thomæ inclusivè. Secundum de acceptione ejusdem nominis post sanctum Thomam ad hoc usque tempus, pro prima infusione animæ. Præmissa est

Trutina brevior, et subjuncta Appendix de Bulla novissima Alexandri VII Pontificis Maximi. Lugduni, sumpt. Horatii Boissat, et Georgii Remeus, M.DC.LXVI, fol., pp. 36, 164, 82 et 204, sllelt.

471. — Omen honori immaculatæ Conceptionis B. Virginis Mariæ oblatum SS. D. N. Alexandro VII a P. Joanne Eusebio NieremberGIO, madritensi, e S. J., ex his vocibus, quæ pro numero Discipulorum Christi et Collegii cardinalitii litteris 72 componuntur. Cracoviæ, typ. hær. Fr. Cæsarii, 1666, 8°, pp. 4.

472. — Quæstio theologica ad q. 81. D. Thomæ 1. 2. In qua ostenditur S. Thomam Aquinatem clare asserere Sacrosanctissimam Virginem Matrem Dei Mariam sine peccato originali Conceptam fuisse, et oppositam sententiam nuspiam in suis libris tradere : quam in Austriaco-Cæsarea Universitate Friburgi Brisgoiæ, Præside P. Laurentio Gerwig Societatis Jesu, SS. Theologiæ Doctore et Professore ordinario ejusdemque Decano publice propugnabit R. D. M. Joannes Seib... Mense Augusto 1666. Friburgi Brisgoiæ, Formis Meyerianis, 12°, pp. 118.

473. — Dissertatio de Conceptione B. Mariæ Virginis (1667.) — *Manuscrit.* (Par le P. Sforza Pallavicino.)

474. — Problemata Theologica. Tomus Primus. De Deo Uno, præcipuas difficultates, circa illius Existentiam, Constitutionem, attributa, Visionem, Scientiam, Voluntatem, Prædestinationemque complectens; cum dilucida, nec trita explicatione; et Prolusione apologetica pro Virginis Deiparæ Immaculata Conceptione his maximè opportuna temporibus. Auctore P. Didaco de Avendaño Societatis Jesu, Segoviensi, jam pridem, apud Peruvienses, in Limano præsertim D. Pauli Collegio Primario Theologiæ Professore. Antverpiæ, apud Engelbertum Gymnicum, 1668, fol., pp. 462, sldpelt. — Tomus secundus. De divina Trinitate. Cum splendido et votivo præludio amphitheatri misericordiæ. Corollario, ad Immaculatum Virginis Deiparæ spectante Conceptum : in quo non peccasse in Adamo, nec Debito origineæ subiacuisse maculæ, multipliciter demonstratur. Ad locum Psalmi 88. v. 38. Et Thronus ejus sicut Sol in conspectu meo, etc. Cum Appendice insuper ad alias conducente materias, in quibus aliquid de mysterio SS. Trinitatis occurrit, et præsertim circa omnia novæ legis Sacramenta. Ibid., 1668, fol., pp. 398, sllelt.

475. — Quæstio theologica de Peccatis ad 1. 2. S. Th. In qua pro coronide ostenditur S. Bernardum nullum peccatum imputasse Sacrosanctissimæ Dei Matri Virgini. Quam in Austriaco-Cæsarea Universitate Friburgi Brisgoiæ, Præside P. Laurentio Gerwig Societatis Jesu,... publice propugnabit R. E. D. M. Andreas Manz. Mense Julio anno M.DC.LXVIII. Friburgi Brisgoiæ, Typis Joannis Josephi Böckleri, 12°, pp. 114.

476. — De principatu B. Virginis. Antverpiæ, ex officina Plantiniana, typis Moreti, 1670, fol. — Principatus incomparabilis primi Filii Hominis, Messiæ et primæ parentis Matris Virginis in Conceptione illius immaculata exhibitus Authore R. P. Theodoro Moreto, Societatis Jesu. Coloniæ Agrippinæ, apud Viduam Joannis Busæi, Anno MDCLXXI, fol., pp. 251, sllelt. — Ibid., 1696.

477. — Sacra Sacri Mysterii Immaculatæ Conceptionis Deiparæ Virginis apotheosis. (1672.) — *Manuscrit.* (Par le P. Jean Everard NIDHARD.)

478. — R. P. Hieron. PERES DE NUENOS e Societate Jesu Cæsar-Augustani, quondam Theologiæ Professoris et Sacrarum Litterarum Interpretis, Lapidicina Sacra ex qua eductus primarius lapis sanctissima Virgo, Beatorum Joachimi, et Annæ filia, Josephi Sponsa, Dei Mater in gloriæ splendoribus concepta : Opus in tres Tractatus divisum. I Parentum, e Sponsi Virginis Elogiis elucidandis adscriptus. II. III. Ejus asserendæ Conceptioni, Divinæ visionis illustratæ gloriæ destinatus. Mexici, 1676. — Editio nova... Lugduni, Sumpt. Joannis Antonii Huguetan et Soc., 1678, fol., pp. 588, slpelt.

479. — Primum instans Marianum per gratiam originalem sanctum : seu clarissima et compendiaria piæ sententiæ de Immaculata Conceptione B. Virginis elucidatio, auctore P. Joanne KWIATKIEWICZ, S. J. Typis Collegii Calissiensis A. D. 1681, 8°, pp. 12-196. — Ibid., 1689, 8°.

480. — Biblia Virginea, seu Biblia Sacra pro Mysterio Immaculatæ Conceptionis Deiparæ Virginis expensa deductis e singulis libris Canonicis locis, quibus ea, aut figuris adumbrata, aut a Prophetis prædicta, aut directe revelata. Tomi III. (1682.) — *Manuscrit.* (Par le P. Christophe WEISS.)

481. — Liber in conceptu prohibitus, seu intacta per originalem noxam concepta pro rostris rozrazeviensis Collegii Gedanensis S. J. promulgata per Adamum Ranomski ejusdem Congregationis Præfectum. Gedani, typ. D. F. Rhetii, 1684, fol.

482. — Tractatus Theologicus de certitudinis gradu, quam infra fidem, nunc habet sententia pia de Immaculata B. Virginis Conceptione. Authore Adm. R. P. Thyrso GONZALEZ DE SANTALLA, è Soc. Jesu in Salmanticensi Academia SS. Theologiæ Primario Antecessore Emerito. Matriti, Ex Typographia Joannis Garciæ Infançon, 1688, 4°, pp. 224. — Editio prima in Germania... Dilingæ, typis et sumpt. Joannis Caspar Bencard, per Danielem Knab, M.DC.LXXXX, 4°, pp. 232, sll.

483. — Virgo Deipara ex prævisis Christi meritis ab originali labe præservata. Cassoviæ, 1696. (Par le P. George IVANICH.)

484. — Douze preuves pour la Conception immaculée de la Sainte Vierge. Poitiers (vers 1700 [?]). (Par le P. Jean BOUZONIÉ.)

485. — Controversia della Concezione della Beata Vergine Maria descritta istoricamente dal P. Tommaso STROZZI della Compagnia di Giesù. In Palermo, presso Giuseppe Gramignani, 1700, fol., 2 vol., pp. 624 et 684, sllelt. — Ibid. 1703, fol.

486. — De Immaculata B. V. Mariæ Conceptione. 1700 (?). (Par le P. François EGGARTNER.)

487. — Immunitas Magnæ Dei Matris a debito proximo contrahendi peccatum originale asserta, et publicæ concertationi exposita cum centuria thesium ex universa Theologia pro gradu Licentiæ Theologicæ consequendo in Alma, Catholica et Episcopali Universitate Dilingana Præside D. Petro PFISTER Soc. Jesu,... a Rev. D. Marco Christiano Weickmann... Mense Junio Anno MDCCVII. Dilingæ, formis Joannis Caspari Bencard, 8°, pp. 117, sll.

488. — De Conceptione Deiparæ immaculata. (1715.) — *Manuscrit.* (Par le P. François LEYTAM.)

489. — Immaculata Conceptio Magnæ Dei Matris Virginis semper Fidelis Mariæ, illustrata et asserta per Conclusiones Theologicas, aptatas et subnexas Thesibus ex universa Theologia; quas in Alma, Cæsarea, Regia, Et Episcopali Universitate Olomucensi Societatis Jesu, sub Rectoratu admodum Reverendi ac Eximii Patris P. Carli Pfefferkon è Soc. Jesu SS. Theol. Doctoris, Acad. Coll. ejusdem Soc. Jesu, ac præfatæ Universitatis Rectoris Magnifici, Præside Reverendo ac Eximio Patre P. Joanne Absolon è Soc. Jesu SS. Theol. Doctore, Ejusdemque in prænominata Universitate Professore Publico ac Ordinario, nec non Facultatis Theologicæ Decano pro Licentiatu, et suprema Theologici Doctoratus laurea publicæ disputationi proposuit Rev... Dominus Jacobus Silberer... A. 1717... Pragæ, typis Univ. Carolo-Ferd. in Coll. Soc. Jesu ad Clementem, per Joannem Georgium Staub factorem, 8°, s. pag. (Par le P. Mathias HAYKO.)

490. — Vindiciæ Marianæ innocentiæ per enervationem propositionum XL illibatæ Conceptioni Pretiosissimæ Dei Parentis adversantium, auctore R. P. Georgio GENGEL, S. J. Th. Leopoli, typis Colleg. Sieniaviani S. J., A. D. 1725, 4°, pp. 16, 216 et 8.

491. — An communis opinio, quæ B. Virginem noxæ originalis lege eximit, probari possit ex cap. 121 (122 edit. Benedict.) lib. IV. Divi Augustini adversus Julianum. (1730 [?].) — *Manuscrit.* (Par le P. François OUDIN.)

492. Lettera all'Eminentiss. Sig. Cardinale NN. in cui si dimostra con quanta ragione si debbe attribuire alla Concettione della SS. Vergine il titolo d'Immacolata. In Roma... — In Palermo, Francesco Valenza, 1741, 4°. (Par le P. Alexis SANTOCANALE.)

493. — Lampridius ad trutinam revocatus Dissertatio Theologica de Immaculatæ Mariæ Conceptione certitudine, ejusdem Immunitate a Debito Proximo Originalis culpæ contrahendæ. Auctore Josepho Ignatio MILANESE Soc. Jesu, in Panormitana Collegii Maximi Academia Theologiæ Professore. Panormi, typis Angeli Felicella, 1742, 4°, pp. XII-348.

494. — Causa Immaculatæ Conceptionis Sanctissimæ Matris Dei Mariæ Dominæ Nostræ, Sacris testimoniis, ordine Chronologico, utrinque allegatis, et ad examen Theologico-Criticum revocatis, agitata, et conclusa, auctore Benedicto PLAZZA Syracusano Societatis Jesu... Accedit Oratio S. Petri Argorum Episcopi, in Conceptionem S. Annæ, quando concepit Sanctam Dei Genitricem, ex Græcis MSS. Monasterii S. Salvatoris prope Messanam Latine reddita et nunc primum edita. Panormi, excudebat Franciscus Valenza, 1747, fol., pp. XII-672. — Juxta

Exemplar Panormi. Coloniæ, Sumptibus Fratrum de Tournes, M.DCC.LI, fol., pp. XII-402, à 2 coll.

495. — (Défense de l'Immaculée Conception de la Ste Vierge.) (En *allemand.*) Wien, Kirchberger, fol., 1750. (Par le P. George Grill.)

496. — De Conceptione Virginis. (1760.) — *Manuscrit.* (Par le P. Michel Venegas.)

497. — Dissertatio de immaculato Deiparæ Conceptu. (1768 [?].) — *Manuscrit.* (Par le P. José Mariano Vallarta y Palma.)

498. — De Immaculata Conceptione B. V. Mariæ. Pragæ, 1772, 4°. (Par le P. Jacques Rohm.)

499. — Tractatus de Immaculata Dei Genitricis Conceptione. (1787.) — *Manuscrit.* (Par le P. François-Xavier Rivero.)

500. — Sunto Analitico della dissertazione polemica di sua Emza Ema il Sig. Card. Lambruschini Vescovo di Sabina Bibliotecario di S. Chiesa, ec. ec. sull' Immacolato Concepimento di Maria. Roma, 1843, 8°, pp. 30. (Par le P. Jean Perrone.)

501. — De Immaculato B. V. Mariæ conceptu an dogmatico decreto definiri possit disquisitio theologica Ioannis Perrone e Societate Iesu in coll. rom. theol. prof. Romæ, excudebant Ioannes Baptista Marini et Bernardus Morini, MDCCCXLVII, 8°, pp. VIII-287. — Avenione, 1848. — Matriti, 1848. — Olyssipone, 1849. — Monasterii Guestphal., 1849. — Mediolani, 1852. — Taurini, 1854.

Traduit en allemand (1849), en français, en hollandais.

502. — Opuscule théologique du R. P. Perrone sur l'Immaculée Conception de la Bienheureuse Vierge Marie (Paris, 1847), 8°, pp. 32. (Par le P. Joseph Félix.)

503. — Francisci Xaverii Patritii e Societate Jesu... de immaculata Mariæ origine a Deo prædicta disquisitio cum appendice de feminini generis enallage in linguis semiticis usitata. Romæ, typis Bernardi Morini, 1853, 8°, pp. 54.

504. — Sylloge monumentorum ad mysterium Conceptionis Immaculatæ Virginis Deiparæ illustrandum cura et industria Antonii Ballerini S. J. Romæ, typis Civilitatis Catholicæ Anno MDCCCLIV, 8°, pp. x-460. — Pars II. Romæ, typis S. C. de Propaganda Fide, M.DCCCLVI, pp. LXXXVII-881. — Paris, 1855-57, 2 vol.

505. — De Immaculato Deiparæ Virginis conceptu Caroli Passaglia Sac. e Societate Iesu commentarius. Romæ, typis S. Congregationis de Progaganda Fide, MDCCCLIV-V, 4°, 3 vol., pp. XLV-2104. — Neapoli, 1855.

Traduit en français : *Paris, 1855, 8°, 4 vol.*

506. — Over de onbevlekte Ontvangenis der H. Maagd, getrokken uit de Civilta Cattolica van Nov. 1854 en uit het Italiaansch overgebracht. Amsterdam, C. L. van Langenhuysen, 1854, 12°, pp. 44. (Par le P. Léon Wilde.)

507. — Thesis dogmatica de Immaculta B. V. conceptione addenda prælectionibus theologicis quas in Coll. Rom. S. J. habebat (Joannes PERRONE, S. J.). Ratisbonæ, Manz, 1855, 8°, pp. 35.

Traduit en français (1858).

508. — La fede e la divozione a Maria Sempre Immacolata dichiarata e proposta coi sentimenti e colle parole de' SS. Padri da Luigi PARODI d. C. d. G. Roma, coi tipi della Civiltà Cattolica, 1856, 12°, pp. 318.

Traduit en allemand, par le P. J. Jungmann et par le comte de Reisach, prêtre du diocèse de Rottenbourg (*Mayence, 1864*), et en français par M. H. J. Maréchal (*Tournai, 1858*).

509. — Lettre à une dame russe sur le dogme de l'Immaculée Conception, par le P. GAGARIN, de la Compagnie de Jésus. Tournai, Castermann (1857), 32°, pp. 31. — Deuxième lettre... pp. 32. — Troisième et quatrième lettres... pp. 49 et 61.

Traduit en allemand (1861).

510. — Sententia Sancti Thomæ Aquinatis de immunitate B. V. Dei Parentis a peccati originalis labe, a Ioanne Maria CORNOLDO, S. J., proposita. Brixiæ, Typis Wegerianis, 1868, 8°, pp. 52. — Napoli, 1870.

---

511. — Original y positiva obligacion, que la Ciudad de la Puebla de los Angeles tiene de Jurar, y defender el Misterio de la Concepcion Immaculada de la Virgen Maria. En Megico, por Juan Ruiz, 1654, 4°. (Par le P. Mathieu GALINDO.)

512. — Voto de la Immaculada Concepcion, 166.. [?]. (Par le P. Diego Louis DE SANVITORES.)

Sous le nom de *Diego Alonso Malrenda.*

513. — Mariæ Virgini Conceptæ sine macula votum Rhetoricæ Leodiensis 1661. Leodii, Vidua Balduini Bronckart et J. Bronckart, placard in-fol.

514. — R. P. Andrea MENDO Lucronensis e Societate Jesu,... de Jure Academico, selectæ Quæstiones Theologicæ, morales, iuridicæ, historicæ, et politicæ de academiis, magistratibus, collegiis, professoribus, candidatis et scholasticis. Cum appendice de academiarum ac studiosorum iuramento defendendi Immaculatam Conceptionem Deiparæ. Editio Secunda. Lugduni, sumptibus Horatii Boissat et Georgii Remeus, 1668, fol., pp. 516, sldelt.

515. — Informatio, sive allegatio Theologica, pro tuendo et retinendo Juramento, ejusdemque Formula Universitatis Neapolitanæ de credenda, tuenda, et profitenda Immaculata Conceptione Deiparæ Virginis. (1672.) — *Manuscrit.* (Par le P. Jean Everard NIDHARD.)

516. — Votum pro tuenda Immaculata Deiparæ Conceptione ab impugnationibus Recentioris Lamindi Pritanii Vindicatum. Dissertatio Theologica auctore Candido Parthenotimo Siculo Sacræ Theologiæ Professore. Panormi, typis Angeli Felicella, 1739, 8°, pp. xxiv-112. (Par le P. François Burgio.)

Cet ouvrage est une réfutation de celui de Muratori, caché sous le pseudonyme de *Lamindus Pritanius*.

517. — De pietate in Deiparam amplificanda dissertatio duplex in qua duplex exponitur et vindicatur votum pro tuenda ejusdem Deiparæ Immaculata Conceptione susceptum. Auctore Candido Parthenotimo Siculo Sacræ Theologiæ Professore. Panormi, typis Angeli Felicella, 1741, 4°, pp. xvi-299. (Par le P. François Burgio.)

518. — Ritratto della falsa dottrina di Lamindo Pritanio esposto da Fulgoso Montepelero Palermitano alla Considerazione de' Savj Cattolici più dotti, e fedeli.. In Palermo, nella stamperia di Stefano Amato, 1742, 4°, pp. 71. (Par le P. Antoine Ignace Mancuso.)

519. — Votum fundendi sanguinis pro asserendo Deiparæ illibato conceptu ab inusta superstitionis macula vindicatum. Tyrnaviæ, 1746, 4°. (Par le P. Étienne Vargyas.)

520. — Risposta ad un Cavaliere erudito desideroso di sapere, ciocchè debba intendere intorno al libro del Signor Antonio Lampridio, nel quale si asserisce Imprudente, Superstizioso, Sanguinario e Peccaminoso il voto di defendere usque ad sanguinem la Concezione Immacolata della Madre di Dio. In Palermo, nella Stamperia di Stefano Amato, 1741, 4°, pp. viii. (Par le P. Melchior di Lorenzo.)

521. — Risposta data in quattro Dialoghi all' ottava Lettera del sign. Ferdinando Valdesio, ne' quali si pruova lodevolissimo il voto di difendere sino all' effusione del sangue la pia sentenza dell' Immacolata Concezione della Madre di Dio. Palermo, Giuseppe Gramignani, 1743, 12°, pp. 234. (Par le P. Melchior di Lorenzo.)

522. — Delle Celebri Cartine che invocano e protestano Immacolata la Concezione di Maria, e loro uso si sia permettersi. In Padova, nella stamperia del Seminario, 1752, 4°, pp. 75. (Par le P. André Budrioli.)

523. — Votum effundendi sanguinis pro tuendo intemerato Dei genitricis conceptu. Tyrnaviæ, 1764, 4°. (Par le P. Joseph Petzler.)

II. — *Ascétisme. — Pratiques de dévotion.*

524. — Libellus de Immaculata Conceptione Beatæ Virginis (quam ad celebrandam magis, ac frequentandam sacrarum B. Virginis stationum, ac processionum a se per Urbis Gandensis plateas institutarum pietatem distribuere solebat.) (1620 [?].) (Par le P. André Pevernage.)

525. — Lilium inter Spinas, sive Conceptus Dei Genitricis incontaminatus. Conimbricæ, apud Didacum Gomez de Loureiro, 1648, 16°, pp. 394. (Par le P. Sébastien DE NOVAES.)

En vers et en prose.

526. — De Immaculato Conceptu Beatæ Mariæ Virginis. Cracoviæ, typis Schedel, 1669, 12°. (Par le P. Daniel PAWLOWSKI.)

« Libellus orationum », dit Sotwel.

527. — Dodeci Privilegii della Madre di Dio nella sua Immacolata Concettione. Napoli, Salvator Castaldi, 1681, 8°. (Par le P. Joseph PERDICARO.)

528. — Lilietum immaculatæ conceptæ B. V. Mariæ, sive Album Austriaco-Marianum. Leutsoviæ, 1696, 8°. (Par le P. Michel TUROTZI.)

529. — Imago divinæ Bonitatis, sive Maria sine labe originali concepta. Coloniæ, Petrus Alstorff, 1700, 4°. (Par le P. Paul ALER.)

530. — Septem solidæ considerationes quare super omnes creaturas, quas puras dicimus, sit æternum toto pectore amanda, et honoranda Potentissima Patris æterni Filia Purissima Verbi Incarnati Mater semper Virgo ab omni Labe, etiam peccati originalis remotissima ex R. P. Paulo SEGNERI S. J. excerpta et Sodalitati Dominorum B. V. Mariæ ab Angelo salutate Xenii loco, Ordinarii et Superiorum permissu oblatæ Typis Joannis Nicolai Nagel, s. a. (17...), 12°, pp. 14.

531. — Αναμαρτυσια τῆς Θεοτόκου sive Maria Peccati immunis DD. Sodalibus Marianis in strenam oblata anno 1707. A R. P. Balthasare ALFF Societatis Jesu. Hildesii, Typis Joannis Leonardi Schlegelii, 12°, pp. 234.

532. — Réflexions pieuses sur les prerogatives de l'Immaculée Conception de la Sainte Vierge Marie données en étréne à la sodalité nationale érigée sous le titre de la Conception Immaculée. Par un Père de la Compagnie de Jésus. A Anvers, chez Jacques Bernard Jouret, 1736, 8°, pp. 47. (Par le P. Joseph WIELENS.)

533. — O Niepokalanym poczęćiu N. P. Margi. Warszawa, Dr. S. J., 1737, 8°, pp. 192. (Par le P. Etienne PUZYNA.)

De l'*Immaculée Conception de Marie.*

534. — Glosy wolne o wolney od zmasy Maryi Pannie przez X. Stefana PUZYNE S. J. w Warszawie, 1737, 8°.

Voces liberæ de libera a labe Maria.

535 — La Madre di Dio preservata dalla peste del peccato originale, convenientissima preservatrice, o liberatrice della peste, si dell'anima, e del corpo, dimostrata con ragione, e con Esempi di Popoli, o Persone, che per questa sua preservazione, o Immacolata Concezione supplicando, sono state dall'una, o dall'altra Peste mirabilmente liberate, o preservate. Operetta data in luce da un Divoto, per bene di chiunque brami da si orribile Flagello preservarsi o liberarsi. A Spese di un divoto Personaggio. In Padova, nella Stamperia del Seminario, 1752, 4°, pp. 165, slpelt. (Par le P. André BUDRIOLI.)

536. — La divozione a Maria SS. Immacolata. Roma, P. Giunchi, 1795, 12°. (Par le P. Pascal DE' MATTEI.)

537. — L'Immaculée Conception de la très sainte Vierge, par le P. A. MAUREL, S. J. Lyon, Mothon, 1855, 32°, pp. 123.

538. — Die unbefleckte Empfängnuss der seligsten Jungfrau and Mutter Gottes Maria als Glaubenslehre der hl. Katolischen Kirche. Paderborn, Schöning, 1855, 12°, pp. 152. — Ibid., 1859, 8°, pp. IV-139. (Par le P. Joseph HAAN.)

539. — Marie honorée par les Anges dans son immaculée conception, par le P. Gabriel BOUFFIER, de la Compagnie de Jésus. Avignon, chez F. Séguin aîné, 1862, 12°, pp. 144.

540. — Gebete und Betrachtungen zur Verehrung der unbefleckten Empfängniss Mariä, aus den Schriften der heiligen Väter zusammengestellt von Alexis Parodi, Priester der G. J. aus dem Italienischen übersetzt und mit Zugaben vermehrt von Joseph JUNGMANN S. J. Innsbruck, Wagner, 1867, 12°, pp. IV-143.

541. — Zur Verehrung unserer Lieben Frau, namentlich ihrer unbefleckten Empfängniss. Andachtsübungen gesammelt von Joseph JUNGMANN, Priester der Gesellschaft Jesu... Zweite, vermehrte und verbesserte Auflage. Freiburg im Baden, Herder, 1879, 12°, pp. 208.

542. — Marie, mère de Dieu et toujours vierge, a été conçue sans péché. Pensées et prières à propos du vingt-cinquième anniversaire de la définition de l'Immaculée Conception. Par le P. DE FRANCIOSI, S. J. Paris, Taranne, 1879, 16°, pp. 32.

Traduit en espagnol (1879).

---

543. — Officium Purissimæ Conceptionis. (1600 [?].)

On attribue au B. Alphonse Rodriguez un office de l'Immaculée Conception ; en réalité, il n'est pas de lui, mais il le récitait souvent avec des variantes. Le P. Colin, dans sa *Vida, hechos, y doctrina del Ven. Hermano Alonso Rodriguez* (1652), p. 212, traite cette question ; il reproduit l'*officium*, « ut habetur in libris quibusdam valde antiquis, » et reproduit les variantes.

544. — (L'Office de l'Immaculée Conception.) (*Traduit en flamand.*) (1620 [?].) (Par le P. Arnould CATHEUS.)

545. — Godzinki o niepokalanym Poczęćiu Panny Maryi. (1630 [?].) (Par le P. François Stanislas FENICKI.)

C'est l'office de l'Immaculée Conception.

546. — L'office latin de l'Immaculée Conception de la Vierge Marie, par le R. P. Laurent CHIFLETIUS de la Compagnie de Jésus. Avec la Version Françoise de l'abbé de Balerne. A Anvers, chez la Vefve Jean Cnobbaert, 1648.

Dans le *Recueil des œuvres spirituelles.*

547. — Chong mon siao jê ko. Pekin, 1676. (Par le P. Louis BUGLIO.)

C'est le *Petit Office de la Ste Vierge.* Cette traduction a été souvent réimprimée et était très répandue parmi les chrétiens de la Chine.

548. — Le petit office de l'Immaculée Conception. (1880.) (Par le P. Charles CAHIER.)

Dans les *Études religieuses*, 6e série, t. V, p. 143-147 et 622-623.

---

549. — Prima novena di Sabbati dell' Immacolata Concezione di Maria SS. In Napoli, nella stamperia di Giovanni Riccio, 1744, 12°, pp. 712. — Seconda Novena... Ibid., pp. 368. — Terza Novena... Ibid., pp. 438. — Sabbati dell' Immacolata... Napoli, 1858, 8°. (Par le P. François PEPE.)

Traduit en espagnol : *Madrid, 1796, 12°*.

550. — Noven, oder neuntägige Andacht, Mariam die übergebenedeite Jungfrau, und Mutter des ewigen Gottes Sohns in ihrer Heiligen, und darum allerreinsten Empfängnus zu verehren, und ihrem mächtigen Schutz fürnehmst durch den ersten Augenblick ihrer reinsten Empfängnus uns den letzten Augenblick unsers Lebens rein und unbefleckt zu erbitten Anfangs in italienischer Sprache verfasset von P. Ansalone, und zu Neapel, wo das heilige officium inquisitionis, oder in Glaubenssachen geistliche Untersuchungsgericht hafftet, mit Bestättigung geistlicher Obrigkeit in Druck herausgegeben. Dermahl zu Vermehrung der Andacht gegen diese allzeit reine Jungfrau, und mächtige Gnaden Mutter in dem Professhaus bei S. Niclas der Gesellschafft Jesu in der kleinen Stadt Prag in das teutsche übersetzt und zum Absehen gegenwärtigen vorhabens ausführlicher vorgestellet. Gedruckt zu Prag in Königshof, 1751. (Par le P. Auguste GREVER.)

551. — Apparecchio di nove Giorni alla Festa dell' Immacolata Concezione di Maria Santissima proposto alle Congregazioni degli scolari del Collegio Romano. S. l. et a., 12°, pp. 8. — *A la fin* : In Roma MDCCLVI. Nella Stamperia di Generoso Salomoni.

552. — Novenario en honor de la Immaculada Maria patrona electa de las Españas. Cervera, en la imprenta de la academia, 1762. (Par le P. Pierre FERRUSOLA.)

553. — Triduo per la festa dell' Immacolata Concezione di Maria Vergine che si celebra in Chiari; ed alcune considerazioni per altre feste di lei più solenni. Brescia, pel Bendiscioli. (Par le P. Etienne Antoine MORCELLI.)

554. — Marya ućiezka nasza. Dwie nowenny na cześć niepokalanego Poczęćia Nayświętszey Panny Maryi, z przydatkiem Nabożieństwa mszalnego. Litanii lauretańskiey i Modlitw niektorych, z ryćiną. Lwów, Dr. Fr. Pillera, s. a. (1848 [?]), 16°. (Par le P. Joseph PERKOWSKI.)

Deux neuvaines à l'Immaculée Conception.

555. — Neuvaine en l'honneur de l'Immaculée Conception, par le P. Antoine DENIS, S. J. Tournai, Casterman, 1855, 32°.

Traduit en portugais (1862), et en allemand (1860).

556. — Novena in preparazione alla festa dell' Immacolata Concezione della Madre di Dio nuovamente composta delle sentenze e delle Parole de' SS. Padri da Luigi PARODI d. C. d. G. Roma, Aureli, 1857, 18°, pp. 26.

557. — Nabożeństwo dziewięciodniowe do Niepokalanego Serca Matki Boskiej, środek najdzielniejszy do wyjednania fej opieki i ratunku we wszystkich potrzebach i przygodach ludzkich, przez X. J. ZALESKIEGO S. J. Tarnopol, 1860, 16°, pp. 119.

Neuvaine à l'Immaculée Conception.

558. — Méditations pour une neuvaine en l'honneur de l'Immaculée Conception; suivies d'une notion sur le scapulaire bleu et sur le Petit Chapelet, et du petit office de l'Immaculée Conception, en latin et en français. Par le R. P. POSSOZ, S. J. Arras, Brunet, 1870, 32°, pp. 122.

559. — La vera felicità gustata in un mese di apparecchio alla festa dell' Imm. Concezione; per Giuseppe VAGNOZZI, sacerdote d. C. d. G. Modena, 1880, 16°, pp. 238.

III. — *Panégyriques.*

560. — Biblia Immaculata Tomus primus complexus tria prima capita Libri Geneseos, in quibus secundum singulos versus, deducuntur argumenta pro Immaculata Conceptione Deiparæ in usus Panegyricos Piæ causæ studiosis. Authore R. P. Vito SCHEFFER e Societate Jesu... Pragæ, Typis Universitatis Carolo-Ferdinandeæ, in Collegio Societatis Jesu ad. S. Clementem, per Joachimum Joannem Kamenecky, Anno 1711, fol., pp. 516.

Il y a 12 volumes (1711-1722).

561. — Oracion sacra Panegyrica de la Concepcion Purissima de Maria Señora Nuestra que en el Real Templo de Santjago de los Españoles, Patron unico de España, en la magnifica plausible celebridad, que anualmente repite en esta Corte de Roma la afectuosa devocion de Nuestro Catholico Animoso Rey, y Señor Phelipe Quinto, dixo año MDCCXII. El R. P. Joseph Mathias LERIS, de la Compañia de Jesus... En Roma, en la Imprenta de Juan Francisco Chracas, MDCCXIII, 4°, pp. 44.

562. — Sermon de la limpia Concepcion de la Virgen Maria nuestra Señora Predicado por el Padre Rodrigo MANRIQUE de la Compañia de Jesus, a 2 de Julio de 1615. en el otavario, que desta festividad se celebrò en la collacion de San Vicente de Sevilla. Impresso en Sevilla, por Francisco de Lyra, Año 1615, ff. 24.

563. — Sermon del Padre Juan DE PINEDA de la Compañia de Jesus. En el primer dia del Octavario Votivo a la Inmaculada Concepcion de la Santissima Virgen, Madre de Dios, Señora nuestra. Que la insigne Cofradia de Santa Cruz en Jerusalem de los Nazarenos, celebrò en la Iglesia San Antonio Abad en Sevilla a los 26 de Abril de 1615... En Sevilla, por Alonso Rodriguez Gamarra, 4°, ff. 26.

564. — Sermon en el dia i fiesta de la Concepcion de la Sma V. Ma Nuestra Sa; Solenidad del pvblico ivramento, i voto di siempre tener i defender su immaculada Limpieza, qve en sv metropolitana hizo el Illmo S. D. Pedro de Castro i Quiñones, con los dos Cabildos de Iglesia i Ciudad. Predicòlo el Padre Ivan DE PINEDA de la Compañia de Iesvs. En Seuilla, por Francisco de Lyra, Anno 1618, 4°, ff. 24.

565. — (Sermon sur l'Immaculée Conception.) (En *espagnol.*) Sevilla, Gabriel Ramos, 1618. (Par le P. Denis GUILLEN.)

566. — Dous Discursos da Concepçaõ de N. Senhora. (1624.) — *Manuscrit.* (Par le P. Côme MAGALHAENS.)

567. — Lilium inter spinas. Oratio. (1630 [?].) (Par le P. J. B. FERRARI.)

Inséré dans les dernières éditions de ses *Orationes.*

568. — (Concio de Deiparæ Immaculata Conceptione primo die octiduanæ solemnitatis pro Dedicatione Templi *Domi succursus* nomenclatura cogniti.) (En *espagnol* [?].) Madrid, Franc. Martinez, 1641. (Par le P. François PIMENTEL.)

569. — Elogio de la Concepcion Purisima de la Virgen en la solemne Rogativa por el feliz suceso de las armas españolas. En Mégico, por Robledo, 1646, 4°. (Par le P. Jean SAN MIGUEL.)

570. — Oratio anniversaria in solemni juramento pro Immaculata Magnæ Matris Conceptione a Regio et Academico Collegio Ulyssiponensi Soc. Jesu rite instaurato eodem die 25 Martii quo anno Superiore 1646 fuit institutum à triplici Regni Ordine in Comitiis Regalibus. Ulyssipone, apud Laurentium de Anvers, 1647, fol. (Par le P. François MACHADO.)

571. — Elogium de Immaculatæ Virginis Immaculata Conceptione. Viennæ Austriæ, 1648, 4°. (Par le P. Charles François DE LUCA.)

572. — (Sermo sacer, quo de laudibus Immaculatæ Conceptionis in primo ejus publico cultu peroravit.) Viennæ, 1649. (Par le P. Corneille GENTILOTTI.)

573. — Mariæ Matri Opt. Max. Pro acceptis a Deo, in sacra et illibata Conceptione Beneficiis, votiva gratulatio. Authore P. Joanne GABIOT Societatis Jesu Sacerdote : voti reo. Lugduni, apud Guillelmum Barbier, MDCL, 8°, pp. 128, sll.

574. — Panegyricus B. V. Mariæ sine labe conceptæ. Viennæ, Cosmerovius, 1653, 4°. (Par le P. Jean LINDELAUF.)

575. — Sermon de la Concepcion de la Virgen Maria en el dia que su Congregacion de Mégico jurò defender la Immaculada. En Mégico, por Calderon, 1654. (Par le P. Antoine RIBADENEIRA.)

576. — Panegirico in honore ed esaltatione dell' Immacolata Concettione della gran Madre di Dio Maria. Palermo, Domenico de Anselmo, 1654, 4°. (Par le P. Joseph SPUCCES.)

577. — Sermon en la Jura del Misterio de la Immaculada Concepcion de la Virgen Maria, hecha en Guatemala par los Caballeros del Orden de Santiago, vecinos de aquel Reyno. En Megico, por Hipolito Ribera, 1655, 4°. (Par le P. Louis LEGASPI.)

578. — Triumphus panegyricus de contrito serpente, sine labe conceptæ Virgini Matri erectus. Viennæ, 1658. (Par le P. Frédéric Jellentschitsch.)

579. — Sermon de la purissima Concepcion, en el primer dia de su octava, y festividad, que celebrò el Excelentissimo Señor Marques de Fromesta, y Carazena, Conde de Pinto, del Consejo de Estado de su Majestad, y su Teniente Governador del Païs Baxo, y de Borgoña : Predicole en la Capilla de los Españoles del Convento de los Padres Dominicos de Bruselas (donde con ilustra Piedad hizieron el mismo dia el voto del Misterio los Estados de Brabante) el P. Francisco Xavier de Fresneda de la Compañia de Jesus Predicador de su Majestad en esta Corte de Borgoña y dedicale el mismo al Seremissimo (*sic*) Señor principe de Condé. En Bruselas, 8 de Deciembre de 1659. S. l. (*Bruxelles*), 4°, pp. 31.

580. — Sermon en la real capilla de palacio por la festividad de la Immaculada Concepcion de la Virgen Maria en el 1641. Palermo, 1662, 4°. (Par le P. Antoine de Herrera.)

581. — Sermon que en la sumptuosa fiesta que celebrò à la Immunidad, y Santitad de Maria Santisima en el primer instante de su ser, por el nuevo breve de N. M. S. Padre Alexandro VII, la M. Ilustre Congregacion de la Concepcion de Nuestra Señora en el Templo del Colegio Imperial de la Compañia de Jesus de esta Corte de Madrid. Madrid, por Joseph Fernandez de Buendia, 1662, 4°. (Par le P. Pierre François Esquex.)

582. — Sermon que en la celebridad solemne, que consagrò al primer Instante del Ser de Maria Señora Nuestra en gracia, conforme al nuevo Breve del referido Sumo Pontifice. El S. R. S. Consejon de Aragon en el Templo del Colegio Imperial de la Compañia de esta Corte de Madrid, que publicò Don Joseph Sanchez Ricarte en la riferida Corte. Madrid, por Joseph Fernandez de Buendia, 1662, 4°. (Par le P. Pierre François Esquex.)

583. — Panegirico de la Immaculada Concepcion de la Madre de Dios, pronunciado en las fiestas que hizo Guatemala por la Bula : Sollicitudo Omnium Ecclesiarum de Alejandro VII. En Mégico, por Juan Ruiz, 1662, 4°. (Par le P. François Rodriguez Vera.)

584. — Discursos de la Purissima Concepcion, predicados despues del breve de Nuestro Muy Santo Padre Alexandro Septimo. Por el Padre Manuel de Naxera, de la Compañia de Jésus, Predicador de su Majestad... En la Imprenta Real : Por Mateo Fernandez Año de 1663 a costa de Juan Antonio Bonet, 4°, p. 521, sldelt.

585. — Oratio de immaculata B. Virginis conceptione habita Pragæ coram proceribus Regni et Vniversitate. Pragæ, typis Universitatis, 1663, 4°. (Par le P. Christophe Todtfeller)

586. — Predica detta nella festa dell'Immacolata Concettione della Beatissima Vergine Maria Madre di Dio con pompa regia, e magnifica spesa, celebrata per ordine dell' illustriss. Senato della felice Città di Palermo nel Ven. Convento di

S. Francesco con l'occasione del nuovo Decreto di S. Alessandro VII Pontefice Massimo. Palermo, Pietro de Isola, 1663, 4°. (Par le P. François PRINCIPATO.)

587. — Hexameron Marianvm Panegyricvm, parænеticvm. Sive sacræ ad sodales parthenios In sex Deiparæ festa Hortationes. Auctore R. P. Melchiore CORNÆO è Societate Iesu. Francofurti, Sumptibus Ioann. Bapt. Schönwetteri, typis Matthæi Kempfferri Anno M.DC.LXIV, 24°, pp. 340.

588. — Panegirico de la Concepcion de Ntra Sra predicado en la fiesta del solenne Juramento que hizo de defender su original pureza la Provincia de S. Juan de Sonora. En Megico, por Lupercio, 1667, 4°. (Par le P. Pierre QUILES CUELLAR.)

589. — Conceptus duo admirabiles. Concepta sine labe et concipiens Verbum Maria per Orationes panegyricas adumbrata. Auctore R. P. Daniele PAWLOWSKI, Societatis Jesu. Cracoviæ, typis Schedelianis, 1668, 12°, pp. 161. — Ibid., 1671. — Labaci, 1679.

Inséré dans le *Sol Marianus triplex, nuper in Polonica Societate Jesu exortus, nunc in Germania novo typo resplendens... Viennæ et Norimbergæ, 1701, 12°, pp. 486.*

590. — Panegyris de Immaculata Conceptione. Clagenfurti. (1670 [?].) 8°. (Par le P. Charles MANGEN.)

591. — Il Trionfo di Maria nell' Immaculato suo concepimento : Panegirico di Sulpizio MARUFFI della Compagnia di Gesù detto nella Chiesa de' RR. PP. Minori Conventuali di Cremona. In Reggio, per Prospero Vedrotti (1670 [?]), 4°.

592. — Joannis FERRANDI, S. J., Vindiciæ prædicatoriæ de Immaculata Virginis Mariæ Conceptione. (1672.) — *Manuscrit.*

593. — Quindici Prediche sopra la Vergine Santissima Conceputa senza macchia originale. (1674.) — *Manuscrit.* (Par le P. Antoine DAMIANI.)

594. — Sermaõ da Conceiçam da Virgen Maria Nossa Senhora. Que pregou o R. Padre Antonio DE SAA da Companhia de Jesu, na Igreja Matriz do Recife de Pernambuco Anno de 1658. Em Coimbra, Na Officina de Joseph Ferreyra. Anno 1675, 4°, pp. 19.

595. — De Immaculata Virginis Conceptione. 1679. (Par le P. Martin KRETZMER.)

Inséré dans ses *Panegyricæ orationes. Edente Martino Stanislao Leyman. Varsaviæ, 1679, 4°. pp. 196.*

596. — Poczęcie szczęścia ludzkiego w Niepokalaném poczęciu Bogarodzicy Panny w dzień tegoż swięta pokazane. Wilno, Dr. Akad. S. J., 1687, fol. (Par le P. Remi RYNIEWICZ.)

597. — Elogio de la Immaculada Concepcion de la Virgen Maria. En Mégico, por Benavidez, 1639, 4°. (Par le P. Jean ROBLES.)

598. — La Mina rica de Dios : Elogio de la Immaculada Concepcion de Maria Santissima predicado en el Real de Minas de los Alamos. En Mégico, 1692, 4°.

— El Guarda Mina : Elogio segundo de la... Ibid., 1693, 4°. (Par le P. Joseph TAPIA.)

599. — Elogio de la Immaculada Concepcion de la Virgen Maria. En Mégico, por Carrascoso, 1694, 4°. (Par le P. Michel CASTILLA.)

600. — (Orationes de illibato Sanctissimæ Virginis Conceptu.) (1698-1772.) Viennæ Austriæ.

Un certain nombre de panégyriques de l'Immaculée Conception ont été prononcés à l'Université de Vienne. (Voir de Backer, III, 1379-1381.)

601. — Vindiciæ illibati Conceptus Mariani. Tyrnaviæ, 1701, 4°. (Par le P. Guillaume VORSTER.)

602. — Rosa sine spina, seu Augusta Dei Mater ab originali labe oratoria dictione vindicata. Tyrnaviæ, 1702, 4°. (Par le P. Étienne PETRETITS.)

603. — Rhetorica oratio in victoriam, qua Beatissima Virgo a primæva non victa culpa, culpæ vicit Authorem. Barcinone, Typis Martini Gelabert, 1703. (Par le P. Laurent LOPEZ.)

604. — Wschód i zachód słońka sprawiedliwośći, to jest Kazania o narodzeniu, śmierci i zmartwychwstaniu Pańskiem, z przydaniem znacznieyszych, osobliwie o Niepokalanym Poczęćiu Bogarodżice. Pierswszsy z Odkupionych, Maryi, przez X. Piotra DUNINA S. J. w Krakowie, w Drukarn. Mikolaia Alexandra Schedla, 1704, fol., pp. 611.

Ce sont des sermons du P. Dunin sur la Nativité, la Mort et la Résurrection de Notre-Seigneur, et d'autres surtout sur l'Immaculée Conception de la sainte Vierge.

605. — Vindiciæ illibati Conceptus Mariani. Tyrnaviæ, 1704, 4°. (Par le P. Gaspar GULLIK.)

606. — Vindiciæ illibati Conceptus Mariani. Tyrnaviæ, 1705, 4°. (Par le P. Paul SZAMAROCZI.)

607. — Vindiciæ illibati Conceptus Mariani. Tyrnaviæ, 1706, 4°. (Par le P. Joseph CHRALIGH.)

608. — Mater Gratiæ, seu Augusta Virgo Deipara a labe originali sermone panegyrico vindicata. Tyrnaviæ, 1707, 4°. (Par le P. André SIGRAI.)

609. — Mulier amicta Sole, seu Aug. Virgo Deipara Maria ab originali macula vindicata. Tyrnaviæ, 1708, 4°. (Par le P. Gaspar UIHAZI.)

610. — Elogio de la Concepcion sin macha de la SSma Madre de Dios. En Mégico, 1709, 4°. (Par le P. Antoine RAMIREZ.)

611. — Vindiciæ illibati Conceptus Mariani. Tyrnaviæ, 1709, 4°. (Par le P. Nicolas TAMASI.)

612. — Illibatus Virginis Conceptus, eo solo probatus, quod Regina Angelorum. Tyrnaviæ, 1711, 4°. (Par le P. Ladislas TUROTZI.)

613. — Immaculatus Virginis conceptus. Oratio. Tyrnaviæ, 1712, 4°. (Par le P. Jean GYALOGI.)

614. — Vindiciæ Marianæ pro honore Virginis Dei Matris Mariophili. Tyrnaviæ, 1713, 12°. (Par le P. Ferdinand HANSTADT.)

615. — Il momento prezioso, ovvero ragionamenti in onore della Concezione di Maria Madre di Dio, con i quali si dimostra essere stata non solo immacolata, ma doviziosa, composti dal P. Antonio GARBELLI della C. di G. In-fol. (1714.) — *Manuscrit*.

616. — Laureatum Virginei Conceptus monumentum. Tyrnaviæ, 1714, 4°. (Par le P. François-Xavier PASPERG.)

617. — Vindiciæ Conceptus illibati B. V. Mariæ. Tyrnaviæ, 1715, 4°. (Par le P. Jean GASSNER.)

618. — Księga Zywota przy niezmazanym poczęciu bez pierworodney Cenzury na swiat wydana, y sama od powszechney pierwszego Dekretu śmierci wolna, y na ostatny dzień sądny, przy dokonaniu tegoż świata, wszystkich na nią dśiz zapisanych od tejze śmierci zbawiennie uwolniająca, Marya. Kazanie na Niepokalane Jey Poczęcie, w Niedzielę II Adventu, przy pierwszym przez Klemensa XI dla Obojej płci tegoz bractwa otworzeniu w kościele lwowskim S. J., od X. Stefana SZCZANIECKIEGO, teyze Societatis, do Druku R. 1716 podana. Krakowie, w Drukarni Franc. Cezarego, fol., pp. 34.

C'est un panégyrique de l'Immaculée Conception, prononcé à Lemberg, pour la fondation de la Congrégation dans l'Église des Jésuites.

619. — Suspicio peccati originalis, unica informatione deleta, seu Augusta Virgo Dei Mater ab originali labe oratoria dictione defensa. Tyrnaviæ, 1716, 4°. (Par le P. Joseph HAIDER.)

620. — Rea Innocentia in foro academico absoluta, sive Maria Virgo Dei Mater ab originali labe oratoria dictione defensa. Tyrnaviæ, 1717, 4°. (Par le P. Pierre TALLIEN.)

621. — Jus et ratio domus Dei. Tyrnaviæ, 1718, 4°. (Par le P. Frédéric DONATI.)

622. — Panegyricus B. Virgini sine labe conceptæ. Tyrnaviæ, typis Academiæ, 1719, 4°. (Par le P. J. B. MAYR.)

623. — Il mistero favorito dell' Universo. Panegirico in onore dell' Immacolata Concezione di Maria Vergine. Modena, dalla reale tipografia Eredi Soliani, s. a., pp. 38. — Il mistero... dedicato alla Sacra Cesarea Cattolica Maestà di Carlo VI, Imperadore, Re delle Spagne, ec., da Tommaso CARLI della Compagnia di Gesù. Seconda edizione. In Mantova, ed in Parma, per gli Eredi di Gio. Battista Pescatori, 1722, 8°, pp. 32.

624. — Oratio Panegyrica in Festo Purissimæ Conceptionis, celebrato ab Scholis Scotica et Soraistica in Ecclesia S. Francisci Minorum. Cæsaraugustæ, apud

Hæredes Emmanuelis Roman, 1721, 4°. (En espagnol [?].) (Par le P. Joseph ANDOSILLA.)

625. — Gloria filiorum parentes eorum, sive Major Dei Gloria in Virgine sine labe concepta, sermone panegyrico defensa. Tyrnaviæ, 1721, 4°. (Par le P. François BRUMOWSKI.)

626. — Oratio de SS. Virginis intaminato Conceptu. Tyrnaviæ, 1722. (Par le P. Jean LIBENITZKI.)

627. — Vindiciæ Mariani Conceptus. Tyrnaviæ, 1723, 4°. (Par le P. Étienne SZABO.)

628. — Oracion Panegirica à la Purissima Concepcion de Maria Sanctissima, que dixo el 8 de Diciembre de 1724, en la Iglesia de Santiago de los Españoles de Roma. En Roma, 1724, 4°. (Par le P. Joseph ANDOSILLA.)

629. — Festvm Innocentiæ. Seu Originali noxæ non obnoxiæ Marianæ Conceptionis Concionatorio cultu celebratvm Cum Octava à P. Josepho BOGUCKI. Polono, Soc : Jesu. Lublini, typis Collegii Soc : Jesu. Anno Dni, 1724, 4°, pp. 144, sdelt.

630. — Oratio de illibato SS. Virginis Conceptu. Tyrnaviæ, 1724, 4°. (Par le P. Paul BENYOVSKI.)

631. — Oracion Panegirica à la Purissima Concepcion de Maria SSma que dixo en el Templo del Real Convento de San Francisco dia 8 de Diciembre 1724, el Padre Francisco Fernandez TREBINO, de la Compañia de Jesus. En Zaragoza, por los herederos de Diego de Larumbe, 1725, 4°.

632. — Mariæ Matris et Virginis primi Conceptus innocentia vindicata. Oratio. Tyrnaviæ, 1725, 4°. (Par le P. George IMRICKOVICS.)

633. — Sermo Panegyricus de Illibato Virginis Conceptu Viennæ in Basilica D. Stephani ipso festo die coram Augusto Cæsare dictus, 1725. Viennæ. (Par le P. Joseph LAMBERG.)

634. — Mariano Conceptui summa Pontificum auctoritate sacra dies, certum Innocentiæ nunquam nativa labe inquinatæ argumentum. Tyrnaviæ, 1726, 4°. (Par le P. Mathias RACHENBERGER.)

635. — Panegirico dell' Immaculata Concezione di Maria recitato in Palermo, nel Ven. Monastero del medesimo Titolo nell' occasione di celebrarsi il primo Sabato dell' anno 1727, dal P. Pietro TAGLIARINI della Comp. di Gesù.

Inséré au t. I, p. 57, de : *Raccolta di varj discorsi italiani composti da alcuni Oratori Siciliani*.

636. — Sermon panejirico en la celeberrima novena de la purissima Concepcion de Maria Santissima, que solemnizo la Nobilissima Ciudad de Lima, con su Santa Iglesia Metropolitana ; y que mandò hacer nuestro amantissimo Monarcha el Señor Phelipe quinto, en desagravio de las injurias, que los Heregos hizieron el año de diez à Christo Señor Nuestro Sacramentado. Predicole el Reverendissimo Padre Maestro Martin de ECHEDERRIA y ZULUAGA, de la Compañia de Jesus, Calificador del Santo Oficio en la misma Ciudad de Lima. Consagrale a San Francisco Xavier Apostol de las Indias. En Madrid. Por Alonso Balvàs. Año de 1728, 4°, pp. 20, sll.

637. — Vindiciæ Conceptus B. V. Mariæ. Tyrnaviæ, 1727, 4°. (Par le P. George ARVAI.)

638. — Oratio de SS. Virginis intemerato Conceptu. Tyrnaviæ 1728, 4°. (Par le P. André KOEVER.)

639. — Oratio de immaculato Virginis Deiparæ Conceptu. Tyrnaviæ, 1729, 4°. (Par le P. Ferdinand LITKEI.)

640. — Elogio de la Immaculada Concepcion de la Virgen Maria. En Mégico, por Lupercia, 1730, 4°. (Par le P. Jacques MIJARES.)

641. — Orbis universi de intemerato Virginis ortu consensus. Tyrnaviæ, typis Academicis, 1730, 4°. (Par le P. Paul HICSOLDT.)

642. — Sermon Panegirico de la Immaculada Concepcion de la Madre de Dios, que dixo en la Solemnissima Fiesta celebrada el 8 de Diciembre de 1730, en la Iglesia Parroquial de San Felipe de Zaragoza, el Padre Francisco Fernandez TREBINO, de la Compañia de Jesus. En Zaragoza, por Miguel Montañes, 1730, 4°.

643. — Votum, Immaculatum Conceptum Deiparæ tuendi Oratione defensum. Tyrnaviæ, 1731, 4°. (Par le P. Antoine REVICZKI.)

644. — Immaculata Deiparæ Conceptio oppugnata illustrior. Tyrnaviæ, 1731. 4°. (Par le P. François-Borgia KERI.)

645. — Immaculata Deiparæ Conceptio mille testibus firmata. Tyrnaviæ, 1733. 4°. (Par le P. Christophe AKAI.)

646. — Della Immacolata Concezione di nostra Signora Orazione. Pisa, Gio. Domenico Carotti, 1734, 4°. (Par le P. Jacques Antoine Cagliari BASSANI.)

647. — Immaculati Conceptus Mariani argumentum dictione panegyrica propositum. Tyrnaviæ, 1734, 4°. (Par le P. J. B. TERSTZIANSKI.)

648. — Magni Dei magna Mater Maria in Conceptione sua a labe peccati vindicanda, potentia Patris, meritis Filii, charitate Spiritus sancti. Tyrnaviæ, 1735. 4°. (Par le P. Nicolas PETKO.)

649. — Oracion Panegirica que en los solemnes Cultos dedicados à la Immaculada Concepcion de Maria Santisima, dixo en Zaragoza el 11 de Diciembre de 1735. En Zaragoza, 1735, 4°. (Par le P. Joseph ANDOSILLA.)

650. — Sermaõ da Immaculada Conceiçaõ da Mãy de Deos no dia de Apostolo S. Mathias. Lisboa, por Antonio de Souza da Sylva, 1735, 4°. (Par le P. Jean HONORATO.)

651. — Panegyricus B. Virgini Immaculatæ ad S. Stephani coram Cæsareis Majestatibus dictus. Viennæ, Voigtin, 1736, 4°. (Par le P. Léopold Fischer.)

652. — Oratio de SS. Virginis intemerato Conceptu. Tyrnaviæ, 1736, 4°. (Par le P. Nicolas Laurenchich.)

653. — Oratio de SS. Virginis intemerato Conceptu. Tyrnaviæ, 1738, 4°. (Par le P. Antoine Kelemen.)

654. — Oratio de Immaculata Conceptione Virginis Deiparæ. Tyrnaviæ, 1740, 4°. (Par le P. François-Xavier Schickmayr.)

655. — Oratio de SS. Virginis intemerato Conceptu. Tyrnaviæ, 1740, 4°. (Par le P. George Joska.)

656. — Vindiciæ intaminati conceptus Virginis Sanctissimæ. Tyrnaviæ, 1741, 4°. (Par le P. André Peringer.)

657. — Luculentum immaculati Conceptus Mariani ab Ecclesiæ autoritate argumentum, dictione oratoria propositum. Tyrnaviæ, 1742, 4°. (Par le P. André Schmidhauer.)

658. — Przywileie naiosobliwsze Nayś. Maryi Pannie od Króla nad Królmi, hoynie nadane . w Niepokalanym Jey poczęniu, w Niebowzięciu, y naywyżzsey wiecznie nie naruszonego przy Macierzyństwie Boskim Panieństwa prerogatywie, zawarte. Po różnych ambonach promulgowane. Teraz pod Herbownym Kluczem W. Imci P. Jana Jablonowskiego Cześnika Woj. Nowogrodzkiego... Przez X. Stanislawa Kmite S. J... Roku Pańskiego, 1742, 4°, pp. 14, 67 et 4.

659. — De immaculato Virginis Conceptu Oratio. Tyrnaviæ, 1743, 4°. (Par le P. Paul Csefalvai.)

660. — Sermon de la purisima Concepcion de Maria Santisima en la solenne festividad, con que su Eximia Suarista Congregacion la celebrò en el Templo de la Compañia de Jesus de Zaragoza el dià 13 de Deciembre de 1744. Siendo Prefecto el Doctor Don Juan Lario. Sacalo a luz la misma eximia Escuela. Lo Predicò el Padre Julian Garcia de la Compañia de Jesus... En Zaragoza, por Joseph Fort, s. a. (1744), 4°, pp. 16, sldell.

661. — Oratio de Virginis Deiparæ sine macula Conceptu. Tyrnaviæ, 1744, 4°. (Par le P. André Jaszlinszky.)

662. — Individuum inter Deum Hominem et Immaculatam Virginem gloriæ vinculum dictione oratoria confirmatum. Tyrnaviæ, 1745, 4°. (Par le P. Joseph Louis Maister.)

663. — (Corona duodecim stellarum intexta totidem concionibus in honorem Conceptionis Deiparæ.) (En *espagnol*.) Corduba, 1745, 4°. (Par le P. Louis Espejo.)

664. — Defensio solemnis intemerati Deiparæ Conceptus. Tyrnaviæ, 1747, 4°. (Par le P. André Wittmann.)

665. — Vindiciæ illibati Conceptus Mariani. Tyrnaviæ, 1748, 4°. (Par le P. Paul JABROTZKI.)

666. — Panegyricus Virgineæ Matri Mariæ adornatus. Tyrnaviæ, 1750, 4°. (Par le P. Pierre SKENDERLITS.)

667. — Oratio de SSmæ Virginis intaminato Conceptu. Tyrnaviæ, 1752, 4°. (Par le P. Jean IVANSICS.)

668. — Vindiciæ illibati Conceptus Mariani. Tyrnaviæ, 1753, 4°. (Par le P. Casimir BEDEKOVICS.)

669. — Sermo panegyricus B.V. Mariæ sine labe conceptæ Viennæ ad S. Stephani coram Cæsarea Majestate in Senatu Academico dictus. Viennæ, Kaliwoda, 1754, 4°. (Par le P. Mathias PURULICH.)

670. — Vindiciæ illibati conceptus B. V. Mariæ. Tyrnaviæ, 1754, 4°. (Par le P. Joseph KENYERES.)

671. — Oratio de intemerato Virginis Conceptu. Viennæ, 1756, 4°. (Par le P. François FAITSER ou FEICHER.)

672. — Oratio de SS. Virginis Immaculato Conceptu. Tyrnaviæ, 1756, 4°. (Par le P. BERNOLAK.)

673. — Kazanie na niepokalane Poczęcie Nayswiętszey Panny Maryi miane 8. Grud. 1756 w Kościele WW. Kanoniczek warszawskich. (Par le P. Michel KIELPSZ.)

674. — Oratio de Beatissimæ Virginis intemerato Conceptu. Tyrnaviæ, 1757, 4°. (Par le P. Michel HORVATH.)

675. — Oratio de SS. Virginis illibato Conceptu. Tyrnaviæ, 1758, 4°. (Par le P. Antoine RADICS.)

676. — Oratio de immaculatæ Deiparæ conceptu, et Mariano-Angelicæ Societatis laudibus, habita in templo Collegii Maximi D. Pauli S. J. à D. Francisco Xaverio Bastida VII. Id. Dec. MDCCLIX. (*Valentiæ*), Typograph. Bened. Monfort, 4°. (Par le P. Joachim JOAN.)

Trois autres panégyriques semblables en 1760, 61, 62.

677. — Oratio de Immaculato Conceptu B. V. Mariæ. (1760 [?].) (Par le P. François Xavier POHL.)

678. — Panegyricus Immaculatæ Virgini. Tyrnaviæ, 1760, 12°. (Par le P. J. B. HORVATH.)

679. — Oratio de SS. Virginis intaminato Conceptu. Viennæ, 1760, 4°. (Par le P. Louis MITTERPACHER.)

680. — Oratio de S. Virginis intemerato Conceptu. Tyrnaviæ, 1760, 12°. (Par le P. Charles WAGNER.)

681. — Gratulatio ad Hispanos ob Sanctissimam Dei Matrem Mariam in Mysterio Purissimæ Conceptionis suæ præcipuam Hispaniarum Patronam Apostolica Auctoritate constitutam. Oratio dicta coram Academia Cervariensi in solemni studiorum instauratione XV. Cal. novemb. an. MDCCLXI. A Blasio LARRAZ Artium Magistro atque Doctore Theologo e Societate Jesu, et Humaniorum Litterarum Regio Professore. Ab eodemque adnotationibus illustrata. Cervariæ Lacetanorum, typis Academicis, apud Antoniam Ibarra viduam, 4°, pp. 48.

682. — Classicum ad Hispaniæ gaudia. Cervariæ, typis Academicis 1762 (?). (Par le P. Pierre FERRUSOLA.)

Ce sont des discours (en espagnol [?]) en l'honneur de l'Immaculée Conception.

683. — Oratio de intemerato Conceptu B. V. Mariæ. Tyrnaviæ, 1762, 4°. (Par le P. André ZACHAR.)

684. — Oracion panegyrica que en los cultos consagrados a la Immaculada Concepcion de la Soberana Reyna de los Angelos, con el Evangelio, y en el dia de la Circuncision del Señor, por su Cofradia de Penitencia, compuesta del numero de escribanos de esta M. N. M. L. Ciudad de Cadiz. Dixo el M. R. P. Mro Gaspar DE SOLA, Professo de la Compañia de Jesus, y Rector del Colegio de la misma Ciudad. En este presente Año de 1763... En Cadiz, en la Imprenta de D. Pedro Gomez de Requéna, 4°, pp. 30, sld.

685. — Oratio de intemerato SS. Virginis Conceptu. Tyrnaviæ, 1763, 4°. (Par le P. Martin TAKATS.)

686. — Sermo de Immaculata Conceptione B. V. Mariæ. Viennæ, 1764 (?). (Par le P. Charles MASTALIER.)

687. — De Immaculata Conceptione B. V. M. Oratio. Pragæ, 1764, 4°. (Par le P. Louis HOLZAEPFEL.)

688. — Pro illibata Dei Matris Mariæ conceptione Oratio. Habita coram... Domino Antonio Petro Dei gratiâ Archi-episcopo Pragensi... In Basilica Teynensi ante solemnem pro intemerata ejusdem divinæ Matris Conceptione juris jurandi instaurationem a P. Joanne TESSANEK e Societate Jesu... (Pragæ), Typis Academicis per Joan. Georg. Schneider, s. a. (1765 [?]), 4°, pp. 15 nch.

689. — Oratio de illibato Divinæ Virginis Conceptu. Tyrnaviæ, 1766, 4°. (Par le P. Antoine MAILLATH DE SZEKHELY.)

690. — Panegirico en honor de la Concepcion de Maria Santisima Señora nuestra, predicado dia 10 de Diciembre de 1766. Valencia, por la Viuda de Orga, 1767, 4°. (Par le P. Joseph Pie MIRALLES.)

691. — Oratio de SS. Virginis illibato conceptu. Tyrnaviæ, 1767, 4°. (Par le P. Jean Népomucène ADAMI.)

692. — Oratio de immaculata S. Virginis Deiparæ Conceptione. Tyrnaviæ, 1767, 4°. (Par le P. Jean DUBNITZAI.)

693. — Oratio de immaculata conceptione. Tyrnaviæ, 1768, 4°. (Par le P. Georges Aloys SZERDAHELYI.)

694. — Oratio de illibato Mariæ Virginis Conceptu. Tyrnaviæ, 1769, 4°. (Par le P. Joseph RAINIS.)

695. — De propensione Ecclesiæ in illibatum Mariæ ortum oratio. Habita sub annuis illibati Virginis ortus solemniis in Templo RR. PP. Ordinis S. Francisci, strictioris observantiæ almæ provinciæ Hiberniæ, a Godefrido GRATZL, Societatis Jesu presbytero, AA. LL. et Philosophiæ doctore, in alma Cæsarea, Regis Universitate Pragensi lingua (*sic*) græcæ professore r. p. o. Vetero-Pragæ Charactere collegii Clementini Societatis Jesu, factore Ioanne Adamo Hagen, s. a. (1769 [?]), 4°, pp. 16, nch.

696. — De ortu Virginis illibatæ pleno gratiæ et veritatis, ad Mariani cvltvs excellentiam, cvltorvmqve secvritatem glorioso. Oratio dicta, illibati conceptvs Virginei solemnibvs, in templo admodvm Reverendorvm Patrvm Ordinis S. Francisci strictioris observantiæ almæ provinciæ Hiberniæ, a Ioanne Baptista GRIM, e Societate Iesv, In Alma Regia et Antiquissima Vniuersitate Carolo-Ferdinandea Pragensi Theologiæ de moribus Professore Regio publico et ordinario. Die 8 Mensis Decembris Anno MDCCLXX. Vetero-Pragæ, Characterc Collegii Clementini Societatis Iesv, factore Ioanne Adamo Hagen, 4°, pp. 13, nch.

697. — (Panegyrique de l'Immaculée Conception.) (En *polonais*.) (1770 [?].) (Par le P. Jean KOWALSKI.)

698. — Oratio de illibato Virginis Conceptu. Viennæ, 1771, 4°. (Par le P. Gaspar TROST.)

699. — Pro Dei Matre Maria sine peccato concepta, Oratio in Basilica Teinensi dicta Idibus Decembris 1772. Pragæ, 1772, 4°. (Par le P. Jean IROWSKI.)

700. — De admiranda rationis et authoritatis consensione in tuendo B. V. M. ortu intemerato. Oratio. Pragæ, 1774. (Par le P. François VON SCHOENFELD.)

701. — Quantum pia Sententia de Sancto B. V. M. ortu jurando juri præstat argumentum, et quantum piæ sententiæ robur addat jusjurandum. Oratio. Pragæ, 1777, 1779. (Par le P. François VON SCHOENFELD.)

702. — Oratio pro illibata Mariæ Conceptione. Olomucii, 1778, 4°. (Par le P. Jean Népomucène DUERNBACHER.)

703. — De Immaculato B. V. M. ortu Oratio ante solemnem juris jurandi annuam instaurationem habita a Decano SCHOENFELD. Pragæ, 1780.

704. — Discorso recitato in Roma all' Accademia della Immacolata Concezione di Maria, del P. Giovanni PERRONE, d. C. d. G. Roma, 1853, 8°, pp. 16.

705. — Orazione letta nella solemne tornata dell' accademia dell' immacolata Concezione di M. V. dal P. Carlo PASSAGLIA d. C. d. G. li 15 gennaio 1854; —

pp. 11-36 *de Raccolta di prose e versi in onore dell' immacolata Concezione di Maria Vergine. Roma, tipografia Tiberine, 1854, 8°, pp. 104.*

706. — Mistero e decreto dell' Immaculato Concepimento di M. V. solennizzati nella R. Cappella palatina, ragionamento Sacro con note varie. Palermo, 1855, 4°. (Par le P. Alexis NARBONE.)

707. — Discorso sopra la definitione dommatica dell' Immacolato Concepimento di Maria Vergine. Modena, 1855, 8°, pp. 19. (Par le P. Charles CURCI.)

708. — Résumé de conférences sur le dogme de l'Immaculée Conception prêchées dans l'église du Collège d'Alost. Par le R. P. Bruno VERCRUYSSE, de la Compagnie de Jésus. Bruxelles. L. de Wageneer, 1855, 18°, pp. 35. — Tournai, 1863. — Bruxelles, 1879.

Traduit en anglais (1874).

709. — Leerr de over de Dogma-Verklaring der Onbevlekte-Ontvangenis van Maria. Door A. FRENTROP S. J. Amsterdam, Ter Boekdrukkery van J. H. Laarman, 1855, 8°, pp. 23.

710. — Sermon pronunciado en la solemne festividad conque el Colegio de San Gregorio de la Compañia de Jesus celebró la declaracion dogmatica de la immaculada concepcion de la Santissima Virgen Maria, el 22 de Julio de presente año, por el R. P. Ignacio Maria LERDO, de la misma C... Mejico, imprenta de Tomas S. Gardida, 1855, 12°, pp. 31.

711. — Sermone in onore dell' Immacolato Concepimento di Maria, recitato nella chiesa di S. Francesco, la domenica dopo la festa dell' 8 Dicembre 1871, dal Sac. Giuseppe ORLANDO d. c. d. g. Palermo, C. Tamburello, 1873, 8°, pp. 28.

712. — Della definizione dogmatica dell' immacolato Concepimento della Beata Virgine Maria. Panegirici del P. G. B. ROSSI, S. J. Napoli, Testa, 1875, 8°, pp. 32.

713. — Panegirico de la Immaculada Concepcion, pronunciado en la Catedral-Basilica de Barcelona el dia 8 de Diciembre de 1874. Barcelona, 1875. (Par le P. Fidèle FITA.)

714. — Belleza moral di Maria Santisima en su immaculada concezion. Panegirico por D. Juan Bautista MOGA, Presbitero S. J. Madrid, Aguado, 1877, 4°, pp. VII-39.

IV. — *Histoire du Culte.*

715. — Declaracion y advertencias del P. Juan DE PINEDA acerca de la fiesta y celebridad de la Concepcion de la Virgen. (Sevilla, 1613), 4°, ff. 4.

716. — Advertencias a el privilegio onzeno de los de el Señor Rey don Juan el primero de Aragon, en favor de la fiesta, y mysterio de Concepcion de la Beatissima Virgen Maria sin mancha de pecado original. Con una Constitucion de Cataluña, y otro Fuero de Aragon del Señor Rey don Juan el segundo, en la misma materia. Por el P. Juan DE PINEDA de la Compañia de Jesus. Impresso en Seuilla por Gabriel Ramos Bejarano, 1613, 4°, pp. 48.

717. — Memorial de Respuestas a las oposiciones, que se hazen contra el Privilegio de el Señor Rey D. Joan I de Aragon. Y su Declaracion y Aduertencias, que sobre el hizo al Padre Joan DE PINEDA de la Compañia de Jesus, cerca de la Fiesta y Celebridad de la Immaculada Concepcion de la Santissima Virgen Maria Madre de Dios Señora Nostra. S. l. et a. (Seuilla, 1613), 4°, ff. 14.

718. — De sanctitate instituti festi certa, et necessaria ad cultum Ecclesiasticum, singillatim in festo immaculatæ Conceptionis præcepto a Summis Pontificibus. Valentiæ, per Bernardum Noguès, 1657, 8°, pp. 221, slt. (Par le P. Jean Eusèbe NIEREMBERG.)

719. — Al Rey nuestro Señor que Dios guarde. Raçon que da a su Majestad del Breve de N. S. P. Alexandro VII en favor del culto con que la S. Iglesia Romana celebra la Fiesta de la Immaculada Concepcion de la Santissima Virgen Maria N. Señora. Juan Antonio VELASQUEZ de la Compañia de Jesus, y de la Concepcion. En Madrid, por Francisco Nieto, año de 1662, fol., pp. 14.

---

720 — Responsio ad libellum supplicem R. Patris Magistri Fr. Joannis Martinez de Prado Provincialis electi Provinciæ Hispaniæ Ordinis Prædicatorum, oblatum suæ Majestati, negantis a sui Ordinis Prædicatoribus pronunciari posse consuetum illud in Hispania elogium : Laudetur Sanctissimum Altaris Sacramentum, et Immaculata Deiparæ Virginis Conceptio (1663). (Par le P. Jean Everard NIDHARD.)

Plusieurs éditions et traductions.

---

721. — De nova moneta Sanctissimi D. N. Alexandri VII pro gloria immaculatæ Conceptionis perpensa. Liber singularis: Omnibus utriusque eruditionis studiosis non inutilis, et Marianæ gloriæ exaltandæ, fovendæque pietati in Conceptionem immaculatam opportunus. Auctor (sic fertur) R. P. Joannes Eusebius NIEREMBERGIUS, è Societate Jesu. Lucem videt operâ, et industriâ Philippi Bresa... Congregationis Oratorij Valentini S. Philippi Nerii Presbyteri. Valentiæ, per Bernardum Noguès, 1656, 8°, pp. 77, sllelt.

---

722. — Hungaria in Immaculatam Conceptionem B. V. Mariæ Magnæ suæ Dominæ credens et jurans præeunte Sacramentum Paulo Principe Estoras Palatino Decano Mart. SZENTIVANI S. J. Sermo sacer. Tyrnaviæ, 1701, 4°, pp. 14.

723. — Solemnis cultus immaculatæ Conceptæ B. V. Mariæ a piis verisque Sodalibus ex præscripto legum Congregationis reddi solitus. Leopoli, typ. S. J., s. a. (17..), 12°, pp. 68, 284 et 4.

724. — Sæcula Conceptionis Immaculatæ Deiparæ Mariæ. (1760 [?].) — *Manuscrit*. (Par le P. Vincent LOPEZ.)

725. — Gozos devotos, y antiguos de la purissima concepcion de Maria, y su explicacion : que la congregacion de Estudiantes de la Purissima Concepcion de Maria, fundada en el Colegio de la Compañia de Jesus, de San Bernardo en la Ciudad de Cervera, saca a luz para contribuir a la nueva Celebridad, con que España aclama Principal Universal Patrona suya à la Madre de Dios en el Misterio de su Purissima Concepcion. Su autor el P. Pedro FERRUSOLA, de la Compañia de Jesus, y Prefecto de la misma Congregacion, por commission, y en nombre de esta. Madrid, en la Imprenta de Joachim Ibarra, 1762, 8°, pp. 300.

726. — Dévotion du vénérable Jean Berchmans de Diest à l'Immaculée Conception de la Très-Sainte Vierge. 1855. (Par le P. Alexandre PRUVOST.)

Dans les *Précis historiques*, 1855.

727. — La Vierge Immaculée, patronne de la Belgique, ou témoignages de dévotion à l'Immaculée Conception, recueillis dans les annales belges, depuis les temps les plus reculés jusqu'à nos jours, par le R. P. SPEELMAN, de la Compagnie de Jésus. 1re partie. Entretiens d'un mois de Marie. Tournai, Casterman, 1856, 18°, pp. 260.

728. — Curieux témoignage en faveur de l'Immaculée Conception. (En *russe*.) Paris, Franck, 1858, 12°. (Par le P. Jean MARTINOV.)

729. — Il concetto di Maria Santissima secondo Dante Allighieri per Giuseppe MELANDRI, d. C. d. G. Bologna, 1864, 16°, pp. 75. — Ibid., 1865, 32°, pp. 76. — Torino, 1869.

730. — El triunfo de la immaculada Concepcion, celebrado por la Iglesia Española de fines del IV siglo. (1871.) (Par le P. Fidèle FITA.)

Inséré dans la *Revista catolica de España*, t. II, pp. 241, 321, 401. — t. III, pp. 9, 169, 323 et 422.

731. — L'Église Russe et l'Immaculée Conception, par le P. GAGARIN, S. J. Paris, Plon, 1876, 18°, pp. 102.

---

732. — Triumphus Virginis Immaculatæ in sua Conceptione celebratus in Regia Urbe Ticinensi. Mediolani, apud Malatestam, 1672, 4°. (Par le P. Jules VASCO.)

733. — Real piadosa Pompa de los solemnissimos cultos que la Real Congregacion del Corazon de Jesus y Concepcion de Maria de la Compañia de Jesus de Manresa consagrò a sus SS. Titulares, en los dias & 8. 9. 10. 11. de Mayo de

1745. En accion de gracias por la Real Proteccion de nuestro Rey, y Señor Don Felipe quinto, el animoso (Dios le guarde). Su relacion que la Congregacion presenta à las manos de su Rey Protector. Barcelona : En la Inprenta de Juan Piferrer, 4º, pp. 14, 10 et ff. 12 nch.

734. — Della papal Cappella per la festa dell' Immacolata Concezione di Maria Vergine Madre di Dio ultimamente da N. S. Papa Benedetto XIV, in perpetuo decretata. Discorso istorico insieme, e panegirico, dato in luce da un divoto Applauditore. In Padova, nella stamperia del Seminario, 1752, 4º, pp. 48. (Par le P. André BUDRIOLI.)

735. — Relation de la Solennité en l'honneur de l'Immaculée Conception de la T. S. Vierge Marie célébrée à Alost le 3 juin 1855. Alost, Spitaels, 1855, 12º. (Par le P. André VAN ISEGHEM.)

736. — Solennità per la definizione dogmatica dello immacolato concepimento della Santissima Vergine Maria di Dio festeggiate nella Città e Provincia di Palermo d'ordine di S. M. il Re descritte ed a lui medesimo consacrate per Alessio NARBONE D. C. D. G. Palermo, Fr. Lao, 1858, 4º, pp. 109. — Seconda edizione riveduta e corretta. Ibid., 1859, 4º, pp. 108.

V. — *Littérature*. — *Musique*.

737. — Poema in laudem Immaculatæ Deiparæ Conceptionis per universam Hispaniam Novam celebratæ. Mexici (*vers 1640* [?].) (Par le P. Matthieu CASTROVERDE.)

738. — Wieniec ozdobny przedziwney czystośći Najświętszej Matki Bożej z kwiatów rozlicznych pisma S. uwity, a na pohanbienie bluźnierców jey w modlitwę albo pieśń oddany. S. l., 1644. 4º, pp. 4.

C'est-à-dire : *Sertum ornatum admirabilis puritatis SS. Dei Matris e variis floribus S. Scripturæ contextum et ad confusionem eorum, qui eam blasphemant, in forma orationis seu cantilenæ formatum.* — Par un Jésuite qui donne ses initiales : *J. B. S. J.*

739. — In Purissimum Deiparæ Virginis Conceptum. Epigramma, quod Laurum meruit. Rothomagi anno 1670. Bombyx. In-12, pp. 2. (Par le P. Jean DUBOIS.)

740. — Poemation Deiparæ sine labe originis conceptæ. Clagenfurti, 1670. (Par le P. Charles VITELI.)

741. — Cultus Immaculatæ Conceptionis B. Virginis solidus ac Dei Deiparæque per-gratus. Auctore P. Dorotheo LOUFFIO Societatis Jesu Sacerdote. Accessere quadringenta et quadraginta quatuor Anagrammata et Elogia Immaculatæ Conceptionis, a cæco Joanne Baptista Agnensi fabricata ex litteris horum verborum : Ave Maria, gratia plena : Dominus tecum. Bruxellis, ex Typographia Philippi Vleugarti, M.DC.LXIII. 12º, pp. 151, slleil.

742. — Parodia genialis de Immaculata Conceptione B. V. Mariæ. Vilnæ, typ. acad. S. J., 1666. (Par le P. Valentin Bialowicz.)

743. — Odes en l'honneur de l'Immaculée Conception de la Ste Vierge. A Paris, Sébastien Cramoisy, M.DC.LXXI, 18°, pp. 12. (Par le P. Charles de la Rue.)

744. — In Purissimum Deiparæ Virginis Conceptum. Epigramma, quod primum præmium meruit. Rothomagi anno 1672. Excudebat Richardus Lallemant, 12°, pp. 2, nch. (Par le P. Pierre de Meurdrac.)

745. — Sur l'Immaculée Conception de la Sainte Vierge. Ode qui a remporté le Prix des cent Jettons d'argent, à Caën. A Rouen, chez Jacques Le Boullenger, M.DC.LXXIII, 4°, pp. 8. (Par le P. Jean Dubois.)

746. — Agalmata Mariana ab Affectibus Parthenicis depicta certamine poetico, seu Elogium B. V. Mariæ sine labe originali Conceptæ. Græcii, typis Widmanstadii, 1695, 8°. (Par le P. Alexandre Donati.)

747. — Oratio poetica pro Deipara ab Inferni hostibus reportante triumphum in illibato conceptus sui candore. Barcinone, apud Raphaelem Gelabert, 1702. (Par le P. Laurent Lopez.)

748. — Laureata triumphantis Minervæ pro Deipara Immaculata. Auctore Musæo Dertuser, Societatis Jesu. Barcinone, 1716. (Par le P. Martin Corredor.)

749. — (Hymne latine sur l'Immaculée Conception.) (1716.) (Par le P. Gilles François de Beauvais.)

Elle fut couronnée au Palinod de Rouen.

750. — Conceptus mirabilis votivis Epigrammatibus insertus, seu centuria prodigiorum et testimoniorum piam de Immaculata Mariæ Virginis Conceptione sententiam firmantium ad epigrammaticam cytharam decantata. Accessit victoria conceptæ Deiparæ de orco in primo instanti reportata et triumphus soluta hic, ligata illic, orationi celebrata a P. Josepho Bogucki S. J. A. D. 1721. Posnaniæ, Typ. Coll. S. J., 8°, pp. 24-155 et 5.

751. — Anagramas en applauso y gloria de la Concepcion Inmaculada de Maria, sacados de la Salutacion Angelica, y explicados en 500 Epigramas o Octavas Castellanas. En Mégico, por Ribera, 1731, 8°. (Par le P. Jean Antoire Mora.)

752. — Le Triomphe de l'amour divin Dans l'Immaculée Conception de la très Sainte Vierge. Poeme. A Varsovie, De l'Imprimerie Royale au Collége de la Compagnie de Jesus. M.DCC.LX.VII, 4°.

Mon exemplaire incomplet n'a que les seize premières pages. La dédicace au Cte Zaluski est signée : *** *S. J.*

753. — Octavas en honor de la Purisima Concepcion. (1806.) — *Manuscrit.* (Par le P. Manuel Lassala.)

754. — Sequentia de Beata Maria Virgine sine labe concepta auctore Em. ac Reverend. Principe ac Domino Joanne, S. R. E. Presbytero Card. de Geissel, Archiepiscopo Coloniensi, etc. Arnhemiæ, ex typographia Josué Witz, 1855, 8°, pp. 6.

En regard du texte, la traduction en vers hollandais par le P. Joseph DIJCKMANS.

755. — Zegekreet, by de Verklaring van Z. H. Pius IX, betreffende de Onbevleckte Ontvangenis der Moedermaagd. Amsterdam, C. L. van Langenhuysen, 1855, 8°, pp. 8. (Par le P. Pierre Jean KOETS.)

756. — O Triumpho da Igreja Romana na definiçaõ do dogma da Immaculada Conceiçaõ de Maria. Lisboa, 1855, 8°, pp. 8. (Par le P. Charles RADEMAKER.)

757. — (Trois hymnes italiennes pour la séance Académique donnée, en l'honneur de l'Immaculée Conception, par le collège de Palerme en 1858.) (Par le P. Aloys PREVITI.)

Inséré par le P. Narbone, p. 67 de son ouvrage : *Solennità per la definizione... dell' immac. Concepimento della SS. V. M... Palermo, 1858*, 4°.

758. — L'amante di Maria Vergine Immacolata Madre di Dio, Rime del P. Pier Paolo BARBIERI D. C. D. G. Verona, tip. Vincentini a Franchini, 1864, 8°, pp. 234.

---

759. — (Comœdiæ in laudem Immaculatæ Deiparæ Conceptionis. (1630 [?].) (En *espagnol.*) — *Manuscrit.* (Par le P. Antoine ESCOBAR DE MENDOZA.)

Ces pièces étaient intitulées : *El Peregrino Deseo*, — *El Racimo de Engaddi*, — *La Esther Maria*, — *La Estella Maria*.

760. — Auroræ consalutatio sive laudes Deiparæ Virg. Conceptæ latina et græca, soluta et vincta numeris Oratione celebratæ a tribus ex inclyto Romani Seminarii Clero Adolescentibus... Romæ, apud Franciscum Caballum, MDCXXX, 4°, ff. 6.

761. — Domus Dei ædificatio sive laudes B. Virginis Conceptæ Latine et Græce, oratorie ac poetice pertractatæ a Jacobo Signorino Florentino... Sem. Rom. Cler. Accesserunt harmonica metra singulis actionibus interjecta. Romæ, Anno MDCXXXI, 4°, pp. 19. — *A la fin :* Romæ, ex Typographia Jacobi Mascardi, MDCXXXI.

762. — Speculum sine macula sive laudes B. Virg. in ejusdem Conceptu celebratæ. A Nicolao Nato Nucerino... Sem. Rom. Cler. Accesserunt harmonica metra singulis actionibus interjecta. Romæ, apud Franciscum Caballum, MDCXXXII, 4°, ff. 10. (Par le P. Léon SANTI.)

763. — Primæ Innocentiæ reditus ad Conceptum Virginem, Utrisque linguæ obsequiis exceptus. A... Sem. Rom. Cler. Romæ, apud Franciscum Caballum, MDCXXXIII, 4°, pp. 15.

764. — Oliva pacis sive Virgo sine macula concepta. Viennæ, 1650, 12°. (Par le P. Adam Chrétien ROSACINUS.)

765. — Sapientiori Minervæ, uno verbo totam Dei Sapientiam comprehendenti, primam parentum noxam ob colubri argutias argute resarcienti. Mariæ, eximii Sodalitii tutelari, hoc perenne gratitudinis Monumentum Sacrum esto. Habitum apud Parthenios Sodales pro thesium propugnatione in Collegio Barcin. Soc. Jesu, a Thoma Albanell Regalis Beatæ Mariæ, et Divi Jacobi de Cordellas Seminarii Collega. Anno a Nativitate Dominica 1685. Barcinone, ex typog. Antonij, et Balthasaris Ferrer, 4°, ff. 2.

766. — Prodigium gratiæ, magna Dei Mater et Virgo Maria, concepta et concipiens fortunato æque ac incontaminato utrobique conceptu orbi orthodoxo ad spectandum in Collegio Gostomiano ab auditoribus rhetorices e Soc. Jesu propositum anno natæ mortalibus salutis 1668. Leopoli, typ. S. J. fol.

767. — Admirabilem Deiparæ Conceptum titulo Maternitatis ab omni omnino labe immunem celebrat inter Suaristicæ Congregationis solemnia Martinus Padrò, ejusdem divinæ Matris alumnus et Collega Cordellensis nobilissimus. Barcin. Ex typ. Cormellas, apud Jacobum Cays, Anno 1688, 4°, ff. 2.

768. — Clarissimum intemeratæ Virginis, ab immani superbiæ colubro reportatum Triumphum decantabit Balthazar Tapies, et de Casanovas, Cordellensis Collega meritissimus, et politiorum literarum vigilantissimus cultor, necnon Partheniæ Congregationis addictissimus Cliens. Barcin. Ex typ. Martini Gelabert, Anno 1695, 4°, ff. 2.

769. — Conceptionem Virginis ejusque Annunciationem divini Spiritus radiis illustratas oratorie applaudebat marte proprio N. D. D. Blasius de Trincheria, et Hernandez Collegii Cordellensis Soc. Jesu Collega, Poeseos et Rhetorices Candidatus ac Marianæ Congregationis sodalis addictissimus. Barcin. Ex typ. Mariæ Marti Viduæ, s. a. (17..), 4°, ff. 4.

770. — Innocentia Beatissimæ Virginis ope triumphans in scenam dabitur ab infimæ classis Grammatices studiosis in Gymnasio Societatis Jesu Brugis, die 28 Julii 1724. Brugis, Typis Petri vande Cappelle, 4°, ff. 2.

771. — Il misterio della Concezione immacolata in tutte la età Accademia di poesia che danno Gli Scolari di Rettorica nel Collegio Romano della Compagnia di Gesù, il dì 3 settembre 1855, 8°, pp. 18.

772. — Donna Vincitrice del Serpente (1858). (Par le P. Pierre FONTANA.)

C'est une séance académique donnée au Collège de Palerme, en l'honneur de l'Immaculée Conception.

773. — École libre de Saint-Michel (à Saint-Étienne). Académie de grammaire. Séance ... lundi, 15 décembre 1873, à 5 heures. Marie immaculée. In-8°. (pp. 2.)

774. — Un acte de foi à l'Immaculée Conception de la Très-Sainte Vierge. Cantate par le P. J. Dufour d'Astafort, S. J. Paris, Ve Poussielgue-Rusand, s. a. (1854), 18°, pp. 3. — Un acte ... Cantate à trois voix, paroles du P. J. Dufour d'Astafort, de la Compagnie de Jésus, musique du P. L. Lambillotte, S. J. Ibid., 1855, 4°, pp. 2.

775. — Salut pour la fête de l'Immaculée Conception. Paris, Régnier-Canaux (1855), 4°. (Par le P. Hippolyte Basuiau.)

776. — Il Canto dei fanciulli nella novena della Immacolata. Roma 1871 (?). (Par le P. Stanislas di Pietro.)

777. — L'Immaculée à Saint-Séverin. (Cantique.) (1879.) In-16, pp. 4. (Par le P. Charles Clair.)

VI. — *Nativité de la Sainte Vierge.*

778. — Encomios al nacimiento de la Virgen. (1580.) — *Manuscrit.* (Par le P. Jean de Cigorondo.)

779. — Ludi Natalitii in anniversario natæ Virginis die commissi, sive laudes Deiparæ Virginis in Natali ejus die celebratæ a Tribus e primaria Seminarii Romani nobilitate adolescentibus... Romæ, ex Typographia Jacobi Mascardi, MDCXXX, 4°, pp. 16. (Par le P. Léon Santi.)

780. — Super nata Deipara Vaticinatio sacra Græce et Latine oratorie ac poetice pertractata a Franc. Aloysio Columna... Semin. Rom. Conv. Romæ, ex Typographia Jacobi Mascardi, MDCXXXI, 4°, pp. 30.

781. — Epulum natalitium die Virginis Deiparæ natali triplici laudatione Latine ac Græce, oratorie atque poetice exhibebant.... Sem. Rom. Convict. Romæ, ex Typographia Francisci Corbelletti, MDCXXXI, 4°, pp. 23.

782. — Mariæ natæ mare subjicitur obsequiis harmonicis per metricam confusaneam (?). Romæ, ex Typographia Jacobi Mascardi, MDCXXXI. 4°, pp. 27.

783. — Nascenti Virgini Universitatis obsequia tripartito celebrata a... Sem. Rom. Convict. Romæ, ex Typographia Francisci Corbelletti, MDCXXXIII, 4°, pp. 16.

784. — Apparecchio di Nove Giorni alla Festa della Nativ. della Vergine da praticarsi ogni Anno nella insigne Chiesa Collegiata, e Parochiale di S. Maria in Cosmedin di Roma steso da un Padre della Compagnia di Gesù e dedicato alla stessa Gran Regina degli Angeli. In Roma, pel il Rossi, 1730, 16°, pp. 64. (Par le P. François Galluzzi.)

785. — Sermaõ do Nacimento de Maria Santissima Mãy de Deo pregado no Convento da Santa Martha de Lisboa em 8 de Setembro de 1732, professando no mesmo dia sor Violante de Ceo. Lisboa, por Joseph Antonio da Sylva, 1732, 4°. (Par le P. Hippolyte Moreira.)

786. — Kazanie w dzień Narodzenia Nayświętszey Panny Maryi w Kościele Warszawskim miane. Warszawa, 1733. (Par le P. Adam Ignace Naramowski.)

Panégyrique pour la Nativité de la Sainte Vierge.

787. — La Natività di Maria Sempre Vergine. Oratorio a 4 voci. In Palermo, Angelo Felicella, 1737, 4°. (Par le P. Pierre Scarlati.)

788. — Componimento Pastorale per musica da Panemo Cisseo P. A. sopra la Natività di Maria Vergine da recitarsi nel Seminario Romano in occasione che ne se celebra quest' anno con apparato straordinario la Festa nella Congregazione de' Sig[ri] Convittori per ordine, e munificenza del Serenissimo Principe reale di Polonia, ed Elettorale di Sassonia, che già si compiacque d'assumere in titolo di Prefetto nella medesima Congregazione. La musica è del Signor Sebastiano Haim. In Roma, per Antonio de' Rossi, 1740, fol., pp. X. (Par le P. Jules César Cordara.)

789. — (Sermo in Festo Nativitatis B. V. M.) (En *allemand.*) 1746. (Par le P. Wolfgang Romauer.)

790. — Triduo della Natività di Maria. (1816.) — *Manuscrit.* (Par le P. François Gusta.)

VII. — *Le saint nom de Marie. — Marie au Temple. Son Mariage.*

791. — Godt-Vruchtighe oeffeningen op den H. ende Aldersoesten Naem Maria. Toegeschreven aen het Broederschap van den Selven glorieusen naem. Op-gerecht in de Kercke van onse L. Vrouwe op de Savel, tot Brussel. Brussel, by Jan Mommaert, 1640, 12°, pp. 36. (Par le P. Adrien Van Lyere.)

Traduit en plusieurs langues.

792. — Nombre Santissimo de Maria : su Excelencia, Significados, Veneracion y Efectos : a Marcos Fernandez de Monsanto... : el Padre Antonio de Quintanadueñas, de la Compañia de Jesus. Impresso en Sevilla, por Francisco de Lyra, 1643, 12°, pp. 378, sldelt.

793. — Marialogium. Cölln, bey Michael Dehmen, 1649. (Par le P. Martin Sibenius.)

Traduction latine de l'ouvrage flamand du P. Van Lyere : *Godt-Vruchtighe œffeningen.....* (Voir n° 791.)

794. — Una devocion à su Santissima Madre, glossando en ella su Dulcissimo Nombre. (*Vers 1650 ?*) (Par le P. Jean de Alloza.)

795. — Sermon de el Santissimo y dulcissimo Nombre de Maria. Predicado a la Ilustrissima Congregacion de Señoras, y Nobles, sita en la Capilla de N. Señora del Buen Consejo del Colegio Imperial de la Compañia de Iesvs de Madrid... Por el Padre Francisco GARCIA, de la Compañia de Jesvs, Maestro de Theologia... En Madrid, por Mateo de Espinosa y Arteaga, Año de 1676, 4°, ff. 20 nch.

796. — Sermones del nombre Dulcissimo de Maria. En Madrid, por Juan Garcia Infanzon, 1681, 4°. (Par le P. François GARCIA.)

797. — Il gran Nome di Maria illustrato in tre libri de' suoi Misterj, de' suoi onori, de' suoi Prodigj. Opera del P. Domenico Antonio MOSCATI della Compagnia di Giesù... In Napoli, Nella Stamperia di Angelo Vocola, MDCCLIX, 4°, pp. 460, slt.

798. — Marianus et le très-saint nom de Marie. Besançon, Ch. Marion, 1876, 18°, pp. 93. (Par le P. J. B. BIRON.)

---

799. — Panégyrique de la Sainte Vierge en la Feste de la Presentation. 1665. — *Manuscrit*. (Par le P. Jean VINCART.)

800. — La Virgen en el Templo honrando el Templo. Virtudes heroicas, que exercitiò Maria Santissima Señora Nuestra, mientras viviò en el Templo. Se las propone en Meditaciones à las Almas, en especial de Virgines Religiosas : Joseph TERCERO Sacerdote de la Compañia de Jesus. En Megico, 1723, 8°.

801. — La Sainte Vierge présentée au Temple à l'âge de trois ans. Tragédie en vers par M. l'abbé DE CLORIVIÈRE. (1820.) (Avec la musique des chœurs.) — *Manuscrit*.

---

802. — Triduo in apparecchio alla festa dello sposalizio di San Giuseppe con la Santissima Vergine del P. Giuseppe M. PROLA D. C. D. G. 1713.

803. — (Modus colendi festum Desponsationis B. V. Mariæ.) (En *hongrois*.) (1740 [?].) (Par le P. J. B. PIROLT.)

VIII. — *L'Annonciation.*

804. — Caroli SCRIBANI e Societate Jesu de Annuntiatione Dei-Matris votiva gratulatio. Antverpiæ, ex officina Plantiniana Balthasaris Moreti, M.DC.XVIII, 4°, pp. 29.

805. — Qvadraginta Conciones in Adventvm de Annvntiatione Virginis Matris et verbo Incarnato Auctore Petro HAMERIO Soc. Iesv Presbytero... Antverpiæ, ex officina Plantiniana, Apud Balthasarem Moretum, et Viduam Ioannis Moreti, et Io. Meursium, M.DC.XXVIII, 4°, pp. 536, sllelt.

806. — Oracion evangelica, Panegyrica, de la Incarnacion del Verbo divino y Annunciacion de Maria su Santissima Madre. Dixola, patente el Santissimo, El Reverendissimo Padre Diego Jacinto DE TEBAR, Rector de la Casa de Noviciado de la Compañia de Jesus de Madrid... En Madrid : Por Joseph Fernandez de Buendia. Año de 1664, 4°, pp. 30.

807. — Maria ex servitute Regnatrix ad anniversariam Virginis Annunciatæ celebritatem in basilica S. J. Posnaniæ a Peril. Jacobo Miaskowski, Castellano Kiovensi, panegyrice celebrata. A. C. 1665. Posnaniæ, 4°, pp. 16. (Par le P. Théophile Rutka.)

808. — Gloriosa Legacion de el Arcangel Gabriel a la Reyna de los cielos Maria. Humilde consentimento de esta a la voluntad del Eterno Padre. Poderosa virtud de sus Palabras, y para bienes de los Angeles à su Reyna y à Virgin Madre. Sacala à luz Don Joseph Antonio de Ribera, y de Espung para la celebridad de las Fiestas de la Congregacion de esta Princesa, en el Collegio de la Compañia de Jesus de Barcelona. En Barcelona : Por Rafael Figuerò. Año 1677, 4°, ff. 4.

809. — Mariano Barcinonensis urbis amplissimæ Sodalitio. Panegyris, Salutatam ab Angelo Virginem sub ipsum Spiritus Almi descensum venerantibus Sodalium auribus sistebat in Bethlehemitico Templo Societatis Jesu. Philippus Quintana, et de Fabregas ejusdem Congregationis consodalis. Anno 1682. Barcin. Ex Typo. Raphaelis Figuerò. Anno ut supra, 4°, ff. 4.

810. — De Deipara Virgine in Annunciatione oratio. Quam in Bethlehemetico Societatis Jesu Templo habebat Joannes Guillermus Torres Cordellensis Collegii Alumnus. Barcinone, Ex Typ. Cormellas, apud Jacobum Cais. Anno 1683, 4°, ff. 2.

811. — Virgo Annunciata. Divinum Verbum concipiens. Epicum Carmen. Quod proprio favente Apolline compositum, Dei Genitrici cecinit in Bethlehemitico Templo Perillustris D. D. Franciscus Aguelo et de Pinos Honorarius tantæ Reginæ ephebus. Barcinone, Ex typog. Joannis Yolis. Anno 1684, 4°, ff. 4.

812. — Deiparæ Annunciatæ panegyricum encenium dicit, et dicat in amoris et reverentiæ monumentum Carolus Trelles et Alba Intactæ Matris Alumnus. Barcin. Ex Typ. Mathevat, administrata per Jacobum Cays, Anno 1687, 4°, ff. 2.

813. — Concion real con que celebra la gloriosissima legacia del supremo Arcangel S. Gabriel a la Reyna de todo lo criado Maria. En las Fiestas, que consagra à tan Soberana Imperatriz su Congregacion Eximia. Josef Cayetano de Sabater, y Sembasart. En la Iglesia de Belen, a 31 de Març̧o 1693. Barcelona : En Casa de Rafael Figuerò, anno 1693, 4°, ff. 4.

814. — Supremam Gabrielis Legationem ad Deiparam heroico carmine decantabit inter Suaristicæ Congregationis solemnia. Nobilis D. D. Josephus Faustus de Potau, e de Ferràn eiusdem Congregationis addictissimus Alumnus. Barcin. Ex Typ. Martini Gelabert. 1693, 4°, ff. 3.

815. — Sanctissimam Virginem Mariam a cœlesti legato Deigenitricem salutatam in primo mirabilis sui Conceptus instanti fastosi Dæmonis supercilii calcatricem egregiam in festivis ipsi Deiparæ ab eximio Sodalium cœtu dicatis solemniis proclamat Josephus de Cordova et Lana, Marianæ Congregationis Alumnus, et humaniorum litterarum studiosus. (Barcinone.) Ex Typ. Martini Gelabert, anno 1693, 4°, ff. 3.

816. — Trisagio encomiastico. Napoli, 1700. (Par le P. Antoine MANFREDI.)

Sur les trois panégyriques contenus dans ce volume, il y en a un sur l'Annonciation.

817. — Umiltà di Maria Vergine, proposta a meditare, ed imitare da' suoi Divoti in apparecchio alla Solennità dell' Annonciazione della medesima gran Signora. Vi sono inserite altre Considerazioni sulla stessa Virtù, per più facilitarne la pratica. In Venezia, appresso il Recurti, 1713, 12°. (Par le P. Jacques SANVITALE.)

818. — Ancilla Domini virtute Altissimi obumbrata sibi fœderata pietate devoto cœtui gratia plena in terris, Regina misericordiæ, etc. Oratio. Pragæ, 1735, 4°. (Par le P. Jean BLEIWEIS.)

819. — Joanni Peltano Præsuli Amplissimo Cysamensi de Sanctissimo Virginis ab Angelo salutatæ Mysterio rhapsodia. Edebant in lucem Josephus Battirellus Stephanus Macalus Sodales Mariani sacra solennia obeuntes apud Collegium Firmanum Soc Jesu. An. MDCCLVIII. Formis Lazzarianis, fol., pp. 12.

820. — Sacre poesie per la festa della Annunziazione di Maria sempre Vergine celebrata dagli studenti di Rettorica, e di Umanità del Collegio della Compagnia di Gesù in Fermo l'anno MDCCLXIX. Offerte a sua Eccellenza Monsignor Giov. Battista Mirelli de' Principi di Teora, ec. e della Città di Fermo, e suo stato Gobernatore generale. Fermo, Per l'Erede del Bolis, 1769, 4°, pp. XII.

IX. — *Expectatio partus.* — *La Visitation.*

821. — Opusculum ad honorem novem mensium quibus Beatissima Virgo Mater Christum Jesum in suo utero gestavit. 1600 (?). (Par le Bx P. Charles SPINOLA.)

Inséré dans sa *Vita* par le P. Fabius Spinola.

822. — Meditationi per l'espettatione del Parto di Maria Verg. (Par le P. Bernardin UGOLINI.)

Dans ses *Essercitii spirituali... In Loreto, per Saraphino Paradiso, MDCXXXXIII.* 8°, pp. 255, sllclt.

823. — Meditationi dell' Infantia, Pueritia ed età Povretta di Christo Nostro Signore, cominciando dalla SS. Incarnatione fino alla sua predicazione. Divise in dieci Parti... Parte seconda delle Meditationi della prima dimora di Christo Nostro Signore nel ventre della SS. Vergine, dopo l'istante della sua concettione E de' varii affetti della Vergine al Santissimo Figlio e del Figlio alla Beatissima Madre. Palermo, Bua e Portanova, 1646, 12°. (Par le P. Vincent FASSARI.)

824. — Contemplationi per l'Espettatione del Parto della Vergine Nostra Signora Composta dal Padre Antonio Blandi della Compagnia di Gesù. In Palermo, per l'Isola, 1669, 12°, pp. 116, sld.

La dédicace est signée par l'éditeur, le P. Joseph Perdicaro.

825. — Panegirico della Espettazione del Parto detto nel Gesù di Palermo alle Signore Dame nel primo giorno della Novena del Santo Natale l'anno 1727, dal P. Pietro Tagliarini d. C. d. G.

Inséré au t. I, p. 187, de *Raccolta di varj discorsi italiani composti da alcuni Oratori Siciliani*.

---

826. — Concio in Visitatione B. M. Virginis anno 1560 habita. — *Manuscrit.* (Par le B. P. Pierre Canisius.)

827. — Allegorica et Sacra Epopeya pro Virginis Mariæ Elysabetham invisentis celebritate : (17e S. [?].) — *Manuscrit.* (Par le P. Pierre Flores.)

828. — Viatores sive laudes Deiparæ Virginis in montana ut Elisabetham inviseret abeuntis Latina et Græca, soluta et vincta numeris oratione celebratæ a Tribus ex Inclyta Rom. Sem. nobilitate adolescentibus... Romæ, apud Franciscum Caballum, 1630, 4°, ff. 6. (Par le P. Léon Santi.)

829. — Festinatio B. Virginis Elisabetham invisentis Latine, Græce, oratorie ac poetice pertractata. A Stephano Gradio Ragusino... Sem. Rom. Conv. Accesserunt harmonica metra actionibus interjecta. Romæ, ex Typographia Francisci Corbelletti, MDCXXXI, 4°, pp. 27.

830. — Salutem a Virgine Deiparæ Elisabethæ dictam commentantur Latine ac Græce, oratorie atque poetice... Sem. Rom. Convict. Romæ, ex Typographia Francisci Corbelletti, MDCXXXII, 4°, pp. 23.

831. — Hospitio exceptam ab Elisabetha Deiparam Virginem prosequuntur Latine, Græce, Oratorie, Poetice... Sem. Rom. Convict. Romæ, ex Typographia Francisci Corbelletti, MDCXXXIII, 4°, pp. 23.

832. — Sermam, que pregou o P. Antonio Vieira da Companhia de Jesus na misericordia da Bahia de todos os Santos em dia da Visitaçaõ de Nossa Senhora Orago da Casa... Em Lisboa, na Officina de Domingos Lopes Rosa, 1646, 4°.

833. — Cinco Praticas sobre as palavras, *Exurgens Maria.* (En langue *brachmane.*) (Vers 1650 [?].) (Par le P. Michel de Almeida.)

834. — Sermaõ da Visitacaõ de Nossa Senhora, pregado em a santa Casa da Misericordia de Lisboa, com atençam as funcoens da dita Casa. (1680 [?].) (Par le P. Diego Lobo.)

835. — La Misericordia de Maria Santissima en el dia de su Visitacion gloriosa, y en su Casa, y Templo de nuestra Señora de la Misericordia, Titular de la Iglesia, y Colegio de Niñas Huerfanas, llamado de Saldaña, de esta Ciudad de Burgos.

Sermon, Que predicó el dia dos de Julio de este año de mil setecientos y veinte y tres el Padre Bernardo ALONSO, de la Compañia de Jesvs, siendo Predicador de su Colegio de San Salvador de la misma Ciudad. Sacale a luz Don Custodio Carneno, Rector del mismo Colegio de Niñas Huerfanas, y Beneficiado en la Parroquial de San Estevan de Burgos. Y le dedica Al Señor Don Felix Sanchez de Valencia, del Consejo de su Magestad en el Tribunal de la Contaduria mayor. Impresso en Burgos en la Imprenta de Juan de Villar y Monroy, 4°, s. a. (1723), pp. 24, sll.

836. — Rede auf das Heimsuchung Mariä als dasselbe in der Kirchen der WW. EE. barmherzigen Brüder, zu Pressburg feyerlich begangen wurde. Gehalten von Carl HÖCK. Pressburg, gedruckt bey Franz Augustin Patzko, 1777, 4°, pp. 22.

X. — *La Nativité de N.-S. J.-C. — La Purification.*

837. — Il parto della Vergine. Tragedia sacra. In Palermo, 1633, 12°. (Par le P. Hortense SCAMMACCA.)

838. — Les Covches sacrees de la Vierge. Poeme heroiqve de Sannazar. Mis en prose françoise par le Sieur Colletet, Reueu de nouueau, et corrigé sur le Latin par le R. P. L. I. Paris, 1645, 4°. — Ibid., 1646. (Par le P. Philippe LABBE.)

839. — Academia Marial. Sermaõ no Collegio da Bahia em 25. de Março festo, que fazem os Estudantes à Virgem N. Senhora da Incarnaçaõ anno 1665. Lisboa, por Domingos Carneiro, 1677, 4°. (Par le P. Laurent CRAVEIRO.)

840. — Sermaõ de N. S. de Bellem prégado no Seminario do mesmo nome, e na primeira Outava de Natal no anno de 1716. Lisboa, por Antonio Pedrozo Galraõ, 1718, 4°. (Par le P. Ange DOS REYS.)

841. — Sannazarus de Partu Virginis adjectis argumentis. Conimbricæ, 1733. (Par le P. Emmanuel DE AZEVEDO.)

---

842. — Poema Castellanum a la Purificacion de Maria. Recitolo en el Templo de Belen de la Compañia de Jesus Franciscus Costa, y Viñola su menor Alumno. En Barcelona en la Imprenta de Matevat administrada per Martin Gelabert, año 1682, 4°, ff. 4.

843. — Simeonis annua Vota Mariæ Purissimæ Virgini. Congregationis eximiæ oculatissimæ Tutelari decantavit, ad Marianos Alumnos illorum minimus Antonius Vaqueriças, et Guarro. Barcinone, Ex Typ. Mathevat, administrata per Martinum Gelabert, anno 1682, 4°, ff. 4.

844. — Simeonis Vota optimis terrarum, cœlorumque muneribus superabunde expleta decantans, annuum gratitudinis tributum officiose persolvet Joannes Bach, et Fita Suaristicæ Scholæ, et Marianæ Congregationis Sodalis. Barcinone, apud Josephum Forcada, s. a. (*1682*), 4°, ff. 2.

845. — Omnium virtutum Oceano humilitatis et pudicitiæ præstantissime imagini legis, nec lato quidem ungue, transiliendæ singularissimo archelypo (*sic*) Februatæ Virgini, hanc oratiunculam officiose consecrat. Tantæ Matris cliens observantissimus D. Emmanuel Biguer Regii Collegii Societatis Jesu Cordeliensis Collega, ac amœniorum litterarum cultor. Barcin. Ex Typ. Mathevat, administrata per Franciscum Muns, 1684, 4°, ff. 2.

846. — Cunctis Superum Myriadis præcelsiori Reginæ Purificationis legem subeunti hoc qualecumque obsequium in amoris signum Ignatius Gatillepa, et Picart Rhetorices in Cordelieno Societatis Jesu Collegio Candidatus. Totius Mariani cœtus nomine appendit. Barcin. Ex Typ. Mathevat, administrata per Franciscum Muns, 1684, 4°, ff. 2.

847. — Pulchritudo in macularum imagine graphice emicans, sive Maria in Purificatione mundissima, in tenebrarum specie solis instar refulgens. Proposuit proprio Marte elaboratam Panegyrim, in Templo Bethlehemetico Soc. Jesu pro Parthenicæ Congregationis solemniis Marius Antonius Quart et Olivas, Collegii Cordillensis Societatis Jesu Collega et Humanioris Litteraturæ studiosus. Annua Nativitate Dominica 1685. Barcinone, Apud Antonium Lacavalleria, 4°, ff. 2.

848. — Sermon para la Festividad de la Purificacion de Ntrã Srã. En Mégico, por Ribera, 1685. 4°. (Par le P. François Antoine Ortiz.)

849. — Obedientia triumphalis, sive Maria macularum expers Purificationis legem subducta Devolvebat annuarium hunc censum in Bethlehemeticis Societatis Jesu Aris pro thesium propugnatione Guillelmus Areny et Torres, Cordellensis Collegii Soc. Jesu. Collegà Rhetorices ac Poeseos cultor. Anno a Nativitate Dominica 1685. Barcinone, apud Antonium Lacavalleria, 1685, 4°, ff. 2.

850. — Supremæ Virginis Mariæ in Deum Religioni, in sua præcipue admirabili lustratione miris modis emicanti. Adscribit hoc tenue encomium eximii ejusdem Mariæ Sodalitati addictissimus Bernardus Descallar, et Toro Cordellensis Collegii Collega meritissimus. Barcin. Ex typog. Joannis Jolis, anno 1689, 4°, ff. 2.

851. — De Beatæ Mariæ Virginis purificatione. Drama pastoritium. — *Manuscrit.*

Ce drame, joué au collège d'Amiens, se trouve dans les manuscrits de la Bibliothèque de la Ville. (Mss., n. 412.)

852. — Sanctissimam Dei parentem sacros lustrationis ritus adimplentem heroico carmine in Bethlemetico Societatis Jesu Templo decantabit Michael Ignatius Reverter et de Ferrer Barcinonen. Civitatis civis Honoratus necnon florentissimus humaniorum litterarum Alumnus. Anno 1695. Barcinone : Ex Typ. Raphaelis Figuerò, 4°, ff. 4.

853. — Esercizio divoto in preparazione alla festa della Purificazione di Maria Vergine, composto da un religioso della C. di G. Roma, 1838, 16°, pp. 16.

854. — Kazanie na swięto Najswiętszéj Panny Grommicznej o śmierci. Poznan, u Stefanskiego, 1849, 8°, pp. 15. (Par le P. Charles de Boloz Antoniewicz.)

C'est-à-dire : *Sermon pour le jour de la Purification de la B. V. Marie.*

855. — Venatio sacra, sive Puer amissus. Lovanii, typis Cornelii Coenestenii, 1612, 12°, pp. 170, sll. (Par le P. Bauduin Cabilliau.)

---

856. — Discvrsos del Bavtismo de Nvestra Señora. Por el Padre Alonso de Andrada. Religioso de la Compañia de Jesus, Calificador del Santo Oficio de la Inquisicion, natural de la Ciudad de Toledo. Impressos por la Congregacion de N. Señora de la Concepcion, del Imperial Colegio de la Compañia de Jesus de Madrid. Dedicado dal Licenciado Don Francisco Valero de Molina, Capellan de honor de su Magestad. Inquisidor Apostolico de Sevilla, etc. En Madrid, por Iuan Sanchez. Año CIƆ.IƆC. XXXIX, 4°, ff. 127.

XI. — *Notre-Dame des Sept Douleurs.*

857. — La Sacrée Vierge au pied de la Croix. A Arras, chez Guillaume de la Rivière, s. a. (1603), 12°, pp. 163, slt. — Paris, 1609. (Par le P. Louis Richeome.)

Traduit en italien par Albert de Nobili (*Venezia, 1605*).

858. — Paradisvs Sponsi et Sponsæ; in qvo Messis myrrhæ et aromatvm ex instrumentis ac mysterijs Passionis Christi colligenda, ut ei commoriamur. Et Pancarpivm Marianvm, Septemplici Titulorum serie distinctum : vt in B. Virginis odorem curramus, et Christvs formetur in nobis. Antverpiæ, ex officina Plantiniana. Apud Ioannem Moretum, M.DC.VII, 8°, pp. 212 et 213, avec 102 grav. — Ibid., 1618. (Par le P. Jean David.)

Traduit en allemand par le P. Charles Stengel, Bénédictin (*Augsbourg, 1617*), et en français par l'abbé Sausseret (*Paris, 1854*).

859. — Vita e Passione di N. S. Gesù Cristo e della sua SS. Madre Vergine Maria distinta in varie lodi, ec. In Genova, appresso Giuseppe Pavoni, 1610, 12°. (Par le P. Bernardin Zanoni.)

860. — De SS. Matre Dolorosa libri tres. I. Magnitudinem B. V. Mariæ explicat. II. Ideam absolutissimam Christianæ perfectionis in ea proponit. III. Ejusdem B. V. Mariæ Colendæ praxes et modos adfert. Coloniæ Agrippinæ, apud Joannem Kinchium, 1615, 12°, pp. 839, sllclt. (Par le P. Gaspar Tausch.)

861. — Preces ad Stationes Passionis, et ad XV Mysteria B. Virginis, ac VII ejus dolores. Gandæ, 1621, 24°. (Par le P. Josse Andries.)

Plusieurs éditions.

862. — Onse L. Vrouwe der seven Weeen met de mirakelen, Getyden, ende Misse der selver : insgelycks den Oorspronck ende Voortganck der Broederschap. Overgeset door P. Jacobum Stratium Priester der Societeyt Jesu. T'Hantwerpen, by Guilliam Leestens, 1622, 18°, pp. 16-263.

863. — Sept Exercices ou Meditations sur les Sept douleurs de Nostre-Dame. Douay, 1624, 12°. (Par le P. Antoine DE BALINGHEM.)

864. — Dolores B. Virginis Mariæ. Mechliniæ, 1627, 24°. — Brugis, 1629, 24°. (Par le P. Josse ANDRIES.)

865. — Meditazioni delle sacre piaghe di Giesu e di Maria, composte dal P. Bartolomeo D'AMICI della Compagnia di Giesù. In Napoli, nella Stamperia di Gio. Domenico Montanaro, 1635, 8°, pp. 548, sldelt.

866. — O siedmiu bolesciach Nayświętszey Panny. 1639. (Par le P. Jean JACKNOWICZ.)

Livre sur *les Sept douleurs de Marie*.

867. — Li Santi e amorevoli affetti del P. Gregorio FERRARI della Compagnia di Giesù. Arrichiti di nuovo dallo stesso di quindici fiori di San Gioseffo, e di quindeci dolori della Vergine Nostra Signora con altre cose molto utili. In Milano, 1636. — Ibid., per Gio. Pietro Cardi, MDCXLI, 12°.

868. — Liber vitæ de Jesu patiente, et Maria compatiente. Pragæ, 1646, 8°. (Par le P. Louis KRAS ou CRASIUS.)

Traduit en allemand : *Prag*, 1647, 4°.

869. — Meditationi della passione di Giesù Cristo, et dei dolori della B. Vergine. Roma, Manelfi, 1648, 12°. — Roma, Ghezzi, 1665, 12°. (Par le P. Jean Antoine CAPRINI.)

870. — Perpetuus gladius Reginæ Martyrum, ab Annuntiatione usque ad obitum. Septem celebriora Gladii illius mysteria iconibus ligno incisis exprimuntur, quæ gratis dantur. Antverpiæ, Cornel. Woons, 1649, 16°, pp. 48. — Ibid., 1650. (Par le P. Josse ANDRIES.)

Cet ouvrage fut traduit en plusieurs langues. Il fut augmenté dans l'édition suivante :

871. — Perpetua Crux Jesu Christi, a puncto Incarnationis ad extremum vitæ, et hinc usque ad finem mundi in perpetuo Altaris sacrificio. Item perpetuus Gladius Reginæ Martyrum ab Annuntiatione usque ad obitum. Auctore R. P. Judoco ANDRIES Sacerdote Societatis Jesu. Res tota iconibus 92 æri incisis exornata. Antverpiæ, Typis Cornelii Woons, Anno 1652, 12°, pp. 275.

872. — Breve ragguaglio e pratica instruttione degli Esercitii di pietà christiana, che si fanno nel Giesù di Roma. Ogni Venerdi mattina, e sera, per la Diuotione della Buona Morte da ottenersi per li meriti della Passione, ad Agonia di Cristo in Croce, e de' dolori della sua Madre Santiss. sotto la Croce. Del P. Gio. Battista MANNI della Compagnia di Giesù. In Roma, per il Mascardi, 1649, 24°, pp. 288.

Souvent réimprimé.

873. — De B. Virgine cum Jesu Patiente. (1651.) — *Manuscrit*. (Par le P. Georges STENGEL.)

874. — Il Perpetuo coltello della Regina de' Martiri. In Roma, per Ignazio de' Lazzeri, 1652, 16°. (Par le P. Joseph Fozi.)

C'est la traduction italienne du *Perpetuus gladius* du P. Josse Andries, d'après laquelle a été faite la traduction allemande du P. Gelb.

875. — La perpetuelle Croix ou passion de N. S. Jésus-Christ, avec le glaive perpetuel de la reine des martyrs, composé en latin par le P. Iudocus Andries, et traduit par le P. A. Bonnefons. Anvers, 1652, 18°. — Paris, 1659 et 1672.

876. — Pieuses practiques ou meditations pour parvenir à une heureuse mort par la considération de la Passion, et des Sainctes Playes de Jésus-Christ, et de la tristesse de sa saincte Mere souffrante soubs la Croix. Par le R. P. Guillaume [illegible] Wael de Vronesteyn, de la Compagnie de Jesus. A Bruxelles, chez Franç[illegible] Foppens, MDCLVI, 12°, pp. 209, sll.

Cet ouvrage a aussi été écrit en flamand : *Offeninghe van devotie om een salighe Doot te becomen. Antwerpen, 1657, 12°.*

877. — Christo appassionato e la Vergine addolorata. Del Padre Fabio Ambrosio Spinola della Compagnia di Gesù... In Genova, per Francisco Meschini, 1661, 4°, pp. 448, sllelt. — In Bologna, 1679.

Traduit en espagnol par le P. Sébastien Estrada.

878. — Tractatus de Gladio Doloris Mariani. (1662.) — *Manuscrit.* (Par le P. Gaspar Druzbicki.)

879. — Illecebræ doloris seu invitatio ad vitam doloris et cultum Dei et Matris dolorosæ. Pragæ, typis Urbani Goliasch, 1663, 12°. (Par le P. Venceslas Schwertfer.)

880. — De la dévotion à la Sainte Vierge, Mère des douleurs, par le P. Michel Seneschal. Douai, 1663.

881. — Matka Bolesna Marya to iest Tlumaczenie Męki Pana Chrystosowey, ktora bolesć Matce S. Zadawala. Pozyteczne Kazdego stanu czlowiekowi do poprawy Zywota do nabycia cnot do pociechy Duchowney a osobliwie służacę Kaznodzieiom Nauczycielom duchownym i tym wszystkim ktorzy się duchowney Ksiegi opisniącey męke Pańską czytaniem radzi zabawiaią i z Matką S. Bolesną. Tom pierwszy, w Krakowie u Dziedzicow Fran. Cesarego, R. P. 1665, fol., pp. 748. (Par le P. Martin Hincza.)

C'est-à-dire : *Mater dolorosa Maria, id est : explicatio passionis Domini Christi, quæ dolorem Matri sanctæ infligebat...* Le second volume n'aurait point été publié.

882. — Zrcadlo Matky Bolestne. w Holomancy, Typis Viti Ettelii, 1666, 8°. (Par le P. Félix Kadlinsky.)

C'est-à-dire : *Miroir de la Mère des douleurs.*

883. — (Via spino-rosea, seu de Septem Doloribus et totidem gaudiis Beatissimæ Matris Dei.) (*En allemand.*) Prag, 1668, 12°. — Breslau, 1696. (Par le P. Barthélemi Christel.)

884. — (Le *Perpetuus gladius Mariæ* du P. Josse Andries, traduit en *allemand* d'après la traduction italienne du P. Fozi.) (1680 [?].) (Par le P. Wolfgang Gelb.)

885. — Tractatus de septem gladiis, seu doloribus B. Virginis. (1682.) — *Manuscrit*. (Par le P. Richard Strange.)

886. — Troost in het leven ende in de doodt ghetrocken uyt den godtvruchtighen Lofsanck van d'Alderheylighste Maghet Maria, Maria Moeder der Gratie, Moeder der Bermhertigheyt, Beschermt ons van den Vyandt, ende ontfanght ons in d'ure des doodt. Betoont in seven profijtige Bemerckinghen. T'Antwerpen, by Michiel Knobbaert, s. a. (*1683*), 16°, pp. 136.

887. — (Les Douleurs de la Sainte Vierge.) (En *espagnol.*) Sevilla, 1688, 16°. (Par le P. Pierre Mercado.)

888. — Libro de los dolores de la Virgen Maria. En Mègico, 1689, 8°. (Par le P. Joseph Vidal Figueroa.)

Traduit du P. Fabius Spinola.

889. — Libro de los Dolores de la Virgen, escrito en Toscano por el P. Fabio Spinola, y traducido al Castillano. En Megico por Lupercio, 1689, 8°. (Par le P. Sébastien Estrada.)

890. — (Dolores Virginis Mariæ cum precibus novemdialibus.) (En langue *tagale.*) (1690 [?].) (Par le P. Pierre de Silva.)

891. — Memorias tiernas de los Dolores de la Virgen. (1692 [?].) (Par le P. Joseph Vidal Figueroa.)

D'après le P. Oviedo, biographe de l'auteur, ce recueil, qui fut réimprimé en Flandre, contient les Neuvaines et autres pratiques de dévotion que le P. Vidal faisait imprimer tous les jours.

892. — Mater dolorosa gladio Simeonis transfixa. Pragæ, 1692, 4°. (Par le P. Jean Zimmermann.)

893. — Espada aguda de dolor que tuvo atravesada en su tierno corazon todo el tiempo de su vida la Smâ Madre de Jesucristo. En Mégico, por Benavidez, 1692, 4°. — Madrid, 1796, 8°. (Par le P. Joseph Vidal Figueroa.)

894. — La Scuola delle virtù Cristiane nel Cuore di Maria addolorata proposta a Fedeli. Napoli, 1693, 4°. (Par le P. Pierre Ansalone.)

Inséré au t. 1, p. 1, de ses *Opere spirituali... In Napoli, 1721, 4°, 2 vol.*

895. — La Spada del dolore della Regina de' Martiri, e il Balsamo dell' amore applicato al cuore ferito della medesima, cioè la pietosa divotione alla sette principale dolori di N. S. con altre tante contemplationi per li giorni della settimana. Palermo, Gramignani, 1699, 12°. — Palermo, Felice Marino, 1701, 12°. (Par le P. Antoine Natale.)

896. — (Meditationes Passiones Christi, et Dolorum Beatissimæ Matris in duas partes divisæ.) (En *espagnol.*) Madrid, 1707. (Par le P. Martin DE RAXAS.)

Traduit en français par Mgr de Belsunce, évêque de Marseille : *Marseille, 1730, 1745, 8°.*

897. — Liber novus in Maria Matre dolorosa propositus et explicatus per veteris testamenti typos, vindicatus a novatorum Hæreticorum furoribus, atque quæstionibus ad Hyperduliam Marianam directis illustratus, præfixa universa Theologia Scholastica in compendium redacta. Pragæ, 1715, 4°. (Par le P. Ferdinand SIEGHARD.)

898. — Theatrum doloris et amoris, sive considerationes mysteriorum Christi patientis et Mariæ matris dolorosæ sub cruce condolentis filio piis affectibus conceptæ, et in Oratorio Almæ Sodalitatis Majoris Per Verni Jejunij Sabbathinos dies sub vesperum DD. Sodalibus piè meditantibus ad lampades expositæ, nunc ad plurium utilitatem in lucem publicam datæ a P. Francisco LANG, Soc. Jesu ejusdem Sodalitatis pro tempore Præside. Venales prostant apud Joannem Hibler Bibliopolam Monacensem. Monachij, typis Mathiæ Rield, Anno 1717, 4°, pp. 152.

899. — Relox de sombras : o Ejercicios piadosos para recadar la Passion de Jesucristo y los Dolores de su Madre. En la Puebla, por Ortega, 1729, 8°. (Par le P. Joachim VILLALOBOS.)

900. — Il cuore addolorato di Maria, meditazioni sopra i suoi sette dolori, proposte a chi desidera di compatirla ed imitarla, dal Padre Alessandro DIOTALLEVI della Compagnia di Gesù. Venezia, 1729, 12°. — Il cuore... Aggiuntovi in questa nuova edizione Compendio della vita dell' Autore. In Venezia. Appresso Antonio Zatta, MDCCLXXXIV, 12°, pp. 96. — Monza, tipografia Corbetta, 1845, 16°, pp. 64.

Traduit en allemand : *München,* 1733, 12°.

901. — Jubilus fortium sive Constans dovotio Mentis et Oris erga Jesum Crucifixum et Matrem Dolorosam, nunc tertio in lucem prodiens multo quam alias Auctior in usum salutarem Illorum qui serio volunt se reddere securos salutis suæ pie orando, meditando, contemplando, Christianas omnis generis Virtutes exercendo, tentationes mundi carnis ac dæmonis vincendo, lectioni spirituali vacando, prædicandoque sibi et aliis Jesum et hunc Crucifixum. Auctore S. Petro MOERS Societatis Jesu. Pars Altera. Coloniæ Agrippinæ, Sumptibus Hæredum Petri Putz, Anno 1734, 8°, pp. 290.

902. — Il Martyrio del cuore di Maria addolorata, ovvero Considerationi, Colloquii, aspirazioni, Esempii, e pratiche divote su i dolori della SS^ma Vergine per tutti i sabbatti dell' anno. In Napoli, appresso Francesco Ricciardi, 1735, 8°, pp. 346. — In Venezia, 1746, 1756, 1761, 1774, 1776, 1807. — Napoli, 1830, 1850, 1855. (Par le P. Liboire SINISCALCHI.)

Traduit en polonais par le P. Sadowski ; en allemand par Pierre Obladen, chanoine régulier : *Augspurg, 1753, 1770.*

903. — Nabożeństwo do umierającego na krzyżu Jezusa Pana y bolesney pod-krzyżem Matki na uproszenie szczęśliwey smierci według zwyczaju Kongregacyi dobrey śmierći założoney przy kośćiele Krakowskim S. J. SS. Apostolow Piotra y Pawla z odpustami od Alexandra VIII. Papieza na zawsze nadawemi, przedrukowana, 1741.

C'est la Dévotion à N.-S. Jésus-Christ en croix et à la Vierge douloureuse, pour la Congrégation de la Bonne Mort à Cracovie.

904. — La Santa Vergine addolorata e Considerazioni distribuite per ciascheduno giorno del mese. Napoli, Giuseppe Raimondi, 1759. (Par le P. Philippe Rosetti.)

905. — Męczeństwo serdeczne Serca Maryi Panny y Matki boleśney, to jest : uwagi rozmyślania, westchnienia, przykłady y inne ćwiczenia duchowne o Boleściach Matki Boskiey na wszystkie sóboty, całego roku rozłożone, przez W. X. Liboryusza Sinischalki, S. J. jezykiem włóskim do druku podane, na polski zas język z niektóremi przydatkami przetłumaczone przez X. Jozefa Sadowskiego S. J. Lwów, Dr. S. J., 1759, 4°, pp. 14-346.

C'est la traduction de l'ouvrage du S. Siniscalchi : *Il Martyrio del cuore di Maria addolorata...*

906. — Weg des Kreuzes oder tägliche Andachten zu dem sterbenden Jesus Christus und der Jungfrau Maria; von einem Priester Soc. Jesu. Eichstädt, 1795.

907. — Il Carnevale santificato dei divoti di Maria colla memoria di suoi dolori, ec. Parma, Carmignani, 1801. (Par le P. Alphonse Muzzarelli.)

Plusieurs éditions qui portent le titre, qui est peut-être celui de la première : *Gli ultimi trenta Giorni del carnevale, santificati dai...* Traduit en français et en flamand.

908. — Viaggio di Mario al Calvario. Palermo, 1835, 32°. (Par le P. Aloys Bartoli.)

909. — Nabożeństwo do siedmu boleści Matki Boskiéj. Lwów, u Kallenbacha, 1848, 12°, pp. 32. (Par le P. Charles de Boloz Antoniewicz.)

C'est la *Dévotion aux sept douleurs de la Mère de Dieu.*

910. — Osiedmiu Boleściach Matki Boskiéj siedm krótkich uwag przez X. Karola Antoniewicza. Lwów, 1849, 12°.

C'est-à-dire : *Des sept douleurs de la Mère de Dieu sept courtes considérations.*

911. — La dévotion aux sept douleurs de la Vierge Marie, ou Notice sur Notre-Dame des Sept douleurs et les indulgences attachées à son culte : suivie de quelques Pratiques de piété en son honneur par l'auteur des Sanctuaires de la Mère de Dieu dans le diocèse de Cambrai. Lille, Druart et Billaux, 1849, 16°, pp. 190. — Tournai, 1849. — Notre-Dame du Calvaire, ou Notice sur Notre-Dame-des-sept-douleurs et les.... Troisième édition augmentée d'une neuvaine à Notre-Dame des Sept-Douleurs par le R. P. Possoz, de la Compagnie de Jésus. Paris, Sarlit, 1858, 32°, pp. 252.

Traduit en flamand : *Tournai, 1850.*

912. — A notre Dame du Calvaire. Lille, Lefort, 1852, 18°, pp. 21. (Par le P. Henri FANTIN.)

913. — L'Enfant adoptif de Marie au calvaire. Lille, Lefort, 1852, 18°, pp. 33. (Par le P. Henri FANTIN.)

914. — Preśń do Matki Boskiej bolesnej z powodu świezo ku Jej czci wybudowanego Kościołka na cmentarzu tarnopolskim. Poznan, 1863, 8°, pp. 4. (Par le P. Joseph HOLUBOWICZ.)

Cantique polonais à Notre-Dame des sept douleurs.

915. — Un' ora Sacra a Maria Desolata, per Luigi PINCELLI d. C. d. G.; pia pratica da usarci dalle ore 21 del Venerdi santo fino alle ore 16 del Sabato : come anche in tutti i Venerdi e Sabati dell' anno. Seconda edizione con aggiunte e correzioni. Bologna, 1863, 32°, pp. 96. — Ibid., 1864.

916. — Sette spade di Maria dopo la morte di Gesù per Arcangelo CORDARO d. C. d. G. Torino, Giulio Speirani e figli, 1873, 32°, pp. 36.

---

917. — Sermon de los Siete Dolores de la Virgen Maria Señora Nuestra qui predicò en el dia, que se diò principio a esta celebridad, al Real Consejo de Italia, en la Casa Professa de la Compañia de Jesus, el Reuerendissimo Padre Juan Ignacio DE CASTROVERDE, de la misma Compañia. Predicador de su Magestad... En Madrid, por Domingo Garcia Marràs, s. a. (*1672*), 4°, ff. 25.

918. — Hohe Tugend-Schuel, aus Erkenntniss und Wissenschaft des H. Leidens und Sterbens Christi, mit fünf und dreissig Predigen eingericht; solcher Gestalt, dass in jeder deren dreissig von einem sonderbaren Geheimniss erlittner innerlicher Schmerzen unsres höchst gebenedeyten Erlösers, und in denen fünf letzten Predigten von dessen schmerzhafften Mütter unter dem Kreutz, und dann auch in allen und jeden von einem daraus gezogenen sittlichen Lehr-Stuck gehandelt wird... Durch R. P. Georgium HOFFMANN, der Soc. Jesu Priestern zusammengetragen und abgefasset. Passau, Enders, 1687, 4°.

919. — (Sermon sur les Douleurs de la B. Vierge Marie, prononcé dans la cathédrale de Bahia, pendant la Semaine Sainte.) (En *portugais.*) Lisboa, Bernardo da Costa Carvalho, 1699, 4°. (Par le P. George BENCIO.)

920. — Passionspiegel, oder schmerzhafte Mutter Jesu in vier Predigten and acht Anreden für die Octav des allerheiligsten Fronleichnams Christi. Augsburg und Dillingen, 1703, 4°. (Par le P. Paul TEICHMANN.)

921. — (Quatre sermons sur les afflictions de la sainte Vierge.) (En *portugais.*) Roma, 1704. (Par le P. Antoine Marie BONUCCI.)

922. — Sermones de los Dolores de la Virgen Maria. En Mégico, por Hogal, 1730, 4°. (Par le P. Jean Antoine DE OVIEDO.)

923. — Predigt am Feste der sieben Schmerzen Mariä. Gräz, 1743. (Par le P. François de Borgia Tausch.)

924. — Lobrede auf das Fest der Schmertzen Mariä als eine hochadeliche Jugend des Kaiserl. Königl. Theresianischen Collegiums den ersten Festtag ihrer Marianischer Versammlung den 6 april 1770 feyerlich begieng, vorgetragen und auf das Verlangen der hochadelichen Zuhörer zum Drucke gegeben von Joseph Canal, der Gesellschaft Jesu Priester, und gewöhnlichen Sonntagsprediger in der Kirche des gemeldten Collegiums. Wien, gedruckt bey Johann Thomas Edlen von Trattnern, 1770, 4°, pp. 21.

925. — Predigt von dem grossen Werthe der Bruderschaft von den sieben Schmerzen Mariæ. Pesth (après 1772), 4°. (Par le P. Joseph Pierer.)

926. — Nauka wieczorna miana w farnym Kościele XX. Jesuitów u S. Mikołaja we Lwowie d. 14 Kwietnia 1848 w. d. siedmiu Boleści Nayswiętszej Maryj Panny, przez X. Karola Antoniewicza S. J. Lwów, Dr Fr. Pillera, 1848, 8°, pp. 12.

Le titre signifie : *Instruction donnée le soir dans l'Église paroissiale des PP. Jésuites de S. Nicolas à Lemberg, le 14 avril 1848, le jour des sept douleurs de la B. Vierge Marie par le P. Charles Antoniewicz.*

---

927. — Relatione della devotione de' dolori di Maria Vergine, e de' Confrati e Sororelle ad essa scritti. Palermo, 1648. (Par le P. André Cordone.)

928. — Congrégation de l'vn et l'avtre sexe sous le titre de la Sainte Agonie de Nostre seignevr Iesvs Christ mourant au Caluaire, et de la Saincte Vierge compatissante au pied de la Croix, Erigée canoniquement en l'Église des Pères de la Compagnie de Jesvs à Tournay. Tournay, Vefue Adrien Qvinqué, 1661, pp. 24.

929. — Motivi di divotione alla Regina de' Martiri, oblighi e indulgenze della Compagnia de' sette dolori eretta in Mondovi Nella Chiesa de' MM. RR. PP. della Compagnia di Gesu. In Mondovi, Per Vincenzo e Gio Franc. Rossi, MDCCXII, 12°.

930. — Congregation de la Sainte Agonie de Jesus et de la très-sainte Mère souffrante avec son fils sous la Croix instituée pour obtenir une bonne mort, et érigée en l'Église de S. Livin chez les Pères de la Compagnie de Jésus à Gand. Avec indulgence plenière, et autres Privileges accordés par N. S. Pere le Pape Innocent XI. A Gand, chez Boudoûin (*sic*). Manilius, 1682, 12°, pp. 24.

931. — Broederschap onder den tytel van den heyligen doodt-strydt onses Heeren-Jesu Christi stervende aen het cruys, ende van sijne alderheylichste Moeder mede lijdende onder het cruys : ingestelt in te bekommen eene gheluckige ende salighe doodt, ende opgherecht inde Kercke der Societeyt Jesu binnen Maestricht. Luyck, G. H. Streel, 1690, 12°, pp. 24.

932. — God-vruchtige Oeffeninghen, om een zalige dood te bekomen door 't Lyden, Wonden, en laetste doodstryd ons Heere Jesu Christi; en door de Droefheden van zyne H. Moeder, staende neffens het Kruys. Voor het Broederschap van de salige Dood, ingestelt in de Kercken der Societeyt Jesu, begunstigt met groote Aflaten van den Apostolyken Stoel. T'Amsterdam, gedrukt by Allard Aaltsz, 1707, 8°, pp. 32.

933. — Vergadering van de salige dood, onder den Titul van den stervenden Zaligmaker aan het Kruis en van Maria zyne medelydende Moeder, wiens ziel het Swaard van droefheid heeft doorgaan staande onder 't Kruis. Vergunt en verrykt met overvloedig geestelyke voor-regten van vol en minder Aflaaten zo voor Levende als voor Doode, door zyne Heiligheid Benedictus XIII in 't Jaar 1729. T'Antwerpen (*Amsterdam*), voor F. J. van Tetroode, 8°, pp. 24.

934. — Verheffingen van het godvruchtig en devoot Broederschap ofte vergaderinge voor alle Christi Geloovige genoemt Devotie tot onsen Heere Jesus Christus stervende aen het Kruys, en tot de Alderh. Maegd Maria syne bedrukte Moeder, om te bekomen eene goede Dood, opgerecht in de Kerke der Societeyt Jesu tot Brugge; ende nu vervoegt met diergelyke Vergaderingen, die tot de Aldereerste verhaven en ingestelt is door den Paus Benedictus XIII in de Kerke van het professenhuys der selve Societeyt binnen Romen met verscheyde Volle en andere Aflaeten, die men ook kan toeëygenen aen de Zielen in 't Vagevier. Tot Brugge, by Pieter van de Cappelle, 1733, 12°, pp. 46. (Par le P. François Bauters.)

935. — Association sous le titre de la Ste Agonie de Notre Seigneur Jesus-Christ mourant sur le Calvaire, et de la Sainte Vierge, dite Notre-Dame de Douleur, Instituée pour obtenir une bonne Mort, Et erigée en l'Eglise des Peres de la Compagnie de Jesus, à Rennes, l 11 (*sic*) de Novembre 1736. A Rennes, Chez Joseph Vatar, s. a., (1739), 16°, pp. 87.

936. — Congregation de l'un et l'autre sexe, sous le titre de l'agonie de Jesus mourant, et de sa sainte mère souffrante au pied de la Croix de son fils, érigée canoniquement dans l'église des PP. de la Compagnie de Jesus à Mons en Hainaut, pour obtenir une sainte mort : avec indulgence pleniere le second Dimanche de chaque mois applicable tant aux Morts qu'aux Vivants accordée par N. S. P. le Pape Clement XI. Approuvée par Monseigneur l'Illustrissime Archevêque Duc de Cambray, le 1. de Mars 1679. A Mons, chez J. B. Varret, 1759, pet. 12°, pp. 48.

937. — Andacht einer monatlichen Vorbereitung zur Erlangung eines guten Tods von einer gottseligen Congregation unter dem Titel des am Kreuze Sterbenden Heilands, und seiner schmerzhaften Mutter, eingestellt in der Kirche der Gesellsch. Jesu zu Lucern, im Jahr 1773, am 24 T. d. Jänners. Lucern, gedruckt bey Jost Franz Jakob Wyssing, 12°, pp. 64.

938. — Manuel de l'association de la Bonne-Mort sous le titre de N.-S. J.-C. mourant en Croix et de la Très-Sainte Vierge Marie, Mère de douleur. Seconde édition considérablement augmentée. Lyon, 1881, 12°, pp. 400. (Par le P. Marc Ramus.)

939. — Septem Dolores B. Virginis, rhythmo numeroso expressi. A. R. P. Gualtero Paullo Soc. Iesu. Viennæ, Greg. Gelbhaar, 1631, 8°. — Duaci, 1631.

940. — Lyden en stryden door t' gheduerigh Cruys Jesu Christi van het beghinsel tot het eynde syns levens. In Rymdicht ghestelt beneffens de vyftien smerten van de Alderheylighste Maghet ende Moeder Gods Maria ende eenighe godt-vruchtighe overlegghinghen voor eenen Cristen-Mensch. Te Ghendt, by Hendryck Saetreuver, 1691, 8°, pp. 111. (Par le P. Guillaume van den Eeede.)

941. — Mater dolorosa, seu septem planctus Deiparæ. Tyrnaviæ, typis Academicis, 1739, 8°. (Par le P. Ignace Keletseni.)

942. — Maria Christi corpus e crvce excipiens in scenam dabitur ab infimæ classis grammatices Studiosis in gymnasio Societatis Jesu Gandavi XXII Martii M.DCCXLI. Gandavi, Typis viduæ Petri de Goesin, 4°.

---

943. — Sermaõ de Soledade da Mãy de Deos. Evora, na Officina da Universidade, 1658, 4°. — Coimbra, por Thomé Carvalho, 1669, 4°. (Par le P. Louis Cardeyra.)

944. — Misterios funebres de la Soledad de la Virgen y de la Sepultura de Cristo. En Mégico, 1670, 8. (Par le P. Antoine Nunez de Miranda.)

945. — Sermam da Soledade da Mãy de Deus a Virgem Maria Senhora nossa. Pregou-o na Cathedral de Coimbra o P. M. Joam de Carvalho da Companhia de Jesus. Deu-o a Stampa o Doutor Manoel Alvares de Medina. En Coimbra, Na officina de Manoel Diaz, Anno MDC.LXXVII, 4°, pp. 24.

946. — La Corona caduta, ovvero Gesù nel Sepolcro, oggetto di puro cordoglio alla solitudine di Maria Vergine, e stimolo di vera compunzione alle anime Cristiane. In Roma, Bernabò, 1704, 4°. (Par le P. Antoine Marie Bonucci.)

947. — Sermaõ da Soledade da May de Deos prégado na Sé da Bahia no anno de 1718. Lisboa, por Antonio Pedrozo Galraõ, 1719, 4°. (Par le P. Ange dos Reys.)

948. — Sermaõ da Soledade de May de Deos prégado na Santa Igreja Patriarchal em 30 de Março de 1736. Lisboa, por Jozé Antonio da Sylva, 1736, 4°. (Par le P. Antoine Betancurt.)

949. — Sermaõ de lagrimas na triste Soledade de Mãy de Deos pregado na Igreja da Se' da Bahia a 4 de Abril de 1738. Lisboa, por Manoel Fernandes da Costa, 1739, 4°. (Par le P. Valentin Mendes.)

XII. — *L'Assomption.*

950. — Sermon de la gloriosa Assumpcion de nuestra Señora. (1617.) (Par le P. Jérôme de Florencia.)

Inséré dans la *Descripcion de la Capilla de N. S. de Toledo, por Pedro de Herrera. Madrid, 1617.*

951. — Panegyricus de Beatissima Virgine. (1639.) (Par le P. Jacques Libens.)

Inséré dans ses : *Tragœdiæ in Sacram Historiam Josephi. Accessit duplex Panegyricus : Alter de Beatissimâ Virgine, alter de S. Catharinâ. Antverpiæ, Apud Viduam Ioannis Cnobbari, M.DC.XXXIX*, 12°, pp. 117. sldelp. — C'est un panégyrique pour l'Assomption de la Sainte Vierge.

952. — La luna ecclissata discorso sopra il transito della Beatissima Vergine detto in Milano nella Chiesa di S. Fedele dal M. R. P. Giovanni Catalano della Compagnia di Giesu, la seconda Domenica di Agosto. In Milano, per Filippo Ghisolfi, M.DC.XLIV, 4°, pp. 19.

953. — Pratica della vera deuotione nella servitù della Vergine Nostra Signora proposta nell' Apparecchio a celebrare con frutto la sua Santiss. Morte, e Gloriosiss. Assontione Nelle noue giorni auanti del P. Nicolo Zucchi della Comp. di Giesù. In Roma, per Ignatio de' Lazari, 1666, 32°, pp. 57.

954. — Sermon en la Asuncion de Nuestra Señora en la Festividad, que à este Mysterio hazè la Illustre, y Venerable Congregacion desde titulo sita en el Colegio de la Compañia de Jesus desta ciudad de Murcia: Estando descubierto el Santissimo Sacramento. Predicolo el R. P. M. Antonio Moreno Palacios, Cathedratico de Sagrada Escritura, en su Colegio... Impresso en Murcia, por Miguel Lorente, Año 1679, 4°, pp. 23.

955. — De Beata Virgine Maria Victrici et Triumphatrici oratio habita ab Onuphrio Soldevilla in Collegio B. Virginis, et D. Jacobi de Cordelles, Rhetoricæ studioso. Barcinone, Ex Typ. Cormellas, apud Jacobum Cais, Anno 1683, 4°, ff. 2.

956. — Epinicium sacrum sive triumphi a Maria reportati Acclamatio. Devictæ stygis interminabiles quæstus. De triumphato Lucifero inexhaustæ querimoniæ. Mariæ de umbrarum sede triumphum agentis plausus. Habitus ad Parthenicos socios in Virgineis solemniis a Domino D. Josepho Mata et de Copons, in Almæ Virginis Clientela susceptus. Anno a Nativitate Domini 1685. Barcinonæ, apud Antonium Lacavalleria, 4°, ff. 4.

957. — Sermon en la fiesta de la Assumpcion gloriosa de Maria Santissima, en la Iglesia de Santa Maria la Mayor de la muy Noble, y Leal ciudad de Truxillo, Estando descubierto el Santissimo Sacramento y assistiendo la Ciudad el dia 15. de Agosto de 1709. Le Predica el P. Juan Antonio de Busto, Sacerdote Professo de la Compañia de Jesus. Le saca a luz y le dedica a la Reyna de los Angeles, y Mader de Dios en su gloriosa Assumpcion. Doña Zecilia de Chaves, y Orellana, que en señal de perpetua esclavitud a Maria Santissima tiene a su cuydado el sagrado culto de esta Solemnidad. En Salamanca, Por Gregorio Ortiz Gallardo, 4°, pp. 31, sll.

958. — Ossequio alla SS. Vergine assunta in Cielo.. In Venezia, appresso il Recurti, 1722, 12°. (Par le P. Jacques Sanvitale.)

959. — Augustissimum Morientis Dei-paræ triumphum apud Illustrissimos Illerdensis Sedis Canonicos applaudebat Josephus Gallart, et de Riguer, in scholis

Societatis Jesu Rhetoricæ Alumnus die 14 Augusti anni 1722. Cervariæ, Ex Typogr. Regiæ Universitatis, apud Josephum Faig, 4°, ff. 4.

960. — Sermone sopra l'Assunzione della SS. Vergine detto nella Congregazione de' Nobili del Gesù di Roma, la Vigilia dell' Assunta, alla presenza di dieci Eminentissimi Cardinali. (1730 [?].) (Par le P. Dominique Marie TURANO.)

Inséré au t. I, p. 302, de : *Raccolta di varii discorsi italiani composti da alcuni oratori Siciliani d. C. d. G.*

961. — Per la Festività dell' Assunzione di Maria Vergine componimento Sacro per Musica di Tirro Creopolita P. A. In Roma, nella Stamperia del Bernabò, MDCCXXXVII, 4°, pp. 11. — Per la Festività... Ibid., MDCCXXXIX, 4°, pp. x. — Per la Festività... Ibid., presso il Bernabò, e Lazzarini, MDCCXLII, fol., pp. XI. (Par le P. Joseph CARPANI.)

Cet auteur a fait plusieurs pièces de ce genre pour la même circonstance, mais quelques-unes sont sans date.

962. — Il Trionfo di Maria Vergine Oratorio per Musica. In Roma, MDCCXXVIII, 4°, pp. XVI.

Représenté au Collège Germanique.

963. — Sermones de la gloriosa Assumpcion de Maria Santissima, en la fiesta che cada año se consagra como à su Patrona, y Abogada, su docto, amante, y respetable Colegio de Señores Abogados de esta Corte, favorecido, y honrado con la assistencia del Real, y supremo Consejo de Castilla, en la Iglesia del Colegio Imperial de la Compañia de Jesus. Dixolos el Padre Luis Salvador DE ORTEGA, de la misma Compañia, Predicador de su Magestad, y Prefecto del Colegio de Señores Abogados, en los años 1740, 1741, y 1742... En Madrid, año de MDCCXLII, 4°, pp. 48, slt.

964. — Maria in cœlos assumpta, corona 12 Stellarum incincta, totidem quæstionibus theologico-scripturisticis concelebrata. Olomucii, 1747. (Par le P. Bernard GRASSOLDT.)

965. — Il trasporto dell' Arca in Sion cantata in occasione di pubblica Accademia sopra l' Assunzione della Beatissima Vergine da recitarsi dagli Scolari della Prima nel Collegio della Compagnia di Gesù. In Spoleto, MDCCLXIII. Nella Stamperia di Giovanni Tordelli, 4°, pp. XI.

966. — P. Raymundi CUNICH e Soc. Jesu. De B. M. V. in Cœlum assumpta Carmen. — Matri mœstissimæ. — De Acerbissimo Christi Cruciatu ac B. Virginis Mariæ Mœrore Elegia. (1764.)

Ces pièces se trouvent, p. 296-310, de *Prose e Versi degli Accademici Infecondi. Tomo Primo. In Roma, 1764, 8°.*

967. — L'Assunzione al cielo della Madre di Dio dimostrata secondo il sentimento di qualche scrittore : opera lasciata in embrione del sacerdote Pier Filippo Strozzi Canonico della Basilica Liberiana, e ridotta nella presente forma da Gio.

Francesco STROZZI della Compagnia di Gesù. In Roma, 1767, nella stamperia di Generoso Salomoni, 4°, pp. 96, sllelt.

968. — Rede auf das Fest der Himmelfahrt Mariä, als dasselbe in der Pfarrkirche zu Raabs mit vieler Feyerlichkeit begangen wurde. Gehalten von Carl HÖCK. Pressburg, gedruckt bey Franz Augustin Patzko, 1777, 4°, pp. 40.

969. — Discussio discussionis historicæ P. J. Marant, in Univ. Lovan. S. T. D. R. Hist. Eccles. Prof. Regii, de Assumptione B. V. Mariæ; per Ign. VAN DEN DRIESCH, quondam in Seminario Episcopali Gandensi Sacrarum Scripturarum nec non Sacræ Theologiæ Professorem. Gandavi, Typis Ludovici le Maire, s. a. (1787), 8°, pp. XXIII-115.

970. — Novena dell' Assunta. (1816.) — *Manuscrit.* (Par le P. François GUSTA.)

971. — De Mariæ Virginis Assumptione Orationes. Romæ, 1829-1855, 4°.

Tous les ans, au Collège des Nobles de Rome, un élève prononçait un panégyrique pour l'Assomption, composé par un des professeurs. Le P. de Backer (III, 325-327) en donne la liste, avec le nom de l'auteur.

XIII. — *Le Saint Cœur de Marie.*

972. — Cor Mancipium Jesu et Mariæ. — Cordiolum Deiparæ. Duaci, 1667, 8°. (Par le P. Gautier PAULI.)

973. — Cordis Virginei decora ac beneficia et clientis officia ad pii amoris illicium Symbolis sexaginta tribus proposita unà cum arte symboli in gratiam studiosæ juventutis. Duaci, typis Mariæ Serrurier, 1679, 16°. (Par le P. François DE LA RUE.)

974. — Il Sacro Cuore di Maria. Firenze, presso Pietro Mattia Miccioni, 1699, 12°. (Par le P. Jean Pierre PINAMONTI.)

Plusieurs éditions. Cet ouvrage a été traduit en latin, en espagnol, en allemand.

975. — Devoçaõ et culto do Sacro Sancto Coraçaõ de Maria Santissima. Lisboa, 1731, 8°. (Par le P. Hippolyte MOREIRA.)

976. — La Divozione a' SS. Cuori di Gesù e di Maria. Operetta d'un Sacerdote de la Compagnia di Gesù. In Palermo, nella stamperia di Stefano Amati, 1740, 12°.

977. — Practica de la devocion a los Santissimos, dulcissimos, y amabilissimos Corazones de Jesus, y Maria. Su author el M. R. P. Joseph Maria MAUGERI de la Compañia de Jesus, Procurador General de su Provincia de Quito en las Indias Occidentales... Vañ a la fin dos Practicos, una para los primeros Viernes del mes, y otra para el dia de los Desagravios. Barc. En la Imprenta de Mauro Marti. Año 1743, 8°, pp. 310, sldelt.

978. — Wederliefde tot de minnende Herten van Jesus ende Maria. T'Antwerpen, by Joannes Franciscus de Roveroy, 1761, 8°, pp. 16. — Ibid., 1764, 8°, pp. 16. (Par le P. Charles Van den Abeele.)

L'approbation est du 20 novembre 1750.

979. — L'Excellence et la pratique de la dévotion aux Sacrés Cœurs de Jésus et de Marie, Considérations pour le premier vendredi de chaque Mois, Pratiques et Prières. Par M. B. J***. A Lyon, Chez Jacquenod père, et Rusand, Louis Buisson, M.DCC.LXVIII, 18°, pp. VIII-514. (Par le P. Barthélemi Baudrand.)

Cet ouvrage a reparu ensuite sous le titre : *L'âme embrasée de l'amour divin par son union aux Sacrés Cœurs...* — Nombreuses éditions. — Traduit en italien, en allemand, en espagnol, en flamand.

980. — Il tesoro nascoto nel sacro cuore di Maria SS. Roma, Antonio Fulgoni, 1806, 12°. (Par le P. Alphonse Muzzarelli.)

Traduit en français : *Rome, 1806 ; — Avignon, 1826, 1831 : — Tournai, 1845.*

981. — Novena in apparecchio alla festa del SS. Cuore di Maria Vergine. In Roma, presso Francesco Bourlié, 1807, 12°, pp. 84. — Seconda edizione. Ibid., 1816. (Par le P. Alphonse Muzzarelli.)

Traduit en français : *Avignon, 1842.*

982. — Dévotion pratique au Sacré Cœur de Jésus et au Très-Saint Cœur de Marie ; par la médiation de saint Joseph, en union avec tous les Anges et tous les Saints. Paris, Imprimerie ecclésiastique de Béthune, 1828, 18°, pp. LXXIV-272. (Par le P. Louis Barat.)

C'est un extrait du *Recueil de Pratiques pieuses, pour servir de suite au Mois Angélique. A Bordeaux, chez Racle, 1818, 18°, pp. XXXVIII-315.* — Le *Mois Angélique* est du P. Debrosse.

983. — Neuvaines aux Sacrés Cœurs de Jésus et de Marie, avec des Considérations pour le vendredi de chaque mois et des prières pour chaque jour. Par l'abbé Baudrand. Paris, Gauthier frères et Cie, 1829, 12°, pp. VIII-170.

Plusieurs éditions. Traduit en flamand et en hollandais.

984. — Il culto perpetuo del SS. Cuor di Gesù colla giunta d'una divozione alla divina infanzia ed al Sacro Cuor di Maria. Palermo, 1830, 18°. (Par le P. Alexis Narbone.)

985. — Le Cœur de Marie ouvert à tous et présenté aux fidèles comme l'objet le plus digne de leur respect et de leur amour, après le divin cœur de Jésus. Par M. l'abbé Debussi. Amiens, s. a. (1830), 18°. — Nouvelle édition, revue, corrigée et augmentée. Amiens, Typographie de Caron et Lambert, s. a. (*1852*), 18°, pp. 359.

986. — Sui sacri Cordi di Gesù e di Maria scelta collezione di divoti pratiche e considerazioni. Roma, coi tipi del Collegio Urbano, 1839, 16°, 2 vol., pp. 463 et 611.

Cette publication est probablement faite par un jésuite ; parmi les opuscules qu'elle contient on trouve ceux des PP. Muzzarelli et Lanzi.

987. — Triplice culto del SS. Cuor di Maria inaugurato nel Gesù di Palermo. Palermo, dalla Stamperia di Francesco Lao, 1842, 12°, pp. XXIV. (Par le P. Alexis NARBONE.)

988. — Weg zum Himmel in der Verehrung der heiligsten Herzen Jesu und Mariä wie auch durch die Anrufung und Nachfolge der Heiligen Gottes. Ein vollständiges Katholisches Gebetbuch für gottliebende Seelen. Innsbruck, F. Rauch, 1842, 12°. (Par le P. Pierre JACOBS.)

La 12e édition parut en 1859.

989. — La Madre del bello amore meditazioni in apparecchio alla festa del sacro Cuore di Maria SS. Proposta alle persone religiose da un Sacerdote della Compagnia di Gesù. Torino, per Giacinto Marietti, 1842, 18°, pp. 146. — Lucca, 1857. (Par le P. Aloys BADO.)

990. — Meditazioni e divote pratiche in apparecchio alla festa del sacro cuore di Maria. Seconda edizione. Roma, presso Alessandro Monaldi, 1843, 32°, pp. 138. — Ibid., 1846, 1850; — Modena, 1869. (Par le P. Joseph-Marie MANFREDINI.)

Traduit en français (1845), en flamand (1846).

991. — Unterricht über die Andacht zu den allerheiligsten Herzen Jesu und Mariä und über deren Bruderschaften, nebst einigen bezüglichen Gebeten und Gesängen, und einem Anhange von Morgen-, Abend, Mess-, Beicht und Communionsgebeten. Dritte auflage. Cöthen, Verlag der Catholischen Kirchenverwaltung. In Commission bei Ignaz Jackowitz zu Leipzig, 1843, 18°, pp. 144. (Par le P. J. B. DEVIS.)

Plusieurs éditions, sous un titre différent : *Gebet und Belehrungsbuch für die Mitglieder der Bruderschaften...*

992. — Les quatre saisons sanctifiées par la dévotion au cœur immaculé de la Bienheureuse Vierge Marie, mère de Dieu, par un Père de la Compagnie de Jésus. Clermont, 1845, 24°. — 2e édition. Lyon, Pélagaud, 1861, 18°, pp. XXXV-501. (Par le P. Philibert GUILLERMET.)

993. — (Horæ Quadrans in honorem Purissimi Cordis Mariæ.) (En *allemand*.) Innsbruck, Rauch, 1848, 12°. (Par le P. Georges PATISS.)

994. — Dévotion au cœur compatissant de Marie. Par un Prêtre de la C. D. J. Avignon, Seguin aîné, 1850, 18°, pp. 64. (Par le P. Jean LYONNARD.)

995. — Przewodnik dusz pobożnych w nabożeństwie do najświętszego i niepokalanego serca Maryi. Lwów, u Pillera, 1856, 16°, pp. 126. (Par le P. Charles DE BOLOZ ANTONIEWICZ.)

C'est un Guide des âmes pieuses par la dévotion au Très Saint Cœur de Marie.

996. — Westchńiena do Boskiego Sęrca P. Jęzusa i do Niepokalanego Sęrca N. P. Maryi. 1856, 8°. (Par le P. Yves CZEZOWSKI.)

Aspirations au Sacré Cœur et au Cœur Immaculé de Marie.

997. — Pratiche divote in onore dei Santissimi Cuori di Gesù e di Maria, compilate dal P. Francesco Cabrini d. C. d. G. Modena, tipi dell' Imm. Concezione, 1862, 16°, pp. 132. — Raccolta di pratiche... Bologna, Mareggiani, 1871, 16°, pp. 112.

998. — La supplication perpétuelle au cœur compatissant de Marie pour les besoins actuels de l'Eglise et des paroisses, par le P. J. Lyonnard, de la Compagnie de Jésus. Paris, Lecoffre, 1865, 32°, pp. 307.

999. — Les magnificences de la grâce, contemplées dans le Sacré-Cœur de Jésus et dans le saint Cœur de Marie, par le P. Toussaint Dufau, de la Compagnie de Jésus. Bruxelles, 1865, 8°, pp. vi-xiii-444. — Ibid., 1867.

Traduit en italien (1866).

1000. — De Maand Augustus of godvruchtige oefeningen ter eere van het onberlekt Hart van Maria. Amsterdam, Beerendonk, 1867, 16°, pp. 64. (Par le P. Frédéric Heynen.)

1001. — Notions doctrinales et pratiques sur la dévotion au Sacré Cœur de Jésus suivies d'un appendice sur la dévotion au Saint Cœur de Marie, par un Père de la C. de J. Metz, Nouvian, 1868, 12°, pp. 55. — Ibid., 1870. — Nancy, 1872, 1874. — Paris, 1877, 1878. (Par le P. Xavier de Franciosi.)

Traduit en espagnol (1876), en italien (1875), en anglais (1878) ; en allemand, par le P. von Berlichingen.

1002. — Corona della divina madre di dodici meditazioni proposte dal P. Enrico Borgianelli d. C. d. G. per apparecchio divoto alla festa dal suo amabilissimo Cuore. Napoli, tip. dell' Ancora, 1871, 16°, pp. 188.

1003. — Heiligste Herz Mariä in seiner Schönheit und in seiner Verehrung, eine Anleitung zur Verehrung des Herzens Mariä, von einem Priester der Gesellschaft Jesu. Dülmen, Laumann, 1875. (Par le P. Charles Hesping.)

1004. — Das reinste Herz der heil. Jungfrau und Gottesmutter Maria. Als Anhang-Lebenskizze der ehrwürdigen Dieners P. Johann Eudes. Von P. Th. Schmude, S. J. Wien, Magner, 1875, 8°, pp. 370.

1005. — Il Sacro Cuore di Maria. Considerazioni per P. Secondo Franco d. C. d. G. Modena, 1882, 16°, pp. 144.

1006. — Le Saint Cœur de Marie, son amour, ses douleurs et ses joies. Par le R. P. Modeste, S. J. Paris, Josse, 1883, 18°.

1007. — Rede auf das Herz Mariä, welche als ein Hochadeliche Jugend der K. K. Theresianischen Collegiums dem zweiten Festtag ihrer Marianischen Versammlung feyerlich begieng. Von Leopold Ennsdallner der Gesell. Jesu Priester gehalten, und auf das Verlangen der Hochadelicher Zuhörer zum Druck befördert worden. Wienn, gedruckt bey Joseph Kurzböcken, 1763, 4°, pp. 32.

1008. — Lobrede auf der Herz Mariä als eine hochadeliche Jugend der Kaiserl. Königl. Theresianischen Collegiums den zweiten Festtag ihrer Marianischen Versammlung den 15 Julius 1779 feyerlich begieng, vorgetragen und auf das Verlangen der hochadelichen Zuhörer zum Drucke gegeben von Joseph Canal, der Gesellschaft Jesu Priester, und gewöhnlichen Sonntags-prediger in der Kirche des gemelten Collegiums. Wien, gedruckt bey Johann Thomas Edlen von Trattnern, 1770, 4°, pp. 21.

1009. — Ragionamento sulla divozione al S. Cuor di Maria secondo lo spirito della Chiesa con l'aggiunta di dieci Considerazioni per la Novena e Festa del medesimo Santissimo Cuor di Maria. Roma, presso il Salomoni, 1807, 12°, pp. 154. — Firenze, 1809. — Ferrara, 1816. (Par le P. Louis Lanzi.)

1010. — Méditations sur les Litanies des Sacrés Cœurs de Jésus et de Marie, par un Prêtre de la Compagnie de Jésus. Besançon, 1852, 18°, pp. xiii-395. — Méditations... par le P. Gury, de la Compagnie de Jésus. 2e édition. Besançon, J. Jacquin, 1852, 18°, pp. xiii-401.

Traduit en flamand (1859).

1011. — Regole pratiche per le Congregationi secrete di S. Maria del Cuore da' Padri Missionarii della Compagnia di Giesù. Palermo, Anglese e Leone, 1694, 12°. (Par le P. Antoine Natale.)

1012. — Manual de los Exercicios que en obsequio de los Corazones de Jesus, y de Maria hace su Congregacion en la Iglesia de la Compañia de Jesus de Teruel. Poniendose las Reglas de la Congregacion... Con una Devocion cotidiana á los dos Sagrados Corazones, y los medios para perseverar en gracia. En Valencia, por Josef Estevan Dolz, s. a. (1750 [?].) (Par le P. François Xavier Henriquez.)

1013. — Ustawy Bractwa, które pod Tytułem Nayswietszych Serc Jezusa i Maryi zaprowadzone jest w Polockim Xięzy Jesuitów kòsciele. Przydane osobliwie niektóre modlitwy, dla Osób Bractwa tego, oraz odpusty, ktorych destępować mogą. w Uprzyw : od I. Im : M. Drukarni Coll : S. J. Roku 1795, 18°, pp. 151. (Par le P. Thaddée Brzozowski.)

Ce sont les Règles de la Congrégation des SS. Cœurs de Jésus et Marie, dans l'Église des Jésuites de Polock. Traduit en Allemand :

1014. — Regeln der Bruderschaft her heiligsten Herzen Jesus und Maria, welche in der Jesuiten-Kirche zu Polotszk bestehrt. Polotzk, 1803, 12°.

1015. — Oraciones y preces para uso de la Congregacion de Estudiantes en Faculdades Mayores bajo al titulo de los sagrados Corazones de Jesu y Maria. Establecida en el Colegio de la Compañia de Jesus en la Ciudad de Valencia. Valencia : por D. Franc. Brusola, 1832, 12°, pp. 150.

1016. — Instruccion a las Hermanas de la Congregacion del purísimo Corazon de Maria, erigida canónicamente en la Iglesia del Colegio Imperial de la Compañia de Jesus. Madrid : Imprenta de D. E. Aguado, 1834, 24°, pp. 56.

1017. — Aggregazione della pia unione del sacro Cuore di Maria V. Madre di Dio canonicamente eretta nella ven. chiesa de' PP. della Compagnia di Gesù in Piacenza sotto il titolo di S. Pietro unita alla primaria dell' insigne collegiata e chiese parrocchiale di Sant' Eustachio in Roma, in vigore del diploma dei 15 giugno 1837. Piacenza, per Giuseppe Tedeschi, 1838, 24°, pp. 22.

1018. — Le Salut facilité aux pécheurs par la dévotion au très-saint et Immaculé Cœur de Marie, dans l'archiconfrérie de N. D. des Victoires. 1re Partie. 1° Naissance, progrès, fruits étonnants de l'archiconfrérie ; 2° Principaux statuts de l'archiconfrérie ; ses avantages, conditions à remplir ; 3° Esprit qui doit animer ses membres ; 4° Manière d'ériger et d'agréger les confréries particulières. 2me Partie. Méditations, office, Prières à l'usage des membres de l'archiconfrérie. Approuvé par l'autorité épiscopale. Troisième édition. Angers, Launay-Gagnot, août 1841, 18°, pp. VI-138. (Par le P. Pierre CHAIGNON.)

La même année parut une édition abrégée : *in-32°, pp. 128.*

1019. — Manuel de l'association du très-saint et Immaculé Cœur de Marie, établie dans l'Église de Notre-Dame aux Jésuites à Gand. Gand, Ve J. Poelman-De Pape, s. a. (1844), 18°, pp. 89.

1020. — Statuts de l'association du très-saint et immaculé Cœur de Marie pour obtenir la conversion des pécheurs, établie dans l'Église de S. Michel de Courtrai. Courtrai, Mussely-Boudewyn, s. a. (1844), 18°, pp. 10.

1021. — Brüderschaft des heiligsten und unbefleckten Herzes Mariä in der Kirche des Collegiums von Schwys. Luzern, Gebrüder Räber, 1846. (Par le P. Gaspar WASER.)

1022. — Bruderschaft des heiligsten und unbefleckten Herzes Mariä... in der Seminarii Kirche zu Luzern. Luzern, Gebrüder Räber, 1846. (Par le P. Georges RODER.)

1023. — Società del SS. Cuor di Maria, per la conversione de' peccatori, e notizie storiche dell' Arciconfraternità di Parigi. Palermo, 1846, 8°. (Par le P. Alexis NARBONE.)

1024. — Associazioni del SS. Cuore di Maria stabilite in Sicilia. Palermo, 1847, 8°. (Par le P. Alexis NARBONE.)

1025. — Manuale delle aggregazioni del SS. Cuor di Maria. Palermo, 1847, 8°. (Par le P. Alexis NARBONE.)

1026. — Początek, cel, obowiązki odpusty bractwa niepokalanego i najświętszego Serca Maryi dla nawrocenia grzesznych. S. l. et a. (1850 [?]), 18°, pp. 43. (Par le P. André PETEREK.)

Opuscule sur l'archiconfrérie du très saint et immaculé Cœur de Marie.

1027. — Anousâram. Pondichéry, 187..., 18°. (Par le P. Louis Saint-Cyr.)

Ouvrage, en tamoul, sur l'archiconfrérie du très saint Cœur de Marie.

1028. — Briefje voor het genootschap van Jesus H. Hart en van Maria's onbevlekt Hart, bestaande uit afdeelingen van 33 personen ter eere der drie en dertig levensjaren van Jesus opgerigt in de Kerk van het H. Hart van Jesus te Maastricht. 'S Bosch, P. Stokvis en zoon, 1873, 16°. (Par le P. J. Pierik.)

1029. — Manuel de Piété et Recueil de cantiques à l'usage des congréganistes du S. Cœur du Marie. Le Puy, Freydier, 1875, 12°, pp. 355. (Par le P. Antoine Froment.)

1030. — L'explication des médailles du Cœur de Jésus et de Marie. (1660 [?].) (Par le P. Vincent Huby.)

1031. — Origine della devotione della Madonna del Cuore, venerata dal Glor. Patriarca S. Ignatio Loiola Fondatore della Compagnia di Giesù. Palermo, 1692, 24°. (Par le P. Antoine Natale.)

1032. — Colleccion de Canticos al Sagrado Corazon de Jesus i Maria Santisima con varias Letrillas musica escogida por J. Gimeno de la Cia de Jesus. Bruxelles, chez Lebaure et Persenaire. (1840 [?].)

XIV. — *Fêtes diverses.*

1033. — Sermon del Patrocinio de la Virgen Maria, predicado en la catedral de la Puebla en la primera fiesta que de orden del Rey se celebró à este objeto. En la Puebla, por Borja, 1656, 4°. (Par le P. Mathieu Cruz.)

1034. — Concio de B. Virgine de Mercede. Pompelonæ, 1699. (Par le P. Charles Joseph de Minano.)

1035. — Maria Victrix, seu Victoriæ ope Beatæ Mariæ Virginis reportatæ. (1625 [?].) (Par le P. Maximilien Schmidt.)

1036. — Victoriæ Marianæ contra Gentiles Turcas et alios infesti belli actores ope SS. Dei Genitricis oblatæ ac per singulos anni dies distributæ, Georgio Ghillanyi Episcopo Tinniensi in ejus inauguratione dicatæ a coll. Tyrnaviensi. Tyrnaviæ, 1714, 12°.

1037. — Maria Siegreich wider die Türken, etc. Prag, 1716, 12°. (Par le P. Jean KRAUS.)

1038. — Die Hilf Mariä gegen die Türken und Ketzer, in Geschichten auf alle Tage des Jahrs. Wien, Schwendiman, 1717, 8°. (Par le P. Pierre SCHMERLING.)

1039. — Solemnitas Mariæ de victoria post gloriosam cum Morte et Tartaro luctam in collium æternorum fastigio a Partheniis Manibus celebrata in vicem anniversariæ exequiarum celebritatis proposita. Pragæ, 1749, 4°. (Par le P. Jean TILLE.)

1040. — Académie de Littérature offerte à Monseigneur l'Évêque de St-Claude le 29 Mai 1871. Notre Dame Auxiliatrice. (Dôle.)

1041. — La divozione di Maria Madre Santissima del Lume, distribuita in tre parti, e dedicata all' Eccellentissimo Signore Don Cristoforo Fernandes di Cordova, e Alagon, Conte di Sastago, e di Morata, Marchese di Aguilar, etc. ; Gentiluomo di Camera di S. M. C. C. Grande di Spagna di Prima Classe, Vicerè, Luogotenente, e Capitan Generale del Regno di Sicilia, da un Sacerdote della Compagnia di Gesù. In Palermo, per Stefano Amato, 1733, 12°, 2 vol. pp. 543 sllelt., et 630. (Par le P. Emmanuel AGUILERA.)

D'après nos archives, le P. Aguilera aurait aidé dans cet ouvrage le P. Jean Antoine GENOVESE, qui en serait le véritable auteur. — Ce livre a été mis à l'Index, le 22 décembre 1745.

1042. — Meditazioni per ciascun giorno della settimana in onore di Maria Madre santissima del Lume, proposte a' devoti della medesima da un Sacerdote della Compagnia di Gesù. Palermo, Stefano Amato, 1739, 8°. (Par le P. Léonard PAPA.)

1043. — Disertacion apologetica por el titulo de la luz tributado à la Virgen Madre de Dios. En Bolonia. (Après 1772.) (Par le P. Barthélemi CANAS.)

1044. — Novena en honor de la Admirable Virgen Maria con el dulcissimo titulo y advocacion de la Luz. Imp. en la Puebla, y reimp. en Megico, 1777, 8°. (Par le P. François ARAMBURU.)

1045. — Ero parthenica, sive laudes B. Virginis conceptæ, natæ, Elisabetham invisentis celebratæ triplici laudatione, Latinè, ac Græcè, Oratoriè, atque Poeticè in Romano Collegio à præstantissimis Adolescentibus. Accesserunt carmina Melodrammatica actionibus harmonice interiecta. Romæ, apud Franciscum Caballum, 1634, 12°, pp. 236, sldelt. (Par le P. Léon SANTI.)

1046. — Orator Marianus purissimæ in Ortu et Partu Mariæ divisque Mariæ cultoribus e Societate Jesu per votivas Panegyres recentioris eloquentiæ stylo deductas sacer. Anno a Mariano Partu M.DC.LXXIII. Calissii, typis Collegij Soc. Jesu, 12°, pp. 264. — Ibid., 1686, 8°. — Ibid., 1701, 12°. (Par le P. Jean KWIATKIEWICZ.)

Cet ouvrage contient un panégyrique pour l'Immaculée Conception, un autre pour l'Annonciation, et cinq pour chacun des Saints de la Compagnie : S. Ignace, S. François Xavier, S. François de Borgia, S. Louis de Gonzague et S. Stanislas Kostka.

1047. — Deiparæ Virginis Eximius Annunciationis et Pentecostes die occultus (*sic*). Expositus a Joanne Texider Rhetorices, in Collegio B. Mariæ et D. Jacobi de Cordelles Candidato. Barcinone, Ex Typ. Cormellas, apud Jacobum Cais, 1683, 4°, ff. 2.

1048. — Prodigium gratiæ, Magna Dei Mater et Virgo Maria concepta et concipiens seu orationes duæ, altera de Annuntiatione B. V. M. sub titulo : Panegyrica gratiarum actio Magnæ Dei Matri, ob vindicatum ab ultimo interitu orbem. Altera de Immaculata eiusdem Conceptione sub titulo : Nuntius Victoriæ Marianæ, sub nomine Rhetorum Soc. Jesu. Leopoli, 1688, fol. (Par le P. Martin PODLENSKI.)

1049. — Triumphum festivum ab antiquo hoste reportatum. Electionem Marianam ad Deiparæ præstantiam. Gabrielis legationem ad Mariam, ejusq. consensum Ad Parthenicos socios, in Virgineis solemniis pro thesium exordiolo prodromo modulabitur D. D. Josephus, Costa, Arnau, et Pax humaniorum literarum candidatus, Mariæque Sodalitij adictissimus. D 12 Maii. Maioricæ. Apud Michael Capò, Anno 1691, 4°, ff. 2.

1050. — Sermon de la Assuncion y Concepcion de Maria Santisima, predicado en la Casa Profesa dia 15 de Agosto de 1752. Valencia, por José Estevan Dolz, 1753, 4°. (Par le P. Antoine MIRA.)

1051. — Sermon de la gloriosa Asuncion y Purisima Concepcion de nuestra Señora, en la Casa Profesa de Valencia, dia 20 de Agosto de 1763. Valencia, dicho año, per Tomas Santos, 4°. (Par le P. André PUIGSERVER.)

VI

DÉVOTION A LA SAINTE VIERGE

I. — *Ouvrages divers.*

1052. — Dialogos em louvor de Nossa Senhora. (1600 [?].) (Par le P. Jean REBELLO.)

1053. — (Pieux exercices sur la couronne des 12 vertus de Marie.) (En *italien.*) (1600 [?].) (Par le P. Prosper MALAVOLTA.)

1054. — Angelica Guida alla divotione bella gloriosissima Vergine Maria Madre di Dio, e Signora nostra. Nelle quale s'insegna, pratticamente come s'habia da acquistare, e conservare la susdetta divotione, et le virtù christiane. Aggiuntovi un breve modo di meditare per gli simplici et principianti. In Bologna, 1614, 12°. — In Brescia, Per Bartolomeo Fontana, 1615, 12°, pp. 534. — Angelica... Signora nostra, composta dal P. Pietro GIUSTINELLI Bresciano della Compagnia di Giesù. In Brescia, 1642, per li Heredi di Giacinto Turlini, 12°, pp. 535.

Traduit en polonais par le P. Gutterer Dobrodzieyski.

1055. — (De pietate in Mariam.) (En *espagnol.*) (1617.) (Par le B. Alphonse RODRIGUEZ.)

1056. — Scala virtutum cum nonnullis exercitiis ad Sodalitatem ipsam, et B. Virginis cultum spectantibus. Coloniæ Agrippinorum, 1618, 12°. (Par le P. Philippe BEBIUS.)

J'ai trouvé aussi le titre suivant : *Scala virtutum, et Porta Cœli una cum Stella Jacob selecta ex opere Mariano P. Delrio et Francisci Ariæ de præsentia Dei et utilitate frequentis Confessionis et Communionis. Coloniæ, 1621, 12°.*

1057. — De la devotion à la glorievse Vierge Marie Mere de Diev, vraye marqve de nostre Predestination Tirée de l'Escriture Saincte, et des SS. Peres. Par le R. P. Estienne BINET, de la Compagnie de Iesvs. A Arras, De l'Imprimerie de Guillavme de la Riviere, M.DC.XIX, 12°, pp. 316. (*pour* 302.)

Cet ouvrage a été traduit en latin par le P. Holtzletner.

1058. — Traicté très-utile de la devotion à la Vierge Marie, ausquel sont adjoustés plusieurs miracles de la Vierge, avec une marque de la prédestination et le moyen de la practiquer receuilly par un Pere de la Compagnie de Jesus. A Laval, par George Griveau, 1619, 12°, pp. 344, sllelt.

1059. — Tessera Salutis, hoc est ratio efficax et expedita quâ ostenditur ex Divinis litteris, Sanctis Patribus, et Ecclesiæ Doctoribus cultum ac devotionem erga Dei-Param Virginem unam esse ex insignioribus notis prædestinationis. Per R. P. Stephanum Binetum è Soc. Jesu, Gallico idiomate primum conscripta, nunc verò a quodam ejusdem Societatis Presbytero latinitate donata. Augustæ Vindelicorum, apud Saram Mangin Viduam, 1618 (?), 12°, pp. 125. (Par le P. Christophe HOLTZLETNER.)

1060. — Een kort tractaet seer profytelyck van de devotie tot de H. Maghet Maria, ende middelen om de selfde te werck te stellen. Ghetrocken uyt de boecken van den E. P. Antonius Spinelli van de Societeyt Jesu. Ende overgheset in onse Nederduytsche tale, door den E. P. Gerardus ZOES, Priester der selver Societeyt. Mechelen, Hendrick Jaey, 1620, 12°, pp. 258. — Ibid., 1623.

1061. — Aureum monile seu manuale Marianum modum continens pie colendi B. V. Mariam per quotidiana precum, piarumque actionum officina in gratiam Parthenicarum Sodalitatum ejusdem Magnæ Dei Matris Virginis, omniumque Deiparæ cultorum concinnatum. (1620 [?].) (Par le P. Blaize PLOCKI.)

1062. — De Devotione erga B. Virginem. (En *italien.*) (1620 [?].) (Par le P. Pierre GIUSTINELLI.)

1063. — (Litteræ quibus se quis B. Virginis servituti possit mancipare.) (En *espagnol.*) (1620 [?].) (Par le P. Paul Joseph DE ARRIAGA.)

1064. — Couronne de douze étoiles. Charleville, chez Hubert Radulphe. (1620 [?].) (Par le P. Claude BOURCIER.)

1065. — Beata Virgo, causa omnium bonorum, et nota salutis. Tornaci, Adrianus Quinque, 1622, 16°. (Par le P. Alard LE ROY.)

1066. — Hortulus Marianus, sive Praxes variæ colendi Beatissimam Virginem Mariam. Duaci, typis Balthasaris Belleri, A° MDCXXII, 32°, pp. 372, sll. (Par le P. François DE LA CROIX.)

Plusieurs éditions. Traduit en allemand par le P. Kreutle, en espagnol par les PP. Jos Fernandez et S. de Matienza, en français par le P. Brouart, en italien par les PP. Fiori et Paolucci, en polonais par les PP. Brunecki et Lesniewski. — En flamand, par Jean de Costere (*1623*), en français par l'abbé Gavard (*1853*), en italien par un jésuite anonyme (1865).

1067. — Le Jardinet de Notre-Dame, traduit du latin du P. François de la Croix, par le P. Louis BROUART, tous deux de la Compagnie de Jésus. Douai, chez Balthasar Bellere, 1623, 24°. — Petit jardin de Nostre Dame. Ibid., 1624, 12°, pp. 384. — Ibid., 1629, 12°, pp. 384, sldpelt.

1068. — Fasti Mariani cum divorum elogiis in singulos anni dies distributi. Editio II. Antverpiæ, apud Joannem Cnobbaert, 1623, 16°, pp. 713, avec fig. (Par les PP. André BRUNNER et Guillaume PFEFFER.)

Nombreuses éditions. Le P. Brunner publia en allemand le même ouvrage, qui fut aussi traduit en flamand : *Korte Legende der Heiligen. Antwerpen. 1687.* 2 vol.

1069. — Parvum B. Virginis Sacellum Hieroglyphicis distinctum imaginibus Parthenio Sodali Sacrum. Mussiponti, apud Sebastianum Cramoisy, 1623. (Par le P. Jacques DESBANS.)

1070. — Hyperdulia Mariana. Herbipoli, 1625 (?). — Hyperdulia Mariana à R. P. Maximiliano SCHMIDT, Societatis Jesu Theologo conscripta. Cui accessit Praxis Devotionis erga Deiparam Virginem Mariam ex Throno Deiparæ Virginis Mariæ. Auctore R. P. Antonio Spinello è Soc. Jesu, desumpta. Monachii, Apud Sebastianum Rauch, Anno Christi M.DC.LXXVI, 16°, pp. 85, sll.

1071. — (*Hortulus Marianus*, du P. François de la Croix, traduit en *allemand*.) Würtzburg, Volmar. — Cöln, 1625, 12°. (Par le P. Pancrace KREUTLE.)

1072. — (De amore et honore erga Deiparam.) (En *allemand*.) Luxembourg, Hubert Reulandt, 1625. (Par le P. Jacques BROQUARDT.)

1073. — De la Virgen Nuestra Señora. (1626.) — *Manuscrit*. (Par le P. François PORTOCARRERO.)

1074. — Considerationi per affettionarsi alla divotione della B. Virgine. Roma, Francesco Caballo, 1627, 8°. (Par le P. Michel GIROLAMO.)

1075. — Practique journalière de l'Amour de Dieu par forme d'oblation de soy-mesme; avec une formule des actes de la vraye dévotion à la Tres Sacree Vierge Mère de Dieu; aussi appropriée aux Anges et aux Saincts. Dole, Antoine Binart, 1629, 12°. — Anvers, en l'imprimerie Plantinienne, MDCXXX, 12°, pp. 360. (Par le P. P. François CHIFFLET.)

Le même ouvrage parut en latin : *Praxis quotidiana Divini Amoris sub forma oblationis sviipsius : Vnà cum formulâ Actuum veræ pietatis erga Sacratissimam Dei Parentem Virginem : Angelis etiam et Sanctis, ac nominatim B. Iosepho, accommodatâ. Antverpiæ, ex officina Plantiniana Balthasaris Moreti, M.DC.XXXI. 12°, pp. 334.*

1076. — Ogródek Panny Maryi, Matki Boskiey, albo rozmaite a rzetelne sposoby nabożeństwa do Przeslawney Panny Maryi napisane przez W. O. Franciszka DE LA CROIX S. J., a teraz na polski język przetłumaczone przez X. Pawla BRANECKIEGO tegoz Zakonu Kapłana. Poznań, Dr. J. Wolraba, 1629, 8°, pp. 12-376 et 4.

C'est la traduction polonaise par le P. Paul Branecki de l'*Hortulvs Marianus* du P. Paul de la Croix.

1077. — Ephemeris, seu Calendarium SS. Virginis Dei Genitricis Mariæ, in quo singuli dies aliquid exhibent ad eam spectans, quod eo ipso die qui inscribitur, contigit, aut alicujus eximii ejus cultoris eodem die obitum, et adversus eam studium repræsentant. Duaci, ex typographia Balthazaris Belleri, 1629, 8°, pp. 720, sll. — Editio secunda multis partibus auctior et emendatior cum prætermissorum appendice suis locis ubique interjectorum. Ibid., 1633, 8°, pp. 712, slpelt. — Ibid., 1638 (?), 8°. (Par le P. Antoine DE BALINGHEM.)

1078. — Trostbronn Mariæ und Joseph betrubte, krancke, sterbende, gefangene, wie auch malefitz personen mit vorlesen zu sprechen, ermahnen, vorbetten, zu trosten, stercken, durch R. P. Georg. VOGLERUM, S. J. Würzburg, 1629, 8°. — Ibid., 1638, 1664. — Cöln, 1658.

1079. — R. P. Maximiliani SANDÆI e Societ. Jesu Doct. Theol. Maria Flos Mysticus sute (*pour* sive) Orationes ad Sodales in festivitatib. Deiparæ habitæ desumpta materia a floribus cum figuris Eneis. Moguntiæ, apud Godefridum Schönwetterum, 1629, 12°, pp. 381, slt.

1080. — R. P. Maximiliani SANDÆI e Societ. Jesu Doct. Theol. Maria Patrona sive Orationes ad Sodales habitæ, de Patrocinio Deiparæ C. M. Stud. Jura. Moguntiæ, impensis Joann. Theobaldi Schönwetteri, 1630, 12°, pp. 570, sllelt.

1081. — Rosa Mariana. Bambergæ. (1630 [?].) (Par le P. Balthasar KITZNER.)

1082. — De Magnis B. Mariæ Virginis meritis eique serviendi methodo. (1630 [?].) (Par le P. Jean GIRARD.)

1083. — Hebdomada Mariana. (1630 [?].) (Par le P. Gebhard RAZENRIEDT.)

1084. — R. P. Maximiliani SANDÆI e Societ. Jesu Doct. Theol. Maria Gemma Mystica. Mogientiæ, impensis Joannis Theobaldi Schönwetteri, 1631, 12°, pp. 706, sldelt.

1085. — Antonii DESLIONS, Bethun. S. J., Elegiæ de cultu B. V. Mariæ. Atrebati, ex officina Riveriorum, 1631, pet. 8°, pp. 151.

Plusieurs éditions. Traduction polonaise par le P. Manieck.

1086. — Tres claves cœli aureæ; sive Meditatio quotidiana Passionis Dominicæ : Cultus singularis B. Virginis : Actus Amoris Dei et Contritionis. Viennæ Austriæ, apud Michaelem Rictium, 1632, 12°. (Par le P. Charles MUSART.)

1087. — Parthenia sacra, or the mystherious and delicious garden of sacred Parthenes, symbolically set forth and enriched with pious devises and emblemes, by H. A. S. I. (*Paris*), Iohn Cousturier, 1633, 8°. (Par le P. Henri HAWKINS.)

1088. — R. P. Maximiliani SANDÆI e Societate Jesu, Doctoris Theologi Maria, luna Mystica. Coloniæ Agrippinæ, apud Joannem Kinckium, 1634, 12°, pp. 706, sllelt.

1089. — R. P. Maximiliani SANDÆI e Soc. Jesu Doct. Theol. Mariæ Creaturarum Dominæ Mancipium, de modo dedicandi se Deiparæ in Mancipium. Coloniæ, 1634, 12°.

1090. — Sacrvm oratorivm piarvm imaginvm Immacvlatæ Mariæ et animæ creatæ ac baptismo, pœnitentia et Eucharistia innovatæ : Ars nova bene vivendi et moriendi, sacris piarum Imaginum Emblematis figurata et illustrata ; Auctore R. P. BIVERO Matritensi Soc. Iesv Theologo, Sereniss. Belgij Principum Concionatore. Antverpiæ, ex officina Plantiniana Balthasaris Moreti, M.DC.XXXIV, 4°, pp. 769, sllelt, et 59 grav.

1091. — Piissima erga Deigenitricem devotio ad Impetrandam gratiam pro articulo mortis. Ex Seraphico Doctore D. Bonaventura deprompta. A P. Ludovico de la Palma, Societatis Jesu. S. l. et a. (1635 [?].), 32°, pp. 139.

1092. — R. P. Maximiliani Sandæi e Societate Jesu Doctoris Theologi Maria Sol Mysticus. Coloniæ Agrippinæ, apud Joannem Kinckium, 1636, 12°, pp. 368, sldelt.

1093. — Le Paradis ouvert à Philagie, par cent devotions à la Mere de Dieu. Aisées à pratiquer aux jours de ses Festes et Octaves, qui se rencontrent à châque mois de l'année. Par le R. P. Paul de Barry de la Compagnie de Jesus. A Lyon, chez la Vefve de Claude Rigaud, et Philippe Borde, M.DC.XXXVI, 12°. — Le Paradis... de l'Année : Augmenté d'une douzaine de faveurs memorables de la Mere de Dieu envers ses Devots. Par le R. P... A Lyon, chez Mathieu Liberal, M.DC.LXXXI, 12°, pp. 492, sll. — Le Paradis... Réimprimé sur la 20° édition, et amelioré d'une Instruction critique par Jean Darche. Paris, Martin-Beaupré, 1868, 12°.

Nombreuses éditions. Cet ouvrage a été traduit en latin par le P. Schirmbeck, en allemand par le P. Sibenius, en flamand par le P. de Smidt, en italien.

1094. — Hyperdulia Mariana a Joanne Berchmanno exercita. Monachii, Mechior Segen, 1636, 16°. (Par le P. Jacques Canisius.)

1095. — Les larmes de Parthénophile séchées, ou Reconfort des ames devotes à la Sainte Vierge. Liège, 1636, 12°. (Par le P. Philippe Bouchy.)

1096. — Il Giardinetto della Madonna overo pratiche varie di riverire et honorare la B. V. Maria Nostra Signora Composte dal P. Francesco della Croce della Compagnia di Giesù. E di Latino nel commune volgare Italiano tradotta dal P. Lodouico Flori della medesima Compagnia. Palermo, 1637. — In Roma, per il Mascardi, 1641, 12°, pp. 493, slt.

1097. — Deipara Mater misericordiæ, sua excellentia et misericordia admirabilis Marianis cultoribus compendio exposita. Insulis, apud Ignatium et Nicolaum de Rache, 1638, 12°. (Par le P. Pierre Woestwinckel.)

1098. — (Marie, Mère de miséricorde, avocate des âmes des fidèles trépassés.) (En *flamand.*) Bruxelles, Jean Mommaert, 1639, 16°. (Par le P. Henri Nemius.)

1099. — R. P. Maximiliani Sandæi, e Soc. Jesu, Doct. Theol. Maria, Pacificatrix mundi. Coloniæ, 1639, 16°.

1100. — R. P. Maximiliani Sandæi e Soc. Jesu Doct. Theol. Maria Mundus mysticus : Sermones octo, desumpta materia a mundo. Coloniæ, 1639, 16°.

1101. — Concierto con la Virgen Nuestra Señora. Baeza, 1639, 8°. (Par le P. Alvare Arias de Armenta.)

1102. — Les Actes de l'Invocation de la Mere de Misericorde. Par le P. Laurent Chiflet, de la Compagnie de Jesus. Seconde édition augmentée. A Bruxelles, chez Luc de Meerbeque, 1640, 24°.

Plusieurs éditions ; la 12e en 1618. Cet opuscule fut traduit en latin : *Monasterii, Westph. 1641, 24°, pp. 71 :* et en espagnol par Don Fernando Ernesto de Chifflet : *En Bruselas. 1641, 24°.*

1103. — Marie, mère des Agonisants, traduit du P. Nadasi. (En langue *bohême.*) Prag, 1640 [?]. (Par le P. George Ferus ou Plachy.)

1104. — Cultus singularis Beatæ Virginis Mariæ. (1640 [?].) (Par le P. Charles Musart.)

1105. — Zodiacus Marianus. (1640 [?].) (Par le P. Henri Wangnereck.)

1106. — Maria Mater Agonizantium. Græcii, typis Widmanstadii, 1640, 16°. — Monachii, 1641. — Coloniæ, 1654... (Par le P. Jean Nadasi.)

Traduit en bohémien par le P. Ferus, et en hongrois par le P. Jaszberenyi.

1107. — Maria Agonizantium Mater, Exemplis declarata quam fœlix eius clientium sit mors. Atque aliquot bene moriendi praxibus explicata. Græcii, 1640. — Monachii, formis Cornelii Leyserii, 1641, 32°, pp. 167. (Par le P. Christophe Wratislaw.)

1108. — Trois traitez spirituels. 1. La maniere de bien servir Dieu. 2. La maniere de bien servir la Mere de Jesus Christ. 3. Exercice des bonnes intentions. Par Guillaume Montanus, de la Compagnie de Jesus. A Valenciennes, de l'imprimerie de Jean Vervliet, 1641, 12°.

1109. — Oculus Beatissimæ Virginis. (1641.) — *Manuscrit.* (Par le P. Daniel Kirchner.)

Le P. Balbinus dit de cet ouvrage : « Vidi apud eum, et legi jam pene ad umbilicum « perductum devotum et ingeniosum librum, cui titulum fecit : *Oculum Beatissimæ Vir-* « *ginis*, quem elaborabat ex voto, cum in oculo suo cæcutiens ope hujus Virginis, vi- « sum recepisset, vel certe correxisset. »

1110. — Maria bona fortuna Christianorum, homiliis decem exornata. Coloniæ, apud Judocum Calcovium, 1642, 16°, pp. 515. (Par le P. Maximilien van der Sandt ou Sandæus.)

1111. — Giardinetto di fiori di Maria, ovvero Varie Pratiche di riverire la B. V. Maria, composto dal P. Francesco de la Croix, della Compagnia di Giesu, tradotto dalla lingua Latina nell' Italiana dal P. Scipione Paolucci d. C. d. G. In Napoli, per Francesco Savio, 1642, 12°.

1112. — Jesu et Mariæ Cliens. Posonii, 1643. (Par le P. Jean Nadasi.)

1113. — De affectu et amore erga Mariam Virginem Matrem Jesu. Liber unus. A R. P. Joanne Eusebio Nierembergio e Societate Jesu Hispaniæ primum scriptus ; nunc a P. Martino Sibenio ejusdem Societ. Sacerdote, Latina interpretatione redditus. Accessit R. P. F. Joannis a Jesu Maria Carmelitæ Discalceati Tractatus de

Amore Cultuque Reginæ Cœli. Antverpiæ, 1643. — Typis Monasterii S. Galli, anno MDCLXXXI, 12°, pp. 304, slt. — Viennæ, 1691, 1745.

1114. — Onse lieve Vrouwe ghetyden nae 't Roomsch ghebruyck, van nieuws in't Duyts overgeset. Antwerpen, Hieronymus Verdussen, 1643, 16°, pp. 192. (Par le P. Guillaune DE PRETERE.)

1115. — R. P. Maximiliani SANDÆI e Societ. Jesu Doct. Theol. Maria Magnes et Magnetismus Marianus. Coloniæ Agrippinæ, apud Joan. Henningium, Anno MDCXLV, 16°, pp. 322, sldclt.

1116. — Maximiliani SANDÆI e Societ. Jesu Doct. Theol. Maria Aquila mystica... Coloniæ Agrippinæ, apud Joannem Munich Anno MDCXLV, 16°, pp. 488, sldclt.

1117. — Het open Paradys door hondert Devotien tot de H. Maria in't françois door R. P. Paulus du Barry beschreven enden den R. P. Franciscus DE SMIDT verduytst, beyde Priesters van de Societeyt Jesu. T'Antwerpen, by Jacob van Ghelen, 1647, 12°, pp. 599, sllclt.

1118. — R. P. Maximiliani SANDÆI e Societ. Jesu Doct. Theol. Maria, Horologium Mysticum, Dissertationes quatuor. Coloniæ, apud Petrum Metternich, 1648, 24°.

1119. — Trisagion Marianum sive trium mundi ordinum, Cœlestium, terrestrium, et infernorum cultus, pietas et adoratio ter Sancto Nomini Mariæ, vindicata. Suppetiis moralibus atque historicis in gratiam concionatorum copiose summistis. Antverpiæ, apud Joannem et Jacobum Meursios, 1648, fol., pp. 472. (Par le P. Adrien VAN LYERE.)

1120. — (Epitome pietatis Marianæ). (En *hongrois.*) 1648. (Par le P. Matthieu SAMBAR.)

1121. — Offener Himmel für Philagia durch Hundert Andachten zur Mutter Gottes von Patre Paulo Barry Frantzösisch geschrieben und verteutscht von P. Martino SIBENIO, beyde der Gesellschaft Jesu Priestern. Cöllen, bey Wilhelm Friessem, 1648, 12°, pp. 428.

1122. — Wunderwerck und gnadenreiche Hailungen, so unsere Liebe Frau die Trosterin am vielen bedrängten Menschen mildliglicher zeiget. Trier, 1648, 8°. (Par le P. Jacques BROQUARDT.)

1123. — Joannis VINCARTII Gallobelgæ e Societate Jesu. De Cultu Deiparæ, libri tres. Insulis, ex officina Nicolai de Ruche, 1648, 12°, pp. 240, sll.

1124. — Thesavrvs pietatis Marianæ, sev magnificentia Avgvstissimæ Matris Dei miris beneficiis per singulos anni dies diffusa. Authore P. Stephano GVERRICO Parisino, Societatis Iesv. Huic annexa Sanctorum singulis anni diebus occurentium series ex Martyrologio Romano, Gallicano, Belgico, et Menologio Græcorum et Ordinum Religiosorum. Magna fide per eundem collecta. Parisiis, Apud Gasparvm Metvras, M.DC.XLVIII, 12°, pp. 647, sll.

1125. — Paradisus Hagiophilo apertus per centena pietatis erga Dei Matrem exercitia. Quæ pro ejusdem Festis diebus, eorumque Octavis quolibet anni mense recurrentibus inservire possunt. A R. P. Paulo de Barry Soc. Jesu primo Gallico sermone conscriptus; Nunc in Latinum traductus. A P. Adamo SCHIRMBECK ejusdem Societatis Sacerdote. Monachii, typis Lucæ Straubii, impensis Joannis Wagneri, anno 1649, 12°, pp. 488, slellt. — Viennæ, 1743, 12°.

1126. — Motifs de dévotion envers la Sainte Vierge. Lyon, Pierre Muguet, 1649, 12°. (Par le P. Balthasar DE BUS.)

1127. — Maria clientum suorum certissimum in mortem præsidium sive Caput XIII ex Triplicis Coronæ B. V. Tractatu III. Auctore P. Francisco Poiræo S. J. excerptum, et è Gallico sermone Latinitate donatum a P. Adamo SCHIRMBECK Societatis ejusdem Sacerdote. Monachii, formis Lucæ Straubii, impensis Joannis Wagneri, 1649, 32°, pp. 206, sll. — Herbipoli, 1652.

1128. — R. P. Maximiliani SANDÆI e Soc. Jesu Doct. Theol. Astrologia Mariana. Cujus objectum Maria Stella Maris. Sodalibus Astrum Inextinctum. Sermones Sacri habiti Coloniæ Aggripinæ in Oratorio Sodalitatis Ecclesiastico Mariano. Ad Clerum Coloniensem. Coloniæ Agrippinæ, apud Wilhelmum Friessemium, 1650, 12°, pp. 620, sllelt.

1129. — Devocion a Maria, pasaporte, e salvoconduto que da paso franco para una buena muerte. Valencia, Bernardo Nogues, 1650, 1655, 4°. (Par le P. Christophe DE VEGA.)

1130. — Annus Marianus pro singulis Sabbatis. Viennæ, 1650. (Par le P. Jean NADASI.)

Traduit en bohémien par le P. J. Bridel.

1131. — De la aficion, y amor de Maria, Virgem Sacratissima, Madre de Jesus, Dios y Hombre. 1651 [?]. (Par le P. Jean Eusèbe NIEREMBERG.)

Traduit en latin par le P. Sibenius, en français par le P. Dobeilh, en italien par le P. Flori, en portugais par le P. Em. Fernandes, en flamand par le P. de Boye, en allemand par le P. Lidl, en arabe par le P. Fromage.

1132. — Christianorum in Sanctos, Sanctorumque Reginam, Eorumque Festa, Imagines, Reliquias propensa devotio A præpostera cujusdam Scriptoris Reformatione, Sacræ potissimùm Antiquitatis monumentis, ac documentis Vindicata, simul et Illustrata Auctore Benedicto PLAZZA Syracusano Societatis Jesu... Accesserunt J. Christi monita maxime Salutaria, De Cultu dilectissimæ Matri Mariæ debite exhibendo : A Duacensi Doctore olim Proposita. Panormi, Angelus Felicella excudebat, MDCCLI, 4°, pp. XXVIII-796.

Les *J. Christi Monita* sont de M. de Cerf, docteur de Louvain.

1133. — La Santa conversatione di Giesv, Maria Gisseppe, da honorarsi da' fedeli per impetrar à tutti il perdono de' peccati, la virtuosa Vita, la buona Morte, e la presta liberatione del Purgatorio, Inuentata, come Diuotione, nel Regno di Napoli, insegnata nel Regno di Sicilia, predicata in molte Città d'Italia da un Seruo di

Dio, e dą cui fu anche in Fiorenza prima publicata con licenza di Monsig. Illustriss. Arciuescovo Pietro Niccolini l'anno 1640. E poi nella Chiesa della Compagnia di Giesv instituita in forma di Congregatione, sotto l'invocazione della B. V. Maria conuersante con Giesù Figliuolo, e con Giuseppe Sposo, secondo l'approuatione della Santità di N. S. PP. Vrbano VIII, per Breue spedito à di 7 di Febbraro 1640. con molte Indulgenze alla persone aggregate, per le quali si propone vn' Auuiso, vn Discorso, ed vna Iconologia con sedici Imagini, per dichiarare le cose principali di questa Diuotione, e Conuersatione. E si aggiunge vna Selua Alfabetica latina intitolata, Floriferium, per dar materia a' Predicatori d'esortar tutti a conuersar christianamente in vita, per saluarsi con la buona morte. Stampata ad instanza dell' Illustrissimo Senatore Sig. Francesco Orlandini, ed à lui diretta da Odomenigico Lelonotti da Fanano. In Fiorenza, nella stamperia di Gio : Antonio Bonardi, MDCLII, 4°, pp. 46 et 268. (Par le P. Jean Dominique Ottonelli.)

1134. — Floriferivm de mvltiplici conversationvm genere, scv flores Ex Sacræ Scripturæ, Sanctorum Patrum, aliorumq ; Sciptorum amęnissimis Viridarijs collecti, atq ; ordine Alphabetico digesti, ab Odomenigico Lelonotto Fananensi, pro iconologia trivm simvl conversantivm, Iesv, Mariæ, Joseph : Vt Christiani Oratores paratam habeant concionalem materiam ad Festum S. Conuersationis pro suggestu celebrandum in Sodalitijs Fidelium, institutis iuxta Breue ab Apostolica Sede concedi solitum, Sub Inuocatione Beatæ Mariæ Virginis Conuersantis cum Iesu Filio suo, ac Ioseph Sponso. Florentiæ, Ex Typographia Ioannis Antonii de Bonardis. MDCLII, 4°, pp. 268. (Par le P. Dominique Ottonelli.)

1135. — R. P. Maximiliani Sandæi e Soc. Jesu Doct. Theol. Maria Pentaphyllum. Coloniæ, 1653, 12°.

1136. — Przewodnik Anyielski pobudzaiący do nabozenstwa ku Przenachwalebnieysiey B. Mariey, Matce Bozey, etz. Napizany od W. O. Piotra Justinelli Zakonnika Soc. Jesu ięzykiem wloskim, a na polski ięzyk przetlumaczony od W. O. Andrzeja Gutterera Dobrodzieyskiego tegoź Zakonu Zakonnika. S. l. et a., 12°, pp. 698, sllelt. — *A la fin :* w Krakowie w Wdowy ó dziedzicow Fr. Cezarego, 1653.

C'est la traduction, par le P. Dobrodzieyski, de l'ouvrage italien du P. Giustinelli : *Angelica Guida alla divozione della B. Vergine. 1614.*

1137. — Fons Marianus centum devotionis rivulis irriguus cum Imaginibus Sanctorum qui fuerunt cultores B. Virginis. Pragæ, 1653, 18°. (Par le P. Jean Tanner.)

Traduit en bohémien par l'auteur et par son frère Mathias.

1138. — (Traduction italienne de l'ouvrage du P. Nieremberg : *De la aficion y amor de Maria.*) Palermo, presso Luigi Coppola, 1653, 12°. (Par le P. Louis Flori.)

1139. — De que la devocion a Nuestra Señora es señal de predestinacion. Pamplona, Diego de Zevala, 1654, 4°. — Ibid., 1658. (Par le P. Ignace de Lodosa.)

1140. — Jardin de la Virgen Maria. Salamanca, 1655. (Par le P. Sébastien DE MATIENZO.)

C'est la traduction de l'*Hortus Marianus* du P. de la Croix. Elle a été souvent imprimée.

1141. — Stimuli cœlestes ad amandam et colendam Cœli Terræque Reginam Mariam Confectum e Sanctorum Patrum sententiis, atque Elogiis, quæ per singula Sabbata, Lauretanis in Litaniis eidem pie occinit Christianus Orbis. Auctore R. P. Christophoro WRASTILAW e Soc. Jesu. Pragæ, Typis Academicis MDCLV, 4°, pp. 560, sll.

1142. — Paulin et Alexis Deux illustres Amants de la Mere de Dieu : Par le P. Pavl DE BARRY de la Compagnie de Iesvs. A Lyon, chez Philippe Borde, Lavr. Arnavd, et Clavde Rigavd, M.DC.LVI, 8°, pp. 290, sllelt.

Traduit en latin par le P. Schirmbeck, et en italien par Carlo Matalto (Milan, 1670, 12°.)

1143. — Affetti scambievoli tra la Vergine Santissima e i suoi Divoti, dimostrati da questi con ossequii, da Maria con segnalate favori, e in vita, e in morte, in due Parti. In Napoli, 1657, 8°. — Ibid., per Giuseppe Passero, 1662, 8°. — In Palermo, e in Bologna, 1667 et 1681, 12°. — In Venezia, per Nicolò Pezzana, 1688, 12°. — Affetti... con ossequj; da Maria corresposti con grazie, e favori singolari, in particolare nelle sette sue Feste. Dati in luce da Tomaso AURIEMMA della Compagnia di Gesù ; di nuovo ristampate con aggiunte fatte dal medesimo Autore. Divisi in due Parti. Venetia, MDCCVI, Per Niccolò Pezzana, 12°, 2 part., pp. 381 et 370. — Ibid., 1712. — Ibid., MDCCXLVII, 12°, 2 vol., pp. 372 et 373.

1144. — La Mort de Paulin et d'Alexis illustres amants de la Mere de Dieu, et leurs lettres à diverses personnes sur des sujets bien importants : Avec la belle Mort d'une centaine de Serviteurs, ou Servantes de Dieu, dont la lecture pourra être faite aux dangereusement malades, pour estre instruites et encouragez à bien mourir. Par le P. Pavl DE BARRY, de la Compagnie de Iesvs. A Lyon, chez Philippe Borde, Lavrent Arnavd, et Clavde Rigavd, M.DC.LVIII, 8°, pp. 340, sllelt.

Traduit en italien par le P. Gherardelli.

1145. — A' Boldogsàgosszüz à hallàllal tusakoddk anyja. Nagy-Szombat, 1658, 12°. (Par le P. Thomas JASZBERENYI.)

C'est la traduction en hongrois de l'ouvrage du P. Nadasi : *Maria Mater Agonizantium.*

1146. — Degli Atti ed' Affetti di Virtù. Centuria VIII, della Beatiss. Virgine Maria. Del P. Gio RHÒ della Compagnia di Giesù. In Roma, nella Stamperia di Giacomo Dragondelli, 1658, 32°, pp. 688, sldelt.

1147. — Le serviteur de la Vierge, ou Traité de la devotion envers la glorieuse Vierge Mere de Dieu, par le P. Honorat NICQUET de la Compagnie de Jesus. A Paris, 1658, 24°, pp. 342, sldelt. — Rouen, 1659, 1665, 1677, 1682.

1148. — Annus Cœlestis Regi et Mariæ Reginæ Sanctorum omnium sacer : ad suppeditandam quotidianis meditationibus, aspirationibus, colloquiis novam in dies materiam opportunus. Prodiit primum Viennæ Austriæ ad Ill. DD. Sodales in Domo Professa Soc. Jesu anno 1648 et 49. Nunc prodit locupletior una cum Diebus Marianis per quotidianas ad B. V. aspirationes... Bononiæ, Typis Hæredis Victoris Benatii, MDCLIX, 12°, pp. 658. (Par le P. Jean Nadasi.)

Nombreuses éditions. Traduit en allemand par Christophe Selhamer : *Francfort, 1683; — Dilingen, 1684, 1700; — Augsbourg, 1751.*

1149. — Annus Meditationum Cordis. Pars Prima Marianis Cordibus, Aspirationibus et Exemplis per Sabbata singularum Anni totius Dominicarum, iuxta earum Euangelia, distributa : ad occasionem è singulis Euangelijs porrigendam aliquid de Beatissima Virgine meditandi, et cum alijs colloquendi. Romæ, typis Varesij, 1659, 12°, pp. 248, sll. (Par le P. Jean Nadasi.)

1150. — Divrnvm qvotidianæ virtvtis, è varijs Jesv et Mariæ sodalivm, clientvm, sociorvm, Exemplis et Ephemeridibus concinnatum, *Omni die, dic Mariæ, mea laudes anima :* (Hymnus S. Casimiri.) Et Quotidianæ Sodalium, quâ lectioni, quâ commentationi dedicatum. Impressum, Permissu Superiorum Pragæ, In Coll. : Societ. Jesv ad S. Clementem Anno M. DC. LIX, 12°, pp. 250, slpeld. (Par le P. Jean Nadasi.)

1151. — Annus Marianus Paulino et Alexio eximiis Mariæ cultoribus a P. Paulo de Barry Soc. Jesu Gallice inscriptus a P. Adamo Schirmbeck ejusdem Societatis latinitate donatus. Adjuncto locuplete rerum Indice. Monachii, typis Lucæ Straubii, sumptibus Joannis Wagneri, Anno M. DC. LIX, 8°, pp. 696, sllelt.

1152. — Corona Real de Maria. — Escola del cielo de Maria. — Sombres de Maria. — *Manuscrits.* (Vers 1660.) (Par le P. Jean de Alloza.)

1153. — Fundamentalis instructio de catholico cultu B. Mariæ Virginis. Brunsbergæ, 1660, 12°. (Par le P. André Sabigli.)

1154. — Version al Español del jardin de la Soberana, siempre Virgen Maria, Madre de Dios, o varios modos praticos para egercitarse en el culto, y servicio de esta Señora, que escribió en latin el P. Jesuita Francisco de La Croix... En Zaragoza, por Juan de Ibâr, 1660, 8°, pp. 422. (Par le P. Joseph Fernandez.)

1155. — Album Marianum. Clagenfurti, (1660 [?].) (Par le P. Dominique Carl.)

1156. — Gründlicher Unterricht von der Katholischen Verehrung der Jungfrau Maria. Braunsberg, 1660, 12°. (Par le P. André Skibigk.)

1157. — Lilium inter spinas, a lacte Virginis candidum, a sanguine Agni rubrum. Græci, 1660, 12°. (Par le P. Adam Aperg.)

1158. — Philaletha Marianus, contra calumnias cujusdam Prædicantis in B. Virginem. Wratislaviæ, 1661, 4°. (Par le P. Théodore Moret.)

1159. — (*Annus Marianus* du P. Nadasi, traduit en *bohême.*) Prague, 1661, 12°. (Par le P. Frédéric Bridel.)

1160. — Fiamme e Saette amorose verso Maria Madre amabile. In Napoli, appresso Giuseppe Passero, 1662, 8°. — In Venezia, per Niccolò Pezzana, 1688, 12°. (Par le P. Thomas AURIEMMA.)

1161. — De notitia Virginis Mariæ et de quinque affectibus erga Pretiosissimam Parentem, Virginem Mariam. — Mancipium Marianum. — De B. V. Mariæ excellentia. — Theoremata Mariana. (1662.) — *Manuscrits*. (Par le P. Gaspar DRUZBICKI.)

1162. — Theophilus Marianus, sive artes ac exercitationes XXXI, in mensem unum digestæ; ad Amorem Deiparæ Amore Dei et ad Amorem Dei Amore Deiparæ inflammandum propositæ a Joanne NADASI Soc. Jesu. Coloniæ Ubiorum, apud Joannem Busæum, MDC.LXIV, 24°, pp. 123, sllelt.

D'autres éditions. Traduit en allemand en 1711.

1163. — La science d'une âme consacrée en l'honneur de la B. Vierge. Lyon, Antoine Boissat et Compagnie, 1665, 4°. (Par le P. Jacques LAMBERT.)

1164. — (Mariana Maternitas, seu salutares regulæ pro instructione eorum qui B. V. velut Matrem filiali affectu colere desiderant. Editio altera.) En *allemand*. Luzern, Godef. Hautt, 1668, 12°. (Par le P. Tobie LOHNER.)

1165. — La Vita di chi muore, cioè Maria Madre degli agonizzanti. Milano, per il Monza, 1669, 12°. (Par le P. Hortense PALLAVICINO.)

1166. — Della divozione della Madonna abusata dal Peccatore in vita e però Angustiato dalla vicina morte... In Fiorenza nella stamperia di Francesco Honofri, 1669, 4°, pp. 782, sll. (Par le P. Dominique OTTONELLI.)

1167. — Memoria perpetua della B. Vergine nelle quotidiane opere. In Napoli, appresso il Romagliola, 1670, 24°. — Memoria... Nelle nostre attioni quotidiane. Pratticata da Santi, e da altri suoi diuoti. Cauata dal Libro intitolato : Affetti verso Maria. Scritto dal Padre Tommaso AURIEMMA della Compagnia di Giesù. In Milano et in Bassano, per Gio : Antonio Remondinj, s. a., 24°, pp. 167.

Traduit en français par le P. Blot; en latin : *Continuæ B. V. Memoriæ praxis.*

1168. — (Annus Marianus ad usum Sodalitatis.) (En *bohême*.) (1670 [?].) (Par le P. Georges RECTORIS.)

1169. — Diarium Cordis Mariani, sive quotidianæ Considerationes pro toto anno, è SS. Paginis de Deipara Virgine Maria, à quodam è Societate Jesu. Ingolstadii, 1670, 18°.

1170. — Escuela de Maria Santissima Madre de Dios, y Señora Nuestra. Por el Padre Alonso DE ANDRADE, de la Compañia de Jesus, natural de Toledo, Caiificador del Consejo Supremo de la Santa, y General Inquisicion. Al Excellentissimo Don Rodrigo de Silva Sandoval y Mendoça de la Vega y Luna, Duque de Pastrana, y del Infantado, Comendador de Estepa en la Orden de Santiago, Mayordomo Mayor de su Magestad, etc. En Madrid, por la Viuda de Melchor Alegre, Año de 1671, 4°, pp. 488, sllelt.

1171. — La véritable devotion envers la S. Vierge etablie et defendue. A Paris, chez François Muguet, MDCLXXIX, 4°, pp. 176 et 354, slpelt. — Seconde edition. Ibid., 1687, 8°, pp. 247 et 500. — Paris, 1708, 8°. (Par le P. Jean Crasset.)

Traduit en italien par Selvaggio Canturani *(Venise, 1722)*, en flamand *(Gand, 1851)*.

1172. — L'aimable mere de Jésus, traité contenant les divers motifs qui peuvent nous inspirer du respect, de la devotion et de l'amour pour la tres-sainte Vierge. Traduit de l'espagnol par le R. P. D'Obeilh, de la Compagnie de Jesus. Amsterdam, chez Daniel Elzevier, 12°, pp. 270, sllelt. — (*Même édition.*) A Amiens, pour la veuve du (*sic*) Robert Hubaut, 1671. — A Lyon, chez Antoine Briasson, MDCLXXXVIII, 12°, pp. 540.

1173. — Christus Dux et Exemplar. De regno Christi et Incarnatione ac devotionibus erga Deiparam. Authore P. Joanne Bucelleni, e Societate Jesu. Viennæ Austriæ, Anno MDCLXXI, fol., pp. 544.

Cet ouvrage posthume forme le tome cinquième des *Asceticæ considerationes (Viennæ, 1666-71)* du même auteur.

1174. — Diarium Marianum. Pragæ, 1671, 12°. (Par le P. Jean Malobiczky.)

1175. — Annus Marianus. (1672.) — *Manuscrit*. (Par le P. Louis Jobert.)

Le P. Sotwel dit : « Habet prælo paratum *Annum Marianum* opus ingens de cultoribus B. V. latine. »

1176. — Corona stellarum duodecim ; sive duodecim centuriæ devotionum erga B. Virginem Mariam, vel mille ducentæ praxes magnam Dei Matrem ferventer amandi, colendi, et venerandi. Ex Sanctis Patribus et variis libellis collectæ a R. P. Kiselio è Soc. Jesu. Bambergæ, sumpt. Joan. Arnoldi Cholini, M.DC.LXXII, 12°, pp. 226.

1177. — Via lactea Mariana. Bambergæ, 1672, 12°. (Par le P. Philippe Kisel.)

1178. — Pandochium Reginæ Cœli in 12 Conclavia distinctum. (1673 [?].) (Par le P. Jean Korzeniewski.)

Cet ouvrage fut réimprimé à Vilna en 1740 (?), par les soins du P. Pierre Puzyna, sous le titre : *Palatium Augustissimæ Reginæ Cœli in XII Conclavia distinctum.*

1179. — Le Culte de la Sainte Vierge vengé. Saint-Omer, 1674 [?].) (Par le P. Jean Chrysostome Bruslé de Montpleinchamp.)

C'est la traduction de l'ouvrage latin du P. Henneguyer, dominicain.

1180. — Cavillator veri Hyperduliæ cultus Magnæ Dei Matris deprehensus et reprehensus. Pragæ, 1674. — Leodii, apud Henricum Wypart, 1674, 12°, pp. 30. (Par le P. Maximilien Reichenberger.)

La même année, il publia : *Appendix parænetica in Apologiam simul et Palinodiam defensoris Monitorum insalutarium.* — Puis : *Brevis Apostrophe ad Regularem Anonymum* Monita Salutaria *indicantem. 1675.* — *Reflexiones super approbationibus libelli.* — *Parænesis ad Monitorem Antimarianum.*

1181. — Cor sanctum Theophyli Mariani virtutum affectibus in Deum, Deique Matrem, æstuans, Sodalitati posnaniensi præsentatum a P. Joanne Morawski S. J. Posnaniæ, typ. S. J., 1675, 12°. — Calissii, 1689, 1698. — Leopoli, 1704, 12°, pp. 94.

1182. — Defensio cultus B. V. ex puris Canisii verbis contra hæreticos. Insulæ, de Rache, 1675. (Par le P. Jacques Platel.)

1183. — Spirituale Colloquium de rebus altissimis, pium perinde ac fructuosum, inter Discipulum, et Sanctissimam Dei Matrem (16e S). (Par St François de Borgia.)

Inséré dans ses *Opera omnia*. (Bruxellis, 1675, fol.), p. 28.

1184. — Mariani Cultus vindiciæ, seu nonnullæ Animadversiones in libellum, cui titulus Monita salutaria B. V. Mariæ ad Cultores suos indiscretos. Pro vindicanda contra Autorem Anonymum Deiparæ gloria, secundum Orthodoxæ Fidei dogmata, Sanctorum Patrum testimonia, rectæ rationis dictamina, et theologorum principia Concinnatæ a R. P. Maximiliano Reichenberger Pragensi Bohemo è Societate Jesu... Opusculum posthumum. ... Pragæ, typis Universitatis Carolo-Ferdinandeæ in collegio Societatis Jesu ad S. Clementem, 1677, 4°, pp. 184, sllelt.

1185. — Il Divoto di Maria Vergine istruito ne' motivi e ne' mezzi che lo conducono a ben servirla. Bologna, Gio. Recaldini, 1677, 12°, pp. 294. (Par le P. Paul Segneri.)

Cet ouvrage a eu plusieurs autres éditions et a été traduit en presque toutes les langues.

1186. — Idea præcipuorum affectuum ad invocandum Dei ac Misericordiæ Matrem, dicata strenæ nomine Dominis Sodalibus Magnæ Matris clientibus in Parthenio cœtu sub titulo Sodalitatis Majoris Beatiss. Virg. Mariæ, in Aula Patrum Societatis Jesu congregatis Monasterii Westphaliæ, Anno MDCLXXVII. Coloniæ, Typis Wilhelmi Friessem, 12°, pp. 24.

1187. — Cliens Marianus In vera Devotione erga Deiparam Instructus, Per motiva et praxes eidem serviendi; Conscriptus Italicè à Rev. P. Paulo Segneri, è Soc. Jesu, nunc latinitate donatus, Dicatusq; pro strena D. D. Sodalibus B. M. V. in Cœlum Assumptæ, ex IV. Academicis Facultatibus, jam olim et nunc congregatis. Anno CentesIMo ab InstItVta soDaLItate Beatæ VIrgInIs, VIennæ AVstrIæ. Viennæ Austriæ, Typis Leopoldi Voigt, s. a. (1679), 12°, pp. 202, sllelp. (Par le P. Jean Foresi.)

Il y a des éditions antérieures, de 1638, 1643, 1661.

1188. — Hyperdulia Mariana practica hoc est Exercitia 100 pietatis in Mariæ Deiparæ honorem a Sanctissimis Mariæ Cultoribus usurpata et in strenam oblata DD. Sodalibus Marianis Monasterii, Anno MDCLXXXII, 12°, p. 36.

1189. — Mundus Marianus. Posnaniæ, 1683. (Par le P. Michel Rychalski.)

1190. — Calendarium Marianum e Victoriis contra Gentiles, Turcas, hæreticos et alios injusti belli autores ope D. Virginis obtentis. Græcii, 1685, 12°. — Tyrnaviæ, 1714, 1730, 12°. — Cassoviæ, 1742, 12°. (Par le P. Gabriel Hevenesi.)

1191. — Le chrétien prédestiné par la dévotion à Marie Mère de Dieu. Divisé en trois Parties. Par le R. P. Antoine Boissieu, de la Compagnie de Jésus. A Lyon, chez Antoine et Horace Molin, M.DC.LXXXVI, 8°, pp. 905, sll. — La véritable Devotion envers la Sainte Vierge établie et defendue. A Lyon, chez Molin et Barbier, M.DC.XCIII, 8°, pp. 905, sllelt.

Traduit en allemand : *Augsbourg*, 1719, 4°.

1192. — Affeiçaõ y amor de Maria. Evora, 1687, 12°. (Par le P. Emmanuel Fernandes.)

C'est la traduction de l'ouvrage du P. Nieremberg : *De la Aficion, y amor de Maria*.

1193. — La dévotion des serviteurs de la Mère de Dieu. Paris, Jean Hénault, 1688, 24°. (Par le P. Louis Jobert.)

1194. — Amores Mariani seu pii Mariam Deiparam amantium Affectus, libris tribus concinnati a P. Melchiore Guttwirtt, Societatis Jesu Sacerdote. Anno MDCXC. Lincii, Typis Joannis Rædlmayr, 12°, pp. 394, sldelt.

1195. — Distillato di varii fiori per rinfrescare le arsure de' cuori amanti di Maria Vergine, o vero raccolta di varii ossequii da farsi in ogni tempo ad honor della Santissima Vergine. Palermo, Adami, 1692, 12°. (Par le P. Cajétan Cresci.)

1196. — Anni Cœlestis dies Mariani Cum devotis aspirationibus ad B. V. E propriis cujusvis diei gestis In anni dies singulos distributis. Monachii, Typis Lucæ Straubii, M. DC.LXXXXII, 16°, pp. 79. (Par le P. Jean Nadasi.)

1197. — Gli stimoli all' amore della Sma Vergine Maria. Napoli, per Giacomo Baillard, 1693, fol. — Gli stimoli della Santissima Vergine Maria composti dal Padre Carlo Casalicchio della Compagnia di Giesù. In Venezia, presso Andrea Poletti, 1712, 12°, pp. 442, sllelt.

1198. — Trois lettres du P. Germont d'Orléans, jésuite, à M. Hideux, curé des SS. Innocents, sur l'approbation qu'il a donnée au nouveau livre de la dévotion à la sainte Vierge (d'Adrien Baillet). 1693, 4°.

1199. — Philosophia Mariana Conclusionibus peripateticis illustrandis inserta et iconibus aeri incisis distincta. Viennæ, Vogel, 1694, 8°. (Par le P. Engelbert Bischoff.)

1200. — La dévotion envers la Sainte Vierge, marque de prédestination, par le R. P. Barbereau, de la Compagnie de Jésus. Rouen, 1694. — A Vannes, chez la veuve de Guillaume le Sieur, MDCCXLV, 12°, pp. 175.

1201. — Ars bonæ mortis sive quotidiana erga Sanctissimam Dei Matrem Mariam Pietas ad omnia quidem utilis. Marianorum clientum usui ab inutili Mariæ mancipio Soc. Jesu Sacerdote oblata. Viennæ, 1695, 12°. — Passavii, 1708. — Tyrnaviæ, 1714. — Coloniæ, 1708, 1720. — Ingolstadii, 1721. — Brunsbergæ, 1721. — Græcii, 1726. — Crembsii, 1735. — Viennæ, 1751. (Par le P. Gabriel HEVENESI.)

Traduit en allemand par le P. Lydl, en portugais par le P. des Anjos; en hongrois par le P. Bors; en allemand par le P. Gabriel Dulman; en français par le P. de Boylesve.

1202. — Iskiérki miłości ku Bogu i ku przenaydroższey Matce Boskiey, zebrane przez X. Jana MORAWSKIEGO S. J. Poznań, Dr. S. J., 1695, 8°. — Lwowie, 1760, 8°, pp. 62.

Etincelles d'amour pour Dieu et la tres précieuse Mère de Dieu.

1203. — Instruction chrestienne sur la devotion à la Sainte Vierge. Par le Pere d'ORLEANS de la Compagnie de Jesus. A Paris, chez Jean Anisson, 1696, 8°, pp. 261. — Ibid., 1697. — Rouen, 1714, 1727. — Paris, 1731.

Traduit en italien par l'abbé Joseph Pizzardo (*Turin, 1858, 12°*).

1204. — Triduum Marianum pro renovanda erga Dei Matrem devotione ante solenniora ejusdem festa usurpandum. Osnabrugi, 1697, 12°. (Par le P. François FREYTAG.)

1205. — Livre d'exercices spirituels par rapport à la Mère de Dieu. (17e S.) — *Manuscrit.* (Par le P. Jean GABIOT.)

1206. — El Devoto de la Virgen Maria, instruido en los motivos, y en los medios, que le condvcen a servir la bien. El espejo, que no engaña; y la verdadera sabiduria. Obras, que diò a luz el Rmo Padre Señeri, de la Compañia de Jesus... y tradvxo de el idioma Italiano al Castellano D. Juan de Espinola Baeza, Echaburu... En Madrid : Por Juan Garcia Infançon, Año de 1696, 4°, pp. 401, sll. — Barcelona, imprenta de Maria Marti viuda; a sus costas, y de Juan Piferrer. Año 1723, 4°, pp. 401, sll. (Par le P. Joseph ECHABURU Y ALCARAZ.)

1207. — Echo Mariana, seu Epistolæ responsoriæ ad Parthenios Sodalitatis Græcensis Coronæ Stellarum 12. Græcii, typis Widmanstadii, 1698, 8°. (Par le P. Barthélemi BUERGER.)

1208. — Vitæ Prædestinatorum. Signum magnum S. Maria Mater Boni Consilii. Authore R. P. Joanne NADASI, è Soc. Jesu. Ac D. D. Sodalibus. Almæ Congregationis Majoris Immaculatæ Virginis ab Angelo salutatæ, In Academico Societatis Jesu Collegio Græcij erectæ et confirmatæ. In Strenam oblatum. Anno à partu Virginis M.DC.XCVIII. Ab Erecta, et confirmata Sodalitate CIV. In-12°, pp. 260, sldelt.

1209. — (*Il divoto di Maria*, du P. Segneri, traduit en espagnol). (vers 1700.) Naples. (Par le P. Joseph CERRILLO.)

1210. — El Devoto de Maria, instruido en los medios que le conducen a su mayor culto, y veneracion. En Valencia, por Diego de Vega, 1701, 8°. (Par le P. Jérôme JULIAN.)

1211. — Resolutiones Partheniæ, seu quæstiones quinquaginta de B. V. Maria brevi methodo discussæ. Græcii, typis Widmanstadii, 1701, 12°. (Par le P. Jacques Wenner.)

1212. — Praxes colendi et amandi B. V. Mariam. (1706.) (Par le P. Louis de Bessuy.)

Inséré, p. 87-131 de sa Vie écrite par le P. Casimir Wierzbicki.

1213. — Jesu Christi monita maximè salutaria de cultu dilectissimæ Matri Mariæ debitè exhibendo. Hispali, 1707, 12°. (Par le P. Jérôme Julian.)

1214. — Maria Santissima, refugio de peccadores, idea de Justos, e iman de la cristiana devocion. Libro unico, dividido en tres partes; conforme a las tres vias de la vida espiritual, purgativa, illuminativa, y unitiva, con un apendice. Por el P. Gerardo Aranda Novès de la Compañia de Jesus. Madrid, 1707, 1759. — Vich, por José Trullàs, 1843, 8°, pp. 378, slt.

1215. — (Actus Amoris Mariani, cum Vita et Cultu S. Annæ. Tyrnaviæ, typis Academicis.) (En *hongrois.*) 1708. (Par le P. François Szabolt.)

1216. — Annuum Sapientiæ Sacrificium, in physicæ lunæ motionibus paratum, et in B. V. Mariæ cultum applicatum. Græcii, typis Hæredum Widmanstadii, 1709, 12°. (Par le P. Jacques Pettinatti.)

1217. — Lettres sur le culte et l'invocation de la trés-sainte Vierge et des Saints, écrites à Monsieur d'Abbadie, capitaine au Régiment de Lindeboom, par le Pere de Souastre de la Compagnie de Jésus; avec les Réponses de cet Officier Protestant, et la Refutation de ces Réponses. A Lille, chez Ig. Fievet et L. Danel, M.DCC.X, 8°, pp. 212, slleit.

Abbadie avait lui-même donné une édition de ces *Lettres*, sans l'aveu de l'auteur : *Lettres concernant la religion, écrites par un Jésuite du couvent de Lille, à un Capitaine, avec les réponses dudit Capitaine au Jésuite. Lille, Balthasar Le Francq, 1710, 12°.*

1218. — El Patrocinio de la Virgen. (1710 [?].) (Par le P. André Serrano.)

1219. — Grosser Herrn und Frauen Andacht zu Jesu und Maria. Glaz, 1712, 12°. (Par le P. Vit Scheffer.)

1220. — Les veritables motifs de confiance que doivent avoir les fidèles dans la protection de la Sainte Vierge, divisés en quatre Livres. Limoges, 1712, 12°, pp. 302. (Par le P. Paul le Clerc.)

1221. — Actus virtutum et orationes ad Deum et Deiparam. Posnaniæ, typ. S. J., 1713, 8°. — Calissii, 1736, 8°. (Par le P. Thomas Mlodzianowski.)

1222. — De arte amandi Deiparam. Elegiarum liber imperfectus. — *Manuscrit.* (1715.) (Par le P. Prudence d'Amaral.)

1223. — Trattenimenti spirituali per chi desidera d'avvanzarzi nella Servitù e nell' Amore della Santissima Vergine : Dove si ragiona y sopra le sue Feste, e sopra gli Evangelj delle Domeniche dell' Anno, applicandoli alla medesima Vergine con rari Avvenimenti. Opera del Padre Alessandro Diotallevi della Compagnia di Gesù... Venezia dalle stampe d'Andrea Poleti, 1716, 12°, 3 vol. — Ibid., 1729, 12°, 3 vol., pp. 372, 420 et 383. — Ibid., 1734, 1752, 1761. — In Venezia, presso Antonio Zatta, 1770, 12°, 3 vol. — Venezia, 1805, 12°, 3 vol.

Traduit en allemand : *Augsbourg, 1729, 4°, 3 vol.*

1224. — Cultus Deiparæ in scenam dabitur a Figuristis Minoribus in Gymnasio Societatis Jesu Antverpiæ die 19 Julii 1717, horâ 3. Antverpiæ, apud Viduam Petri Jacobs, 4°, ff. 2.

1225. — Corona de Flores, que los Esclavos de Maria Santissima, le consagran como a su Reyna, y Señora en todas sus Festividades, disponiendose para ellas con su Novena Y en todos los Sabados del año, en todas las dias de la Semana, horas y quartos de cada dia, con varios obsequios. Dedicala à la misma Soberana Reyna del Universo. El Padre Juan Antonio de Oviedo, de la Compañia de Jesus... En Madrid, por la Viuda de Juan Garcia Infançon, 1717, 12°, pp. 296, sllelt.

1226. — Cura habituum seu Peccati exterminium maxime ad quod natura magis inclinat, per decem dierum veneris erga Christum Crucifixum, B. V. Mariam et SS. Ignatium et Xaverium devotionum. Viennæ, 1707. — Tyrnaviæ, 1714. (Par le P. Gabriel Hevenesi.)

Réimprimé sous les titres : *Cura consuetudinarii.... — Peccati exterminium.... — Spiritualis armatura fortium, sive cura innocentiæ et exterminium peccati...* Traduit en allemand (*Vienne*, 1719), en français (*Munich*, 1758).

1227. — Cura salutis sive de Statu vitæ mature ac prudenter deliberandi methodus per decem dierum Veneris Spiritus S., S. Dei Matris, boni consilii, SS. Ignatii et Xaverii honori institui solitam devotionem proposita. Viennæ, 1709, 1714, 12°. — Coloniæ Agrippinæ, 1716. (Par le P. Gabriel Hevenesi.)

1228. — Mariana pietas, quæsita beneficia In strenam in Coll. S. J. sodalitati Verbi incarnati et B. V. M. sine labe conceptæ oblata. Græcii, 1721, 12°.

1229. — Paraiso celestial de la Virgen Maria. (1723.) — *Manuscrit.* (Par le P. Jean Carnero.)

1230. — The devout Client of Mary instructed in the Motives and Means how to honour and serve her in the best manner. Written in Italian by R. F. Paul Segneri of the Society of Jesus and translated into English by NN. S. I., 1724, 18°, pp. 340, slt. (Par le P. Percy Plowden.)

1231. — Maria Vergine esposta a gli occhi de'.Fedeli, per infiammarsi a venerarla colla continua memoria. Ossequioso Tributo consegrato alla medesima Vergine da un suo minimo Servo Religioso Fratello della Compagnia di Gesù... In Palermo Per Gaspare Bayona, 1724, 4°, pp. xl-434. (Par le Fr. Vincent Marie Verdino.)

1232. — Punkt honoru Królowey Nieba y Ziemi, Nayświętszey Maryi, przez X. Antoniego Deslions S. J. wierszem łacińskim wysławiony, oyczystą muzą oddany przez X. Franciszka Manieckiego tegoż zakonu. Sandomierz, typ. S. J., 1727, 4°, pp. 8-127.

C'est la traduction en vers polonais des élégies du P. Deslions : *De cultu B. Virginis.*

1233. — Defensio Beatissimæ Virginis Mariæ contra nostræ tempestatis hæreses : in qua specialis cultus et invocatio ejus manifestis argumentis evincetur : Omnium usui accommodata per P. Godefridum Hannenberg Soc. Jesu. Calissii, Typis Clari Collegii Soc. Jesu. Anno post Virginis partum 1728, 12°, pp. 158, sllelt. — Tyrnaviæ, Typis Wenceslai Jelinek, s. a., 8°, pp. 170, sll.

1234. — Diarium Academici Mariani. Græcii, 1728, 8°.

1235. — Sæculum Marianum Sodalium virtutibus coronatum. Viennæ, 1729, 8°.

1236. — Reglas de la Escuela de Maria. Valencia. 173.. (?) (Par le P. Pierre de Calatayud.)

Inséré dans ses *Misiones y Sermones* (Madrid, 1796, 4°, 3 vol.), au t. I, part. V, cap. 5.

1237. — La devotion à Notre-Dame. Par le Pere Segneri, de la Compagnie de Jesus. Traduite de l'italien, par le R. P. de Courbeville de la même Compagnie. Dediée à la Reine. A Paris, chez Huart l'aîné, M.DCC.XXX, 24°, pp. 222. — A Nancy, chez N. Baltazard, M.DCCXXXII, 24°, pp. 250. — Lyon, 1837. — Avignon, 1853.

1238. — Arte da boa morte, ou devoçaõ quotidiana para com a Virgem Santissima Mãy de Deos util para conseguir todos os bems espirituales, e utilissima para alcançar huma feliz morte. Coimbra, no Real Collegio das Artes da Companhia de Jesus, 1732, 8°. (Par le P. Emmanuel dos Anjos.)

C'est la traduction de l'*Ars bonæ mortis* du P. Gabriel Hevenesi.

1239. — Olympus literatus, seu literæ oratoriæ Regi Jesu Christo, Reginæ Cœlorum Mariæ, divisque Cœlitibus inscriptæ. Auctore P. Bartholomæo Luder S. J. Leopoli, typis Coll. S. J., 1733, 8°, pp. 22-416. — Ibid., 1742, 8°, pp. 448.

1240. — Varia pietatis exercitia cultu Mariæ et Sanctorum honori debita. Græcii, 1735.

1241. — La solide et véritable dévotion envers la Sainte Vierge. Paris, Marc Bordelet, 1736, 12°, pp. 162. — Ibid., 1745. (Par le P. Martin Pallu.)

Traduit en allemand : *Augsburg, 1766.*

1242. — Hebdomadas Mariana divisa in diversas orationes, psalmos, desideria, considerationes, affectus et instructiones pro qualibet die ad obtinendam per piissimum Virginis Matris Mariæ Dominæ, Patronæ, Advocatæ Nostræ, præsidium et intercessionem felicis mortis horam... (Augustæ Vindelicorum), 1737, 8°, pp. 114. (Par le P. Antoine ZWICKLIN.)

1243. — Devotio Mariana argumentum trium meditationum, Quas Congregatio Latina Major Matris Propitiæ B. V. Mariæ ab Angelo Salutatæ Tempore Quadragesimæ instituit, Cùm Serenissimus Princeps ac Dominus, Dominus Clemens Crescentius Utr. Bav. et Sup. Palat. Dux, Com. Pal. Rheni, Landgrav. Leuchtenb. etc. etc. Ejusdem Sodalitatis Præfecturam Clementissimè susciperet. Monachii, Annò Domini M.DCC.XL. Meditatio I. Veræ devotionis incitamenta. Typis Joannis Jacobi Vötter, 4°, s. pag. (pp. 40.) — Devotio... instituit, Monachii, Anno M.DCC.XL. Meditatio II. Veræ devotionis signa. Ibid., 4°, s. pag. (pp. 36.) — ... Meditatio III. Veræ devotionis fructus. Ibid., 4°, s. pag. (pp. 36.) (Par le P. François NEUMAYR.)

1244. — Trionfi della Divozione della Madre di Dio esaltati da un pio Sacerdote suo minimo Schiavo, Opera, divisa in due parti che nella prima tratta della necessità per Salvarci; dell' intercessione, e divozione di N. Signora Maria, nella seconda del Precetto d'esserle sinceramente divoti. Palermo, nella stamperia di Stefano Amato, 1742, 4°, pp. 272, sldelpt. (Par le P. Antoine Ignace MANCUSO.)

1245. — (Spes salutis in Cultu B. V. Mariæ.) (En *hongrois.*) Posen, 1744. (Par le P. J. B. PIROLT.)

1246. — Filiatio Mariana, cujus formula proposita est ad fovendam perpetuo pietatem erga ssmam Dei genitricem in provin : Flandrobelgica Societatis Jesu, a Reverendo admodum Patre N. Generali Francisco Retz approbata et confirmata Romæ, 27 martii 1745, s. l., 12°, pp. 12.

1247. — Marianischer Tugend-Spiegel, allen andächtigen Liebhabern Mariä. Bamberg, 1746, 8°. (Par le P. Joseph CETTI.)

C'est, je pense, le même ouvrage qui, augmenté, reparut sous le titre : *Vergrosseter Marianischer Tugend-Spiegel, allen andächtigen Verehreren Mariä zur Nachfolge vorgestellt. Bamberg, 1759, 8°, 4 vol.*

1248. — L'amabile misericordia di Maria SS. In Napoli, appresso Carolo Salzano, e Francesco Castaldo, 1746. (Par le P. Laurent SOLARI.)

1249. — Codzienne Nobożeństwo do Nayświętszey Panny Maryi z łacińskiego. Lwów, Dr. S. J., 1748, 8°. (Par le P. Stanislas KIJANOWSKI.)

Devotion pour tous les jours à la Ste Vierge, traduit du latin.

1250. — Præsidia conservandi fructus pœnitentiæ, argumentum trium meditationum, quas congregatio latina major B. V. Mariæ Matris Propitiæ ab angelo salutatæ, tempore quadragesimæ exhibuit Monachii anno MDCCLIV..... Meditatio III. Præsidium tertium, sive fiducia, et devotio erga B. V. Mariam. 4°, (pp. 34.) (Par le P. François-Xavier GACHET.)

1251. — Troostelycke teerhertigheit ende goedertierentheit van Jesus ende Maria tot een Nieuw-Jaer geschoncken aen alle waere Catholycken, Door een Priester der Societeyt Jesu. T'Antwerpen, By Joannes Franciscus de Roveroy, 1754, 8°, pp. 36.

1252. — Maria Troost van haere dienaers ende dienaressen in 't leven ende de doodt. Door eenen Priester van de Societeit Jesu. T'Antwerpen, by Joannes Franciscus de Roveroy, 1755, 8°, pp. 36. — Tweeden druck. Ibid., 1764, 12°, pp. 36. (Par le P. Charles VAN DEN ABEELE.)

1253. — Corona Mariana, linguis duodecim exornata... Coloniæ, 1757, 8°. (Par le P. Ignace WEITENAUER.)

1254. — Soetigheit ende nuttigheid van de liefde tot de H. Moeder Gods. Tot een nieuw-Jaer geschonken aen alle waere Catholycken, door een Priester der Societeyt Jesu. T'Antwerpen, Joannes Franciscus de Roveroy, 1758, 8°, pp. 37. (Par le P. Charles VAN DEN ABEELE.)

1255. — Utocsisete blaxenoj Divici Marii ugodno i prietno a nami vele koristno i potribito, na pocstenje Gospe Almacske, majke od utocsiscta nazvane, po Antunu KANIXLICHU Druxbe Isusove misniku. U Muecik, pritiskano od Antona Bossanessa, 1759, 12°, pp. 873.

Refugium ad B. V. Mariam, en illyrien, par le P. Kanislich.

1256. — Semana Mariana, y Devocion utilissima à Maria Santisima Immaculada Madre de Dios, y Señora Nuestra Restauradora de la culpa de Eva, Medianera de la Gracia para lograr por su poderosa intercesion una buena muerte. Sacada de las Obras del P. Pedro de Ribadeneira. En Zaragoza, en la Imprenta Real, s. a. (*176*..) 12°. — Semana Santa, y devocion à Maria Santisima, dividida en diversas Oraciones Jaculatorias para cada dia de la Semana, muy provechosa para lograr por su medio buena morte. Compuesta en Latin por el R. P. Constantino Arsonio, Clerigo Reglar de San Pablo. Dedicada à Nuestra Señora del Pilar de Zaragoza, y traducida en Castellano por un Devoto Esclavo de Maria. En Zaragoza, 1785, 12°. (Par le P. Joseph François CLAVERA.)

1257. — Triduo in ossequio della Beatissima Vergine Madre di Dio Maria proposto a' RR. Sacerdoti della Congregazione de' Casi nel Gesù di Roma da Andrea Girolamo ANDREUCCI della Compagnia di Gesù. In Roma, nella Stamperia de' Rossi, MDCCLXI, 12°, pp. 95.

1258. — Uitmuntenheid van Maria als de laeste Eva bruid van den laesten Adam Jesus Christus sone Gods. T'Antwerpen, Joannes Franciscus de Roveroy, 1764, 8°, pp. 84. (Par le P. Charles VAN DEN ABEELE.)

1259. — Verwekkinge der Christelycke herten tot meerdere achting ende liefde van Maria Moeder ende bruid des Saligmakers ook tot grooter betrouwen op haer vermogen ende bermhertigheyt. Tweede druck. T'Antwerpen, by Joannes Franc. de Roveroy, 1764, 12°, pp. 36. (Par le P. Charles VAN DEN ABEELE.)

1260. — (La dévotion à la Sainte Vierge, par le P. Nieremberg, traduit en *arabe*.) Rome, 1765, 12°. (Par le P. Pierre FROMAGE.)

1261. — Jesus, Maria eta Joseren devocioa. Edo irupersona divino oien eguiazco amotiva. Lurrean icusi zan ceruco Trinidaderic ederrerari, edo Jaincoaren

Familiaric Sagraducuari. Jesus, Maria, ta Joseri Animen devocioraco, Jesusen Companiaco Aita Agustin CARDABERAZEC, bere viotz guciarequin esqueñtcen, to consagratcen diena. Bear Becela : Iruñean : Martin José Radaren Moldi, teguian, 1766, 12°, pp. 233. — Tolosan : D. Francisco de la Lamaren Echean, 1816. Urtean, 12°, pp. 237.

1262. — Devotio Parthenia incitamentis animata et exercitiis probata Dominis Sodalibus Congregationis Majoris Literatorum Beatissimæ Virginis Mariæ sine labe conceptæ in Xenium oblata Lucernæ. Anno MDCCLXVIII. Typis Jodoci Francisci Jacobi Wyssing, 24°, pp. 7-208, sllelt.

1263. — Cliens Marianus gratioso compendio per actiones diurnas, pias considerationes et varias pietatis praxes deductus. Tyrnaviæ, 1772, 12°. (Par le P. André ZACHAR.)

1264. — Regolamenti cristiani per ogni genere d'infirmità mediante il patrocinio della gran Madre di Dio Operetta del Sacerdote Girolamo PICHI. In Roma, Per il Cannetti, MDCCLXXXIII, 12°, pp. 24.

1265. — Maria Madre di Misericordia. Genova, Felice Repetto, 1786, 8°. (Par le P. Joseph Marie LOVAT.)

1266. — Visites au Saint-Sacrement et à la Sainte Vierge, pour chaque jour du mois, par Alphonse Liguori; traduit de l'Italien. Nanci, Bontoux, 1787, 18°, (Par le P. Pierre DORÉ.)

Très nombreuses éditions.

1267. — (Du culte et de l'invocation de la Ste Vierge.) (En *hongrois.*) Pesth, 1789, 4°. (Par le P. Etienne HAJAS.)

1268. — Maria sponsa sanctior, oder der Mariæ geopferte Trauring, als ein der fürtrefflichsten Mittel, die Keuschheit zu erhalten; den Sodalen der Marianischen Congregation zur Nachahmung vorgestellet in einem Jüngling, der sich nach verdammter thörichter Weltliebe, die Jungfräulichen Braut Mariæ, mit einem Ringe vermählet hat; als Meditation auf dem Theater aufgeführt. München, 1790, 4°. (Par le P. Joseph Ignace LAMPARTH.)

1269. — Boldogságos szüz Maria tiszteletének és Segitségül hivásának védelmezése, mellyet nagy aszszonyunk tiszteleté öregbitésére 's ki-terjesztésére deák nyelvböl magyarra forditott, és azon hiveknek, kik deakúl nem tudnak lelki vigasztalasokra, és hasznokra körze botsátott a'szeplötelen szuz anyának egy hiv-tisztelöje. Pesten Nyom. Trattner Matyas' betüivel, 1797, 12°, pp. 208. (Par le P. Etienne HAJAS.)

C'est la traduction, en vers hongrois, de l'ouvrage du P. Hannenberg : *Defensio Beatissimæ Virginis Mariæ...*

1270. — L'anno Mariano o sia l'anno santificato ad onore della Beata Vergine Maria del Conte Canonico Alfonso MUZZARELLI. Dedicato alla Regina degli Angeli.

In Fuligno, 1791. Per Gio. Tomassini, 12°, 2 vol., pp. xi-417 et 380. — Ibid., 1830, 12°, 2 vol., pp. 526 et 473.

Traduit en français par M. A. Du Sein : *Avignon*, *1845*. — *Paris*, *1863*.

1271. — Filiatio Mariana. Polociæ, typis S. J., 1810, 16. (Par le P. George Iwanek.)

1272. — Le mois angélique ou la dévotion à la Reine et aux neuf chœurs des Anges, et en particulier aux Saints-Anges gardiens. Avec les Petits Offices, Litanies et autres Prières, à l'usage des associés, Dedié et présenté à S. A. R. Madame, Duchesse d'Angoulême. On y a joint aussi une méthode pour entendre la Sainte Messe, à laquelle le S. P. Pie VII a accordé des Indulgences. A Bordeaux, de l'imprimerie d'André Racle (1815), 18°, pp. 243. (Par le P. Robert Debrosse.)

Plusieurs éditions. Traduit en flamand (*Malines*, *1842*), en italien par l'abbé Bazetti (*Modène*, *1864*).

1273. — Visites au Saint Sacrement et à la Sainte Vierge pour chaque jour du mois, par Mgr Alphonse de Liguori, Evêque de Sainte Agathe dans le royaume de Naples : traduit en français. Nouvelle édition, revue par l'auteur de l'Ame élevée à Dieu. Paris, 1816, 24°. (Par les PP. Pierre Doré et Barthélemi Baudrand.)

Le P. Baudrand a revu cette traduction et y a fait des additions.

1274. — Nouvelles visites au Saint-Sacrement ou effusions de cœur à Jésus-Christ et à la Sainte-Vierge. A Amiens, de l'imprimerie de Caron-Vitet, 1826, 18°, pp. 318. — Seconde édition. Ibid., 1828, 18°, pp. 346. — Troisième édition. Ibid., 1835, 18°, pp. xxxvi-346; — Gand, Van Ryckegem-Hovaere, 1830, 18°, pp. 323. (Par le P. Louis Debussi.)

1275. — Le trésor des serviteurs de Marie. Lyon, 1829, 12°. (Par le P. Robert Debrosse.)

1276. — Aux Enfants de Marie. Voilà votre Mère. Joan. XIX. Bruxelles, M. Vander Borght, 1845, 18°, pp. 61. (Par le P. J. B. Boone.)

Traduit en flamand.

1277. — Wianek majowy na cześć Najswiętszéj Bogarodzicy Maryi. Lwów, u Kallenbacha, 1850, 12°, pp. 23. (Par le P. Charles de Boloz Antoniewicz.)

C'est-à-dire : *Couronne de Mai à l'honneur de la très sainte Mère de Dieu Marie.*

1278. — Maria die Liebe priestlicher Herzen. Erinnerungen an die Priester Exercizien des Jahrs 1855. Regensburg, Manz, 1855, 8°, pp. 40. (Par le P. Jean Népomucène Stoeger.)

1279. — Exercices de dévotion pour obtenir les dons du Saint-Esprit par l'intercession de la très-sainte Vierge; par un Père de la Compagnie de Jésus. Traduit de l'italien. Paris, Douniol, 1855, 32°, pp. 128. (Par le P. Victor Hassenforder.)

1280. — Die Verehrung der ohne Erbsünde empfangenes allerseligsten Jungfrau and Gottesmutter Maria, in den Festen, Andachten und Gebräuchen der katholischen Kirche, sowie in den kirchlichen Congregationem und im christlichen Volksleben dargestelt. Aus dem Französischen, von Paul Sauceret. Von einem Priester der Gesellschaft Jesu von dem Abdruck durchgesehen und verbessert. Münster, Aschendorff'sche Buchh., 1858, 8°, pp. XVI-533.

1281. — Jésus-Christ et sa sainte mère. Aux enfants de Marie. Par le P. J. B. BOONE, de la Compagnie de Jésus. Bruxelles, Delafontaine-Herla (1859), 18°, pp. 12°.

1282. — Extrait des Conférences sur Mater-Admirabilis Faites au Sacré-Cœur dans nos Maisons de Paris. Par le R. P. P. M. F. Prov[l] s. a. (186..), 12°, pp. 65. (Par le P. Michel FESSARD.)

1283. — La Sauvegarde des mourants, ou Marie patronne de la bonne mort; par le P. François POIRÉ, de la Compagnie de Jésus. Nouvelle édition. Lyon, Briday, 1861, 18°, pp. 264.

C'est, je pense, un extrait de *La Triple Couronne*...

1284. — Mariakapelle oder die Verehrung der ohne Erbsünde empfangenen allerseligsten Jungfrau und Gottesmutter Maria in den Festen, Gebräuchen, Andachten und Congregationen, sowie in dem Volcksleben der Katholischen Kirche, von Paul Sauceret. In der deutschen Bearbeitung durchgeschen und verbessert von einem Priester der Gesellschafft Jesu... Sehr vermehrte neue Auflage. Münster, Aschendorff, 1861, 8°, pp. VIII-704.

(Voir le n° 1281.)

1285. — Afectos à la purísima Virgen Maria madre de Dios por el P. Gerardo ARANDA NOVÈS, teólogo y misionero que fuè de la Compañia de Jesús en los dominios del Rey da España en Asia. Madrid, Imp. de Tajado, a carga de R. Ludeña, 1863, 16°, pp. 432.

Imprimé, d'abord et plus complet, en 1707, puis en 1759.

1286. — Marie réparatrice et l'Eucharistie, par le R. P. BLOT, de la Compagnie de Jésus. Lyon et Paris, Périsse frères, 1863, 18°, pp. XVIII-472.

1287. — Della Devozione a Maria Vergine per G. MELANDRI d. C. d. G. Bologna, 1863, 32°, pp. 39.

1288. — Le jour de Marie, ou Continuel souvenir de la très-sainte Vierge dans nos actions quotidiennes, opuscule du R. P. Aurienma, de la Compagnie de Jésus. Traduit et complété par le R. P. BLOT, de la même Compagnie. Paris, Ruffet, 1863, 32°, pp. 189.

La 12e édition parut en 1867. Cette traduction fut elle-même traduite en allemand : *Strasbourg, 1863, 18°, pp. 112* ; et en italien : *Bologna, 1868, 32°, pp. 160.*

1289. — Maria Vorbild der Jugend, oder die Jugend in ihrer Unschuld und Frömmigkeit. Münster, Aschendorff, 1863, 16°, pp. 182. — Ibid., 1865, 1869. (Par le P. Etienne DOSENBACH.)

1290. — L'année de Marie par le P. Gabriel Hevenesi de la Compagnie de Jésus. Ouvrage traduit et modifié par le P. Marin DE BOYLESVE, de la même Compagnie. Paris, Billet, 1865, 32°, pp. XVI-378.

C'est la traduction de l'*Ars bonæ mortis* du P. Hevenesi.

1291. — Sie da deine Mutter. Predight über Joh. 19. 27. Zürich, Woerl, 1867, 8°, pp. 40. (Par le P. Pierre Roh.)

1292. — Neuvaine à Notre-Dame de Pitié, d'après saint Liguori, par un Père de la Compagnie de Jésus. Clermond-Ferrand, Bellet, 1868, 32°, pp. x-112. (Par le P. Martin Baret.)

1293. — Krans van geestelijke bloemen ter eere der allerheiligste Maagd Maria ten gebruike der Congreganisten, vooral gedurende de Meimaand. Maastricht, Leon Meyers (1868 [?]), 16°, pp. 54. (Par le P. Rodolphe Jean Pierik.)

1294. — Marie mère de grâces. Par le P. Henri Montrouzier, S. J., 1869, 8°, pp. 20.

1295. — Stimuli ad colendam Deiparam seu duodecim tituli Beatæ Mariæ Virginis breviter expositi præmissis aliquot incitamentis generalibus ad colendam Dei Matrem a Patre Aug. Gilliodts, S. J. ad usum præcipue Moderatorum Sodalitatum B. M. V. Gandavi, e prælo Caroli Poelman, 1869, 8°, pp. 40.

1296. — Della divozione a Maria Vergine, discorso del P. Giuseppe Melandri, d. C. d. G. Torino, Marietti, 1869, 12°, pp. 36.

1297. — De Taal der bloemen ter eere van Maria sprekend. 'S Hertogenbosch, H. Bogaerts, 1869, 16°, pp. 240. (Par le P. Rodolphe Jean Pierik.)

1298. — Bloemen van Maria uit de orde der natuur, der genade, en der glorie, voor het gansche jaar verzameld. 'S Hertogenbosch, H. Bogaerts, 1869-70, 16°, 2 vol., pp. 320 et 432-lii. (Par le P. Rodolphe Jean Pierik.)

1299. — O nabożeństwie do Królowej Sęrca Jęzusowęgo. Kraków, 1871, 12°, pp. 192. (Par le P. Stanislas Stojalowski.)

Devotio ad Reginam Cordis Jesu.

1300. — Les trésors de la Crèche. Jésus enfant et sa sainte Mère implorant pour nous la divine miséricorde. Clermont, Thibaut, 1872, 18°, pp. 72. — 2e Édition. Lyon, Josserand, 1873, 18°, pp. 36. (Par le P. Victor Drevon.)

1301. — La divozione a Maria dimostrata per esempi dal P. Tommaso Auriemma d. C. d. G. Operetta proposta alle Congregazioni Mariane. Prato, F. Nistri, 1876, 16°, pp. 320.

C'est, je pense, une nouvelle édition, avec modifications, des *Affetti scambievoli...*

1302. — Visitas á Jesu Sacramentado, á Maria Santissima y al glorioso Patriarca San José. Madrid, Aguado, 1879, 8°, pp. 420. (Par le P. François Butiña.)

1303. — L'alphabet des serviteurs de Marie par le Rév. Père Biron, de la Compagnie de Jésus. Lille, Desclée, 1883, 16°, pp. 377.

II. — *Exemples de dévotion à la Sainte Vierge.*

1304. — Pinacotheca Mariana exhibens Antiquitatem, Sanctitatem, et utilitatem Cultus Mariani, in Personis omnium fere ordinum et nationum, pietate, natalibus, doctrina maxime claris. Augustæ, 1763. (Par le P. Ignace Bonschab.)

Il publia le même ouvrage en allemand.

1305. — Societas Iesv Mariæ Deiparæ Virgini Sacra, Siue De Patrocinio et cultu Deiparæ Virginis, ad homines eiusdem Societatis Liber vnvs. Auctore R. P. Ioanne Bovrghesio Societatis Iesu Theologo. Duaci, Typis Baltazaris Belleri, Anno 1620, 12°, pp. 451.

1306. — Favores Mariani Sancto Ignatio exhibiti. (1625 [?].) (Par le P. Maximilien Schmidt.)

1307. — Le Triomphe annuel de N. Dame, où il est traité chaque jour de l'an des Honneurs que la Vierge a receus du Ciel et de la Terre. Addressé à la Mère de Dieu à titre de reconnoissance, pour avoir conservé la Compagnie de Jesus durant son premier siècle, dans l'esprit qu'elle lui a procuré à sa naissance. A Lille, de l'imprimerie de Pierre de Rache, 1640, 8°, 2 parties, pp. 530 et 643, sllelt. — Lille, Toussaint Le Clercq, 1659, 8°, 4 vol. (?). (Par le P. Toussaint Bridoul.)

1308. — Primum Societatis Jesu sæculum Deiparæ Virgini Mariæ sacrum. 1640. Atrebati, typis Gerardi de Raisme, 4°, pp. 156, sll. — ... Anno MDCXL. Duaci, typis Viduæ Petri Telu, 8°, pp. 158, sllelt. (Par le P. Pierre Pennequin.)

1309. — Annales Mariani Societatis Iesv Ab Anno 1521 vsque ad tempora hodierna. E domesticis Deiparam teneré solideque colentium, colique docentium exemplis ac documentis conscripti a Ioanne Nadasi eiusdem Societatis Iesv. Romæ, Typis Varesii, MDCLVIII, pet. 4°, pp. 639, sllelt.

1310. — Della Compagnia di Giesù da Dio illustrata con singolari fauori per la diuotione della Santissima Vergine Parte Prima. Cente Vocationi insigni fatte dalla Vergine Santissima a gli Huomini della Compagnia di Giesù. Raccolte dal Padre Silvio Tornamira Sacerdote della medesima Compagnia. Coll' aggiunta di non poche Vocationi havute in altra maniera da altri Santi del Paradiso. In Palermo, per la Barbera, e Rummolo, 1679, 12°, pp. 500.

1311. — Rosa de Nazareth nas montanhas de Hebron, Virgem Nossa Senhora na Companhia de Jesus. Lisboa, na Officina Real Deslandesiana, 1715, 4°, pp. 437, sldelt. (Par le P. Alexandre de Gusman.)

C'est un recueil des bienfaits obtenus par la Sainte Vierge à la Compagnie de Jésus.

1312. — English devotion to our blessed Lady in the olden Time. — Dans *American Catholic Quarterly Review*, 1879, t. IV, p. 490-506. (Par le P. Henri Coleridge.)

1313. — La toute-puissante guerriere représentée en la personne de la Sacrée Vierge Marie et presentee aux catholiques en ce temps de guerre et necessitez de l'Eglise. Item de la devotion de la royale Maison d'Austriche vers la susdite Vierge. A Douay, chez Gerard Patté, 1625, 12°, pp. 409. (Par le P. Antoine DE BALINGHEM.)

Il y aurait, peut-être, une édition antérieure à 1621.

1314. — Marie, la Puissante Guerriere de la Maison d'Austriche, victorieuse en Philippe Second, Roy d'Espagne, contre les Mores, en Jean d'Austriche, contre les Turcqs, en Ferdinand Second Empereur, contre les Princes Hereticques, en l'Archiduc Leopolde, et enfin Triumphante de tous ses ennemis. Representée par la Jeunesse du College de la Compagnie de Jesus, le 5 et 6 de sept. 1647, à deux heures et demye... A Gand, chez la Femme de Bartholomé Paul, 4°, ff. 2.

1315. — Campus liliorum seu Album Austriaco-Marianum Elogiis Austriacorum Deiparæ Virgini peculiariter devotorum, oblatum Neo-Doctoribus theologis Cisterciensibus, ubi ad finem Panegyricus Magnæ Matri sine macula originali conceptæ. Viennæ, 1649, 4°. (Par le P. Jean Louis SCHOENLEBEN.)

1316. — Presagj del parto Austriaco favorito da Maria sempre Vergine, Protettrice dell' Augustissima Casa d'Austria, Discorso Genetliaco nelle rimostranze solenni, e divote del giubbilo de' fedelissimi Cittadini sull' aspettativa della nascita del Serenissimo Reale Primogenito Arciduca Leopoldo, ec. In Cremona, per Pietro Ricchini, 1716, 4°. (Par le P. Hyacinthe BERTANI.)

1317. — Rede von dem Schutze Mariä der Beschützerinn Oesterreichs im Kriege, welche bey Gelegenheit da eine hochlöbliche Christenlehrbruderschaft in der Erzbischöfliche Pfarr-Kirche der heiligen vierzehen Nothhelfer in Lichtenthal das hohe Namens-fest Mariä den 13. Herbtsmonats, 1778. Feyerlichst begieng, vorgetragen hat Franz HALD Weltpriester, der freyen Künste, und der Weltweisheit Doktor. Wien, in Verlage bey Johann Georg Weingand, 4°, pp. 18.

1318. — Marie Consolatrice des Affligez, Asyle des Pais-Bas. Dediée à Monseigneur Don Francisco Sanchez Pardo, du Conseil de guerre de Sa Majesté... Par l'insigne liberalité duquel les prix seront distribués le 12 de septembre 1652. Imprimé à Trêue, chez Hubert Reulandt, 4°, pp. 4. (Par le P. ROBAUT.)

1319. — Marianischer Ritter. Das ist : Waltherus von Bibrach, Ein edler Brabantiner, Mariæ der Mutter Gottes gantz ergebner, vnnd von Maria herrlich belohnter Liebhaber, Von einer Hochloblichen vnder den Titul Mariæ Verkündigung Anno 1610. Bey denen P. P. der Societet Jesv in München auffgerichten, Und nunmehr hundert Jahr beständig fortgesetzten Herren-vnd Burger-Congregation auff der Schau-Bühne vorgestellet, Anno Sæculari 1710, Den 19, vnd 21. Tag Augusti. Gedruckt bey Johann Lucas Straub, 4°, pp. 8 nch.

1320. — Mariæ Galliæ Domina. (1672.)— *Manuscrit*. (Par le P. Jean FERRAND.)

1321. — École libre Saint-Michel à Saint-Étienne. Académie de littérature... Lundi 23 décembre 1872, à 5 heures du soir. Marie protège la France. In-8°. (pp. 2.)

1322. — La Vierge Marie Dame des Hongrois ou Estienne Premier Roy de Hongrie. Représenté par les Escoliers du College de la Compagnie de Jesus à Malines, le 12 et 13 de septembre L'an 1633. A la première ouuerture de la nouuelle chapelle, dressée en l'honneur de l'Immaculée Conception de Nostre-Dame. A Malines, chez Henry Iaye, Anno 1633, 4°, ff. 4.

1323. — Magna Hungarorum Domina, summo Regum, Principum populique studio in Hungaria semper culta. Cassoviæ, typis Academicis, 1724, 12°. (Par le P. Paul SZTANKAI.)

1324. — Vetus Hungarorum in Magnam Dominam Pietas sub poetico schemate repræsentata. Tyrnaviæ, typis Academicis, 1728, 8°. (Par le P. Paul HICSOLDT.)

1325. — Pietas hungarica sive summus ejusdem gentis in Mariam affectus obsequiorum genere jam inde a S. Stephani temporibus testatus. Claudiopoli, 1736, 12°. (Par le P. Georges SZEGEDI.)

1326. — Felicitas omnis Hungariæ singulari favore Mariæ, extemporalibus aliquot Heroum Marianorum Epistolis proposita, Carmine elegiaco. Tyrnaviæ, 1738, 8°. (Par le P. Etienne GASO.)

1327. — Oliva pacis e Diva Hungariæ Patrona hereditariarum Domus Austriacæ provinciarum votis prætexta. Claudiopoli, 1746, 8°. (Par le P. Ladislas DOBRA.)

1328. — Heroes Hungariæ Mariani, ex antiquissimis Diplomatis aliisque manuscriptis conscripti. Viennæ, Trattner, 1775, 4°. (Par le P. Jean FRIDVALDSKY.)

1329. — Reges Hungariæ Mariani, ex antiquissimis Diplomatis aliisque manuscriptis conscripti. Viennæ, Trattner, 1775, 4°. (Par le P. Jean FRIDVALDSKY.)

1330. — Il giusto impegno della Vergine Immacolata a pro di Carlo Borbonio Re di Sicilia, di Napoli, etc. Panegirico recitato nel Duomo di questa Capitale dal P. Francesco M^a DE LAREDO della Compagnia di Gesù, il dì 17 Aprile ad ultimo dell' annovale Novena solita celebrarsi all' Immacolata Signora per la Conservazione della S. R. M. del nostro piissimo, e gloriosissimo Monarca... In Palermo, Per Angelo Felicella, MDCCXLI, 4°, pp. 62, sld.

1331. — Deipara in Ernesto et Alberto Saxoniæ Ducibus innocentiæ propugnatrix... Die Mutter Gottes In dem Ernesto vnd Alberto zweier jungen Herzogen in Saxen, ein Beschüzerin der Vnschuld. In Kumone, Theodorico von Kauffing sampt jhren Verbundenen ein häfftige Rächerin der Mainaydikeit. Von der studirenden Jugent dess Gymnasij der Societet Jesu zu Costantz, den 2. vnd 6. Septembris Anno 1677, durch ein Schauspil vorgestellet. Getruckt zu Costantz, bey Johann Jacob Straub, 4°, pp. 4.

VII

DÉVOTIONS PARTICULIÈRES

I. — *Mois de Marie.*

1332. — Il mese di Maria : o sia il mese di maggio consagrato a Maria Coll' Esercizio de varj fiori de Virtù. Proposti a' veri Divoti di lei dal P. Annibale Dionisi della Compagnia di Gesù, Da praticarsi nelle Case, da' Padri di Famiglia; ne' Monasterj; nelle Botteghe, etc... In Parma, Per gli Eredi di Paolo Monti, 1726, 24°, pp. 70.

1333. — Mensis Marianus, seu Vita Beatissimæ Virginis Mariæ ex SS. Patribus desumpta, per pias Considerationes in singulos mensis dies distributas ad meditandum et imitandum proposita et DD. Sodalibus Majoris Congregationis Academiæ Dilinganæ in Xenium Oblata. Anno MDCCXXIV. Dilingæ, Formis Joann. Ferdin. Schwertlen, 24, pp. 216. (Par le P. François-Xavier Jacolet.)

Traduit en français par le P. Blot ; en italien *(Bologna, 1868)*, en allemand *(Mainz, 1867)*, en breton *(Brest, 1865)*.

1334. — Il mese di Maggio consacrato alle glorie della gran Madre di Dio, coll' esercizio di vari fiori di virtù. Palermo, 1758, 8°. — Terza edizione migliorata e ampliata. Napoli, 1839, 16°, pp. 122. (Par le P. François Lalomia.)

Traduit en français par le P. Doré ; en flamand *(Loven, 1814 ; — Gent, 1817, 1845.)*

1335. — Le Mois consacré à Marie, ou Pratique de dévotion à l'honneur de la Sainte Vierge, pour un mois entier, traduit de l'Italien de François Lalomia, missionnaire. Nanci, 1787. (Par le P. Pierre Doré.)

Plusieurs éditions.

1336. — Il mese Mariano ossia pii esercizi da praticarsi per un mese fra l'anno ad honore della B. V. (1800 [?].) (Par le P. Jean Sormanni.)

Publié par le P. Louis Mozzi de' Capitani.

1337. — Il mese di Maria, o sia di Maggio. (1808 [?].) (Par le P. Alphonse Muzzarelli.)

Cet ouvrage a eu un grand nombre d'éditions plus ou moins modifiées, et des traductions en français, en anglais, en arabe, qui sont plus ou moins fidèles au texte original.

1338. — Nouveau Mois de Marie, ou suite de Lectures sur les Mystères de la Très-Sainte Vierge, et sur les principales vérités du salut, pour chaque jour du mois de Mai, ou de tout autre mois de l'année. Par le P. Louis Debussi. A. M. D. G. A Amiens, de l'imprimerie de Caron-Vitet, 1827, 18°, pp. xv-346.

Nombreuses éditions. Traduit en allemand (*Augsbourg, 1842*), en breton (*Brest, 1845*), en flamand (*St. Nicolas, 1829*), en anglais (*New York, 1879*).

1339. — Der Monat Mariä oder der Maimonat durch täglichen frommen Betrachtungen... 1838. (Par le P. François Antoine Schmid.)

1340. — Miesiąc Maj poświęcony Ku czci Najświętszej Panny Maryi. Lwów, Piller, 1839, 12°, pp. 175. (Par le P. Vincent Buczynski.)

1341. — Der Monat Mariä. Nebst einem Anhange von Morgen-Abend-Mess-Beicht-und Communiongebeten. Wien, Mechitaristen-Congregations-Buchhandlung, 1838, 18°. — Vierzehnte, vermehrte Auflage... Freiburg, 1879. (Par le P. Pierre Beckx.)

Traduit en polonais par le P. Buczynski; en hollandais par le P. Zwakenberg; en flamand (1856), en italien (1840).

1342. — Il mese di Maria, ossia il mese di maggio consacrato a Maria santissima. Con diverse opere di pietà, proposte da Mariano Partenio, ora per la prima volta quasi entieramente rinnovato da Mariano Secondo c. r. s. Bergamo, stamperia Mazzoleni, 1839, 18°, pp. 70. (Par le P. Joseph Marie Mazzolari.)

La 1re édition doit être antérieure à 1786, date de la mort de l'auteur, qui prenait le nom de *Mariano Partenio* dans ses écrits. Le *Mariano Secondo* n'est pas un Jésuite, mais un chanoine régulier Somasque.

1343. — De Maand van Maria of de Meimaand toegewijd aan de allerheiligste Maagd. Het franch gevolgd. Leyden, J. W. van Leeuwen, 1844, 16°, pp. 212. — Ibid., 1849, 1856, 1868. (Par les PP. Joseph Dijckmans et André Haakman.)

1344. — Der Monat Mariä, oder fromme Uebungen zur Verehrung der göttlichen Mutter auf alle Tage des Monats Mai, von einem Priester der Gesellschaft Jesu. Einsiedeln, Gebrüder Carl und Nicolas Benzinger, 1844. — Ibid., 1853, 1855. (Par le P. Gaspar Waser.)

1345. — Miesiąc Maj, zamykający w sobie modlitwy, pieśni, uwagi i litanie dla używania przy majowem nabożenstwie. Piekàry, 1849, 12°, pp. 64. (Par le P. André Peterek, ou par le P. Yves Czezowski.)

1346. — Simboli Mariani ossia il mese di Maggio santificato in onore di Maria colla esposizione delle sue principali figure dell' antico testamento. Torino, G. Marietti, 185.., 16°. (Par le P. Dominique Ferrari.)

1347. — (Petit mois de Marie.) (En *malgache.*) 1853. Imprimerie de la Ressource. (Ile Bourbon.) (Par le P. Joseph Weber.)

1348. — Kien lo sen mou gneu. Chang-hai, 1854, 8°. (Par le P. Ange Zottoli.)

Méthode pour bien passer le mois de Marie.

1349. — De Maand van Maria door den Z. E. P. Petrus Beckx vrij vertaald uit het hoogduitsch. Amsterdam, C. L. van Langenhuysen, 1856, 12°, pp. 183. (Par le P. Adolphe Zwakenberg.)

1350. — Bouquet Spirituel à la Sainte Vierge ou petit Mois de Marie par le Père E. Desjardins, de la Compagnie de Jésus. Limoges, Barbou, 1856, 32°, pp. 64. — 14e Édition. Bruxelles, Goemaere, 1866.

Traduit en espagnol (1867) et en allemand (1872).

1351. — Le Mois de ma Mère ou le nouveau Mois de Marie, par Ed. Terwecoren S. J. Bruxelles, H. Goemaere, 1860, 18°, pp. xlv-262. — Seconde édition. Ibid., 1866, 18°.

1352. — Sacre strofette in onore di Maria Vergine santissima da mettere in musica per uso del pio esercitio solito praticarsi nei trentuno giorni del mese di maggio. Roma, Salviucci, 1858, 16°. (Par le P. François-Xavier Patrizzi.)

1353. — (Mois de Marie.) (En *arabe.*) Beyrouth, 1858. — 4e Édit., 1872, pp. 360. (Par le P. Alois Abougit.)

C'est la traduction du Mois de Marie du P. Muzzarelli.

1354. — Schoone Mand van Maria, door J. Hillegeer, Priester der Societeit Jesu. Gent, 1859, 18°.

1355. — Sen mou sen gneu. Pekin, 1859. (Par le P. Benjamin Brueyre.)

1356. — Les fleurs de Marie, ou sa vie, ses fêtes et ses vertus sous l'emblême des fleurs du printemps. Nouveau mois de Mai; par N. Deschamps, S. J. Paris, Lecoffre, s. a., 12°, pp. 724. — Paris, Ruffet, 1863, 18°, pp. 728.

1357. — Il mese dei fiori sacro alla Regina degli Angeli, con l'aggiunta di varie sacre novene e canzoncine acacreontiche del P. C. Vigna, d. C. d. G. Torino, Marietti, 1863, 16°, pp. 168. — Sesta ediz. Modena, 1882, 32°, pp. 222.

1358. — Le plus ancien Mois de Marie par un Père de la Compagnie de Jésus traduit par le R. P. Blot de la même Compagnie. Paris, Ruffet, 1863, 24°, pp. xxxi-288. — 2e édition. Paris, Palmé, 1864, 32°, pp. 300. — Le plus ancien Mois de Marie, par le R. P. Jacolet de la Compagnie de Jésus. Traduit du latin par le R. P. Blot. Troisième édition enrichie d'exemples nouveaux pour chaque jour du mois. Paris, Palmé, 1865, 32°, pp. xxvii-476.

1359. — Der Ælteste Monat Mariä. Von einem Priester der Gesellschaft Iesu herausgegeben zu Dillingen im Jahr 1724. In's Deutsche übersetzt von einem Priester der Diozese Mainz. Mainz, Kirchheim, 1867, 16°, pp. xi-228.

C'est la traduction du *Mensis Marianus* du P. François-Xavier Jacolet.

1360. — (Mensis Mariæ.) (En *allemand.*) Cincinnati, Nurre et Kreutzburg, 1870 (?). (Par le P. François Xavier Weninger.)

1361. — Il Mese di Maggio, consacrato alla SS. Vergine dal P. Secondo Franco d. C. d. G. Venezia, tip. Emiliana, 1865, 18°, pp. 316. — Ibid., 1870, 1880.

1362. — (Mois de Marie.) (En *malgache.*) Tananarive, 1866, 12°. (Par le P. Laurent Ailloud.)

1363. — Il Mese di Maggio. La divina parola nel mistero dell' Immacolato Concepimento di M. V. pensieri e pratiche pel corso di un mese proposte da F. C. d. C. d. G. Napoli, 1866, 16°, pp. 112. (Par le P. Ferdinand Canger.)

1364. — Maria-bloemen of het leven der allerzaligste Maagd en Moeder des Heeren (met het oog op de Meimaand) in XXXI bloemen voorgesteld. 'S Hertogenbosch, H. Bogaerts, 1867, 16°, pp. 431. (Par le P. Rodolphe Jean Pierik.)

1365. — Mois de Marie. Contemplations sur trente mystères de la vie de la très-sainte Vierge, par le R. P. Al. Lefebvre, de la Compagnie de Jésus. Paris, Putois-Crété, 1867, 12°, pp. 388.

Plusieurs éditions.

1366. — De H. Maagd. Godvruchtige lezingen voor de Maand van Maria door Mgr de Segur. 'S Hertogenbosch, W. van Gulick, 1868, 16°, pp. 237. — Ibid., 1868. (Par le P. Joseph Dijckmann.)

1367. — Il Mese di Maria, canzonette poste in musica. Roma, presso A. Befani e Pietro Marietti, 1870, 8 livraisons. (Par le P. Stanislas Di Pietro.)

1368. — Mois de Marie, vertus, titres, dévotions, prières; suivi d'un choix de textes tirés des saints Pères et docteurs, pouvant servir de nouveaux sujets de méditation pour tous les jours du mois de mai; par le R. P. Al. Lefebvre, de la Compagnie de Jésus. Paris, Putois-Crété, 1871, 18°, pp. iv-412. — 7e Édit. Ibid., 1884.

1369. — De Maand van Maria voor de jeugd, vry naar het franch van Mgr de Segur. 'S Hertogenbosch, W. van Gulick, 1871, 16°, pp. 280. (Par le P. Joseph Dijckmann.)

1370. — Nuovo Mese di Maria o il Mese di Maggio consacrato alla gloria della Madre di Dio recato del Francese in italiano dal P. Pasquali Campora D. C. D. G. Napoli, Gennaro Cioffi, 1872, 16°, pp. 338.

1371. — Têvamâdâ vanaka mâdam. Pondichéry, 187.., 18°. (Par le P. Louis Saint-Cyr.)

Mois de Marie en tamoul.

1372. — A Lytel Boke for Ye Maryemonth, Compiled and adopted for the use of our Blessed Ladye's Sodalists and other Liegemen of her Dower, as England is called by a former Prefect of the Sodality at Stonyhurst College. With a Letter of the Rev. Edward Ignatius Purbrick S. J. Rector of Stonyhurst. London, Burns and Oates, 187..

1373. — Mois de Marie. Hommage à la Reine des Anges pour obtenir le triomphe de l'Église et le salut de la France. Paris, Poussielgue, 1874, 32°, pp. 80. (Par le P. Marin DE BOYLESVE.)

1374. — Il mese di Maria ossia il Mese di Maggio consacrato a Maria SS. ricercato nella sua istituzione e nelle sue origine, da Pietro VANNUCCI, d. C. d. G. Firenze, L. Manuelli, 1876, 16°, pp. 96.

1375. — Chang mou iuc sin pien. Tou-sai-wai, 1877, 16°, ff. 103. (Par les PP. André TSIANG et Simon KONG.)

1376. — Mois de Marie, comprenant trois neuvaines. I. Marie dans l'ancien Testament. II. Marie dans le nouveau Testament. III. Marie dans l'histoire. Le Mans, Leguicheux Gallienne; Paris, Vic, 1878, 32°, pp. 192. (Par le P. Marin DE BOYLESVE.)

1377. — Month of May, A Series of Meditations on the Mysteries of the Life of the Blessed Virgin, and the Principal Truths of Salvation, for each day of the Month of May. From the French of Father Debussi, S. J. Translated by Miss Ella Mc Mahon, and revised by a member of the Society of Jesus. New York, The Catholic Publication Society, 1879.

1378. — Il mese di maggio consacrato a Maria Santissima del P. Alfonso Muzzarelli d. C. d. G.; con nuova aggiunta di esempi, a con preghiere per ciascun giorno del mese, por cura del P. Pietro LAUREATI della medesima Compagnia. IIª edizione. Roma, tip. della S. C. di Propaganda, 1881, 16°, pp. 144.

1379. — Le mois de Marie ramené à sa première institution. Paris, Soussens, 1881, 18°, pp. 80. (Par le P. Aloys LANZILLI.)

1380. — La Sainte Vierge d'après l'Évangile. Lectures et histoires pour chaque jour du mois de Marie. Par le P. Marin DE BOYLESVE, S. J. Paris, Haton, 1881, 32°, pp. 128.

1381. — Unsere Liebe Frau, in 32 Vorträgen zur Verehrung vorgestellt von Karl HUNNER S. J. Regensburg, Fr. Pustet, 1882, 8°, pp. 359.

1382. — Mois de Marie, reine de la France Par le P. Marin DE BOYLESVE, S. J. Paris, Haton, 1884, 32°, pp. 160.

1383. — Petit mois de Marie illustré. Extraits du P. de Boylesve. Illustrations par A. VASSEUR, S. J. Paris, J. Daniel, s. a. (1885), 18°, pp. 32.

1384. — Der Maimonat im Vikariat Madura, 1874. — Dans *Die Katholische Missionen*, 1874, p. 181-186. (Par le P. Jean LESSMANN.)

II. — *Rosaire*. — *Scapulaire*, *etc*.

1385. — Istrutione e avvertimenti per meditar i misterii del Rosario, della Santissima Vergine Madre. Raccolti per il Reverendo P. Gasparo LOARTE Dott. Theologo della Compagnia di Giesu. In Roma, M.D.LXXIII, 32°, ff. 146, slt. — *A la fin :* In Roma, appresso Justina de Rossi. — In Venetia, 1583. — Roma, 1610. — Ibid., 1843.

Traduit en latin par le P. J. Busée; en portugais (1587), en français, par le Dominicain Jean Bernard (*Douai, 1608, 1615*), en allemand (1599), en anglais.

1386. — Rosario devotissimo de los cinquenta Mysterios. (1580 [?].) (Par le P. François ARIAS.)

Inséré dans son *Aprovechamiento espiritual... En Valladolid, año 1593, 4°*. — Ce traité a été traduit en latin par le chartreux Antoine Dulcken, peut-être sous ce titre : *Sertum Beatæ Mariæ Virginis quinquepartitum. Coloniæ Agrippinæ, apud Ioannem Kinckium. 1626, 12°, pp. 234*. Je citerai plus loin la traduction latine du P. Busée et la polonaise du P. Wysocki.

1387. — Apodixis Theologica pro ritu orandi rosarium B. Mariæ Virginis, XX propositionibus comprehensa. Moguntiæ, 1587. (Par le P. Jean BUSÉE.)

1388. — Rosarii Hyperaspistes, hoc est depulsio levissimarum cavillationum et nugarum, quibus Calvinianæ Theologiæ studiosus, nescioquis apodixin Theologicam pro ritu precandi Rosarium B. Virg. Mariæ ab Academiæ Parthenicæ Sodalibus Moguntiæ divulgatam, frustra obscurare conatus est : Edita per M. Godefridum a Driell Moguntinensi studiosum... Herbipoli, Ex officina Henrici Aquensis, MDLXXXVIII, 4°, pp. 90. (Par le P. Jean BUSÉE.)

1389. — Modo de rezar el Rosario, Salmos, y Oraciones. Burgos, 1593, 12°. (Par le P. Gaspar ASTETE.)

1390. — Gasparis Loartis Meditationes in XV Mysteria Rosarii B. Mariæ. Ex Hispano in latinum translatæ. Moguntiæ, 1598, 12°. (Par le P. Jean BUSÉE.)

1391. — (Corona Carissimæ et Amantissimæ Dominæ Matris Dei.) (En *espagnol.*) (1600 [?].) (Par le B. Alphonse RODRIGUEZ.)

1392. — Rosario de la Santissima Virgen Maria Madre de Deos y Senhora Nuestra. Impresso en Ebora, por Manoel de Lyra, 1600, 8°, 3 vol., ff. 188, 55, 228 et 91, slt. (Par le P. Jean REBELLO.)

1393. — Historia dos milagres do Rosario, e de muitas, e diversas devoçoens, e serviços, que Santos, e pecadores fizeraõ à Santissima Virgen Maria, e à Jesu Christo nosso Salvador, pelos quaes receberaõ grandes bens temporaes, e espirituaes; provados todos com milagres, e cazos estranhos, que aconteceraõ, e facilmente se podem fazer. Evora, por Manoel de Lyra, 1602, 4°; 1608, 8°. — Lisboa, 1614, 1619, 1676, 1691, 1725. (Par le P. Jean REBELLO.)

1394. — Variæ rationes meditandi, dum recitatur Rosarium B. Virginis. (1607.) — *Manuscrit.* (Par le P. Achille GAGLIARDI.)

1395. — Modo di recitare la corona della B. Vergine. Brescia, 1610. (Par le P. Marc Antoine OLIVA.)

1396. — Traktat albo nauka o Rozanym Wianku Naswietszey Panny Maryey w Ktorym sie tegoz Rozanca odprawowania osobne sposoby podaia. Przez X. Franc. Arias a Soc. Jesu Theologa po Hiszpansku wydany, y w rozmaite iezyki przelozony. A teraz szescia skrocony, czescia tez rozszerzomy y obiasniony y na polskie przez X. Simona WYSOCKIEGO tegoz Zakonu przetlumaczony. w Krakowie, w Druk. Jana Schaffenbergera R. 1611, 8°, pp. 284, sll.

C'est la traduction polonaise du traité du P. Fr. Arias sur le Rosaire.

1397. — Meditazione della B. Vergine N. S., con un modo di esercitare la sua divozione, e di recitare il suo Rosario e la Corona grande e piccola. Napoli, appresso lo Scoriggio, 1614, 12°. (Par le P. François PAVONE.)

1398. — Rosario della B. V., nel quale si tratta del modo di exercitarsi in esso... In Genova, 1616, 12°. (Par le P. Bernardin ZANONI.)

Sous le pseudonyme : *Pantaleo Carmagnolo.*

1399. — The garden of the Virgin Mary, by S. C. S. J. St-Omer, 1619, 8°. (Par le P. Sabin CHAMBERS.)

1400. — (Court exercice pour répandre la dévotion du Rosaire des douze étoiles, qui composent la couronne de Marie.) (*En flamand.*) Gand, 1620 (?). (Par le P. Josse ANDRIES.)

1401. — Opusculum de Mysteriis Rosarii. (1620 [?].) (Par le P. Thomas WORTHINGTON.)

1402. — In quindecim Mysteria Sacri Rosarii Deiparæ Virginis Mariæ exercitationes per P. Joannem BOURGESIUM Malbodiensem e Societate Jesu. Figuris æneis expressa per Carolum Mallerij. Antverpiæ, apud Henricum Aertssium, 1622, 8°, pp. 294, slt.

1403. — (Manière de réciter le Rosaire.) (*En polonais.*) (17e siècle.) (Par le P. Laurent BARTILIUS.)

1404. — Mei Kouei che ou touan tou siang. (1630 [?].) (Par le P. Jules ALENI.)

Ce sont les images des quinze Mystères du Rosaire, avec texte chinois.

1405. — Mei Kouei King che ou toan. (1630 [?].) (Par le P. Gaspar FERREIRA.)

Ce sont des méditations sur les mystères du Rosaire en chinois.

1406. — Nien tchou mei siang Kouei tcheng. (1630 [?].) (Par le P. Nicolas LONGOBARDI.)

Méthode pour méditer les mystères du Rosaire.

1407. — Corona imperialis, ut vocabant, de rosario. (1634.) — *Manuscrit.* (Par le P. Jacques STRATIUS.)

1408. — La Couronne de Roses de la Royne du Ciel ou la manière de dire facilement avec attention le chapelet ou couronne de la Vierge. A Anvers, en l'Imprimerie Plantinienne, MDCXXXVIII, 12°, pp. 214. (Par le P. Laurent CHIFLET.)

Plusieurs éditions.

1409. — Meditazioni sul Rosario. (1640 [?].) (Par le P. Jacques GRASSETTI.)

1410. — Predica del SS. Rosario di Maria Vergine. Palermo, Alfonso de Isola, 1644, 4°. (Par le P. Joseph SPUCCES.)

1411. — Psalterium B. Virginis Mariæ sive Rosarium versibus lyricis. Accessit paraphrasis Canticum Magnificat et votum pro Rege Christianissimo, a R. P. Lud. MAGNETIO, Parisino. Remis, apud Franc. Bernard, 1646, 12°, pp. 30.

1412. — (Rosarium seu Psalterium B. Virginis cum facili modo meditandi mysteria.) (En *allemand.*) Cöln, Overradt, 1649, 16°. (Par le P. Jean GROTHAUS.)

1413. — Mariä Ehrenkränzlein. Augsburg, 1652, 12°. (Par le P. Wolfgang HERMAN.)

1414. — Rosas, e boninas deleitosas do ameno Rozalo de Maria, e seu Rosario tradusido, e composto com proveitosos Moraes para bem das Almas. Rachol, s. a. (1660 [?].) (Par le P. Antoine DE SALDANHA.)

1415. — Maria coronata sive Rosarii Mariani Mysteria Gaudiosa Brevi paraphrasi proposita, salutaribus documentis explicata, piis affectibus inflammata, atque in strenam oblata Congregationi B. Virginis Annunciatæ majori, quæ est apud PP. Societatis Jesu Monasterii Westphaliæ. Coloniæ, Typis Wilhelmi Friessem, Anno 1678, 12°, pp. 21.

1416. — Auff das Fest Mariæ Victori, welches jährlich im October, wegen eines von den Christen wider die Türcken erhaltenen Sieges, hochfeyerlich begangen wird. Glaz, 1682 (?), 8°. (Par le P. Jean DILAT.)

C'est un cantique allemand pour la fête du S. Rosaire; il se trouve aussi, p. 21-27 de *Deutsche Jesuiten. Poesie... Franckfurth, 1731, 8°.*

1417. — Maria Rosa Mystica. Excellencias, Poderes e Maravilhas de seu Rosario, compendiadas em trinta Sermoens asceticos, e Panegyricos sobre os dous Evangelhos desta solemnidada Novo, et Antigos... Pelo P. Antonio VIEIRA da Companhia de Jesu da Provincia do Brasil, em comprimento de hum voto feito, e repetido em grandes perigos da vida, de que por sua immensa benignidade, e poderosissima intercessaõ sempre sahio livre. Lisboa, 1686-1688, 4°, 2 vol.

1418. — Maria rosa mystica, seu excellentia, vis et virtus admirabilis precatoriæ ejus coronæ, vulgo rosarii, exposita in triginta sermonibus asceticis et panegyricis super duo Evangelia Solemnitatis Rosarii, novum et antiquum. Opus dedicatum ejusdem Sanctissimæ Virginis Deiparentis Sacræ Majestati, a suo authore

R. P. Antonio Vieira, Ulyssiponensi Lusitano Societatis Jesu,... Voti reo, semel iterumque concepti in gravissimis vitæ periculis, e quibus ejusdem Sanctissimæ Virginis indubitata ope Auctor salvus semper, et incolumis evasit : Pars I continens Sermones quindecim priores, quos ex Autographo Lusitanico latinitate donavit R. P. Leopoldus Fuess, S. J... Pars II, continens Sermones quindecim posteriores, quos exceptis postremis quinque, ex Autographo lusitanico latinitate donavit... Augustæ Vindel. Dilingæ, et Francofurti apud Joannem Casparum Bencard, 1701, 4°, 2 vol., pp. 504 et 472, slt.

1419. — (Manière de dire utilement le chapelet.) (En *allemand*.) Luxemburg, Jacques Ferry, 1718, 16°. (Par le P. Pierre Wiltz.)

1420. — Consideraciones para rezar 63 Coronas a Nuestra Señora en reverencia de los 63 Años de su Vida Santissima, sacadas principalmente de las Obras de los Venerables, y devotos PP. Pr. Luis de Granada, y Luis de la Puente, y de otros Autores. Repartidas en tres classes, que son Mysterios Gozosos, Dolorosos y Gloriosos; despuestas por Juan Ignacio de Aguirre de la Compañia de Jesus. En Roma, por el Komarek, 1722, 12°, pp. 443, sld.

Cet ouvrage fut traduit en italien par le P. Joseph Musoco, de la Congrégation de l'Oratoire : *in Trento, Per Gianbattista Parone, 172, 12°, pp. 4325, sldelt.*

1421. — Sermones del Rosario. (1723.) — *Manuscrit*. (Par le P. Jean Carnero.)

1422. — (Misterios dolorosos de Ntra Sra... su Rosario.) (En langue *bisaye*.) 1728. (Par le P. Grégoire Michel de Tabora.)

1423. — (Instructio brevis pro Sodalitio Jesu, et Mariæ SS. Rosario.) (En *hongrois*.) Posen, 1737, 12°. (Par le P. J. B. Pirolt.)

1424. — Rede auf das Fest des Rosenkranzes. Augsbourg, 1772. (Par le P. Théodore Sedlmayr.)

1425. — Vertheidigung des heiligen Rosenkranzes. München, 1779, 8°. (Par le P. Antoine Crammer.)

1426. — Plan d'instructions sur les quinze mystères du Rosaire. (1820.) — *Manuscrit*. (Par le P. Pierre Joseph Picot de Clorivière.)

1427. — Le Rosaire. Avignon, L. Aubanel, 1833, 24°, pp. 35. (Par le P. Jean François Barrelle.)

1428. — Predigt auf das Fest des heiligen Rosenkranzes, gehalten in der Kirche zur allerheiligsten Dreifaltigkeit zu Innsbruck, 1848. Innsbruck, gedruckt bey Felician Rauch, 8°, pp. 24. (Par le P. Georges Patiss.)

1429. — Rosaire-Vivant, Explication des Mystères du Saint-Rosaire. 185.., 18°, pp. 488. (Par le P. Firmin Pouget.)

1430. — Le Rosaire des âmes zélées, offert aux associés du Rosaire vivant et de l'Apostolat de la prière. Clermont-Ferrand, librairie catholique, 1856, 18°, pp. 32. (Par le P. Henri Ramière.)

1431. — Rożaniec żywy, czyli sposób odmawiania Rożanca św., na czetery stany ułożony i wydany przez Kapłana T. J. Poznań, 1860, 24°. (Par le P. Théophile Baczynski.)

Ouvrage sur le *Rosaire vivant*.

1432. — Rosaire de l'Apostolat à l'usage des associés de l'Apostolat et du rosaire vivant. Paris, Ruffet, 1862, 32°, pp. 32. (Par le P. Henri Ramière.)

1433. — Mei-kouei king che-ou siang. Tou-sai-wai, 1869, 4°, ff. 18. (Par le P. Adolphe Vasseur.)

Images des 15 mystères du Rosaire.

1434. — Thesouro de elegencia e de piedade ou a devoçaõ do Rosario illustrada com exemplos tirados das obras do padre Antonio Vieira, da Companhia de Jesus. Rio de Janeiro, B. L. Garnier, s. a. (1870 [?]), 16°, pp. II-78. (Par le P. Antoine Onorati.)

1435. — Die Rosenkränz-Geheimnisse. Aus dem Gebetbuche der katholischen Christ. Regensburg, Pustet, 1870, 32°, pp. 72. (Par le P. Joseph Schneider.)

1436. — Zywy Rożaniec Apostolstwa Serca Jezusowego. Kraków, 1872, 16°, pp. 32. (Par le P. Stanislas Stojalowski.)

Rosarium vivum Apostolatus Cordis Jesu.

1437. — Der heilige Rosenkranz. Dessen Wesen, Zweck und Gebrauch. Von P. Georg Patiss, Priester der Gesellschaft Jesu. Innsbruck, Rauch, 1841, 8°, pp. 47.

1438. — Le Rosaire illustré par le P. Vasseur, S. J. Paris, H. Oudin (1884), 16°, pp. 31.

1439. — Scapvlare Partheno-Carmeliticvm illvstratvm et defensvm. A. R. P. Theophilo Raynavdo, Societatis Iesv Theologo. Parisiis, Apud Antonivm Padelov, M.DC.LIV, 8°, pp. 336, slelp. — Coloniæ, 1658.

1440. — Predigt am Skapulier-Feste. Wien, 1751, 4°. (Par le P. Bernard Lanz.)

1441. — Le Saint Scapulaire. Avignon, Seguin aîné, 1828, 18°, pp. 71. — Ibid., 1830. (Par le P. Jean François Barrelle.)

1442. — Wiadomość o Szkaplerzu. (1850 [?].) (Par le P. Charles de Boloz Antoniewicz.)

C'est une notice sur le saint Scapulaire.

1443. — Notice sur le petit habit de la Sainte Vierge. 185.. (?), 32°. (Par le P. Augustin Laurent.)

1444. — Notice sur le scapulaire de l'Immaculée Conception. Lons-le-Saulnier, Gauthier, 1855, 18°. (Par le P. Séraphin Salomon.)

1445. — Scapulaire du Mont Carmel. Liége, Dessain, 1864, 32°, pp. 7. (Par le P. Alphonse DEHAM.)

1446. — (Notice sur la Confrérie du Scapulaire.) (En *arabe.*) Beyrouth, 1873, 32°.

1447. — Stella Cœli Archiatrica sive Recipe et Amuletum Mariano-Parthenium, adversus pestiferam luem. Longâ experientiâ probatum, authoritate confirmatum, animæ corporisque valetudini salutare; nova præscriptionis methodo elaboratum, publicæ necessitati communicatum à P. Mathia SCHMUKER Societatis Jesu. Anno qVo IratI patrIs ManVs VIrgâ sVâ, InobeDIentes fILIos CastIgat. Nissæ, typis Christophori Lertz, (1679), 12°, pp. 116, sll.

1448. — Une pieuse Croisade. La médaille miraculeuse sur la poitrine de tous les catholiques, et sur leurs lèvres, trois fois au milieu du jour, cette prière : « O Marie, conçue sans péché, priez pour nous qui avons recours à vous ! » Imprimerie Desrosiers, à Moulins, s. a. (*1879*), 18°, pp. 12. (Par le P. Victor DREVON.)

VIII

CONGRÉGATIONS DE LA SAINTE VIERGE

I. — *Histoire.*

1449. — De Origine et Translatione Sacelli Lauretani. 1580. (Par le P. Fulvius Carduli.)

1450. — De la Congregacion de Nuestra Señora. Madrid, por Juan de la Cuesta, 1607, 16°. (Par le P. Louis Ferrer.)

1451. — Del origen y progresso de las Congregaciones de Nuestra Señora, qua hay en la Compañia. Alcala, 1611, 8°.

1452. — Thesaurus Marianæ sodalitatis Friburgi 1614, ordo et divisio Sodalitiorum sub tutela B. Virg. Mariæ Frib. Helv. — *Manuscrit.*

1453. — Annales Congregationvm Beatissimæ Virginis Mariæ. Collecti ex Annalibvs Societatis Iesv. Opera vnivs è Societate eâdem. Bvrdigalæ, Apud Petrvm de la Covrt, M.DC.XXIV, 8°, pp. 512, sld. (Par le P. Jean Jérôme Baiole.)

1454. — Annales des Congrégations de la glorieuse Vierge Marie, tirées des Annales de la Compagnie de Jesus, par un Pere de la mesme Compagnie, et tournées du latin par un confrere d'icelles, où les devots de la Vierge trouveront plusieurs exemples de ses faveurs et des vertus de ses serviteurs. Lyon, J. Gautherin, 1632, 8°. (Par le P. Ferdinand Guyon.)

C'est la traduction des *Annales congregationum* du P. Baiole.

1455. — Sodalis Augustus seu Ferdinandus secundus Romanorum Imperator primus Almæ Congreg. Majoris Verbi Incarnati, et originaliter Immaculatæ Virginis ab Angelo Salutatæ, in Academico Soc. Jesu Collegio Græcii erectæ et confirmatæ Sodalis et Protector, suis virtutibus A R. P. Guilielmo Lamormaini e Soc. Jesu, Ejusdem Cæsaris Confessario, olim expressus, ac noviter iterum prælo subjectus et DD. Sodalibus dictæ Congregationis in Xenium oblatus Anno a Partu Virg. MDCCXV Congreg. Nostræ CXX cœpti Cæs. Mausolei CI Consecrat. ejusdem I. Græcii, apud Hæredes Widmanstadii, 8°, pp. 165, sll.

Les premières éditions étaient intitulées : *Ferdinandi II Romanorum Imperatoris virtutes... Viennæ, 1638; — Antverpiæ, 1638.* A la suite de celle de 1715, on a ajouté, dans 61 pages, la liste des principaux membres qui firent partie de la Congrégation ; parmi eux, on compte 21 Empereurs, Rois et Archiducs de la maison d'Autriche.

1456. — La Belle Mort exprimée en la personne d'un jeune enfant dévot à Notre Dame... Par un Pere de la Compagnie de Jesus. Nouvelle edition, revue et augmentée. A Paris, chez François Muguet, 1668, 12°. (Par le P. Jean CRASSET.)

C'est, je pense, le même ouvrage qui avait paru sous le titre : *La Belle Mort, par un Père de la Compagnie de Iesus. Rouen, chez Jean le Boullanger, 1653; — Paris, chez Jean Hénault, 1666.* L'auteur donne dans cet opuscule la notice de Pierre Clarentin, élève du collège d'Amiens, mort le 31 juillet 1652.

1457. — Abbregé des Faveurs illustres de la Mere de Dieu, et des actions heroïques et charitables de ses grands et devots serviteurs congregés aux Colleges et Maisons de la Compagnie de Jesus. Avec des Regles, Indulgences et Prieres de la dite Congregation. Par un Pere de la Compagnie de Jesus. A Lille, de l'imprimerie d'Ignace et de Nicolas de Rache, 1656, 12°, pp. 311, sll. (Par le P. Ignace GODSCALK.)

1458. — Sodalis Mariæ Friburgensis instructus de ortu, progressu et utilitate Congregationis. Friburgi, Hault, 1657.

1459. — Panegyricus in Jubilæo Sodalitatis majoris B. V. Mariæ in Cœlos assumptæ in Templo Acad. Univ. Vienn. Viennæ, 1675.

1460. — Poma nova et vetera lecta sæculari canistro e pomario majoris Congregationis academicæ. Ingolstadii, M.DC.LXXVII. Apud Joannem Philippum Zinck, 12°, pp. 246, sld.

A la fin on trouve la liste de tous les directeurs de la Congrégation d'Ingolstadt, jusqu'à l'année 1677, le catalogue des Congrégations qui lui étaient spécialement associées, les noms des préfêts de la Congrégation.

1461. — Summaryusz cudów y łask znakomitych N. P. Maryi studeńskiey wgrodzieńskiey Kongregacyi pod tytułem Annuntiationis. Wilno, Dr Acad. S. J., 1686, 4°.

C'est le sommaire des miracles et des grâces dont a été l'objet la Congrégation du collège de Grodno, sous le titre de l'Annonciation.

1462. — Des Congregations de Notre Dame erigées dans les Maisons des Peres de la Compagnie de Jesus. Par l'autorité du S. Siege. Avec l'approbation de Nosseigneurs les Prelats. A Paris, chez Urbain Coutelier, M.DC.XCIV, 12°, pp. 158. (Par le P. Jean CRASSET.)

Cette édition est du P. Louis Jobert.

1463. — Lettera scritta ad una Principessa bramosa d'essere raguagliata intorno alla Congregazione de Paggi nuovamente eretta nel Collegio Romano della Compagnia di Giesù. In Roma, per Domenico Ant. Ercole, 1700, 12°, pp. 48. (Par le P. Joseph Marie PROLA.)

1464. — Flores Mariani e diversis Viennensium Sodalium virtutibus collecti. Carmen. Viennæ, Schlegel, 1710, 12°. (Par le P. Sébastien STOPACHER.)

1465. — Description du jubilé centenaire de la Sodalité de la tres Sainte Vierge Marie Mere de Dieu, erigée sous le titre de la Visitation chez les RR. Peres de la Compagnie de Jesus à Mons, dediée à messieurs les sodalistes. A Mons, De l'Imprimerie de la Veuve de Laurent Preud'homme, 1716, pet. 8°, pp. 24.

1466. — De Ortu et progressu Sodalitatis majoris Lincencis. Lincii, 1726. (Par le P. Gabriel WIMMERL.)

1467. — Cœlum Novum Alma Sodalitas B. V. Mariæ ab Archi-Angelo salutatæ. Wratislaviæ, typis Academicis in Collegio S. J., 1733, 8°. (Par le P. Léopold GRIM.)

1468. — Corona anni Mariani, hoc est Vitæ duodecim Sodalium Marianorum. Græcii, typis Widmanstadii, 1636, 12°. — Corona Mariana Complectens Duodecim viridarii Parthenii Lilia, seu Totidem Castorum Juvenum Vitas Virgineæ Matris honori, Partheniæ juventutis utilitati Typis redditas Impensis Aureæ Eleemosynæ S. Joann. Bapt. in Collegio Soc. Jesu Monachii, Anno MDCCLVI. Typis Francisci Josephi Thuille, 12°, pp. 373, sll. et 13 grav. (Par le P. Léonard BACHIN.)

Ce sont les vies des SS. Alexis, Louis de Gonzague, Bernardin de Sienne, Casimir, Edmond, Émeric, Hermann, Nicetas, Pélage, Stanislas de Kostka, Thomas d'Aquin et celle d'Antoine Marie Ubaldin, écrite par le P. Jacques Biderman.

1469. — Mariana pietas Joannis Almasi de Szadany C. R. Consiliarii intimi, posthuma laudatione celebrata Gyöngyösini. Pestini, 1765, 4°. (Par le P. Étienne HAJAS.)

1470. — Commentarius asceticus duorum seculorum a Congregatione Majore Latina B. V. Mariæ Matris Propitiæ actorum pro xenio oblatus. Monachii, Typis Magdalenæ Mayrin, Vid., 1779, 8°, pp. 128. — Pars altera. Monachii, Anno MDCCLXXXII, Mariæ Magdal. Mayrin, Viduæ Civ. Typogr., 8°, pp. 119. (Par le P. Louis SECCARD.)

C'est l'histoire de la Congrégation de Munich.

1471. — Des Congrégations de la Très-Sainte Vierge, par François VINCENT, Prêtre de la Compagnie de Jésus. Bruxelles, 1854, 8°, pp. 34.

1472. — Jubelgeschenk of nieuw handboeksken opgedragen aen de Kinderen van Maria, ter gelegenheid van de dryhonderste verjaring sedert het inrichten der Congregatiën van O. L. Vrouw. Door den geestelyken bestierder van de Sodaliteit der jongelingen. Gent, Vander Schalden, 1862, 24, pp. 60. (Par le P. Charles BEGHIN.)

1473. — Klein geschenk, opgedragen aen der Congregatie der jongelingen te Gent, ter gelegenheid van het vijf-en-twintigjarig Jubelfeest, door haren geestelyken bestierder. Gent, Vander Schelden, 1862, 24°, pp. 48. (Par le P. Charles BEGHIN.)

1474. — Histoire abrégée des Congrégations de la très-sainte Vierge publiée par le P. A. CARAYON, de la Compagnie de Jésus. Lyon et Paris, Périsse, 1863, 18°, pp. xv-308.

1475. — De l'utilité des Congrégations de la Ste Vierge à notre époque. — Dans *Revue des Sciences ecclésiastiques*. 1875, p. 15-62. (Par le P. Marin DE BOYLESVE.)

1476. — Coup d'œil sur les Congrégations de la Sainte Vierge. Paris, Poussielgue, 1876, 12°, pp. 30. (Par le P. Marin DE BOYLESVE.)

1477. — Congrégation des jeunes hommes de Namur. Par le P. Adrien GOFFINET, S. J. Namur, Veuve Douxfils, 1877, 8°, pp. 30.

1478. — La Congrégation de la Très-sainte Vierge à Saint-Acheul (1815-1828). Par le P. Charles CLAIR, S. J. Paris, Baltenweck, 1877, 18°, pp. 220.

1479. — La congrégation de la très sainte Vierge à Avignon, de 1752 à 1880. Avignon, Seguin, 1880, 8°, pp. 53. (Par le P. Frédéric DE CURLEY.)

1480. — Les premières Congrégations de la T. S. Vierge. — Dans les *Précis historiques*, 1882, p. 52, 65, 158. (Par le P. Louis DELPLACE.)

1481. — Les anciennes Congrégations de la T. S. Vierge dans la ville d'Anvers. — Dans les *Précis historiques*, 1882, p. 209, 241, 328. (Par le P. Louis DELPLACE.)

1482. — Le Jubilé des Congrégations de la Très Sainte Vierge. — Dans les *Précis historiques*, 1884, p. 413-420. (Par le P. Louis DELPLACE.)

1483. — Histoire des Congrégations de la Sainte Vierge, par le Père L. DELPLACE, S. J. Souvenir du Jubilé 1584-1884. Lille, Desclée..., 1884, 18°, pp. 228.

1484. — Zur Jubelfeier der Marianischen Congregationen. 5 December 1584 — 5 December 1884. Von P. Phil. LÖFFLER, der G. J. Freiburg, Herder, 1884, 8°, pp. 68.

1485. — Der Studentenbuch der Marianischen Sodalitäten, sein Wesen und Wirken an der Schule. Auf Grund historischer Berichte dargestellt. Von P. Aloïs NIEDEREGGER, aus der G. J. Regensburg, Pustet, 1884, 8°, pp. 120.

1486. — Ricordo del terzo anno secolare (1584-1884) da che la congregazione prima-primaria sotto il titolo della SS. Annunziata fu canonicamente eretta e per autorità apostolica costituita cape e Madre di tutte le congregazioni Mariane dell' universo. Roma, tipografia della pace di F. Guggiani, 1884, 8°, pp. 61. (Par le P. Sanctes CHIAVARELLI.)

1487. — Souvenir des fêtes jubilaires célébrées à Alost, les 30 avril, 1er et 2 mai 1884 dans la chapelle des Dames de Marie, siège de la Congrégation de l'Immaculée Conception. Alost, imprimerie de Spitaels-Schuermans, 1884, 8°, pp. 32.

Cette brochure contient, p. 14-20, l'allocution du P. Eugène GENIS, S. J.

1488. — Les Congrégations de la très Sainte Vierge. Notice abrégée par le P. A. SENGLER de la Compagnie de Jésus. Lille, Lefort, 1885, 18°, pp. 22.

1489. — Histoire de la Congrégation des jeunes filles à Louvain. (1838.) — *Manuscrit*. (Par le P. Louis VANDERGHOTE.)

II. — *Règles.* — *Manuels*[1].

1490. — Regulæ Sodalitatis B. Mariæ Virginis. (Par le P. Jean Leon.)

Il m'est impossible de dire sous quelle date parut la première édition de ces *Regulæ*, bien souvent réimprimées et, je le suppose, avec quelques modifications. Jean Leon, alors professeur de sixième, institua à Liège, en 1563, la première congrégation de la Sainte Vierge. Il en a toujours été considéré comme le fondateur, bien que le P. Aguilera, t. I, p. 176 et 480 de son *Historia Provinciæ Siculæ S. J.*, soutienne qu'il ne fit que transporter à Rome ce que le P. Sébastien Cabarrasius avait établi déjà à Syracuse.

1491. — Leges et statuta Congregationum B. Virginis quæ in Collegiis Societatis Jesu institutæ atque a Sede apostolica approbatæ indulgentiis et gratiis ornatæ sunt. Duaci, typis Joannis Bogardi, 1590, 12°.

1492. — Leges et statuta Congregationum B. Virginis, quæ in Collegiis S. J., institutæ atque a Sede Apostolica approbatæ variis Indulgentiis exornatæ sunt. Cracoviæ, typ. A. Petricovii, 1598, 12°, pp. 44. — Calissii, 1604. — Vilnæ, 1621, 1679. — Polociæ, 1794.

1493. — Regles de la congregation de la Sainte Vierge dirigée par autorité du St Siege dans les maisons de la Compagnie de Iesus. A. Mons, chez Charles Michel, 1600, 8°.

1494. — Ordonnantien der Sodaliteyt von de Moeder Godts Maria, op-gherecht in 't Collegie von de Societeyt Iesv binnen de Stadt von Gendt. Tot Gendt, By Cornelis vander Meeren, MDCXXVI, 12°, ff. 48.

1495. — Reglas de la Congregacion. Manila, 1635 (?). (Par le P. Fernand Perez.)

Dans son *Historia de las Filipinas*, lib. II, ch. VII, n° 259, le P. Murillo Velarde dit : « Hizo imprimer las reglas de la Congregacion, y que se hiziese una hermosa « Imaginen de marfil, que sirviose para la Congregacion. »

1496. — Abrégé des regles et indulgences de la Sodalité de la Vierge Marie, erigée et authorisée par le S. Siege es Colleges et maisons de la Compagnie de Jesus. A Namur, chez Jean Van Milst, 1642, in-fol. placard.

1497. — Reghelen van de Sodaliteyt der alderheylighste maghet Maria in't Collegie der Societeyt Jesu, tot Corteryck opgherecht, van diversche Pause bevestïcht ende met volle aflaeten ende gratien van de selve begaeft. Te Cortryck, by Jan van Ghemmert, 1643, 16°, pp. 32.

1498. — Ustawy Bractwa P. Maryi pod sprawą S. J. w Krakowie będącego należące, które od wszystkich tego Zgromadzenia Braciey być maja. Przydane są

1. Je ne prétends pas donner ici la liste complète de toutes les éditions des Règles des Congrégations, non plus que celle de tous les Manuels composés pour l'usage des Congréganistes.

do tego litaniey y inne modlitewki łacińskie, które zwykli Bracia tego Zgromadzenia odprowować. Kraków, 1644, 4°, pp. 32.

Ce sont les Règles de la Congrégation de Cracovie, avec litanies et prières.

1499. — Abrégé des pratiques et des réglements de la congrégation des écoliers de Dijon. Dijon, 1683, 24°.

1500. — Leges et statuta congregationis Mariæ in collegiis Soc. Jesu institutæ. Dilingæ, 1701, 16°.

1501. — Des congregations de Notre-Dame erigées dans les Colleges de la Compagnie de Jesus, selon les usages de celle de messieurs de la Ville de Rennes. A Rennes, chez la veuve de François Vatar, 1705, 24°, pp. 90. (Par le P. Louis DE LA NOE.)

1502. — Règles, prières et pratiques de piété pour la Congrégation des Artisans. Toulouse, P. Guarrigues, 1717, 12°. (Par le P. Guillaume Stanislas MONDRAN.)

1503. — Directorio dos Exercicios da Congregação da Virgen Senhora com as regras, que devem guardar seus Congregados. Lisboa, por Jozé Antonio da Sylva, 1725, 12°. (Par le P. Joseph BERNARDINO.)

1504. — Leges et statuta Sodalitatis, tum perillustrium ac admodum RR. DD. Ecclesiasticorum, tum clarissimorum et consultissimorum DD. litteratorum, sub titulis B. V. Annunciatæ et Assumptæ, apud PP. Societatis Jesu. Leodii, N. Counotte, 1734, placard in-fol.

1505. — Ordonantien van de Sodaliteyt of broederschap der Alderheyligste Maget Maria van het Collegie der Societeyt Jesu. Loven, 1749.

1506. — Regles, coutumes et prières de la Congrégation des Messieurs, érigée à Toulouse dans la Maison Professe des Pères de la Compagnie de Jésus. A Avignon, de l'imprimerie de la veuve Manavit, M.DCC.LXX, 12°, pp. 353.

1507. — Leges et statuta cum variis precibus ac exercitiis Congregationis B. V. Mariæ. Ingolstadii, 1775, 16°.

1508. — Regole per le Congregazioni Mariane. In Venezia, Giacomo Zanardi, 1802. (Par le P. Louis MOZZI DE' CAPITANI.)

1509. — Regole della Congregazione Prima Primaria nel collegio Romano. Roma, Lazzarini, 1811, 18°.

1510. — Regolamenti delle congregazione mariane, erette ne' collegi di Sicilia. Palermo, 1830, 24°. (Par le P. Alexis NARBONE.)

1511. — Leges et statuta sodalitatvm B. M. Virginis qvæ primæ primariæ Romanæ conivnctæ sunt. Romæ, typis Civilitatis Catholicæ, MDCCCLV, 16°, pp. 38. (Par le P. Joseph Marie MAZZOLARI.)

Édité par le P. Joseph Boero.

1512. — Handboekje met bijvoegsel voor de leden der Congregatiën van de allerheiligste Maagd Maria te Rotterdam, vereenigd met de hoofd-Congregatie te

Rome. Rotterdam, N. J. Verhoeff, 1860, 16°, pp. XXXII-235-V. — Ibid., 1871, 16°. (Par le P. Jean ESCHERICH.)

1513. — Congregatiebock, of regelen, hier en te Rome gebruikelyk, aflaten en Oefeningen voor de Congregatien der allerheiligste Maagd, met gebeden voor allen en gezangen. Amsterdam, J. B. van Huver, 1862, 16°, pp. VIII-352-68-VI. — Ibid. 1866. (Par le P. Frédéric HEYNEN.)

1514. — Règlements et statuts des Congrégations de la B. V. Marie affiliées à la Congrégation romaine Prima-Primaria, traduits du latin. Lyon, Briday, 1865, 12° pp. 45. (Par le P. Florian MONNERET.)

1515. — Regelen en Statuten von de hoofd-congregatie der H. Maagd te Rome en van de overige met haar vereenigde Congregatien, uit het latijn, voorafgegaan door eene geschied-kundige Schets van het ontstaan en de uitbreiding dier hoofd-congregatie en gevolgd door de gebeden en oefeningen Aldaar gebruikelijk, door H. J. M. Marijnen, S. J. S'Hertogenbosch, H. Bogaerts, 1876.

1516. — Nouveau manuel des congrégations de la très sainte Vierge agrégées à la congrégation Prima Primaria, établie à Rome, contenant le petit office en latin, avec le sommaire de chaque psaume d'après Bellarmin; par le P. Jules ANGLADE, de la Compagnie de Jésus. Toulouse, à la direction générale de l'Apostolat de la prière, 1885, 32°, pp. 196.

1517. — Libellus Sodalitatis, hoc est, Piarum et Christianarum Institutionum Libri III in gratiam Sodalitatis B. Virginis Mariæ, 1576. (Par le P. François COSTER.)

Nombreuses éditions et traductions.

1518. — Manuale Sodalitatis sive exercitium spirituale Christianæ Pietatis, ex variis spiritualibus libellis, a Leodiensi Congregatione Collectum. In gratiam et usum Sodalium B. Virginis Mariæ. Editio secunda diligenter recognita, multisque partibus aucta. Leodii, In officina Leonardi Streel, 1600.

La 1re édition est de 1599; il y en a eu plusieurs autres, dont quelques-unes en français.

1519. — Manuale Sodalitatis B. Mariæ Virginis omnibus studiosis accommodatum. Nunc primum à Patribus Societ. Jesu Mussiponti recentioribus Deiparæ Miraculis exornatum et plus dimidia parte auctum. Mussi-Ponti, 1608. — Coloniæ, sumptibus Bernardi Gualteri, 1612, pet. 12°, pp. 728.

1520. — Manvale Sodalitatis B. Mariæ Virginis siue exercitivm spiritvale Christianæ pietatis, Ex variis Spiritualibus libris ab ipsa Sodalitate collectum. In gratiam et vsvm sodalium B. Virginis Mariæ. Editio hæc postrema diligenter recognita multisque partibus aucta. Fribvrgi Helvetiorum. Apud Stephanum Philot, an. M.DC.VIII, 18°, pp. 364, sllelt.

1521. — Manvale Sodalitatis B. Mariæ Virginis, Ac Iuuentutis Vniversæ selectæ Gymnasiorum Societatis Iesu, Miraculis dictæ sodalitatis illustratum A P. F. V. S. I. Flexiæ, apud Iac. Rezé, M.DC.X, 12°, pp. 627. (Par le P. François Veron.)

Plusieurs éditions. Traduit en français par le P. Antoine Girard.

1522. — Handtboexken der Societeyt, oft Broederschap van de H. Maeghet Maria, ingestelt in die Societeyt Jesu. Antwerpen, 1611, 16°. — Ibid., 1620, 16°, pp. 408. (Par le P. Guillaume de Pretere.)

1523. — Hantboexhen der Sodaliteyt van de H. Maghet Maria opgerecht door de Societeyt Jesu. Waer in begrepen syn alle godtvruchtige oeffeninghen die tot een deuchtsaam leven noodich zyn. S'Hertogenbosch, By Jan Jansz. Scheffer, 1622, 123 pp. 370, sllelt.

1524. — (Livre de prières pour la Congrégation de la Ste Vierge.) Paris, vers 1637. (Par le P. Pierre Chastelain.)

1525. — Manuale Sodalitatis. Posonii, 1639. (Par le P. Nicolas Sartorius.)

1526. — Manuel de la Congregation de Nostre-Dame. Reueu et traduit par le P. Ant. Girard de la Compagnie de Iesvs. Ouvrage tres-utile et tres-propre à toute sorte de personnes qui desirent seruir Dieu, honorer la Vierge, et faire leur salut. A Paris, chez Guillaume Benard, 1651, 12°, pp. 574, sllelt. — Seconde Edition, ibid., M.DC.LXIV, 32°, pp. 576.

C'est la traduction du *Manuale Sodalitatis* du P. François Veron.

1527. — Manuale sodalitatis majoris. Zagrabiæ, 1666, 8°.

1528. — Sodalis philosophus sive institutio Sapientis Mariæ Sodalis Leges Precesque Sodalis et varia Pietatis exercitia Complectens. Editio secunda. Duaci, Apud Viduam B. Belleri, Anno 1707, 12°, pp. 226, slt.

1529. — Manuale sodalis parthenii, varia pietatis exercitia, etc. continens, quod ex liberalitate Car. Jul. Orlick de Laziscka excudi fecit. Olomucii, 1714, 16°.

1530. — Sodalis Marianus sive institutio sapientis Mariæ Sodalis, leges, precesq. Sodalis et varia pietatis exercitia complectens. Leodii, G. Barnabé, 1730, 18°, pp. 32-176, slt.

1531. — Heures de la Sodalité, contenant tous les Exercices de Piété qui se pratiquent dans les Congrégations de la Sainte Vierge, canoniquement érigées dans les Colleges et Maisons de la Compagnie de Jesus,... Par un Père de la même Compagnie. A Mons, chez Jean N. Varret, 1731, 12°, pp. 445, sll.

1532. — Manuale precum Sodalitatis Marianæ. Viennæ, 1739, 8°.

1533. — Manuale Sodalitatis sive exercitationes christianæ et Marianæ pietatis in gratiam et usum cum perillustrium, tum amplissimorum DD. litteratorum Sodalium B. V. Mariæ Dei genitricis. Leodii, E. Kints, 1744, 12°, pp. 30-264, sldelt.

1534. — Compendiò tripartito das regras, que devem guardar, das Indulgencias, que podem ganhar, e das devoções, que haõ de fazer os Confrades de Nossa Senhora da Annonciada da Universidade de Evora, para merecer, e conseguir a especial protecçaõ, e patrocinio da mesma Senhora. Evora, na Officina da Universidade, 1757, 12°. (Par le P. Cajetan DA FONSECA.)

1535. — Manuel des Congrégations à l'usage des Colléges. (1840 [?].) (Par le P. Auguste BELLEFROID.)

1536. — Manuel des congrégations de la très-sainte Vierge, à l'usage des colléges. Nouvelle édition. Namur, Douxfils, 1847, 18°, pp. 386. — Ibid., 1864. (Par le P. Auguste BELLYNCK.)

1537. — Manuel des Congrégations de la Sainte Vierge. Gand, 1848. (Par le P. Charles SPILLEBOUT.)

Plusieurs éditions. L'auteur l'a traduit en flamand et en a donné un abrégé en français.

1538. — Manuel complet des Congrégations de la Très-Sainte Vierge Marie. Nouvelle édition, revue et augmentée par l'auteur, P. J. WALLE, S. J. Gand, Vander Schelden, 1865, 18°, pp. 643.

1539. — Regel-und Gebetbuch für die Mitglieder der Marianischen Congregationen. Paderborn, Schöningh, 1860, 12°, pp. XXIII-503. — XIVe Ausgabe, 1875. (Par le P. Joseph SCHNEIDER.)

1540. — Congregatie-Boekje door J. HILLEGEER S. J. Gent, 186.. (?).

1541. — Manuale Congregationis B. M. V. complectens regulas, indulgentias et exercitia pietatis tum Sodalibus B. M. V. propria tum omnibus christianis communia. Edidit P. Josephus SCHNEIDER. Coloniæ, Bachem, 1861, 32°, pp. XXXI-571. — Editio tertia. Ibid., 1871.

1542. — Manuel des Congrégations de la Sainte Vierge publié et mis en ordre par le P. Marin DE BOYLESVE, de la Compagnie de Jésus. Paris, Ve Poussielgue et fils, 1865, 32°, pp. 636; — 1876, 1881, 1884.

1543. — Manuel des Congrégations de la bienheureuse Vierge Marie, affiliées à la Congrégation de Rome, dite Primaria, à l'usage des enfants de Marie; par le P. François VINCENT, de la Compagnie de Jésus. Avignon, Aubanel, 1865, 32°, pp. V-577. — Paris, 1866.

1544. — Le livre des jeunes congréganistes de la Sainte Vierge, par le P. A. MAUREL, S. J. Dijon, Pellion, 1866, 32°, pp. 480.

1545. — Handboekje voor de leden der Congregatie van de allerheiligste Maagd Maria opgericht in de Kerk van de H. Barbara te Kuilenburg, vereenigd met de hoofd Congregatie van Maria Boodschap te Rome. 'S Hertogenbosch, G. Mosmans, 1871, 16°, pp. 284. (Par le P. Henri MARYNEN, publié par le P. Jean JEEN.)

1546. — Regel und Gebetbuch zum Gebrauche der Marianischen Männer-Congregationen gebildeter Stände. Gedruckt als Anhang zu dem Büchlein « Das religiöse Leben » von T. PESCH, S. J. Freiburg, Herder, 1885, 16°, pp. VI-136.

1547. — Manual for the use of Sodalities of our Lady affiliated to the Prima Primaria. With Appendix for the Farm Street Sodality. Rochampton, Manresa Press, 1885. (Par le P. Michel GAVIN.)

1548. — Manuel des Enfants de Marie, d'après les règles de la Congrégation Prima Primaria; par le P. A. CAHOUR, de la Compagnie de Jésus. Paris, Poussielgue, 1867, 32°, pp. 272. — 3° Edit. Ibid., 1878, 32°, pp. 256.

1549. — Portrait de l'Enfant de Marie. Souvenir de la retraite prêchée à la Congrégation des Dames en décembre 1880. Deuxième édition. Le Puy, Freydier, 1881, 32°, pp. 16. (Par le P. Amable DE FURSAC.)

1550. — Manuel de la Congrégation des Enfants de Marie, par le P. E. LETIERCE, de la Compagnie de Jésus. A. M. D. G. Dijon, Pellion, 1884, 16°, pp. 716.

1551. — Manuel de la Congrégation des jeunes ouvrières, dite de N.-D. de Fourvière, à Lyon. Par le P. A. MAUREL, S. J. Lyon, Girard et Josserand, 1854, 16°, pp. IX-403. — Ibid., 1865.

1552. — Directoire des Congrégations dans les Collèges. Conseils pratiques. Par le R. P. Charles FRANCHET, S. J. A. M. D. G. Lyon, Briday, 1875, 18°, pp. 143.

1553. — Manuel des directeurs des Congrégations. Recueil d'instructions pour les Congrégations de la Sainte Vierge. Bruxelles, Albanel, 1881, 12°. (Par le P. François Xavier SCHOUPPE.)

III. — *Livres à l'usage des Congrégations*[1].

1554. — Reglas, instrucciones, y modos de obsequiar a Maria SSma en su congregacion. (Vers 1600.) (Par le P. Raymond DE PRADO.)

1555. — Monita Mariana, ex S. Scriptura, ex SS. Patribus potissimum collecta, sodalibus Deiparæ Virginis Antverpiæ dicta, omnibus utilissima. Additur Duplex declaratio Dominicæ Passionis, cum triplici indice rerum præcipuarum, quæ monitis

1. Bien d'autres ouvrages de piété ont été composés pour les Congréganistes, ou leur étaient distribués en étrennes; je ne cite ici que ceux qui traitent de la dévotion à la Sainte Vierge.

Sacris, et hisce Marianis continentur. Antverpiæ, Hier. Verdussen, 1614, 8°, pp. 348. (Par le P. Adrien MANGOT.)

1556. — Parthenium Sodalitatis. Viennæ, 1617, 4°.

1557. — Exercitium Christianæ pietatis, seu libellus Sodalitatis B. Virginis. Lovanii, Bernardin. Masius, 1619, 16°. — Ibid., 1620, 12°, ff. 215, sll. — Coloniæ, apud Conradum Rutgenium, 1630, 16°. (Par le P. Pierre EULARD.)

1558. — Sodalis Parthenius sive libri tres quibus mores Sodalium exemplis informantur. Opera majorum Sodalium Academicorum D. Mariæ Virginis Annunciatæ in lucem data Ingolstadii CIϽ.IϽ.XXI, 12°, pp. 672, sllelt. (Par le P. Gaspar LECHNER.)

Il y a d'autres éditions : *Dilingæ, 1628; — Editio quinta. Luxemburgi, 1758.* — Une autre de *Neoburgi, 1722,* est intitulée : *Florus Marianus sive Sodalis...*

1559. — Lilivm Marianvm sive de Sodalivm Marianorvm castitate in gratiam ivventutis Parthenicæ. Authore R. P. Carolo MVSART Societatis Iesv. Dvaci, Typis Ioannis de Fampovx, M.DC.XXII, 12°, pp. 191.

Plusieurs éditions. L'auteur en a donné un abrégé sous le titre : *Liliolum Marianum. Viennæ, 1634. — Pragæ, 1680. — Linzii, 1737. — Viennæ, 1737.*

1560. — De bono Sodalitatis Partheniæ, et officiis Sodalis erga Deiparam Patronam, Libri II. Auctore R. P. Ioanne BOVRGHESIO Malbodiensi e Societate Iesv. Antverpiæ, apud Martinum Nutium et Fratres, Anno M.DC.XXII, 12°, pp. 443, slt.

1561. — Thesaurus spiritualium rerum ac documentorum pertinentium ad sodalitatem Beatæ Mariæ Virginis. Friburgi, 1626.

1562. — Instructio Sodalitatis B. Virginis. Madrid, 1630 (?). (Par le P. Diego RAMIREZ.)

1563. — Exercices de la Congrégation de Huy. (1630 [?].) (Par le P. Martin COUVREUR.)

1564. — Mariæ Mancipium, sive modus tradendi se in Mancipium Deiparæ Mariæ multis ante sæculis sancte usurpatus, nunc locupletior in lucem datus opera et studio Francisci Stanislai PHOENICH S. J. Lublinii, typis P. Conradi, A. D. MDCXXXII, 24°, pp. II-174.

1565. — Pętko P. Maryey, albo sposob oddawania się Blogoslawioney Pannie Maryi za slugę y niewolnika. Lublin, 1632, 16°. (Par le P. Jean CHOMENTOWSKI.)

C'est la traduction du *Mariæ Mancipium* du P. François Fenicki.

1566. — Sodalis studiosus, sive modus pie ac christiane studendi sodalibus Parthenicis, Theologis, Juristis, Medicis, Philosophis, ac politioris litteraturæ studiosis accommodatus, et Sodalibus beatæ Mariæ Virginis Coloniensibus in Gymnasio trium coronatorum S. J. Strenæ loco distributus. Coloniæ, apud Joannem Kinckium, 1636, 18°, pp. 69. (Par le P. Jean HASIUS.)

1567. — Fasciculus Congregationis B. M. V. sub titulo : Immaculata Ejusdem Conceptionis et Felicissima ex hac vita transitus in Collegio PP. S. J. Varsaviæ erectæ. 1643. — Editio 3a. S. l., 1647, 12°, pp. 492. — Dantisci, 1652, 12°. — Editio 6a Cracoviæ, 1662, 12°. (Par le P. Paul Kozlowski.)

L'auteur publia le même ouvrage en polonais.

1568. — Snopek nabożeństwa Kongregacyi N. P. Maryi niepokalanie poczęley y szczęśliwego z tego swiata zeyścia w Warszawie przy Kościele S. J. założoney przez staranie X. Pawła Kozlowskiego S. J. Th. do druku podany. Warszawa, 1643, 8°. — Ibid., 1657.

Sous ce titre, le P. Kozlowski a publié le *Fasciculus Congregationis*, cité précédemment.

1569. — Reglas y avisos espirituales a los Congregantes. En Megico, (1648 [?].) (Par le P. Pierre Jean Castini.)

1570. — Dies Parthenius, sive Sodalis Parthenici exercitia. Pragæ, 1648, 12°. — Græcii, 1694, 12°.

1571. — El Perfecto Congregante di Maria. Lima, 2 vol. (*vers 1650*). (Par le P. Jean de Alloza.

1572. — Sodalis Marianus. Olomucii, typis Viduæ Hradeczki, 1653, 8°. (Par le P. Aloys Boleslas Balbinus.)

Dans ses *Annales Mariani*, le P. Nadasi intitule ce livre : *Sodalis Parthenius*.

1573. — Thesaurus variarum exercitationum spiritualium in gratiam Sodalium B. Mariæ Virginis. Tornaci, Typis Viduæ Adriani Quinque, 1653, 12°. — Editio tertia. Bruxellæ, apud Petrum Cõcus, 1664, 24°, pp. 359, slt. — Gandavi, Typis Joannis Baptistæ Graet, s. a., 24°, pp. 359, slt. (Par le P. Antoine Braem.)

1574. — Tyrocinium Marianum, seu pia exercitia ad usum sodalium Beatis^mæ^ Virginis. Cracoviæ, typ. Schedel, 1669, 16°. (Par le P. Albert Kwiatkowski.)

1575. — Aspirationes sacræ Sodalis Mariani. Viennæ, 1676, 8°.

1576. — Allocutio parænetica de frequentando cœtu parthenio, habita in aula sodalitatis Leodii ad ampliss. clariss. et consultiss. DD. Immaculate Conceptæ et assumptæ Deiparæ sodales jurisperitos et iisdem oblata in Xenium a R. P. Joanne Brouckmeulen Societatis Jesu Kalendis Januariis 1677. Leodii, J. M. Kovius, 1677, 4°.

1577. — De Sapientia per Mariam Sodalibus suis communicanda. Oratio. Quam ad Marianos Sodales habebat in Bethlehemitico Societatis Jesu Templo Josephus Roig, et de Malla. Barcinone, Ex Typographia Antonii Lacavalleria. Anno 1680, 4°, ff. 4.

1578. — De inclytis Sanctissimæ Deiparæ Virginis laudibus et ejusdem Sodalitii ornamentis maximis. Oratio. Quam in Pentecoste habebat in Bethlehemitico Societatis Jesu Templo Ignatius Roig, et de Malla. Barcinone, Ex typogr. Antonii Lacavalleria. Anno 1680, 4°, ff. 4.

1579. — De Beata Virgine Sodalium Patrona et Magistra Oratio habita ab Ignatio Rius, cive honorato Barcinonensi, et in Cordellensi Collegio Rhetorices studioso. Barcinone, Ex typ. Cormellas, apud Jacobum Cais, 1683, 4°, ff. 2.

1580. — Corona Sodalis Beatæ Mariæ Virginis. Valentiæ, apud Jacobum de Bordasar, 1685. (Par le P. J. B. Bosquete.)

Cet opuscule, qui a eu quatre éditions, parut sous le pseudonyme de *Joannes de Moya*.

1581. — Filii Mariæ, corumque obligatio in gratiam eorum, qui se B^mæ^ Virgini in aliqua Ejus Sodalitate dicarunt, compendio descripta a P. Joanne Brictio S. J. Vilnæ, typ. Acad. S. J., 1697, 8°, pp. vi- 370-18. — Imago Filiationis Marianæ, exhibens Prærogativas, et obligationem Filiorum Mariæ, totamque rationem Amandi Matrem suam Dilectissimam Concinnata a R. P. Joanne Brictio Soc. Jesu. Ex Bibliotheca Mariana Societatis Jesu Anno 1743. Viennæ Austriæ, Typis Leopoldi Joannis Kaliwoda, 8°, pp. 335, sll. — Filii Mariæ, corumque sors et obligatio. In gratiam... Reimpressa a Catechetica Bibliotheca, S. J. ad S. Annam. Viennæ, s. a., 16° pp. 72.

1582. — Cultus Parthenius Congregationis B. V. Mariæ. Viennæ, 1698, 8°.

1583. — L'amore scambievole tra la Santissima Vergine, e Congregati che frequentano le Congregazioni a lei dedicate nelle case della Compagnia di Giesù. — *Manuscrit*. (Vers 1700.) (Par le P. Dominique Stanislas Alberti.)

1584. — Palæstra christianæ pietatis seu nobilis Adolescentiæ Sodalitas Mariana in Collegiis Societatis Jesu Dei Matri Virgini æternum fœderati, sancte vivendi et moriendi documentis instructa. Posnaniæ, 1669, 12°, s. pag. — *A la fin* : Posnaniæ, typis Heredum Alberti Reguli, imprimebat Albertus Mlodwiewicz. — Editio secunda. Typis Monasterii Olivensis, 1677, 12°. — Editio tertia. Posnaniæ, 1678. — Cracoviæ, 1683. — Calissii, 1683, 1685, 1715. — Posnaniæ, 1690. 1745. (Par le P. Jean Morawski.)

1585. — Dies Sodalis Mariani. Posnaniæ, 1700, 1710, 12°. — Lublinii, 1722, 16°. (Par le P. Jean Morawski.)

1586. — Meditationes congregationis B. Mariæ Virginis. Monachii, 1705. (Par le P. François Lang.)

1587. — Guida a' Congregati di Maria. Opera di Giuseppe Maria Prola della Compagnia di Giesù... In Roma, per il Bernabò, 1709, 8°, pp. 464, sllelt.

1588. — Instructio practica sodalis Parthenii. Lincii, Joannes Leidemmayr, 1716, 8°. (Par le P. Joseph Theiss.)

1589. — Sodalis instructus, sive Opusculum in quo cliens Marianus instruitur in vera devotione erga Deiparam per motiva et praxes eidem serviendi authore R. P. Paulo Segneri e S. J. Italico idiomate conscriptum, nunc in Latinum, translatum, cum variis Marianæ pietatis exercitiis. DD. Sodalibus sub titulo in Cœlos assumptæ

Deiparæ, in Archi-Ducali S. J. Collegio Passavii, congregatis in Xeniam oblatum. Passavii, Hollerin, 1720, 12°, pp. 290. (Par le P. Jean Foresi.)

1590. — Il giovane della Congregazione diretto nelle sue regole. Opera di Luigi Albicini della Compagnia di Gesù; composta per instruzione de' Fratelli delle sagre Congregazioni erette sotto gli auspicj di Maria Vergine ne'Collegj, ò Case della medesima Compagnia. In Bologna, nella stamperia de' successori del Benacci, 1720, 12°, pp. 360, slt. — Novara, tip. di F. Artaria, 1841, 8°, pp. 240.

1591. — Corona Stellarum 12, sive officia pietatis præcipua secundum leges Marianæ Congregationis. Treviris, typis Jacobi Reulandt, 1728. (Par le P. Jean Lambertz.)

1592. — Sodalis Marianus sive institutio sapientis Mariæ Sodalis, leges precesq. Sodalis et varia pietatis exercitia complectens. Leodii, G. Barnabé, 1730, 18°, pp. 32. 176, slt.

1593. — Adolescens Mariano-Academicus suis in legibus piè instructus sive Methodus, Actiones quotidianas benè et fructuosè obeundi : Sanctorum adolescentium Exemplis illustrata et Selectis Orationibus instructa. Sodalibus B. M. Sine Labe Conceptæ in Cæsareo et Academico S. J. Collegio Viennæ Congregatis in Xenium oblata. Kalendis Januariis, M.D.CC.XXXVI, Typis Mariæ Theresiæ Voigtin, 24°, pp. 242.

1594. — Monita Sodalitatis Pro feriis autumnalibus ex eiusdem legibus excerpta ac Studiosis Sodalibus Minoris Congregationis B. V. Mariæ Annuntiatæ Monachii rursus oblatâ Anno MDCCXXVIII. Monachii, typis Mar. Magdalenæ Riedlin Viduæ, 24° pp. 52, nch.

1595. — Felix Mariophilorum sors quos Maria e mortis tenebris ad lucem traducit. Oratio in anniversariis exequiis Sodalitatis B. V. Mariæ Assumptæ. Olomucii, 1745, 8°, ff. 8. (Par le P. François Beer.)

1596. — Marianische Kunst-Buch, das ist : Sittliche Unterweisung in verschiedenen Künsten welche ein Marianischer Sodalis lehrnen und üben selle. Von Authore Ferdinando Hueber, der Gesellschaft Jesu Priestern. Ingolstadt, in Verlag Johann Andreä de la Haye Seel. Wittib. München, gedruckt bey Maria Magdalena Riedlin, Wittib, 1746, 4°, pp. 215.

1597. — Idea Cultus Mariani sodalitatibus Deiparæ consecratis proprii ad eorum qui adscripti sunt solidum solatium, aliorum vero qui adscribi cupiunt, integram eruditionem explicata a P. Francisco Neumayr S. J. cum appendice in fine practica methodo vitæ Christiano-Marianæ. Monachii, Typis, Mariæ Magdalenæ Riedlin, Viduæ, Anno 1747, 12°, pp. 131.

Plusieurs éditions. L'auteur traduisit cet ouvrage en allemand : *Entwurf Marianischer Andacht, wie sie in den der Himmelskönigin gewidmeten Bruderschaften ausgeübt wird. Augsburg, 1760, 1769*, 12°.

1598. — El congregante pratico en las congregaciones de estudiantes de Maria Santissima, que con autoridad apostolica estan fundadas en los Colegios de la

Compañia de Jesus : o Libro de estas Congregaciones. Cervera, 1749. — Segunda Impression. Barcelona, por Juan Nadal, 1762, 12°, pp. 362. (Par le P. Pierre Ferrusola.)

1599. — Sodalis Marianus Friburgensis instructus de ortu, progressu, et utilitate Congregationis : Xenium Marianis DD. Sodalibus oblatum ad festum tutelare Annuntiationis B. V. Mariæ Anno MDCCLVII. Friburgi Helvetiorum, typis Henrici Ignatii Nicomedis Hautt, 12°, pp. 172, s/d. (Par le P. Thomas Hildebrand.)

1600. — Oratio de Sodalis Mariani Prærogativis. Posonii, 1762. (Par le P. Antoine Maillath de Szekhely.)

1601. — Raccolta di varie pratiche divote proposte agli scolari fratelli della Congregazione della B. V. Maria. Roma, Salomoni, 1763, 8°. (Par le P. Joseph Marie Mazzolari.)

1602. — In Anniversario Sodalitatis, Oratio. Olomucii, 1763, 4°. (Par le P. Louis Holzaepfel.)

1603. — Oratio, dum Sodales in Congregationem Marianam adsumerentur. Posonii, 1773. (Par le P. Joseph Baldt.)

1604. — Oratio de Sodalitate Mariana. Posonii, 1774, 4°. (Par le P. Georges Aloys Szerdahelyi.)

1605. — Sodalis Mariani et Hominis christiani Breviarium, hoc est breve eorum compendium, quæ ad pii Sodalis officium et boni Christiani exercitium spectant. Typis Princip. Monast. Einsidlensis. Per Franc. Xaverium Kälin, Anno 1782, 24°, pp. 440.

1606. — Leges Marianæ in fragmentis Evangelii. Monachii, 1794, 8°, pp. 135, (Par le P. Louis Seccard.)

1607. — Diæta Mariana, sive precum formulæ, ad usum D. Sodalium, et Xenii nomine oblata. Monachii, 1797, 8°, pp. 121. (Par le P. Louis Seccard.)

1608. — Recueil de sentences, d'exemples et de pratiques de vertu, à l'usage des congrégations de la Sainte Vierge et autres réunions chrétiennes. Paris, Lecoffre, 181.., 16°. (Par le P. Robert Debrosse.)

1609. — Gebet-und Belehrungsbuch für die Congregationen der allerseligen Jungfrau Maria oder sogenannten marianischen Sodalitäten. Bearbeitet von Th. von Mehlem. Köln, Bachem, 1855, 12°, pp. 318.

1610. — Die Marianische Sodalität Ein Gebet-und Unterrichtsbuch für Marianischen Sodalen des Bitshums Paderborn. Von P. Joseph Frey, Priester der Gesellschaft Jesu. Paderborn, Junfermann, 1860, 16°, pp. 660. — Ibid., 1870.

1611. — Der gute Congreganist. Ein Gebet-und Belehrungsbuch für Studirende welche der Marianischen Congregation angehören von P. Joseph Frey, Priester der Gesellschaft Jesu. Paderborn, 1860, 1861, 1871, 18°.

IV. — *Congrégations et Confréries sous divers titres.*

1612. — Mannale Sodalitatis Immaculatæ Conceptionis B. Mariæ Virginis, Viennæ Austriæ in Cæsareo, et Academico Societatis Jesu Collegio erectæ et confirmatæ. Viennæ, typis Georgii Gelbhaar, 1625, 16°. — Ibid., 1630. (Par le P. Léonard Bagnoni.)

1613. — Compendio de las obligaciones de los Congregantes de la Purisima Concepcion, y medios de cumplirlas. En Mégico, 1664, 8°. (Par le P. Antoine Nunez de Miranda.)

1614. — Constituciones de la Congregacion de la Purisima Concepcion de Megico. En Megico, 1648, 8°. (Par le P. Pierre Jean Castini.)

1615. — Rules and Instructions for the Sodality of the Immaculate Conception of the most glorious and ever Virgin Mary Mother of God. With a short appendix relating to the second Congregation of the same Sodality. Printed in the year MDCCIII, 12°, pp. 150. (Par le P. Édouard Scarisbrick ou Nevill.)

1616. — Exposicion mistica de la Regla 18 de la Congregacion de la Purisima Concepcion sobre la Confesiðn y Comunion. En Mègico, 1714, 8°. (Par le P. Antoine Nunez de Miranda.)

1617. — Lucerna Mariana, id est Congregatio Lucernensis latina Virgini sine labe Conceptæ devota et marianis DD. Sodalibus in Xenium oblata anno reparatæ Salutis M.DCC.LVIII. Lucernæ, ex typographia Henrici Ignatii Nicomedis Hault, 8°, pp. 199. (Par le P. Louis Wagemann.)

1618. — Regles et statuts de la Congrégation des hommes mariés, Érigée dans le collège de la Compagnie de Jésus à Liège, sous le titre de l'Immaculée Conception de la Bienheureuse Vierge Marie, par la Bulle du Pape Clément XIII du 7 Mai 1759. A Liège, aux dépens de ladite Congrégation sous la Régence de M. Christophe Renette Préfet, 1761, 12°, pp. 72.

1619. — Associatio sive unio piarum mentium ad impetrandam felicem mortem et purgatorium, sive non transeundum sub protectione et præsidio B. V. Mariæ ad honorem ejus immaculatæ Conceptionis. Vilnæ, 1660 (?). — Ibid., 1726, 12°. (Par le P. Michel Radau.)

1620. — Associatio pro felici morte et celeri liberatione ex purgatorio, sub tutela et cultu Virginis sine macula concepta. Bruxellis, 1665, 12°. (*Peut-être en flamand.*) (Par le P. Henri Balde.)

1621. — Association pour bien mourir et être bientôt délivré du purgatoire sous la protection de la Vierge Marie à l'honneur de son Immaculée conception.

Par un Pere de la Compagnie de Jesus. Troisieme edition. Jouxte la copie imprimée à Bruxelles. A Namur, chez Charles Albert, 1676, 18°, pp. 37.

1622. — Breve Sumario de las Reglas, Exercicios, e Indulgencias que tiene la Congregacion de la Natividad de Nuestra Señora, fundada en a la Casa Professa de la Compañia de Jesus de esta Corte, por autoridad Apostolica. Año de 1630. A Mayor Gloria de Dios nuestro Señor, y de su bendita Madre. En Madrid. En la Imprenta de Antonio Marin, año de 1751, pet. 8°, pp. 112.

1623. — Les Statvts de la Congregation des Penitens de l'Annonciation de Nostre Dame. Par le commendement et priuilege du Roy. A Paris, Chez Iamet Mettayer, MDCXXXIII, 8°, pp. 70. (Par le P. Emond AUGER.)

1624. — Metanoeologie. Sur le suget (*sic*) de l'Archi-congregation des Penitens de l'Annonciation de Nostre Dame, et de toutes telles autres deuotieuses assemblées, en l'Église sainte... par le commandement expres, et priuilege du Roy. M.D.LXXXIII. A Paris, Chez Iamet Mettayer, 4°, pp. 228. (Par le P. Emond AUGER.)

Cet ouvrage est dédié au roi Henri III.

1625. — Indulgences, règles et prières de la grande Congrégation érigée sous le titre de l'Annonciation Notre-Dame au collège de la Compagnie de Jésus à Dijon. Dijon, Guyot, 1650, 24°.

1626. — Exegesis super Sacramenti Mariani formulam B. Virginis Annuntiatæ apud PP. Societatis Jesu sodalibus oblata. Ingolstadii, typis Gregorii Hænlini, 1620, 12°. — Coloniæ Ubiorum, 1658, 32°, pp. 36. (Par le P. Georges STENGEL.)

1627. — Sodalitatis B. Mariæ Virginis Annuntiatæ Ortus, Leges, Privilegia, Ejusdem Sodalibus in streuam oblata. Anno 1687. Monasterii Westphaliæ, Typis Viduæ Raesfeldii, 12°, pp. 46.

1628. — Sub tutelaris Annunciatæ Virginis omnibus gratiarum dotibus insignitæ patrocinio felicissimam sese Eximia auspicatur Congregatio. Oratione elaborata proprio marte a D. D. Ignatio de Vallgornera, et de Llunes, Rhetorices et Poeseos Candidato, et Marianæ Congregationis Alumno. Orator idem qui supra in Bethlehemitico templo Soc. Jesu die 22 Maii anno 1725. Barcinone, Ex Typ. Bartholomæi Giralt, 4°, ff. 4.

1629. — Constituciones y Reglas de la Congregacion de la Annunciata, sita en el Colegio de la Compañia de Jesus de Alcalà, para los Estudiantes de la Universidad. Compuesta Por el P. Diego DE QUADROS de la Compañia de Jesus, Prefecto que ha sido de dicha Congregacion... En Madrid : En la Imprenta de Joseph Gonçalez (1728). 12°, pp. 293, sld.

1630. — Regole, direttorio, indulgenze ed orazioni della veneranda congregazione della B. V. Annunziata, nel collegio cesareo della Compagnia di Gesù di Goritia, eretta e confermata l'anno 1617, alli 25 di marzo, dedicate alla medesima Congregazione della Beatissima Vergine di Castagnavizza, l'anno del Signore 1698. Parti quattro. Udine, Gio B. Marero, 1732, 16°, pp. 138.

1631. — Interpres pacti Mariani cum instructione de ortu statuque Congregationis Annuntiatæ Molshemii, nec non Vita Sancti Josephi, Deiparæ Sponsi; suffulta aphorismis de vitæ et virtutum perfectione : a quibusdam Societatis Jesu Patribus cum facultate Superiorum concinnatus, ac pro strena oblatus. Molshemii, Anno 1746. Argentorati, Imprimebat Simon Kürsner, 24°, pp. 260.

1632. — Breve Compendium Exercitiorum Congregatorum Sacerdotum sub nomen et præsidium Visitationis Beatæ Mariæ Virginis in Collegio oscensi stabilitæ Congregationis. Oscæ, apud Josephum Larumbe, 1714, 16°. (Par le P. Pierre Lumbreras.)

1633. — Manuale Congregationis sub titulo S. Mariæ Purificatæ. Viennæ, 1658, 12°.

1634. — Regles et observances de la Congregation de la Ste Vierge erigée au college de la Compagnie de Jesus, en la ville de Rennes. Sous le titre de la Purification. A Rennes, chez Mathurin Denys, 1680, 16°, pp. 77 et 48.

1635. — A Messieurs les Bourgeois de la Congregation de Notre-Dame, sous le titre de la Purification, pour la solennité de leur Jubilé. A Lux., chez J. Ferry, 1710, 4°, pp. 4. (Par le P. Jean Magoteau.)

1636. — Manualik dla użytku członków ustanowionego od Ojca św. Piusa IX bractwa trzeźwości pod opieką N. P. M. Gromnicznej, zawierający w sobię społeczne i prywatne nabożeństwa bractwa, modlitwy do mszy spowiedzi i Kommunii św. z dodatkiem wykazu przyjęcia do tego bractwa i do związku nadzieji śś. Aniołów Stróżów.... Piekary, 1853, 8°. (Par le P. Yves Czezowski.)

Manuel pour les congréganistes de Notre-Dame de la Purification.

1637. — Lettere del P. Francisco Rodriguez Religioso della Compagnia di Gesù all' Illustrissima Congregatione dell' Assuntione della Gloriosissima Vergine, nella Casa Professa della medesima Compagnia in Roma : nella quale si tratta dell' Instituto ed esercizj di essa Congregatione. Roma, presso Luigi Zannetti, 1595, 8°.

Traduit en espagnol en 1611.

1638. — Manvale Sodalivm passaviensivm beatissimæ Virginis assvmptæ... Passauii ultima die Anni 1620, 32°, pp. 6 et ff. 57. — *A la fin :* Passaviæ, apud Tobiam Nenninger et Conradum Frosch.

1639. — Règles particulières de la congrégation des clercs érigée sous le titre de l'Assomption Notre-Dame au collège de la Compagnie de Jésus à Dijon. Dijon, Palliot, 1647.

1640. — Thesaurus Marianæ Sodalitatis das ist Schatzbüchlein der löblichen Congregation unser L. Frawen Himmelsfahrt : Der weit berümbten statt Freyburg in Uchtland. In Welchem derselben Regel, Gebett vnnd Ablass schön Gewisen werden. Von newen in Truck Verfertiget Im Jahr M.DC.XLVIII. Durch Wilhelmum Derbellay, 32°, pp. 422.

1641. — Titel Van O. L. V. Hemelvaert Gheghieven Aen de Sodaliteyt Vande Jonghmans Vanden Ouderdom tot xxj Jaeren. Op-gherecht binnen Gent Int Collegie Der Societeyt Jesu Inde Plaetse van Haeren Eersten Titel von Onbevleckte Ontfanghenis van Maria. Ghendt, B. Manilius (1672 [?]), 4°.

1642. — Sæculum Marianum Sodalitatis B. V. Mariæ in Cœlum assumtæ in Collegio Acad. S. J. Viennensi autoritate apostolica erectæ et confirmatæ, exhibens compendium operum per eam laudabiliter gestorum cum Catalogo Rectorum et Præfectorum, pro xenio oblatum 1678. Viennæ. (Par le P. Jean Foresi.)

1643. — Flos sæculi Mariani et illustr. sodalitatis Deiparæ in cœlos assumptæ ex IV facultatibus in Soc. Jesu collegio Viennæ erectæ. Viennæ, 1679, 4°.

1644. — Historia Fundationis et progressuum Congregationis Ascensionis Domini et Assumptionis Mariæ Virginis, in Domo Professorum Valentina. In-fol. (1690.) — *Manuscrit.* (Par le P. J. B. Bosquete.)

1645. — Hundert-Jährige Ehren-Cron Mariæ, Der Allerseeligsten und Unbefleckten Jungfrauen und Mutter Gottes, Königin Himmels und der Erden, grosser Schutz-Frauen und Erhalterin dess gantzem ihrem Dienst ergebensten Hertzogthumb Francken, Mit demüthigst Lieb-und Danck-vollen Hertzen und Händen auffgesetzt, Als Auff Gnädigste Erlaubnuss Dess... Herrn Johann Philipp, Von Gottes Gnaden Bischoffen zu Würtzburg... In einer ansehnlichen, auss der Kirchen PP. Societatis Jesu in die Hoch-Fürstliche Schloss-und Hof-Capellen angestellten Bittfahrt, Ein Löbliche, unter dem Titul Mariæ Himmelfahrt andächtig versammelte Bürger-Sodalität zu Würtzburg ihr erstes Sæculum geschlossen, Und ein neues mit neu-widerholter Gott und der H. Kirchen gethaner Glaubens-Bekanntnus, dann auch auffs neu-geschehener Verlöbnuss zum ewigen Dienst Mariæ glücklichst angefangen, Am Sonntag nach dem Titular-Fest, den 18 Augusti 1710. In der hochfürstlichen Residentz und Schloss Mariä-Berg durch gegenwärtige Danck-und Jubel-Predig vorgestellt, von einem Priester der Gesellschafft Jesu. S. l. et a. (1710), fol., pp. 52, sld.

1646. — Ortus et progressus almæ Sodalitatis B. V. Mariæ gloriosæ in cœlos assumtæ, apostolica autoritate in gymnasio Alba-Regalensi erectæ et confirmatæ. Budæ, 1737, 4°. (Par le P. J. B. Terstzyanski.)

1647. — An die Marianische Versammlung, unter dem Titel Mariä Himmelfahrt am Tage des 200jährigen Jubelfestes. Wien, 1779, 4°. (Par le P. Christophe REGELSBERGER.)

1648. — Brevis notitia de Sodalitate B. V. Mariæ in Cœlos assumtæ, Viennæ Austriæ, 1579, erecta et a Gregorio XIII confirmata. In anno altero jubilæo. Viennæ, 1779, 8°. (Par le P. Joseph Mathias ENGSTLER.)

1649. — Règles et exercices spirituels pour la Congrégation de la Sainte Vierge, sous le titre de *De Felicissimo transitu.*)(En *italien.*) Milano, Filippo Ghisolfi, 1639, 4°. (Par le P. Alphonse CIGNARDO.)

1650. — (Traité sur une congrégation établie en faveur des âmes du Purgatoire, sous le vocable de *Nuestra Señora del Socorro.*) 1649 (?).(En *espagnol.*) (Par le P. François VARAIZ.)

1651. — Llibre de la Congregacio, y germandat de la sanctissima verge del Socorro, fundada en los collegio de la C. de J. de la Ciutat de S. Fe del nov. regno de Granado y de la fideliss. vila de Perpinya, autorizada y approbada per la Sanctetad de Innocenci dizé; y de Nostra sanctissime Pare Alexandre sete all Bulles particular de grant Jubileus et Indulgencies. In Perpinya, Joan Bonde, 1660 (*ou 1666*), 4°. (Par le P. Antoine Ignace DESCAMPS.)

1652. — Association en faveur des ames du Purgatoire, etablie sous le titre de Nostre-Dame de Prompt-Secours. Par le P. François FROMENT de la Compagnie de Jesus. A Lyon, chez Thomas Amaulry, M.DC.LXXXIII, 12°, pp. 222.

1653. — Hermandad de la Santissima Virgen del socorro, sita en la Casa Professa de la Compañia de Jesus en la Ciudad de Toledo. Con una nueva y perpetua Capellania de innumerables Missas para los vivos y difuntos della. S. l. et a. (vers 1686), 4°.

1654. — Manuel de la confrairie de Notre-Dame des Agonizans devots à la Sainte Vierge, dressé par un P. D. L. C. D. J., en faveur des associez en ladite confrairie erigée par Monseigneur l'Euesque de Rennes en l'eglise parochiale de Saint-Aubin de Rennes. A Rennes, chez Jean Durand, s. a (*1659*), 24°, pp. 334, sll. (Par le P. George FAUTEREL.)

1655. — Traité de la confrerie de Notre Dame de Misericorde erigée en l'Eglise de Rochefort et Behoigne, en forme de Société ou concert spirituel contre les cinq maux principaux de l'homme, etc. Avec quelques pratiques, quelques airs spirituels, etc., par le P. Julien LE FORT de la Compagnie de Jesus. Liège, Ve B. Broncart, 1663, 12°, pp. 128.

1656. — Bericht von der heiligen und hochlöblichen Bruderschaft Jesu und Mariæ Umb selig zu leben und selig zu sterben, durch Befürderung der Christlichen Lehr: under dem Schutz und Schirm dess H. Francisci Xaverii. Eingesetzt durch die Patres der Societät Jesu, Nach Anleitung Päpstlicher Constitutionen, mit Vorwissen, Willen und Privilegien hoher Geistlicher Obrigkeit. In offenen Truck gegeben Durch P. Philippum SCOUVILLE selbiger Societät Priester... Gedruckt zu Trier, bei Christoph Wilhelm Reulandt, Im Jahre 1667, pet. 8°, pp. 391. — Cölln, 1700.

On publia un abrégé de cet ouvrage : *Kurzer Bericht... Lutzemburg, 1757, 1770, 1784... 1838*, et une traduction française.

1657. — Varie Instruttioni per indirizzo spirituale della Congregatione della SS. Vergine del Fervore nel Collegio di Palermo, della Compagnia di Giesù. Palermo, Domenico Cortesio, 1704, 12°. (Par le P. Jean SCORSO.)

Ce serait une septième édition; la première serait antérieure à 1671.

1658. — Instituzioni della ven. Congregazione di Maria SS. del Fervore esistente nel Collegio massimo d. C. d. G. Palermo, 1822, 24°. (Par le P. Alexis NARBONE.)

1659. — Marianische Richtschnur der hochlöblicher Bruderschafft deren so wohl geist-als weltlichen in der heiligen Ehe und ledigen Stand lebenden Manns-Personen, bey den Priestern der Gesellschafft Jesu. Cöllen, bey Johan Engelert, 1727, 12°, pp. 208. (Par le P. Mathias MEER.)

1660. — Notice sur l'association de N. D. des bons livres. Nantes, Mazeau, 1852, 18°. — Ibid., 1855. — Règlement.... Nantes, 1855, 18°, pp. 90. (Par le P. Alexandre REULOS.)

1661. — Esercizii divoti per l'Arciconfraternita di Maria SSma, sotto il titolo della Santa Speranza, stabilita in Roma per decreto di Sua Santità Papa Pio IX nella chiesa de' RR. PP. Cappuccini, sacra all' Immacolata Concezione, per Fr. BALLERINI, d. C. d. G. Seconda edizione con aggiunte. Roma, Salviucci, 1868, 32°, pp. 256.

1662. — La Beata Vergine della S. Speranza. Discorso del P. Giovanni ZERBONI della Compagnia di Gesù. Firenze, Manuelli, 1876, 8°. — ... Panegirico. Edizione seconda. Ibid., 1877, 16°, pp. 46.

1663. — Discours prononcé en faveur de l'œuvre de N. Dame Auxiliatrice dans l'église de St Joseph, le 25 Mai 1868. Lyon, Josserand, 1868, 12°, pp. 45. (Par le P. Auguste Escalle.)

1664. — Herinnering aan het twaalfen een halfjärig bestaan der Mannen-Congregatie, onder den titel van onze lieve Vrouwe Lichtmis en den H. Joseph te Rotterdam. Rotterdam, P. W. v. a. Weyer, 1870, 12°, pp. 11. (Par le P. Frédéric Heynen.)

1665. — Congregacion de Ntra Sra. del buen consejo y San Luis Gonzaga establecida en la Iglesia de Nuestra Señora de la misericordia y Buéna dicha de Madrid, 1884. Madrid, 18° (pp. 16.) (Par le P. Candide Sanz.)

1666. — Entwurf zu einen neuen Sodalität unter dem Schutze der immer reinen Jungfrau Maria und ihrer Keuschen Brautigams, der heil. Joseph, für die christliche Jugend zu Stadt und Land. Ein Nachklang zur dogmatischen Entscheidung : Maria ist ohne Nebel der Erbsünde worde. Luzern, bei Gebr. Räber, 1855, 12°, pp. 24. (Par le P. Gaspar Waser.)

1667. — Petit livre de la sainte association de l'amour sacré de Marie, la très digne Mère de Dieu, sous le titre de Nostre-Dame Auxiliatrice. Erigée à Munich. Trad. d'allemand en françois par un prêtre de la même Société. Dôle, J. B. Tonnet, 1729, 12°.

1668. — Regole, e statuti per la Compagnia Mariana, ec. In Venezia, presso Baglioni, 1802. (Par le P. Louis Mozzi de' Capitani.)

1669. — Directiones Mariani Colloquii Deiparæ Virginis a R. P. Jacobo Rhem, p. m. Societat. Jesu sacerdote Bono convictorum Ingolstadensium... Ingolstadii, typis Gregorii Haenlini anno CIↃ. IↃC. XXIII, 24°, pp. 45. — Ibid., typis Thomæ Grass, 1712, 24°, pp. 50-36. — Ibid., Typis Godefridi Zipper, anno M.DCC.XXXI, 24°, pp. 134.

1670. — Colloquia Mariana. Leopoli, typ. S. J., 1764, 12°.

1671. — Der ehrwürdige P. Jakob Rem aus der Gesellschaft Jesu und seine Marian-Conferenz. Nach den Quellen bearbeitet und den christlichen Erziehern und allen Verehrern der Gottesmutter zum Vorbild dargestellt von Franz Hattler, Priester der Gesellschaft Jesu... Regensburg, Manz, 1881, gr. 8°, pp. VIII-326.

1672. — Regulæ pro Schola Mariana ab ipso instituta. (1700 [?].) (Par le P. Jérôme DUTARI.)

1673. — Cantiques des Congrégations de la Ste Vierge, recueillis et mis en ordre par le P. Marin DE BOYLESVE, S. J. 2e édition. Paris, Poussielgue, 1873, 32°, pp. 256. — Ibid., 1884.

1674. — Cantique pour la réception des enfants de Marie. Paroles du R. P. ETCHEVERRY, musique de M. d'Etcheverry... Bordeaux, 1881.

IX

PÈLERINAGES

Reliques. — Miracles.

1675. — Idea Atlantis Mariani de Imaginibus miraculosis B. V. Mariæ. Tridenti, apud Carolum Zannottum, 1655, 12°. (Par le P. Guillaume Gumppenberg.)

1676. — Atlas Marianus sive de Imaginibus Deiparæ per orbem Christianum Miraculosis. Auctore Guilielmo Gumppenberg e Societate Jesu. Liber I... — Liber II. — *A la fin :* Ingolstadii, typis Georgii Hænlini, Anno a partu Virgineo M.DC.LVII, 12°, pp. 219-207, slt.

Quelques autres éditions.

1677. — Atlas Marianvs quo Sanctæ Dei Genitricis Mariæ imaginvm miracvlosarvm origines Duodecim Historiarum Centurijs explicantur. Auctore Guilielmo Gumppenberg, e Societate Jesv. Monachii, Typis et impensis Ioannis Iæklin, Anno M.DC.LXXII, fol., 2 vol., pp. 3026, sllelt. — Ibid., MDCLXXXII, fol., pp. 685, sllelt.

Dans la première édition, il n'y a, en réalité, que 1126 pages, la pagination sautant de 1099 à 2000. Cet ouvrage a été inséré au tome XI, col. 1109-1476, et tome XII, col. 9-715 de la *Summa aurea de laudibus B. V. Mariæ,* de Migne. Il a été traduit en allemand par le P. Max. Wartenberg, et en italien, *Verona. 1839, 8°. 12 vol.*

1678. — Marianischer Atlass, von Anfang und Ursprung zwölffhundert Wunderthätiger Maria Bilder. Beschriben in Latin von R. P. Guilielmo Gumppenberg anjetzo durch R. P. Maximilianum Wartenberg in das Teutsche versetzt, beide der Societet Jesu. München, In Verlegung Johann Hermann von Gelder, Gedruckt bey Sebastian Rauch, Im Jahr Christi 1673, 8°, 4 vol.

1679. — Santuarios y advocaciones que tiene la Madre de Dios en todo el mundo. (1686.) — *Manuscrit.* (Par le P. Matthieu Cruz.)

1680. — Los Santuarios de la Virgen Maria, especialmente en la America, historica y panegiricamente abiertos à sus devotos. (1723.) — *Manuscrit.* (Par le P. Jean Carnero.)

1681. — Les pèlerinages aux Sanctuaires de la Mère de Dieu. Pèlerinages du mois de mai. Lyon, Pélagaud, 1840, 18°, pp. LXXX-440. (Par le P. Charles Joseph Gloriot.)

1682. — Le Mois de Marie historique, ou pèlerinages aux sanctuaires de la mère de Dieu. Lyon, 1840, 18°. — Tournai, 1841, 1852, 18°. (Par le P. Firmin Pouget.)

1683. — Histoire des principaux sanctuaires de la Mère de Dieu. Lyon, Périsse, 1847, 12°, 4 vol., pp. xx-272, 248, 270 et 242. (Par le P. Firmin Pouget.)

1684. — Collège Notre-Dame de Mongré. Séance littéraire. Hommage de toutes les classes à la Sainte Vierge le 30 mai 1875, à 2 heures. Les Pèlerinages. 4°, p. 1.

1685. — ***Acren*** (*Belgique*). — Miracles de la Vierge d'Acren. (Avant 1672.) (Par le P. Theodoric du Mont.)

1686. — ***Brebières*** (*Somme*). — Notre-Dame de Brebières à Albert (diocèse d'Amiens). Albert, 1873, 12°, pp. iv-345. — 2e édition, 1875, 12°, pp. xxii-412. (Par le P. Edmond Letierce.)

1687. — ***Alcamo*** (*Sicile*). — Alcamo, Città di Maria. Un fiore a Maria pel mese de' fiori. Descrizione del Sacerdote Antonio Rotunda d. C. d. G. Palermo, tip. Barcellona, 1873, 16°, pp. 48.

1688. — ***Alexandrie*** (*Italie*). — Sermone recitato in Alessandria per la solenne coronazione del venerando simolacro di M. SS. detto della Salve il giorno 29 Maggio dell' Anno 1843. Alessandria, tip. Capriolo (1843), 8°, pp. 17. (Par le P. Ferdinand Minini.)

1689. — ***Alten-Oetting*** (*Bavière*). — D. Virginis Oetinganæ Historia a Iacobo Irsing e Societate Iesv conscripta. S. l. et a, 8°, pp. 311, sllelt. — *A la fin :* Monachii, typis Lucæ Straub. Anno M.DC.XLIII. — Historia D. Virginis Oettinganæ, Partes II. I. Sacri Sacelli statum præsentem, et oblata anathemata. II. Miracula continuata referens. Per Gabrielem Kinferle... Idiomate Germanico conscripta, a P. Jacobo Irsing è Soc. Jesu latinitate donata. Monachii, typis Lucæ Straub, M.DC.LXI, 8°, pp. 191, sldelt.

Cet ouvrage fut continué par le P. Georges Schilcher, en 1720.

1690. — Wallfahrtsbüchlein von U. L. Frau zu Altenötting. Burghausen, 1766, 8°. (Par le P. Antoine Crammer.)

1691. — ***Anvers***. — Het Miraculeus Beeld van O. L. V. van Blijdschap op het Kiel (Antwerpen), door F. Kieckens, S. J. Borgerhout, Pieters, 1874, 12°.

1692. — Notre-Dame de Joie près d'Anvers. — Dans les *Précis Historiques*, 1874, p. 207, 230. (Par le P. François Kieckens.)

1693. — Prolusio ad distributionem præmiorum Pallas Sacra seu Maria belli præses, pacis arbitra Antverpiæ suæ in Communi Belgii calamitate invocanda Amplissimis Nobilissimisque Dominis Consulibus Cœterisque Reipubl. Senatoribus perpetuis suis mæcenatibus. Dabitur a Studiosa Juventute Collegij Societatis Jesu. Die 11 Septemb. Anno MDCXLV, s. l., 4°, ff. 2.

1694. — ***Aubervilliers*** (*Seine*). — Discours prononcé par le T. R. P. Matignon, de la Compagnie de Jésus, le mardi 8 mai 1877, au pèlerinage de Notre-Dame des Vertus. (Aubervilliers, près Paris.) Paris, 1877, 12°, pp. 23.

1695. — ***Autriche.*** — Austria Mariana seu gratiosarum Virgineæ Dei-Parentis iconum per Austriam, origines, progressus, ac beneficia singularia... ab Illustrissima Poesi Academica dicata Anno MDCCXXXV, Mense... Die... S. l. (*Viennæ*), Typis Leopoldi Joannis Kaliwoda, 8°, pp. 176 et 1 pl. — (2e vol.)... ab Illustrissima Rhetorica Viennensi. Anno MDCCXXXVI, Mense... Die... Viennæ Austriæ, Typis Mariæ Theresiæ Voigtin, 8°, pp. 75, sll. (Par le P. Thomas Ertl.)

1696. — ***Bahia*** (*Brésil*). — Sermaõ de N. Senhora das Maravilhas pregado na Sè da Bahia no anno do 1660, na ocasaõ do desacato, que se fez a mesma Senhora, e a seu amado Filho. Lisboa, por Manoel Fernandes da Costa, 1732, 4°. (Par le P. Antoine de Saa.)

1697. — Sermaõ de Nossa Senhora das Portas do Ceo, e todo e Bem, e Collocaçaõ da sua Imagem na Igreja de S. Pedro da Bahia em 15 de Agosto de 1737. Lisboa, por Manoel Fernandes da Costa, 1738, 4°. (Par le P. Valentin Mendes.)

1698. — ***Bamberg*** (*Bavière*). — Historia de Statua Virginis Consolatricis quæ colitur in Templo Societatis Jesu Bambergæ. (1672.) (Par le P. Philippe Kisel.)

Cette histoire, contenue en quatre pages, se trouve avant: *Alvei septimi appendix duplex...* (Voir n° 242.)

1699. — ***Belgique.*** — Belgium Marianum. Histoire du culte de Marie en Belgique, y compris l'ancien territoire de Lille, de Douai, de Cambrai, etc. Par l'auteur de Saints et Grands Hommes du Catholicisme en Belgique.... Calendrier belge de la Sainte Vierge, précédé d'une introduction et suivi d'un appendice sur la dévotion à Marie en Belgique. Tournai, Casterman, 1859, gr. 8°, pp. xxiv-372. (Par le P. Edmond Speelman.)

1700. — ***Bergues St-Winoc*** (*Nord*). — Dry mirakelen gheschiet in de stadt van S. Winnox Berghe door het aenroepen van de h. Maghet Maria. Voor haer Beeldt an t' welcke Sy onder den tytel van Moeder der Bermherticheyt ghe-viert wort in de Kercke der Societeyt Jesu binnen de selve stadt in 't Jaer 1631, 1633 ende 1637. Nieuwelycks gheapprobeert den 21 October 1656. Ghedruckt tot Berghen S. Winnox by Pieter Van Ouwen, 1656, 4°, pp. 16.

1701. — ***Bohême.*** — Peregrinus Mariana Bohemiæ tempe obiens. Pragæ, 1665, 12°. (Par le P. George Kastel ou Castulus.)

1702. — Tempe Bohemiæ, seu famosiores et veræ effigies Deiparæ Virginis, quæ in regno Bohemiæ miraculis clarent. Pragæ, typis Academicis, 1665. (Par le P. Melchior Gutwirth.)

1703. — Statuæ et imagines omnes B. V. Mariæ in Bohemia, Moravia et Silesia celebres. (1670.) (Par le P. Jean OBITECZKI.)

Le P. Balbinus (*Bohemia docta*, II, p. 111) dit que ce Père fit graver toutes ces images, auxquelles il ajouta, sans mettre son nom, une courte notice sur leur histoire et les miracles.

1704. — (Le Jardin de Marie, ou différentes dévotions à la Sainte Vierge, avec les trente-six principales de ses images miraculeuses de Bohême.) (*En allemand.*) 1682, 12°. (Par le P. George KASTEL ou CASTULUS.)

1705. — ***Bollezéelle*** (*Nord*). — La Vierge de Bollezeelle, invoquée sous le titre de Notre-Dame de la Visitation, par M***. Lille, imp. Lefort, 1846, 18°, pp. 36. (Par le P. Pierre VITSE.)

1706. — ***Bologne***. — Orazione detta nella Accademia degli Inestricati per la Immagine della Beata Vergine di S. Luca dal suo colle recata in Bologna. (1772 [?].) (Par le P. J. B. ROBERTI.)

Ce discours est au t. VII, p. 189, de ses *Opere*. (Venezia, 1830.)

1707. — ***Bruges***. — Brugge Mariastad. Brugge, 1634, 24°. — Brugge, Mariastad door Pater J. ANDRIES, Priester der Societeit Jesu. Naer de oorspronkelyke uytgaef van 1634. Brugge, By den Uytgever, C. de Moor, 1850, 8°, pp. 34.

1708. — Onse Lieve Vravwe van Potterye Toevlucht der Sondaeren, En van alle behoeftighe menschen. Het Oudtste Mirakeleus Beeldt van ons Nederlant, door veel jonsten vermaert ende te Brugghe besonderlyck vereert. Door P. Philippvs Franc. TAISNE, Priester der Societeyt Jesu. Tot Brugghe, gedruct by de Weduwe van Joannes Clouwet, 1663, 8°. — Ibid., 1666, 1764, 1852.

1709 — Onse Lieve Vrouwe van Troost in de Vrouwen Abdye ghenaemt Spermaillie in de stede van Brugghe, door P. Philippus Franc. TAISNE, Priester der Societeyt Jesu. 1666, 8°.

1710. — ***Brunn*** (*Moravie*). — Parthenia gloria Augustissimæ Cœlorum Reginæ Mariæ Brunensium Thaumaturgæ arte et pietate D. Lucæ Evangelistæ concepta ac in Basilica S. Thomæ Apostoli RR. PP. Ordinis Eremitarum S. Augustini ad Brunam, Moravorum Urbem Regiam cultu Hyperdulico, ac miraculis per Orbem Universum illustrata cum Universa Theologia Scholastica. Præside Reverendo, Eximio ac Clarissimo P. Joanne LIBIG, S. J. Theologiæ et SS. Canonum Doctore... Typis Oppaviensibus, 1732, 4°.

1711. — Doppelte Cron Ewige und Zeitliche Mit welchen Die zu allen Zeiten unüberwintliche Brünerische Heldin Das ist : Maria die Himmels und der Erden Königin In ihrem uhralten Gnaden-Bild In der Königl. Stadt Brünn bey St Thomas gecrönet und bey der Hoch-feyerlichen Crönungs Begängnusz In einer Ehren-und Lob-Predig vorgestellet Von P. Carolo DUPENI, der Gesellschaft Jesu Priestern und Predigern. (1736.)

Inséré dans : *Conchylium Marianum vetustissimæ et venustissimæ Gemmæ Moraviæ... Brunæ, 1736, fol.*

1712. — Corona justitiæ Die Cron der Gerechtigkeit Sonsten Ein Lohn der Menschen in der anderen Welt, Heut Eine schuldige Ehr auf den Häubtern Christi und Mariæ In dieser Welt. Bey einem herrlichen Crönungs-Fest Als das uhralte und wunderthätige Gnaden-Bild Christi und Mariæ Bey St Thomas in Brünn, Anno 1736 den 10. May mit gröster Solemnität ist gecrönet worden, In einer Lob-und Ehren-Rede vorgetragen Von P. Bernardo WEBER, aus der Gesellschaft Jesu. (1736.)

Inséré dans : *Conchylium Marianum... Brunæ, 1736, fol.*

1713. — Problema oratorium, An Major coronatæ Virgini corona? An major Coronis accedat utilitas in Virgine coronatâ? Sermonis Panegyrici argumentum. Inter festiva coronationis solemnia augustissimæ in terris reginæ regnorum, in cœlis reginæ Sanctorum, Mariæ, magnæ Brunensium thaumaturgæ. In Basilica Sancti Thomæ Apostoli Admodum RR. PP. Ordinis Eremitarum Sancti Augustini ad Brunam Moravorum Urbem Regiam agitatum, ac resolutum à P. Jacobo PETZL, Societatis Jesu, Annô Salutis M.DCC.XXXVI. Mense Majo Die XV.

Inséré dans : *Conchylium Marianum... Brunæ, 1736, fol.*

1714. — ***Bruyères*** (*Haute-Garonne*). — Virgo Burguericana, sive Diva gratiæ conciliatrix. (Carmen.) Tolosæ, 1641, 4°. (Par le P. Jean Henri AUBERY.)

Réimprimé dans le *Parnassus Societatis Jesu*, 2e partie, p. 517.

1715. — ***Bruxelles.*** — Othonis ZYLII e Soc. Iesv Historia miracvlorvm B. Mariæ Silvadvcensis, iam ad D. Gaugerici Bruxellam translata. Antverpiæ, ex Officina Plantiniana Balthasaris Moreti, M.DC.XXXII, 4°, pp. 365, sllelt.

1716. — Gedachtenis der maend van Maria en der Krooning van het beeld van O. L. V., moeder der bermhertigheyd plegliglyk gevierd in de parochiale Kerk van O. L. V. ter Kapelen, te Brussel, in het jaer O. H. 1843... Brussel, Ve J. J. Vanderborght, 1843, 18°, pp. 36. (Par le P. Victor DE BUCK.)

1717. — Souvenir du mois de Marie et du Couronnement de la Statue miraculeuse de N.-D., Mère de la Miséricorde, dans l'église de Notre-Dame de la Chapelle, l'an de grâce 1843. In perpetuum coronata triumphat. Sap. 4, 2. Elle triomphe, couronnée pour jamais. Bruxelles, Imprimerie de Veuve J. J. Vanderborght, 1843, 18°, pp. 40. (Par le P. Victor DE BUCK.)

1718. — ***Bunzlau*** (*Silésie*). — Epitome Historica rerum Bohemicarum; qvam ob venerationem Christianæ antiqvitatis, et primæ in Bohemia Collegialis Ecclesiæ Honorem, Boleslaviensem Historiam placuit appellare. In ea, Pleraque in Historijs nostris incerta, controversa, obscura; multa item ab alijs prætcrita, summâ fide, diligentiâ, claritate, et brevitate qvinqve libris explicantur et statuuntur; Adjecti sunt Libri duo (VI et VII.) de Antiqvissimo Boleslaviensis Ecclesiæ Collegio; déque Origine et Miraculis Magnæ Dei Matris, quæ ibidem in Basilica sua summâ Populi veneratione colitur. Authore Bohuslao BALBINO è Societate Jesu. Pragæ, Typis Universitatis Carolo-Ferdinandeæ, in Collegio Societatis Jesu, ad

Sanctum Clementem, per Joannem Nicolaum Hampel Factorem, Anno M.DC.LXXVII, fol., pp. 631, sll. — Epitomes rerum Bohemicarum, seu : Historiæ Boleslaviensis Libri duo : VI. et VII. Quorum Prior, gloriam antiquissimæ Collegialis Ecclesiæ Vetero-Boleslaviensis ; Alter origines et gratias cœlestes gloriosæ Dei Matris Mariæ, Quæ ibidem Vetero-Boleslaviæ Ab Annis Propemodum DCCC. Colitur, Comprehendit. Authore Bohuslao Balbino è Societate Jesu. Pragæ, Typis Universitatis Carolo-Ferdinandeæ, in Collegio Soc. Jesu, ad S. Clementem, An. 1673, fol., pp. 118, sldelt.

La 2e partie parut avant la première.

1719. — ***Callao de Lima*** (*Pérou*). — Sudor y Lagrimas de Maria Santissima en su Santa Imagen de la misericordia, reconocidas a 29. de Septiembre dia del Arcangel el S. Miguel año de 1675. Veneradas en la Capilla de Loreto de la Iglesia de la Compañia de Jesus en el Presidio, y Puerto del Callao.... Que escribe... la Noble Congregacion de la SS. Virgen de Loreto del Puerto del Callao. En Lima. En casa de Juan de Quevedo, 1676, 4o, pp. 25, nch.

1720. — ***Cambrai.*** — Magna Dei Opt. Max. Mater Maria te Dominam Gratiarum semper merito, nunc tamen meritissimo appellant omnes Cameracensium ordines, et omnis ætas, et anno dieque, ab obsidione te duce soluta, vertente, tam illustris gratiæ auctorem, Grati ac memores Custodem urbis ac parentem agnoscunt. Et propterea Majorum, æqualium, minorum, suoque nomine Hac ode Salutant minimi maximæ patronæ clientes Gymnasij Societatis Jesu Discipuli. Anno 1650, 4o, ff. 3.

1721. — ***Capella*** (*Huesca,-Espagne*). — Noticia, y Novena de la Santisima Virgen, Madre del Amor hermoso, venerada en la villa de Capella, por Don Joaquin Larruy, Vicario de la Parroquial de dicha Villa. En Zaragoza, por Francisco Moreno, 1764, 8o. (Par le P Joseph François Clavera.)

1722. — ***Capoue.*** — Historia della prima chiesa di Capua, òvero di Santa Maria maggiore, ò con altro nome detta Maria di Capua prima sua chiesa, e prima sua Vescoval Sede. Del P. Gio : Pietro Pasquale della Compagnia di Giesù... In Napoli, per Luc' Antonio di Fusco, MDCLXVI, 4o, pp. 124, sld.

1723. — ***Carquere*** (*Espagne*). — Historia da Nossa Senhora de Carquere, e sucesso do milagro que obrou no primeiro Rey de Portugal D. Alfonso Henrique (?). (Par le P. Louis Pinheiro [?].)

1724. — ***Ceignac*** (*Aveyron*). — Histoire de Notre-Dame de Ceignac, par le P. Antoine Cavaignac, de la Compagnie de Jésus. Rhodez, Desclaux, 1627, 12o.

1725. — Discours prononcé par le P. Alet, de la Compagnie de Jésus, p. 24-33 de *Pèlerinage du Diocèse de Rodez à Notre-Dame de Ceignac le 17 août 1873.* (*Rodez, imprimerie de Ve E. Carrère.*) In-8o, pp. 36.

1726. — ***Cesena*** (*Italie*). — La Madonna del popolo. Discorso del P. Giovanni Zerboni della Compagnia di Gesù, recitato nella cattedrale di Cesena la domenica delle Palme del 1875. Cesena, Biserzia-Collini, 1875, 8o, pp. 15.

1727. — ***Chartres***. — Notre-Dame de Chartres. Séance littéraire. Hommage au Rév. Père Provincial. Collège St Joseph d'Avignon, 16 mars 1874. (Avignon, typ. F. Seguin aîné.) 12°, pp. 2.

1728. — ***Châtillon-sur-Seine*** (*Côte-d'Or*). — L'Histoire saincte de la ville de Châtillon-svr-Seine av Dvché de Bovrgongne. Contenant : La vie et les Miracles de S. Vorle Patron du lieu. L'Enfance et l'Education de S. Bernard au mesme lieu. Les Miracles de l'Image de la Ste Vierge, qui s'y conserve de temps immemorial. Et plusieurs autres Remarques curieuses. Par le R. P. E. Legrand, de la Compagnie de Iesvs, natif de la mesme ville. A Auton, par Blaise Simonnot, 1651, 8°, pp. 162, sldelp. — Seconde partie de l'Histoire sainte de Chatillon svr Seine. Contenant l'Origine, la situation, les qualitez de la Ville et des Habitans. La Religion et les Eglises. La Genealogie, Education, Estudes, et Vocation de S. Bernard. Les Miracles de l'Image de la Ste Vierge, qui donna du laict au dit S. Bernard. L'Histoire prodigieuse de l'Image de S. Antoine, attribuée au mesme lieu de Chatillon. Par le mesme P. E. L. G. de la Compagnie de Iesvs. A Avtvn. Chez Blaise Simonnot, s. a. (*1651*), 8°, pp. 279, sldl. et errata.

1729. — ***Chièvres*** (*Belgique*). — Diva Servia Hanno-Belgica, sive Miraculorum ab ea patratorum Florilegium, in sex areolas seu Decades distributum Serenissimo Maximiliano Henrico utriusque Bavariæ Duci, Eburonum Principi Sacrum. A. R. P. Philippo Bouchy Servio Societatis Jesu. Leodii, Typis Balduini Bronckart, 1654, 4°, pp. 97, sllelt. — Ibid., 1654, 16°, pp. 133, sllelt.

1730. — ***Chodel*** (*Pologne*). — Thaumaturgæ in sua æde prope oppidum Chodel Virgini lauretanæ in monte et variis infirmitatibus sospitatrici, in peste, hostilitate et periculis præsidi, Collegii lublinensis S. J. domesticæ tutelari, et omnium ad se confugientium communi Matri, se suumque indignum triennalis cursus laborem dedicat A. 1735, juratum Mariani honoris mancipium. Lublini, typ. S. J., 1735, fol., pp. 24. (Par le P. Adalbert Bystrzonowski.)

1731. — ***Cormons*** (*Illyrie*). — La Statua prodigiosa di Maria Santissima, sotto il titolo di Rosa Mistica venerata nella Chiesa di Santa Caterina delle RR. Suore della Providenza in Cormons. Memoria storica. Padova, tipografia del Seminario, 1882, 16°, pp. 106. (Par le P. Joseph Rossi.)

1732. — ***Cozmaluapan*** (*Mexique*). — Relacion de la prodigiosa Imagen de Nuestra Señora de Cozmaluapan en la Costa del Obispado de la Puebla de los Angeles. Puebla de los Angeles, 1643. (Par le P. Jean Avalos.)

1733. — ***Cracovie***. — Diva lauretana ad Lyram decantata cum Ejus Numini dicatum Andreas Czarnecki, Burgravius cracoviensis, exornaret sacellum in Basilica S. J. Petri et Pauli Apostolorum ad Collegium Cracoviense S. J. pro felici ac incolumi suo ex Italia reditu A. D. 1642. (Par le P. André Kanon.)

Inséré, p. 289-295 de ses *Lucubrationes*. *Cracoviæ*, *1676*, 4°.

1734. — ***Culm*** (*Prusse*). — Gloria magnæ Thaumaturgæ Culmensis in Bosnia intemeratæ Semper Virginis Mariæ, subjectis quæstionibus, tum e Scriptura, tum theologia polemica, de natura, efficacia, et varietate miraculorum. Pragæ, Typis Universitatis, 1716, 4°. (Par le P. Martin PIRCHAN.)

1735. — ***Czerwinsk*** (*Prusse*). — O łaskach y cudach, które się działy w kościele Nayświętszey Panny Mary Czerwińskiey. Warszawa, Piotra Elerta, 1650, 4°. (Par le P. Luc PAPROCKI.)

Histoire des miracles de Notre-Dame de Czervin.

1736. — ***Démù*** (*Gers*). — Diva Virgo Beretana ad Demusium. Carmen. Tolosæ, 1650 (?). (Par le P. Jean Henri AUBERY.)

Ce doit être l'ancien pèlerinage de Notre-Dame des Bernets, près Démù, arrondissement de Condom. Il n'en reste plus que le souvenir.

1737. — ***Déols*** (*Indre*). — Le Saint Pèlerinage de Notre-Dame de Déolz, près Châteauroux (Indre), par le R. P. Possoz de la Compagnie de Jésus. Nantes, Biarmes, 1850 (?), 24°, pp. 36.

1738. — ***Dôle***. — Deipara Dolanorum Sospitatrix Oratio. Habita post solemnem studiorum instaurationem in prima Schola Grammat. Collegii Dolani Societ. Jesu postrid. Theophaniæ CIↃ. IↃCXXXI. Dolæ, ex Typis Antonii Binart, CIↃ.IↃC.XXXI, 4°, pp. 26.

1739. — A Notre-Dame du Mont-Roland, Bonne et tendre Mère. Bouquet spirituel offert par ses enfants. A. M. D. G. Dole, imprimerie de L. A. Pillot, 1853, 24°, pp. 48.

1740. — A Notre-Dame du Mont Roland. Bouquet spirituel offert par les enfants de Marie à leur tendre mère; par le P. DESJARDINS, de la Compagnie de Jésus. Limoges, Barbou, 1858, 32°, pp. 64.

1741. — Notre-Dame de Mont Rolland, par le P. MONTIAL, de la Compagnie de Jésus. Paris, Ruffet, 1866, 18°, pp. XVI-414.

1742. — Notice sur Mont-Rolland. Dole, Bluzet, 1873, 32°, pp. 8. (Par le P. Pierre MAZOYER.)

1743. — ***Dub*** (*Bohême*). — Pulchra ut luna, electa ut sol, immaculata Virgo Maria Dubensis. Olomucii, 1742, 4°. (Par le P. Joseph GIHL.)

1744. — ***Dziekowitz*** (*Prusse*). — Miracula patrata ad imaginem thaumaturgam B^mæ Virginis Mariæ Dzikoviensem e polono latine reddita. Cracoviæ, 1686, 4°. (Par le P. Luc PAPROCKI.)

1745. — ***Edelaere*** (*Belgique*). — Historie van O. L. V. Ten Kerselaer, binnen de Parochie Edelaer by Audenaerde. Brussel, M. Vanderborght, 1844, 18°, pp. 76. — Audenaerde, 1853. (Par le P. Victor DE BUCK.)

1746. — ***Einsiedeln*** (*Suisse*). — Milagros, y portentos sucedidos en el Santuario de Nuestra Señora de las Hermitas. Salamanca, Antonio Cossia, 1673, 16°. (Par le P. François MALDONADO.)

1747. — ***Ennetières-en-Weppes*** (*Nord*). — Le St Pèlerinage de N. D. de Paix à Ennetières-en-Weppes. Suivi de Prières et de pratiques en son honneur. Par le R. P. Possoz, de la Compagnie de Jésus. Tournai, Malo et Levasseur, 1859, 12°.

1748. — ***Ertvelde*** (*Belgique*). — Onze-lieve-vrouw van Stoepe parochie Ertvelde, Broederschap van den doodstryd aldaer opgeregt door zyne heiligheid den paus van Roomen Clemens XI. Brussel, H. Goemaere, 1858, 18°, pp. 188. (Par le P. Théodore Ingels.)

1749. — ***Espagne.*** — Compendio historico, en que se da noticia de las milagrosas, y devotas imagines de la reyna de cielos, y tierra, Maria Santissima, que se veneran en los maz celebres santuarios de España. Refierense sus principios, y progressos, con los principales Milagros, que ha obrado Dios Nuestro Señor por su intercession, y sucessos mas notables de sus prodigiosos Aparecimientos. Obra que consagra a la misma Virgen... Segunda impression, aumentada por su autor el Reverendissimo Padre Juan de Villafane, de la Compañia de Jesus. En Madrid : En la Imprenta y Libreria de Manuel Fernandez, Año M.DCC.XL, fol., pp. 627, sll.

La 1re édition doit être, d'après les approbations, de 1726.

1750. — ***Esquermes*** (*Nord*). — Diva Reconciliationis vulgo Esquermiensis, sive de ejusdem origine, antiquitate, sodalitate, miraculis. Insulis, Typis Petri de Rache, 1625. (Par le P. Antoine de Balinghem.)

Ne serait-il pas l'auteur de la traduction française : *Notre-Dame de Reconciliation, dite d'Esquermes, de son origine, antiquité, sodalité. et miracles, par un P. de la Compagnie de Jésus. Lille, Pierre de Rache, 1625 ?*

1751. — Pelerinage d'Esquermes aux sept stations dans le chemin, selon les sept pèlerinages de la Sainte Vierge. Lille, Pierre de Rache, 1635.

1752. — Explication de la solennité faicte à l'honnevr de N. Dame d'Esqvermes par les estvdians du College de la Compagnie de Iesvs à Lille, av iovr de son retovr en sa chapelle hors de la ville le 10 de May 1660. En la première année de la paix. A Lille, de l'Imprimerie d'Ignace et de Nicolas de Rache, M.DC.LX, 4°, ff. 4.

1753. — ***Ettal*** (*Bavière*). — Maria Fundatrix Ettalensis Maria Die Stüfftterin von Ettal, Durch die Ankunfft jhrer Gnadenreichen Bildnuss in die Churfürstl. Haupt-und Residentz-Statt München, Macht Hoffnung, dass Sie seyn werde nit allein diser Statt, sonder auch dem gantzen Landt Bayren Ein Stüffterin, Dess Schutzes, und Fridens. In einer Predig vorgetragen Vor P. Ioachimo Reittmair Der Gesellschafft Jesu Priestern.... den 13 April Anno 1704. München, Getruckt bey Johann Lucas Straub, 4°, pp. 15, sld.

1754. — ***Fabiano*** (*Italie*). — Di Maria Santissima intitolata del Mare. In Roma, Nella Stamperia Salomoni, CIↃ.IↃCC.LXXXVI, 12°, pp. 203. (Par le P. Joseph Marie Mazzolari.)

Le P. de Backer dit que cette statue de la Sainte Vierge était vénérée chez les Capucins de Fabiano.

1755. — ***Forli*** (*Italie*). — Sommario d'alcuni miracoli e gratie ricevute per intercessione della gloriosa Vergine Maria. Alla Imagine sua volgarmente detta la Madonna di Germania. Nella Chiesa delli Reverendi Padri del Giesù nella Città di Forli. Dove parimente se racconta la inventione della Sacra Manica della Beata Vergine. In Cesena, per Francesco Raverio, MDCIII, 4°, pp. 20.

1756. — ***Foye*** (*Belgique*). — Briefve histoire de l'Invention de l'image Nostre-Dame de Foy trouvee en vn Chesne à Foye, Baronnie de Celles les Dinant, l'an M.DC.IX, composée par le R. P. Pierre Boüille de la Compagnie de Iesvs. A Liege, chez Iean Ouwerx, M.DC.XX, 12°, pp. 86, sld. — 5e édition. Ibid., 1623.

Augmenté dans les éditions suivantes : Dame de la Foy. Histoire de la descouverte et merveilles de l'image Nostre Dame de Foy trouvee en un chesne pres la ville de Dinant pays de Liege l'an M.DC.IX... A Liege, de l'Imprimerie Jean Ouwerx, M.DC.XXVII, 4°, pp. 365. Seconde édition, fort augmentée. Liége, Guil. Henry Streel, 1666, 12°, pp. 111.

Traduit en flamand par le P. J. Susius ; l'abrégé l'a été en latin, sous le titre suivant.

1757. — Brevis et succincta narratio Miraculorum Virginis Foyensis, quæ singulari Dei munere e latebris annosæ quercûs enituit anno 1609. In Cellensi toparchiâ, non procul Dionanto, Leodiensis agri oppido. A R. P. Petro Bovillio e Societate Jesu, Gallicè primum edita, indeque à quodam eiusdem Societatis Jesu, latinitate donata. Duaci, typis Marci Wyon, 1620, 12°, pp. 85, sllelt. (Par le P. Antoine de Balinghem [?].)

1758. — Den oorspronck ende mirakelen von Onse Lieve Vrouwe van Foye by Dinant ; in t' Francoij's beschrever deur P. Petrvs Boville ende vertaelt in onse gemeyne sprake deur P. Iacobvs Svsivs beyde Priesters der Societeyt Iesv. Tot Loven, by Hendrick van Hastens, In 't Jaer 1624, 8°, pp. 96, sllelt.

1759. — ***Foyos*** (*Valence. — Espagne*). — Carmen de inventa Sacra Imagine Beatæ Mariæ Virginis quæ Fundis (Foyos) sub appellatione Patrocinii antiqua Religione colitur. Valentiæ, typis Viduæ Augustini Laberda, 1803, 4°. (Par le P. Manuel Lassala.)

1760. — ***Galloro*** (*Italie*). — Istoria del Santuario della Beatissima Vergine di Galloro scritta da Giuseppe Boero della Compagnia di Gesù. Roma, presso Alessandro Monaldi, 1842, 18°, pp. vi-97. — Ibid., 1852, 1863.

1761. — ***Garaison*** (*Hautes-Pyrénées*). — Diva Virgo Guarazonia (Carmen). Tolosæ, Typis Colomerii, 1650, 4°, pp. 72. (Par le P. Jean Henri Aubery.)

1762. — ***Gênes***. — La Salvaguardia di Genova Oratione del P. Luigi Giuglaris della Compagnia di Giesù, detta alla presenza de' Serenissimi Collegij nella Chiesa di Nostra Signora delle Vigne alli 21 novembre 1640. Con occasione di celebrarsi l'anniversario della Coronatione di detta Nostra Signora in quella Chiesa. In Genova, per Gio. Maria Farroni, Nicolò Pesagnj, e Pier Francesco Barberi, 1641, 4°, pp. 32.

1763. — ***Gitschin*** (*Bohême*). — Nigra sed formosa. Libellus de Thaumaturga Giczinensi B. V. Pragæ, 1713, 12°. (Par le P. Jean KRAUS.)

Le même ouvrage parut en bohémien et en allemand.

1764. — Primum Sæculum Diva Ruthenicæ, seu relatio historica de origine, cultu et beneficiis vetustissimæ Ruthenicæ imaginis Mariæ Matris divinæ, quæ Giczinii Boemorum in Ecclesia S. Ignatii PP. S. J. altero jam Sæculo peculiari hyperdulia colitur. Reginæ Hradecii, Typis Wenceslai Tibelli, 1741, 4°. (Par le P. Joseph LAURITSCH.)

Il publia le même ouvrage en bohême : *Prwnj Wiek rodiezki Boz'j Russanske. w Hradey, Kralowem nad Labem*, 1743, 4°.

1765. — ***Glatz*** (*Prusse*). — Historia Beatissimæ Virginis Glacensis, das ist, kurtze Beschreibung von dem hochalten Wunderthätigen Maria-Bild, welches zu Glatz auff dem Hohen-Altar in der Pfarrkirchen der Societät Jesu von viel hundert Jahren her, zu offentlicher Verehrung vorgestellet, und schon im Jahr 1364 von Ernesto dem ersten Ertz-Bisschoff zu Prag, Wunderthätig erkläret. Zusammengetragen von R. P. Joanne MILLER, der Societät Jesu Priester, im Jahr 1690. Glatz, druckts Andreas Frantz Pega, 4°, pp. 254, sllelt.

1766. — ***Gratz*** (*Styrie*). — Narratio historico poetica Thaumaturgæ Imaginis vulgo Mariæ Consolatricis propre Styriæ metropolim. Græcii, Widmanstadius, 1750, 8°. (Par le P. Joseph INAMA.)

1767. — Deipara Ducatus Styriæ Consolatrix, in propinquo colle Græcensi Dedicata ab Illustrissima Eloquentia Academica... Græcii, Litteris Hæredum Widmanstadii, 8°, ff. 26.

1768. — ***Gray*** (*Haute-Saône*). — Origine de l'image miraculeuse de N. D. de Gray. Besançon, Boquillot, 1770, 12°. (Par le P. Jean François Marie Aymon DE MONTÉPIN.)

1769. — ***Groeninghe*** (*Belgique*). — Notre-Dame de Groeninghe, par le R. P. Possoz, de la Compagnie de Jésus. Tournai, 1859, 18°, pp. 135. — Tournai, Casterman, 1863, 18°, pp. 135.

1770. — ***Guadalajara*** (*Espagne*). — Relacion, origen i milagros del S. Cristo i nuestra Señora de la Caridad, que estan en la Iglesia de Carmelitas descalzos, en la villa de Guadalaçara. Malaga, por Iuan René, 1621, 12°. (Par le P. Martin DE ROA.)

1771. — ***Guadalaxara*** (*Mexique*). — Devota Novena a Ntrã Srã de la Salud, que se venera en el Convento de Santa Maria de Gracia de la Ciudad de Guadalajara. En Mégico, 1760, 8°. (Par le P. Jean GUBAYA.)

1772. — ***Guanaxuato*** (*Mexique*). — Idea ó traza del magnifico Retablo de Ntra Señora de Guanajuato, formada en verso castellano, a instancias del Sr. Dr. D. Juan Diaz Bracamonte, Oidôr de Mégico, y Arcediano de la Puebla de los Angeles. (1675 [?].) (Par le P. Joseph PORRAS.)

1773. — ***Hall*** (*Belgique*). — Histoire de Nostre Dame de Hale. Divisé en trois parties. La première de la ville, de l'Image et de l'Église. La seconde des merveilles et miracles. La troisième des honneurs deferez a Noste (*sic*) Dame de Hale. A Bruxelles, chez Hubert Anthoine Velpius, 1651, 8°, pp. 398, sllelt. (Par le P. Claude MAILLARD.)

Traduit en flamand par le P. Poirters.

1774. — Del Pelgrim van Halle, ofte Historie van onse Lieve Vrouwe van Halle. Dat is den oorspronck van het H. Beeldt, beneffens de Mirakelen oft besondere jonsten : als oock de eere ende giften aen de H. Maghet bewesen. Gemaeckt door eenen Priester der Societeyt Jesu. Tot Brussel, by Huybrecht Anthoon Velpius, 1657, 12°, pp. 233. (Par le P. Adrien POIRTERS.)

1775. — ***Hall*** (*Tyrol*). — (Conciones decem de angelica salutatione B. M. V. occasione celebritatis sæcularis translationis Imaginis B. V. M. in Ecclesia Parochiali Halæ.) (En *allemand.*) Innsbruck, Rauch, 1851, 8°. (Par le P. Georges PATISS.)

1776. — ***Heiligenberg*** (*Bohême*). — (Succurre Miseris, hoc est : Historia S. Montis in Bohemia cum methodo pie peregrinandi ad B. V. Sacromontanam. (*En langue bohême.*) Prag, 1652, 12°. (Par le P. George CONSTANZ.)

1777. — Tempe Mariana Montis Sancti in Regno Bohemiæ a decurso Trieteridis Palladiæ studio. Pragæ, typis Academicis, 1653, 12° (Par le P. Maximilien REICHENBERGER.)

1778. — Diva Montis Sancti, seu Origines et Miracula Magnæ Dei Hominvmqve Matris Mariæ, qvæ In Sancto Monte Regni Bohemiæ, ad Argentifodinas Przibramenses, quotidianâ Populi frequentiâ, et pietate, in statua sua mirabili, aditur et colitur : V. Libris comprehensa. Authore R. P. Bohuslao BALBINO è Societ : Jesu, Reginohradecensi Bohemo. Adjecta sunt, In honorem Antiquitatis, et gratiam eruditi Lectoris, alia digna lectu plurima, totâq ; illa vicina S. Monti Regio, tum etiam Perillustris et generosæ Stirpis, Maloveciorum Equitum (quibus hic dedicatus est Liber) Origines separatim descriptæ eodem Authore. Pragæ, Typis Vniversitatis Carolo-Ferdinandeæ, in Collegio Soc : Jesu ad S. Clementem, per Georgium Czernoch, Anno M.DC.LXV, 4°, pp. 472, sldelt. — Historiæ Beatissimæ Virginis in Sancto Monte Societatis Iesv, Auctarivm I. Sacra Memorabilia continens Regionis illius, quæ circa S. Montem sita est, Ac Brevem quendam Districtvs Podbrscensis Descriptionem. Auctore Bohvslao Balbino Societatis Iesv Sacerdote. PP. 114. — Historiæ... Avctarivm II. quod Illvstrissimæ, Generosissimæ, et Antiquissimæ Stirpis Baronvm, et Eqvitvm Maloveciorvm antiqvitates complectitvr. Authore.... pp. 32.

1779. — Heiliger Berg, oder Aussführliche Beschreibung des Wunderthätigen Bildnus Unser Lieben Frauen ob dem Heiligen Berg in Königreich Böheimb. Von wem dasselbige seinen Ursprung und mit was ansehnlichen Wunderzeichen es biesshero geleuchtet habe? Gezogen aus dem Lateinischen Ursprunge-und Geschicht-Buch des Ehrwürdigen Patris Bohuslai Balbini der Societät Jesu Priesters. Gedruckt zu Prag in der Ertzbisschoflichen Druckerey durch Paulum Tuchscherer, im Jahr 1668, 8°, pp. 396.

La dédicace est signée : *PP. Residentiæ soc. Jesu in Sacro Monte.*

1780. — Compendiaria descriptio de gloriosissimo actu coronationis B. V. Deiparæ in monte Sancto Soc. Jesu in regno Bohemiæ. 1732, 4°.

1781. — Aurora primæ diei in seculo Mariano inchoato per PP. S. I. anno 1647 in sacro monte stabilitos, seu succincta notitia eorum quæ ante hunc annum et seculum cum thaumaturga icone B. V. M. acta sunt. 1747. — *Manuscrit.* (Par le P. Adalbert PUBETZ.)

1782. — Historia Divæ Virginis in Regni Bohemiæ Monte Santo Vaticano diademate in Germania primæ omnium coronatæ. Ex monumentis authenticis. De Statuæ Sacræ origine, vetustate, cultu, prodigiis, coronatione, aliisque huc facientibus in libros tres digesta. Pragæ, typis academicis, 1758, 4°, pp. 374. (Par le P. Ignace POPP.)

1783. — ***Hietzing*** (*Autriche*). — Augustissimæ Domus Austriacæ in SS. Virginem Mariam, quæ in Hiezing (prope Viennam) colitur, Augusta Pietas. Viennæ, Kaliwoda, 1752, 8. (Par le P. Frédéric LAEMICHEN, ou par le P. J. B. KASCHUTNIGG.)

1784. — ***Iguape*** (*Brésil*). — (Relation sur Notre-Dame des Neiges dans la ville de Iguape.) 1730. — *Manuscrit.* (Par le P. Christophe DA COSTA DE OLIVEYRA.)

1785. — ***Ingolstadt.*** — Oratio de B. V. Maria de Victoria. Ingolstadii, 1754. (Par le P. Henri SCHUETZ.)

1786. — Das Gnadenbild der Mater ter admirabilis von Ingolstadt in Baiern. Geschichtlichen Bericht und Gebete. Freiburg, Herder, 1880, 12°, pp. 87. (Par le P. François HATTLER.).

1787. — ***Innsbruck*** (*Tyrol*). — Lobpredigt bey achttägiger Festbegängniss des Jahrhunderts von der Uebersetzung der Bildniss Maria-Hilf zu Innsbruck im Jahr 1750. Augsburg, 4°. (Par le P. Ernest GEPPERT.)

1788. — (Conciones sex de B. V. Maria Auxiliatrice occasione celebritatis sæcularis translationis Imaginis B. M. V. miraculosæ in Ecclesia Parochiali Æniipontana.) (*En allemand.*) Innsbruck, Rauch, 1850, 8°. (Par le P. Georges PATISS.)

1789. — ***Ittre*** (*Belgique*). — Notice sur Notre-Dame d'Ittre. Doux cœur de Marie, soyez mon refuge. Bruxelles, Alfred Vromant, 1874, 18°, pp. 23. (Par le P. Joseph BROECKAERT.)

1790. — ***Itzmal*** (*Yucatan*). — Novena en obsequio de la milagrosissima Imagen de Nuestra Señora que se venera en su Santuario de Itzmal, 15 leguas distante de Merida de Yucatan. (1730 [?].) (Par le P. François-Xavier PAZ.)

1791. — ***Jaroslaw*** (*Galicie*). — Morze łask y pociech, boleśna Matka, Boska Maryia, albo cuda y łaski różne przy Obrażie polowym jarosławskin Nayświętszey Panny w Kościele Oyców S. J. złożonym doznane y pilnie zebrane przez X. Jana Kwiatkiewicza S. J. Krakow, 1680, 8°. — Lublin, 1692, 8°. — Leopoli, 1744, 8°, pp. 218.

La dernière édition me semble être du P. Jean Gutkowski, qui continua l'œuvre de son confrère. Cet ouvrage fut traduit en partie en latin par l'auteur : *Miracula divinitus patrata ad imaginem thaumaturgam B. V. Mariæ Jaroslariæ in Collegio S. J. ex opusculo polono. Cracoviæ. 1680. 12°, edito. Lublini, typ. S. J.. 1692, 12°.*

1792. — Panię tna uroczystość Nayświętszey Matki cudami slawney w Kościele jarosławskim S. J. Przemysl, Dr. S. J., 1739. (Par le P. Jean Hulewicz.)

C'est le récit des fêtes de la Vierge dans l'Église de la Compagnie à Jaroslaw.

1793. — Jaroslaviense Icon, seu Mater Dolorum et Gratiarum coronata. Leopoli, typ. S. J., 1754, 8°.

1794. — Mater dolorum et gratiarum, septem vulneribus, velut fontibus miraculorum in Icone Jaroslaviensi conspicua. Leopoli, typ. S. J., 1754, 4°.

1795. — Dwa panegyriki o Nayświętszey Pannie Maryi Jarosławskiey. Lublin, Dr. S. J., 1755, 8°. (Par le P. François Michel Lesniewski.)

Ce sont deux panégyriques en l'honneur de la Vierge de Jaroslaw.

1796. — Zniwo cudownych darów w polu jarosławskin, to jest, cuda y dziwne łaski za przyczyną N. Panny y Matki bolesney w Jarosławskim polnym Kośćiele cudami wstawioney doznane od R. P. 1693 az do R. P. 1755, zebrane y wydane przez jednego Kaplana Zakonu S. J. Lwów, Dr. S. J., 1755, 8°, pp. 192.

C'est le récit des miracles obtenus par l'intercession de la Vierge de Jaroslaw.

1797. — Pamiatka uroczystośći Nayswiętszey Matki boleśney, cudami slawney w Kośćiele Jaroslawskim S. J. ukoronowaney 1756, d. 8. Wrześnía. Przemyśl, 1759, 8°.

Sur la Vierge de Jaroslaw.

1798. — Kongregaçya siedmiu boleśći Nayswiętszey Panny przy cudownym Obrazie swoim Jarosławskin wprowadzona. Lwów, Dr. S. J., s. a., 8°.

Livre sur la Congrégation des sept douleurs à Jaroslaw.

1799. — ***Kalisch*** (*Pologne*). — Honor Beatissimæ Virginis Mariæ Calissiensis. (18e S.) (Par le P. Valentin Kierski.)

1800. — ***Kevelaer*** (*Prusse rhénane.*). — Het Pelgrim van Kevelaer, in houdende de Litanien, Hymni Liedekens, Herders-dichtjens, en Reys Gebeden voor de Processie van Kevelaer. Door den Eerw. Pater A. P. Priester der Societeyt Jesu. Te Koop van Kevelaer, 1655, 8°, pp. 40. (Par le P. Adrien Poirters.)

1801. — ***Koden*** (*Lithuanie-Pologne*). — Kazanie X. Atanazego Kiersnickiego S. J. na Niedzielę Trzynastą po Swiątkach. Zlaczona z Festem Wniebowzięcia

Nayświętszey Matki Bozcy, y z Aktem Koronacyi Cudownego Jey obrazu Kodeńskiego tego dnia w Roku 1721. dezygnowanym, lecz dla slusznych przyczyn na dalszy czas odłożonym.

C'est un discours prononcé pour le couronnement de la statue de Notre-Dame de Koden. Il a, sans doute, été imprimé à part en 1721. Je l'ai trouvé inséré dans : *Swada Polska y Lacinska albo Miscellanea Oratorskie... przez Jana Ostrowskiego Daneykowicza. Lublin, 1745, fol.*, au t. I, 5e part., p. 24-55.

1802. — Monumenta antiquitatum Marianarum de thaumaturga icone Guadalupana in arce Kodnensi. (1733.) — *Manuscrit*. (Par le P. Athanase Louis Kiersnicki.)

1803. — ***Kolosvar*** (*Transylvanie*). — De origine et progressu cultus et lacrymis prodigiosis Claudiopolitanæ Iconis B. V. Mariæ. Claudiopoli, 1700 (?). (Par le P. Rodolphe Bzenski.)

1804. — Maria Virgo Claudiopolitana, seu genuina de lacrymosa Virgine relatio. Claudiopoli, 1714, 8°. (Par le P. Jean Simeghi.)

1805. — AVLa Deo LoCata, VnIVersItatIs BathorIanæ trophæVM. Seu Nova Basilica, Academiæ Claudiopolitanæ, Societatis Jesu. Magno Deo, Uni in Trinitate, Trino in personis, Verbo æterno, Humanam Carnem pro mortalib(us) induto : ac Divinæ Sapientiæ Matri ; Literarum, et Literatorum Christianorum Arcæ Munitissimæ ; A Prodigiis Thaumaturgæ ; A Lacrymis pro salute Gentis suæ fusis, Clementissimæ Sospitatrici : Magnorum munificentiâ Mecœnatum, Erecta, ac Dicata. Atque In præsentiâ Primatum Daciæ, Inclytorum Statuum, ac pientissimi Populi, ab uno è Senatu Academico Soc. Jesu Oratore, eucharisticâ dictione Celebrata. S. l. et a. (*1724*), fol., pp. 10 nch.

A la suite, 6 pages non chiffrées pour une pièce de vers latins : *Corona stellarum duodecim*.

1806. — Historia flentis Thaumaturgæ Virginis Claudiopolitanæ, cum prævia Dissertatione theologica. Tyrnaviæ, typis Academicis, 1725. (Par le P. Antoine Mindzenti.)

1807. — Elegiæ supplices, seu Gemitus suspirantis animæ ad Thaumaturgam Virginem Claudiopolitanam. Claudiopoli, typis Academiæ, 1734, 8°. (Par le P. Georges Nagy Szombathi.)

1808. — Historia Thaumaturgæ Virginis Claudiopolitanæ. Claudiopoli, 1736, 12°. (Par le P. Antoine Gruber.)

1809. — Oratio parænetica de laudibus Thaumaturgæ Virginis Claudiopolitanæ. Claudiopoli, typis Academicis, 1753, 8°. (Par le P. Etienne Josa.)

1810. — Vera et diffusa descriptio Imaginis miraculose flentis et modo in Academico S. J. Templo Claudiopoli in Ara majori magna cum pompa positæ Iconis gratiosæ Marianæ. Claudiopoli, 1770, 12°. (Par le P. André Patai.)

Il y a des éditions antérieures, vers 1730.

1811. — ***Kroze*** (*Lithuanie*). — Lithothesis sacra in prima Templi Magnæ Virgini Matri dicati erectione a Patribus Collegii Crozensis S. J. liberalitate Joannis Chodkiewicz fundati. Vilnæ, 1621, 4°.

1812. — ***Larmor*** (*Morbihan*). — Pèlerinage de N.-D. de Larmor le 17 août 1873. Consécration de la France à la Sainte Vierge pour tout le diocèse par Mgr l'évêque de Vannes. Discours du R. P. POIRRÉ. Lorient, Eug. Grouhel, 18°, pp. 20.

1813. — ***Lemberg*** (*Galicie*). — Wizyta Nayjaśnieyszey Monarchini Maryi, przez Koronacyj Cudownego Jey Obrazu lwowskiego, w dzien Jey Honorowi poświęconym, tak zawse domowa y ustawiczna, jako tez oddona w domu Eleżbiety, czyli Kazanie na Konkluzyj Oktawy Anniversaryusza Koronacyj miane w kościele lwowskôm, Bożego Ciala, Zakonu kaznodzieyskiego, przez J. X. Jakuba TCHORZEWSKIEGO S. J... d. 9 Lipca 1752. Lwów, Dr. S. J., fol., pp. 16.

Panégyrique pour le couronnement de la statue de la Sainte Vierge à Lemberg.

1814. — Podczas urcoczystego aktu Koronacyi Nayjaśnieyszey Maryi Panny w Obrazie swoim cudownym Kazanie w Bouszowcach w Kósciele WW. XX. Karmelitow dawney reguł obserwancyi, gdzie się ten akt odprawywał, przez W. JX. Andrzeja FILIPECKIEGO, Kanonika lwowskiego d. 15 Lipca R. 1777 miane. Lwów, Dr. SS. Tróycy, 1777, 8°, pp. 33.

C'est un sermon, prêché par le chanoine Filipecki, ancien jésuite, au couronnement d'une statue de la Ste Vierge, dans l'église des Carmes de Lemberg.

1815. — ***Liège.*** — Sacrarium Augustissimæ Deiparæ V. Mariæ Patriæ Leodiensis. Duodecim Duodenis, velut totidem stellis seu loculamentis, Concinnatum. Huic opposita est Porta Cœli una cum Scala Jacob : Hoc est, signum Prædestinationis et certa eamdem Consequendi ratio. Cum aliis nonnullis opusculis etc. Leodii, apud Joannem Ouwerx, 1618, 4°, pp. 10-70. (Par le P. Gilles DU MONIN [?].)

1816. — Clarissimo Senatui Reipublicæ Marianæ cæterisque Assumptæ et Conceptæ Virginis sodalibus, de cervinis cornibus in candelabrum aptatis et mediam Deiparæ statuam sustinentibus, lusus didacticus in solenni parthenici Magistratus instauratione. Leodii, Typis Joannis Tournay, 1630, placard in-fol. à 2 colonnes.

1817. — De Statuæ D. Mariæ Virginis boni reditus nuncupatæ cum in monte Sancti Ægidii prope Leodium a Studiosa juventute Collegii Societatis Jesu in ædicula collocaretur. Leodii, Typis Joannis Ouwerx, 1631, placard in-fol. à 2 colonnes.

1818. — La pieté du peuple de Liége envers la Mere de Dieu et les bienfaits de la glorieuse Vierge Marie envers les Liegeois, le tout representé par les Escoliers de la Compagnie de Jesus en la procession qu'ils feront à l'honneur de Nostre-Dame... le 24 mars 1647. Liege, Bauduin Bronckart, 4°, ff. 2.

1819. — Deiparæ Virginis imagini in templo Societatis Jesu collocatæ 24 Martii cereum offerebat schola Sanctæ Crucis. Leodii, apud Leonardum Streel, 1647, placard in-4°.

1820. — Nostre Dame de Grace, Nostre Dame de Bon Voyage; Guide fidele des Voyageurs. Nostre Dame de Bon retour, en quatre cas bien importans Honorées aux Fauxbourgs d'Auroy les Liege. Par le R. P. Alard Le Roy, de la Compagnie de Jesus. Liege, chez Bauduin Bronckart, 1651, 12°, pp. 16, 28, 93, 17, 59, 11.

1821. — ***Ligurie***. — I Santuari di nostra Signora nella Liguria Accademia di poesia che offrono al pubblico gli scolari del R. collegio e convitto dai PP. della Compagnia di Gesù il giorno XXI agosto MDCCCXLI. Genova, tipografia Ferrando, 8°, pp. 32.

1822. — ***Lille***. — Jo. Vincartii Insulani e Soc. Jesu. B. Virgo Cancellata in insigni Ecclesia Collegiata D. Petri Insulæ cultu et miraculis celebris. Insulæ Flandrorum apud Petrum de Rache, 1636, pet. fol., pp. 120. — Lille, 1859.

L'auteur a publié aussi cet ouvrage en français : *Tournay*, *1671*.

1823. — Le célèbre et devot Pelerinage de Nostre Dame de la Treille, Patrone miracvlevse de la ville de Lille, par le Peuple de Tournai de la nouuelle confrerie des Pelerins de la mesme Vierge, erigee en l'Eglise paroissiale de Saint-Nicaise audit Tournai, fait le 10e iour d'Aoust, 10. après la Pentecoste l'an 1659. Dedié à tous les Deuots et affectionnez Seruiteurs de la Sainte Vierge et Mere de Dieu. A Tovrnay, de l'imprimerie de la Vefue Adrien Qvinqve, 1659, 4°, ff. 8. (Par le P. Jean Vincart.)

1824. — Histoire de Notre-Dame de la Treille, patronne de Lille, d'après Turbelin et le P. Vincart. Lille, Lefort, 1843, 12°. (Par le P. Pierre Vitse.)

1825. — Sanctuaires (Les) de la Mère de Dieu dans les arrondissements de Lille, Douai, Hazebrouk et Dunkerque. A. M. D. G. Lille, Lefort, 1847, 12°, pp. xvi-242 — ... dans les arrondissements de Cambrai, Valenciennes et Avesnes, suivis d'une notice sur Notre-Dame de Fives, près de Lille, et de Notre-Dame des Affligés, au hameau de Sart, près de Herville. A. M. D. G. Lille, Leleu, 1848, 12°, pp. xvii-270. (Par le P. Alexis Possoz.)

1826. — École libre Saint-Joseph de Lille. Académie d'humanités. Séance littéraire en l'honneur de saint François de Sales, patron des Académiciens. (28 janvier 1873.) N.-D. de la Treille.

1827. — École libre Saint-Joseph Cortège de l'Immaculée Conception aux fêtes du couronnement de N. D. de la Treille le 21 juin 1874. Lille, Lefort, 1874, 18°, pp. 19. (Par le P. Antoine Sengler.)

1828. — ***Lima***. — Notitia Sanctissimæ Imaginis Mariæ Virginis sub nomenclatura del Aviso. Quæ venerationi fidelium exposita est in æde Sancti Pauli Collegii Limani Societatis Jesu, postquam portentosis ejus lacrymis mysteriosus sudor, quo perfundebatur, successit, in admonitionem pœnæ a Deo infligendæ. Limæ, apud Josephum Contreras, 1687, 4°. (Par le P. François Lopez.)

1829. — ***Linz*** (*Autriche*). — Predigt zu Ehren der Schmerzhaften Mutter Gottes auf den Calvarienberge bei Lintz gehalten. Linz, 1743. (Par le P. Antoine Schinerer.)

1830. — ***Lisbonne*** (?) — Sermaõ de Nossa Senhora da Paz. Lisboa, por Manoel Fernandes da Costa, 1738, 4°. (Par le P. Valentin MENDES.)

1831. — ***Lithuanie***. — Deiparæ Imagines lithuanæ. (1672.) (Par le P. Albert KOJALOWICZ WIJUK.)

Ce travail est inséré dans l'*Atlas Marianus* du P. Gumppenberg. J'y ai trouvé quatorze notices de statues de la Sainte Vierge, vénérées en Lithuanie.

1832. — ***Livourne***. — Storico Racconto della Immagine SS. di Maria di Negroponte, conservata, e riverita sul Montenero (presso Livorno.) In Livorno, 1660, 4°. (Par le P. Charles MORASCHI.)

1833. — ***Loreto*** (*Italie*). — Francisci TURRIANI Societatis Iesv, ad Capita argumentorum Petri Pauli Vergerii Hæretici, ex Libello ejus inscripto : De idolò lauretano, misso ad Othonem Henricum Palatinum Rheni Inferioris Bavariæ Ducem destinatum. Responsio Apologetica, pro sancta domo Lauretana, Libellus antehac nunquam in lucem editus. Ingolstadii, ex officina Typographica Davidis Sartorii, Anno Salutis MDLXXXIIII, 4°, pp. 43, sll.

1834. — Horatii TURSELLINI e Societate Jesu Lauretanæ historiæ Libri quinque... Romæ, apud Aloysium Zannetum, M.D.XCVIII, 4°, pp. 275. — Moguntiæ, 1599, 1600. — Duaci, 1600. — Turnoni, 1605. — Coloniæ, 1612, 1622. — Mussiponti, 1614. — Lugduni, 1615. — Rothomagi, 1617, 1667. — Leodii, 1621. — Pragæ, 1630. — Venetiis, 1715, 1721. — Laureti, 1837.

Traduit en plusieurs langues.

1835. — Historia et miracoli della S. Casa et Madonna di Loreto per ordine de' Superiori et lavoro di più anni. — *Manuscrit*. (Vers 1600.) (Par le P. Annibal FERMANI.)

1836. — Historia Lauretana de las translaciones, milagros, sucesos de la Santa Casa de N. S. de Loreto. Madrid, Pedro Madrigal, 1602, 4°. (Par le P. Jean DE ROXAS.)

Traduit du P. Torsellino.

1837. — Le Pelerin de Lorette, Vœu à la glorieuse Vierge Marie Mere de Dieu pour Monseigneur le Daufin. Par Louys RICHEOME Provençal de la Compagnie de Jesus. A Bordeaux, par S. Millanges, 1604, 8°, pp. 983. — Ibid., 1607. — A Arras, 1611.

Traduit en latin par le Chartreux J. Hackstein *(Cologne, 1612)*, en anglais, par E. W. *(Paris, 1629)*.

1838. — The history of the House of Loretto by F. Tursellinus translated into english. S. Omer, 1608, 8°. (Par le P. Thomas PRICE.)

1839. — Viaggio alla S. Casa di Loreto. 1616, 12°. — Venezia, 1623, 4°. Ibid., 1625, 1627. (Par le P. César FRANCIOTTI.)

1840. — Istorie Loretane Diela Dva, Historiæ Lauretanæ libri Duo. Romæ, typis Zannetti, 1617, 8°. (Par le P. Barthélemi KASSICH.)

1841. — Apologia pro Deiparæ Virginis Mariæ Camera et Historia, contra Matthiæ Berneggeri, Argentoratensium historici, Idolum Lauretanum, et hypobolimæam Cameram, Libri duo Authore R. P. Petro Roestio, Societatis Jesu... Augustæ Trevirorum, Sumptibus Joannis Kinckii, Excudebat Ægidius Inmendorff, anno perpetVæ roManæ fIDeI, et VrbanI papæ oCtaVI qVI perennet (1625), 4°, pp. 399, sll.

1842. — Descriptio S. Domus Lauretanæ(?). (Vers 1630.) (Par le P. Christophe Pacamero.)

1843. — (Histoire de Notre-Dame de Lorette, par le P. Torsellino, traduite en langue bohême.) Prag, 1630, 8°. (Par le P. George Ferus ou Plachy.)

1844. — Della Traslatione della S. Casa di Loreto. Dalla Dalmatia nella Marca d'Ancona, Predica del M. R. P. Gio : Battista Astria della Compagnia di Giesu Predicatore nell'Auuento nel Duomo d'Ancona fatta nella sua Festiuità di Decembre 1635. Stampata per utilità publica, e sodisfattione uniuersale. Dedicata all'Illustrissimo, e Reuerendissimo Monsignor Aluigi Gallo Vescouo d'Ancona e Conte d'Humana. In Ancona, per Marco Saluioni, M.DCXXXVI, 4°, pp. 34.

1845. — Brevis narratio translationis Sacræ Domus Lauretanæ in Picenum, seu Compendium Historiæ Lauretanæ. Romæ, typis Mascardi, Anno 1648, 12°. (Par le P. Marc Lima.)

1846. — Brevis narratio.... 1648, du P. Lima (en *grec vulgaire*).

1847. — Lauretana domus Divinitatis Oratrix et nuncia. Oratio. Auctore Carolo Francisco de Luca e Societate Jesu. Romæ, typis Manelphi Manelphij, M.DC.XLIX, 4°, pp. 20.

1848. — (De Peregrinatione spirituali quadraginta dierum ad visitandam sacram ædem Lauretanam.) (En *italien*.) Milano, per Filippo Ghisolfi, 1650, 16°, 2 vol. (Par le P. François Ponga.)

1849. — Lauretana Domus, Aula cœlestis. Oratio habita in Collegio Romano. Romæ, typis Dominici Manelphi, 1650, fol. (Par le P. Guillaume Dondini.)

1850. — Serpens explicatus, contra Georgium Zeæmanium, pro Domo lauretana. (1651.) — *Manuscrit* (?). (Par le P. Georges Stengel.)

1851. — Lauretana domus Divinitatis delicium oratio Auctore Jo. Baptista Giattino Societatis Jesu. Romæ, Typis Hæredum Corbelletti, MDCLII, 4°, pp. 12.

1852. — Epigrammatum Heroicorum ad B. Virginem Lauretanam Corollæ. (1652.) — *Manuscrit*. (Par le P. Scipion Sgambata.)

1853. — Iter Lauretanæ domus sive Pax castris movens Carmen. Romæ, typis Varesij, 1661, 8°, pp. 890, sllelt. (Par le P. Charles François de Luca.)

1854. — Discursos Historiales, Panegyricos de las glorias de la Serenissima Reyna de los Angeles de su Sagrada Casa de Loreto, adornos de scritura Sacra, y Santos Padres a la Historia Lauretana, que escrivió el Padre Horacio Turselino.

En Madrid, por Josef Fernandez de Buendia, 1671, fol. (Par le P. Jean DE BURGOS.)

1855. — Drama Synchar isticum Hierarchi in Virginem Lauretanam Pietas. Principi Serenissimo Maximiliano Henrico Dei gratia Archiepiscopo Coloniensi... D. C. Musæ Leodiensis Societatis Jesu. Horâ 2 pom. 20 Mart. M.DC.LXXI. Leodii, Typis Henrici Hoyoux, 4°, ff. 4 nch.

1856. — La casa peregrina, o Historia de Nuestra Señora de Loreto. En Megico, por Calderon, 1689, 4°. (Par le P. François DE FLORENCIA.)

1857. — La Santa Casa illvstrata, e difesa dal P. Cesare RENZOLI Della Compagnia di Gesv. In Macerata, per Michele Arcangelo Siluestri, 1697, 12°, pp. 128.

1858. — (Vera Defensio Domus Lauretanæ contra M. Joannem Gerardum Meuschen.) (*En allemand.*) Neuhusi, apud Joannem Theodorum Todt, 1705, 12°. (Par le P. François FREYTAG.)

1859. — Historia Lavretana. Sa macatovid ang daming manga pahayag nang Panginoong Dios nang daquilang camahalan nang bahay na pinanganacan cay Ginoong Santa Maria, na doon din siya binati nang Angel San Gabriel. At nagcatavantano sa caniyang mahal na tiyan, ang Anac nang Dios. Ang pagolog nang manga Angeles, nitong mahal na bahay sa dating pinagbangonan, at paglilipat sa lupa nang bayan nang Loreto. Sampun madlang Milagro, t. manga cababalaghang caloob, at ava nang P. Dios, sa nagsisidalao doon sa mahal na bahay na yaon. na pagpapaginhava niya sa catava, t. calolova nang nagsisisacdal sa caniyang mahal na Yna Na ysinulat sa vican Lating nang Padre Horacio Tursellino sa la Compañia ni Iesus. At ngayong bago y, ysinalin sa vican Tagalog nang Padre Pablo CLAIN, dito din sa la Compañia ni Iesus.... Impresso en el Colegio de la Sagrada Compañia de Jesus de esta M. N. siempre Leal Ciudad de Manilla por D. Gaspar Aquino de Belen. Año MDCCXIV, 8°, ff. 200.

C'est la traduction en langue tagale de l'*Historia domus Lauretanæ* du P. Torsellino.

1860. — Ristretto de' Sacri misteri della S. Casa di Loreto, per una breva notizia di quella eretta nella Città di Salemi nel 1705, con varie meditazioni; dato in luce da un padre d. C. d. G. Palermo, 1718, 12°. — Di nuovo rifatto. Ibid., 1854, 16°. (Par le P. Louis MINIMI.)

1861. — Sermon Panegirico de Ntra Sra de Loreto. En Mégico, 1759, 4°. (Par le P. Joseph XIMENO.)

1862. — Josephi Mariani Parthenii S. J. Oratio pro alma Domo Lauretana. Romæ, excudebat Generosus Salomoni An. CIↃ.IↃ.CC.LXX, 8°, pp. LXIV. (Par le P. Joseph Marie MAZZOLARI.)

Traduit en italien par le P. Demarco.

1863. — Historia o domku Nayświętsey Panny lauretańskim. Romæ, 1783. (Par le P. Dominique LASINSKI.)

C'est une histoire de Notre-Dame de Lorette.

1864. — Lorette ou translation de la Santa Casa extrait de l'histoire de Lorette, par A. B. Caillau. Bruxelles, Goemaere, 1852, 8°, pp. 36. (Par le P. Édouard TERWECOREN.)

1865. — La Santa Casa. Het heilig huis van Nazareth thans vereerd to Loreto, door F. HEYNEN S. J. S' Hertogenbosch, 1882, pet. 4°, pp. 123.

1866. — Viva Maria. La Santa Casa di Loreto. Risposta del P. Francesco Saverio RONDINA d. C. d. G. alle obbiezioni della *Capitale*. Roma, Tipografia Editrice Romana, 1884, 12°, pp. 32.

1867. — ***Lourdes*** (*Hautes-Pyrénées*).—Neuvaine à Notre-Dame de Lourdes, en l'honneur de l'Immaculée Conception pour l'Église, le Pape et la France. Paris, Ruffet, 1872, 32°, pp. 32. — 4e Édit., Paris, Haton, 1877. (Par le P. Marin DE BOYLESVE.)

1868. — Encore un mot sur Lourdes, extrait de l'Album Dolois. Paris, Douniol, 1873, 32°, pp. 32. (Par le P. Pierre MAZOYER.)

1869. — Maand van Maria. Onze lieve Vrouw van Lourdes verdeeld in 31 lezingen met een bijzonder Gebed van het einde van elke lezing door Hendrik Lasserre vertaald dor Fr. VAN WERSCH, S. J. Amsterdam, Beerendonk, 1874 (?).

1870. — Lourdenagaratton kovil. Pondichéry, 187.. (Par le P. Louis SAINT-CYR.)

Notice, en tamoul, sur Notre-Dame de Lourdes.

1871. — Apparitions de Notre-Dame-de-Lourdes et particularités de la vie de Bernadette et du pèlerinage depuis les apparitions jusqu'à nos jours. Par le P. Marcel BOUIX, de la Compagnie de Jésus. Paris, imprimerie Gauthier-Villars, 1878, 12°, pp. XII-392.—2e Édit. Paris, Taranne, 1878, 12°, pp. XIII-467.—3e Édit. Ibid., Lecoffre, 1880, 8°, pp. XV-542.

1872. — Novene zu Unserer Lieben Frau von Lourdes. Freiburg, Herder, 187.., 12°, pp. VIII-229. — Vierte Auflage. Ibid., 1880, 12°, pp. VII-225. (Par le P. Maurice MESCHLER.)

1873. — Lou-tée cheng mou ki-lio, Tou-sèwei. 1881. (Par le P. Etienne ZI.)

Histoire abrégée de Notre-Dame de Lourdes, en chinois.

1874. — ***Luxembourg.*** — Mariæ Matri Jesu, consolatrici afflictorum, miraculis clarissimæ in Sacello suburbano PP. Societatis Jesu rhetores Luciliburgensis Collegii eorundem Patrum absolutis rhetoricis, sua nomina Mariano albo inscribenda seque devovent consecrantque. Luxemburgi, 1674, 4°. — Ibid., 1719, 4°.

1875. — Maria, Mutter Jesu, Trösterin der Betrübten, Patronin des Herzogthums Lutzemburg und Grafschaft Chiny. In ihrer nächst Lutzemburg gelegenen Capelle Wunderthätige Nothhelferinn allen Betrübten und Nothleidenden zum Trost vorgestellt, von R. P. Petro Wiltz, Soc. Jesu. Gedruckt zu Lützenburg bei J. B. Ferry hinterlassenen Erben im Jahr 1736, 12°, pp. 176. — Ibid., 1776.

1876. — Neuvaine à l'honneur de Notre-Dame de Luxembourg, invoquée sous le titre de Notre-Dame de consolation ou consolatrice des affligés. A Luxembourg, 1768. — Ibid., chez Schmit-Bruck, 1840, 16°, pp. 54.

1877. — Le Pèlerinage à l'Eglise de Notre-Dame de Luxembourg, des RR. PP. Professeurs et de MM. les Élèves du Collège Saint-Clément à Metz. Relation dédiée aux illustres chefs de famille et aux personnes honorables qui ont fait cortége au célèbre pèlerinage. Luxembourg (1855), 18°, pp. 26.

1878. — Neuvaine à Notre-Dame de Luxembourg, par le P. Alexandre Pruvost, de la Compagnie de Jésus. Luxembourg, Heintzé, 1866, 32°, pp. 224.

1879. — Histoire de Notre-Dame de Luxembourg honorée sous le titre de Consolatrice des affligés, par L. Kuntgen, de la Compagnie de Jésus. Namur, F. J. Doux fils, 1866, 18°, pp. 390.

1880. — Luxemburger Wallfahrtsbuch. Geschichte des Gnadenbildes der Trösterin der Betrübten zu Luxemburg, nebst Belehrungen und Gebeten... Vierte, bedeutend vermehrte Auflage. Luxemburg, Brück, 1878, 12°, pp. 198. (Par le P. Jules Müllendorf.)

1881. — ***Lyon.*** — Le Pélerin de Fourvières ou Manuel pour le pèlerinage de Notre-Dame de Fourvières, contenant une notice sur Fourvières, diverses considérations et pratiques de piété, et quelques cantiques nouveaux avec les airs notés. A. M. D. G. Lyon, Pélagaud, 1836, 18°, pp. LXXXVIII-304-XV. (Par le P. J. B. Gury.)

1882. — Notre-Dame de Fourvière ou recherches historiques sur l'autel tutélaire des Lyonnais et sur les principaux évènements qui en ont retardé ou hâté la gloire. Par l'abbé A. M. Cahour. A Lyon, Pelagaud et Lesne, 1838, 8°, pp. LIV-449.

1883. — ***Malines.*** — Kort-verhael van de prachtighe ry-bende of cavalcade verciert met verscheyde Zegenwagens en andere vreugde-stucken die ter oorsaeck van het seven hondert, en vyftigjaerig Jubilé van het mirakeleus beeld der Alderheiligste Maegd, en moeder gods Maria Rustende in de parochiale Kerck van Hanswyck sal uytgavoert woorden door de Jonckeyt van het gymnasium der Societeyt Jesu Binnen Mechelen den 17 en 24 Augusti 1738. Tot Brussel, by J. Lambertus Marchand, 1738, 4°, ff. 10.

1884. — ***Manosque*** (*Basses-Alpes*). — Virgo Romigeria, seu Manuascensis. Lugduni, per Joannem Gautherin, 1638, 4°. — Notre-Dame de Manosque en Provence. Lyon. 1638, 12°. (Par le P. Jean Columbi.)

1885. — ***Mantoue.*** — Le lodi di Maria SS. Incoronata Protettrice di Mantova, e di Giovanni Buono Comprotettore. Modena, 1879. (Par le P. Gaëtan Zocchi.)

1886. — ***Marchienne-au-Pont*** (*Belgique*). — Histoire de Nostre Dame de miséricorde, honorée chez les Religieuses Carmélites de Machiennes-au-Pont. Liège, 1641, 12° (Par le P. Pierre Bouille.)

1887. — ***Mariaschein*** (*Graupen.-Bohême*). — Historia Mariascheinensis, das ist : Ausführlicher Bericht von dem uralten und Wunderthätigen Vespæ-Bild der schmerzhaften Mutter Gottes Maria, Welches zu Mariaschein, unweit Graupen, im Königreich Boheim in der Kirchen Unser Lieben Frauen von etlichen hundert Jahren her zu offentlicher Verehrung vorgestellet, und wegen vieler Wunder-und Gnaden-Werken sehr berühmt ist ; verfertiget von P. Joannes Miller der Gesellschaft Jesu Priester, im Jahr 1710. Prag, 4°. — Inder Königl. Stadt Brüc Gedruckt im Jahr 1769, bey Wenzl Andres Fohr, 4°, pp. 224, sll.

1888. — Kurze Geschichte und Beschreibung der Walfahrtsortes Mariaschein bei Teplitz in Böhmen, herausgegeben von P. Andreas Prinz aus der Gesellschaft Jesu. Meissen und Risa, F. W. Goeddsch, 1855, 12°, pp. 96.

1889. — ***Mariazell*** (*Styrie. — Autriche*). — Lobrede zu Ehren der Mutter-Gottes zu Maria Zell, gehalten bei dem Einzuge der ganzer Wahlfartsprozession. Grätz, Widmanstad, 1716, 4°. (Par le P. George Hueber.)

1890. — ***Meritxell*** (*Val d'Andorre*). — Historia y novena de Nostra Senyora de Meritxell, Patrona general de las Valls de Andora, por un novicio de la Compañia de Jesus. Barcelona, 1881, 8°. (Par le P. Louis Fiter.)

1891. — ***Messine.*** — Iconologia della gloriosa vergine Madre di Dio Maria protettrice di Messina, Diuisa in cinque Libri, ove si ragiona delle imagini di nostra Signora, che si riueriscono ne' Tempij, e Cappelle più famose della Città di Messina, delle loro Origini, Fondationi, e singolari auuenimenti, con alcvne digressioni delle persone segnalata nelle virtù appartenenti à quel luogo di cui si fà mentione. Del rev. Padre Placido Samperi Messinese della Compagnia di Giesù. In Messina, Appresso Giacomo Matthei, M.DC.XLIV, fol., pp. 644, sllclt.

1892. — Admonitio pro Epistola Mariæ Virginis ad Messanenses. (1600 [?].) (Par le P. Jacques Caribdius.)

Dans : *Gloria Messanensium* du P. Paul Belli, liv. 1, ch. 17, p. 90.

1893. — Hymnus in B. Mariæ Virginis Epistolam ad Messanenses. (1610 [?].) (Par le P. Barthélemi Petracci.)

Inséré par Calamato dans son *Explicatio Hymnorum*, et par Reina dans les notes de son *Historia Messanæ*, 2e partie, p. 208.

1894. — De Epistola, Sacratissima Deiparæ manu ad Messanenses scripta, concio P. Bartholomæi Petracij, habita in Aede Cathedrali, ipso die Epistolæ sacro. (1610 [?].)

Ce sermon, prononcé en italien, a été traduit en latin par le P. Inchofer et inséré p. 300-310 de l'ouvrage suivant :

1895. — Epistolæ B. Mariæ Virginis ad Messanenses Veritas vindicata, ac plurimis gravissimorum scriptorum testimoniis et rationibus erudite illustrata. Messanæ, ex typographia Petri Breæ, sumptibus Josephi Matarozij, 1629, fol., pp. 412, sllelt. — De epistola B. Virginis Mariæ ad Messanenses conjectatio plurimis rationibus et verisimilitudinibus locuples Auctore P. Melchiore INCHOFER Austriaco e Soc. Jesu. Viterbij, ex Typographia Ludovici Grignani, MDCXXXI, fol., pp. 478, sllelt.

La première édition est à l'index.

1896. — Discorso nella solenne festa della lettera scritta da Maria Vergine a' Messinesi fatto nel duomo di Messina dal M. R. P. Giovanni CATALANO della Compagnia di Giesù... In Messina, per gli Heredi di Pietro Brea, 1641, 4°, pp. 31.

1897. — La gara amorosa Discorso nella solennità, e Festa della Sacra Lettera scritta da Maria Vergine a' Messinesi fatto nel Duomo di Messina dal M. R. P. Marcello DI LAURO della Compagnia di Giesù. In Messina, per gli Heredi di Pietro Brea, 1642, 4°, pp. 39, sldell.

1898. — De Epistola B. Mariæ Virginis ad Messanenses. Messanæ, 1644, 4°. (Par le P. Hippolyte Marie PERGAMO.)

1899. — Corona SS. Trinitatis in honorem B. Virginis Dominæ Nostræ; cum modo eam recitandi et cum commemoratione Sacræ Epistolæ ejusdem B. Virginis ad Messanenses. Messanæ, apud Jacobum Matthæi, 1645, 12°. (Par le P. Paul BELLI.)

1900. — Gloria Messanensium, sive de Epistola Deiparæ Virginis scripta ad Messanenses Dissertatio in duos Libros distributa; in altero antiqua traditio Ecclesiæ Messanensis statuitur; in altero anonymi Aristarchi objectis respondetur. Innocentio X. Pont. Opt. Max. D. D. Auctore Paulo BELLI Societatis Jesu Messanensi. Accessit Elogium Constantini Lascaris viri eruditi de eadem Epistola benemeriti et Breviarum peregrinationum S. Pauli Apostoli a quo Messanenses Christi Fidem, ejusq; Sanctæ Matris Protectionem agnoscunt, per Epistolam promissam. Messanæ, Typis Hæredum Petri Breæ, M.DC.XXXXVII, fol., pp. 177, sllelt.

1901. — Iter Oratorum Messanensium ad Dei Matrem pie consideratum. Messanæ, apud Hæredes Petri Breæ, 1647, 16°. (Par le P. J. B. APPIANO.)

1902. — Carmen de Epistola Beatissimæ Virginis ad Messanenses (constans iambis puris quingentis viginti quinque). 1647. (Par le P. Jérôme PETRUCCI.)

Inséré dans les pièces préliminaires de la *Gloria Messanensium* du P. Paul Belli.

1903. — Oratione fatta in honore della Sacratissima Lettera de Nostra Signora scritta a' Messinesi, e recitata nel Duomo nella solenne sua Festa de' 3 di Giugno nel presente Anno 1650. Dal molto Rev. P. Giuseppe D'ANDREA della Compagnia di Giesù. In Messina, per gli Heredi di Pietro Brea, 1650, 4°, pp. 51, sll.

1904. — La Nutrice la Vergine adottante di Messina nudrita col latte della devotione di Maria per la Mammella della sacra Lettera. Oratione nella solennità dellà Lettera scritta a' Messinesi dalla gran Madre di Dio recitata nel Duomo dal M. R. P. Michele Cantelli della Compagnia di Giesù. Stampata d'ordine dell' Illustrissimo Senato della medesima Città. In Messina, per gli Her. di Pietro Brea, 1652, 4°, pp. 54, sll.

1905. — Oratione per la solennità della Lettera di Nostra Signora alla Città di Messina. Messina, presso gli eredi di Pietro Brea, 1653, 4°. (Par le P. Ignace Balsamo.)

1906. — Lettera di Nostra Signora alla Città di Messina. Canzone. Messina, presso gli eredi di Pietro Brea, 1653, 4°. (Par le P. Ignace Balsamo.)

1907. — La Carta di Navigare. Discorso nella solenne festa della lettera scritta da Maria Vergine a' Messinesi fatto nel Duomo di Messina l'anno 1658. Messina, heredi di Pietro Brea, 1658, 4°. — Ibid., 1755 (*sic*), 4°, pp. 42. (Par le P. François Marie di Leone.)

1908. — Pompe Festive celebrate dalla nobile, ed essemplare Città di Messina nell'anno M.DC.LIX, per la solennità della Sagratissima Lettera scrittale dalla suprema Imperatrice degli Angeli Maria fedelissima descrizione composta per ordine dell'Illustrissimo Senato dal M. R. P. Domenico Arganànzio della Compagnia di Giesù. In Messina, per gli Heredi di Pietro Brea, 1659, fol., pp. 165, sldelt.

1909. — L'entrata solenne, Discorso detto nel Duomo della gratissima Città di Calatagirone, celebrandosi la prima volta la festa di N. Signora della Lettera, l'anno 1660. In Catania, appresso Vincenzo Patronio, 1660, 4°. (Par le P. Charles Bastone.)

1910. — L'Incantesimo Oratione Panegirica della Sacra Lettera scritta dalla Beata Vergine a' Messinesi. Detta nel Duomo dal M. R. P. Giuseppe Maria Costa della Compagnia di Giesù Messinese a' 3 di Giugno 1676. In Messina, nella Stamperia dell' Illustr. e Excellentiss. Senato, per Matteo la Rocca, 1676, 4°, pp. 25.

1911. — Oratione Panegirica della sacra Lettera scritta da Maria Vergine a' Messinesi. Messina, presso Matteo la Rocca, 1677, 4°. (Par le P. Joseph Galletto.)

1912. — Veritiera Relatione della Sacra Lettera scritta della Gran Vergine Madre di Dio Maria alla Città di Messina : delle gratie, che per mezzo di Lei hà operate a beneficio di quei, che con fede viva l'invocano ; ed altre cose ad essa appartinenti. In Messina, presso Vincenzo d'Amico, 1689, 12°. (Par le P. Dominique Arganànzio.)

1913. — La Torre della Bolla d'Oro Panegirico della Sacra Lettera di Maria scritta a' Messinesi recitato nella Casa Professa della Compagnia di Giesu dell' istessa Città dal P. Fabio Ascenso dalla medesima Compagnia nel Corso Quaresimale del 1692 ; e dedicato al M. Ill. e Rev. Signore il Signor D. Michele Castelli. In Messina, per Domenico Costa, 1692, 4°, pp. 24, sld.

1914. — Il ritratto del Cuor di Maria inviato nella sacrata sua Lettera a Messinesi. Panegirico sacro recitato dal P. Antonino di Vincenzo Palermitano della Compagnia di Giesù, nella chiesa della Casa professa di Messina della medesima Compagnia. Nel corso Quaresimale l'Anno 1697. In Messina, per Michele d'Amico, MDCXCVII, 4°, ff. 39.

1915. — Il nuovo nume della fortuna colla Vela della Sagra Lettera favorevole a' Messinesi. Diceria Sagra della Santissima Vergine Maria della Lettera detta in Messina dal R. P. Saverio Azzarelli della Compagnia di Giesu Catanese nel corso quaresimale dell' anno 1699. In Messina, nella Stamperia del Maffei, 1699, 4°, pp. 31.

1916. — L'apologia della Vergine per l'Affetto più singolare Mostrato a' soli Messinesi con la Sacra sua Lettera. Panegirico sacro del R. P. Carlo Maria Pica della Compagnia di Giesù Palermitano, recitato nel corso quaresimale dell' anno 1700, nella Casa professa di Messina... In Messina, per Matteo la Rocca, 4°, pp. 31, slleld.

1917. — La nuova fata Morgana delle gratie, che tra l'aure messinesi, nella Lettera di Maria riflette tutte le bellezze dell' Empireo. Panegirico Sacro recitato nel corso Quaresimale dell' Anno 1702. Dal M. R. P. Giuseppe M. Salomone Palermitano della Compagnia di Giesù. Nella Chiesa della Casa Professa di Messina della medesima Compagnia... In Messina, nella Stamp. Cam. di Vicenzo d'Amico, 4°, pp. 32, sld.

1918. — L'orto della sacra sposa fiorito ne' cratteri verginali, trapiantato in Messina nella sacra Lettera di Maria panegirico sacro detto dal Padre Antonio Soffietti della Compagnia di Giesù nel suo corso quaresimale del 1703 in Messina... In Messina, nella stamperia camerale di Vincenzo d'Amico, 1703, 4°, pp. 23, sld.

1919. — Nuova Legge di Grazie promulgata singolarmente a favor de' Messinesi. Panegirico in lode della Sacra Lettera Scritta da Maria Vergine alla Citta di Messina. Recitata dal Molto Reverendo Padre Antonino di Vincenzo della Compagnia di Giesù nella Chiesa del Giesù di Messina nel secondo corso delle Prediche Quaresimali dell' anno 1704. In Messina, nella stamperia Cam. di Vincenzo d'Amico, 1704, 4°, pp. 42.

1920. — Epistola B. M. V. ad Messanenses. Poematiou Heroicon octo libris comprehensum. (1706.) — *Manuscrit.* (Par le P. Jérôme Ragusa.)

1921. — La mistica Translazione del Mariano Albergo da Gerosolima in Messina overo il perpetuo soggiorno del cuor Mariano nel sacro Tempio di Messina. Panegirico in lode della sacra lettera scritta da Maria Vergine alla medesima Città Recitato dal Padre Nicolò Vulcano della Compagnia di Gesù nel corso del suo quaresimale nella Chiesa della Casa Professa di detta Città nel 1707... In Messina, nella stamp. d'Antonino Arena, 1707, 4°, pp. 24, sld.

1922. — Aurifodina ex qua XXV anagrammata eruuntur in obsequium Virginis de Sacris literis. Messanae, 1710, 4°. (Par le P. Sébastien Caronite.)

1923. — La Città soggiogata dal Amor di Maria sempre Vergine Panegirico Sacro recitato nel Corso Quaresimale dell' anno 1717, dal M. R. P. Giovanni Maria Barone della Città di Naro, della Compagnia di Giesù, nella chiesa professa di Messina della medesima Compagnia. Dedicata alla gran Vergine Madre della Sacra Lettera, Augustissima Regina del Cielo e della terra Maria. Dall' umile divozione di D. Pompeo Salomone Duca di Albafiorite, Barone di Cascione, di Pietrevido, e di Belvedere, ec. In Messina, nella Stamperia degli Eredi di Amico, 1717, 4°, pp. 24.

1924. — Sabati della Madonna della sacra Lettera. Messina, 1719, 8°. (Par le P. Philippe Scelsi.)

1925. — Messina primogenita della Vergine Panegirico in lode della lettera della Gran Madre di Dio alla stessa citta : detto nella Protometropolitana di Messina, nel corso Quaresimale dell' Anno 1722 dal M. R. P. Mario Corsoni della Compagnia di Gesù consecrato alla medesima Signora. In Messina, presso D. Giuseppe Maffei, 1722, 4°, pp. 29.

1926. — Panegirico di Nostra Signora della Lettera. Messina, 1725, 4°. (Par le P. François Barracco.)

1927. — La Processione di Maria per Giustizia, per amore, per genio, Panegirico in onore della Sacra Lettera Scritta da Maria Vergine a' Messinesi. Messina, Vittorio Maffei, 1732, 4°. (Par le P. Barthélemi L'Amanthia.)

1928. — Maria, e Messina in impegno: questa di rendersi Gloriosa presso a Maria a forze di Merito : quella di costituirsi Debitrice a Messina in tutto rigor di Giustizia. Panegirico in onore della Sacra Lettera scritta da Maria Vergine alla Città di Messina. Recitato nella Chiesa della Casa Professa della Compagnia di Gesù da Philippo Maria Scelsi Missionario della medesima Compagnia. Nel suo corso Quaresimale dell' anno 1737. In Messina, nella stamperia di D. Placido Grillo, 1737, 4°, pp. 40.

1929. — Panegirico recitato in Messina in occasione di solennizarsi con gran pompa il Centenario della venerabile Congregazione sotto il titulo de' Schiavi di Maria della Sacra Lettera dal Rev. P. Giuseppe Ignazio Milanese Palermitano della venerabile Compagnia di Gesù fra gli Accademici Peloritani detto il Timoroso. Con un breve Ragguaglio della Festa... In Messina, nella Stamp. Camerale di D. Placido Grillo, 1737, 4°, pp. 40.

1930. — Sermon recitato dal Padre Diego Saverio Piccolo della Compagnia di Gesù a III Giugno MDCCXLV. nel Duomo di Messina. Riccorrendo l'annua memoria della sacra Lettera, mentre ancor si aspettava il commerzio bramato colle Nazioni del Mondo pel contagiò patito l'anno MDCCXLIII... In Messina, per D. Michele Chiaramonte, 1745, 4°, pp. 34.

1931. — Orazione panegirica per la Sacra Lettera di Maria Scritta a' Messinesi, del P. Lorenzo Stanislao M. Mazzetta della Compagnia di Gesù. Predicando nella Chiesa della Casa Professa di Messina l'anno 1760... In Messina, per Francesco Gaipa, MDCCLX, 4º, pp. 20.

1932. — ***Mexico.*** — Sermon historico y panegirico de Nuestra Señora del Pilar, en fiesta de los Excmos Señores Duque de la Palata, Principes de Massa, Marqueses de Tola, Virreyes del Peru, Terrafirme y Chile, etc., predicólo el Rmo P. Maestro Francisco Lopez, de la Compañia de Jesus. Lima, por Luis de Lyra, 1683, 4º.

1933. — Maria Santissima, dechado de religiosas de su Compañia, llamadas comunmente de la Enseñanza, Sermon. Que en la ereccion de su primer convento y templo dedicado a Nra. Sra. del Pilar en la Ciudad de Mexico, predicó el R. P. Bernardo Pazuengos de la Compañia de Jesus..., dia 23 de Diciembre del año de 1754... Impresso en Mexico, en la Imprenta de la Biblioteca, año de 1755, 4º, pp. 31, sld.

1934. — Dissertationes principes Marianæ. I. Dissertatio Tutelaris Americana Guadalupensis Imago est signum naturale Conceptionis Purissimæ Deiparæ in Gratia à primo instanti. II. Dissertatio Americana Guadalupensis Imago SS. Deiparæ est Imago omnium perfectissima, seu maxima in ratione similitudinis. (1647.) — *Manuscrit.* (Par le P. Grégoire Vasquez de Puga.)

1935. — (Histoire de la miraculeuse Apparition de Notre-Dame de Guadalupe de Mexico.) (En *mexicain.*) (1650 [?].) (Par le P. Balthasar Gonzalez.)

1936. — Relacion de la milagrosa Aparicion de Ntra Sra. de Guadalupe de Megico. En la Puebla, 1660. — En Madrid, 1662. — Ibid., 1785. (Par le P. Mathieu Cruz.)

1937. — Elogio de Maria SSma de Guadalupe. En Megico, por Ribera, 1682, 4º. (Par le P. Jean Robles.)

1938. — La milagrosa invencion de un thesoro escondido en un Campo, que halló un venturoso cazique, y escondió an su casa, para gozarlo a sus solas, patente y a en el Santuario de los Remedios en su admirable imagen de Ntra Señora; señalada en Milagros, invocada por patrona de las lluvias, y temporales... Noticias de su origen, y venida a Mexico; Maravillas, que ha obrado, con los que la invocan; Descripcion de su casa, y Meditationes para sus Novenas. Por el P. Francisco de Florencia, de la Compañia de Jesus... En Megico, 1685, 4º. — En Sevilla, en la Imprenta de las Siete Revueltas. A costa de D. Juan Leonardo Malo Manrique. Año de 1745, 4º, pp. 160, sllelt.

1939. — La estrella del Norte de Mexico, aparecida al rayar el dia de la luz evangelica en este Nuevo Mundo, en la cumbre del cerro de Tepeque, orilla del mar Tezcuano, à un natural recien convertido. En la historia de la Milagrosa imagen de Nuestra Señora de Guadalupe de Mexico, que se apareciò en la Manta de Juan Diego. Compusola el Padre Francisco de Florencia, de la Compañia de Jesus. En Mexico, por Doña Maria de Benavides, Viuda de Juan de Ribera En el Empedradillo, año 1688, 4°, ff. 244, sllelt. — Mexico, 1741, 4°, pp. 260, sllelt. — Madrid, 1785, 4°, pp. 829, sll.

1940. — Panegirico de Ntra Señora de Guadalupe de Mégico. En Mégico, 1709, 4°. (Par le P. Jean Goicoechea.)

1941. — Panegirico de Ntra Sra de Guadalupe en las fiestas con que juro su Patrono el Pueblo de S. Louis de la Paz. En Mégico, 1729, 4°. (Par le P. Sancho Reinoso.)

1942. — Guadalupana Beatæ Mariæ Virginis Imago Mexicana, hexametris latinis descripta. Edita an. 1736, 8°. (Par le P. André Prudence Fuente.)

1943. — Narratio de mira Virginis Guadalupanæ manifestatione Mexici. Romæ, 1754. (Par le P. Jean François Lopez.)

Dans la vie de l'auteur, le P. Maneiro dit qu'il publia sous ce titre une très ancienne relation qu'il trouva à Rome.

1944. — Officium B. Mariæ Virginis de Guadalupe per universas Novæ Hispaniæ Ecclesias recitandum. Romæ, 1754. (Par le P. Jean François Lopez.)

1945. — Supplex Libellus SS. Papæ Benedicto XIV oblatus de miraculosa Dei Parentis Imagine Mexicea Guadalupensi. Romæ, 1754, fol. (Par le P. Jean François Lopez.)

1946. — Hymni in laudem B. Mariæ Virginis de Guadalupe. Mexici, 1756. (Par le P. Vincent Lopez.)

1947. — Oracion panegirica pronunciada en la Colegiata de Guadelupe el primer dia de la solemnidad del patronato universal de la Sma Virgen de Guadalupe. Megico, 1756 (?). (Par le P. Jean François Lopez.)

1948. — Profecia de raras é inauditas felicidades del Reino Megicano por el Patronato universal de la Sma Virgen Maria en su portentosa Imagen de Guadalupe. En Megico, 1757, 4°. (Par le P. Pierre Iturriaga.)

1949. — Brevis notitia apparitionis mirabilis B. Mariæ Virginis de Guadalupe. Mexici. — Romæ, 1757, 8°. (Par le P. François Xavier Lazcano.)

1950. — La Canonizacion del Patronato de Nstrā Srā de Guadalupe de Megico. En Megico, 1757, 4°. (Par le P. Ignace Aramburu.)

1951. — Panegirico de Nuestra Señora de Guadalupe de Megico. En Megico, 1758, 4°. (Par le P. François-Xavier Contreras.)

1952. — Panegirico del Patronato de la Sma Virgen Maria de Guadalupe en America Septentrional. En Mégico, 1759, 4°. (Par le P. François-Xavier Lazcano.)

1953. — Elogio de Maria SSma jurada patrona de la N. E., en su milagrosa Imagen de Guadalupe, y con este motivo celebrada en la Ciudad de Zacatecas. En Mégico, 1759, 4°. (Par le P. Jean de Dieu Ruiz.)

1954. — Zodiaco Guadalupano. Devocion del dia doce à Nra Sra de Guadalupe. En Megico, 1760 (?). — Ibid., 1776, 8°. (Par le P. François-Xavier Lazcano.)

1955. — Panegirico de Ntrã Srã de Guadalupe de Mégico, en la primera fiesta que le celebraron los Abogados, como à su especial Patrona. En Mégico, 1762, 4°. (Par le P. Joseph Julien Parreno.)

1956. — Hymnus in laudem B. Mariæ Virginis de Guadalupe. Mexici, 1765, 8°. (Par le P. Michel Venegas.)

1957. — Panegirico de Ntrã Srã de Guadulupe, predicado en su Santuario y Real Colegiata. En Megico, 1766, 4°. (Par le P. Jean Ruiz Castaneda.)

1958. — Panegirico de Ntra Sra de Guadalupe, predicado en su Santuario en 12 de Diciembre de 1766. En Mégico, por Hogal, 1767, 4°. (Par le P. François Rodriguez.)

1959. — Lyrica et Georgica in B. Mariæ Guadalupanæ elogium. (Vers 1770 [?].) (Par le P. François-Xavier Alegre.)

1960. — De Imagine Guadalupensi Mexicea. Romæ, 1780, 8°. (Par le P. Joseph Gondra.)

1961. — Breve ragguaglio della prodigiosa e rinomata Immagine della Madonna di Guadelupe del Messico. En Cesena, G. Biasini, 1782, 8°, pp. xxxix. (Par le P. François-Xavier Clavigero.)

1962. — Relacion de los milagros de la Virgen Maria en su Imagem de la Concepcion, trasladada de la Capilla de Jalmolonga a la Iglesia de S. Pedro y S. Pablo de Mégico. (1760.) — *Manuscrit*. (Par le P. Michel Venegas.)

1963. — ***Milan***. — Relatione dell' apparato fatto nella Chiesa di Santa Maria di Brera della Compagnia di Giesu. Con l'occasione d' esservi dato principio a riverire con solennità particolare la Fascia della Madonna, che in essa si conserva. ... In Milano, per Filippo Ghisolfi, s. a. (1650 [?]), 4°, ff. 6.

1964. — (De Fascia B. V. Mariæ, quæ servatur in Collegio Braydensi. (En *italien*.) Milano, Frederico Agnelli, 1674, 24°. (Par le P. Octave Inviziati.)

1965. — ***Mlodeczno*** (*Lithuanie*). — Kazanie przy wprowadzeniu Obrazu Najświętszey Panny Maryi do Mlodycznego, 12 Oktob. 1751. (Par le P. Solystrowski.)

Sermon pour l'érection d'une statue de Marie à Mlodeczno.

1966. — ***Mondovi*** (*Italie*). — Historia miraculosæ imaginis B. Virginis Mariæ, quæ nobilitavit Vicum ad Civitatem Pedemontanam, quæ Monsregalis dicitur vulgo Mondovi. (Par le P. Jean Joseph Alamanni.)

Cet ouvrage est-il imprimé? Dans notre collège de Palerme se trouvait le manuscrit suivant :

1967. — Narratione di successi intorno alla miracolosa imagine della gloriosissima Vergine uoperati in Mondovi a Vico l'anno 1595. Fatta dal P. Giuseppe Alamanni Milanese della Compagnia di Giesù, il quale fù presente fin dà principio a tutte le cose. Ad instanza del Venmo Sr Duca di Savoia Carlo Emmanuele. Di commissione di Monsignor Revenmo Gio. Antonio Castrucci Vescovo di Mondovi. In Mondovi l'anno 1600.

Monfaucon *(Bibl. MSS.; II, 1393)* cite un Manuscrit de Turin : *Narrazione della Vergine di Vico,* d'un Père Alamanni, jésuite.

1968. — ***Montgiscard*** (*Haute-Garonne*). — Diva Virgo Rocavillæa. Carmen. Tolosæ, 1650 (?). (Par le P. Jean Henri Aubery.)

Notre-Dame de Roqueville est une chapelle située à deux kilomètres de Montgiscard.

1969. — ***Montorello*** (*Italie*). — Historia Eustachio-Mariana qua admiranda D. Eustachii, Sociorumque Vita ex variis Authoribus collecta ; Locus in quo eidem in Monte Vulturello Christus inter Cornua Corvi apparuit, naviter detectus ; Ecclesia quoque B. M. Virginis, quam eodem in loco à Constantino Magno conditam, S. Sylvester Papa I, solemni ritu consecrasse traditur, summo studio inquisita, descripta, necnon variis Antiquitatum Monumentis illustrata e densis, quibus hucusque delituerunt, tenebris, in publicæ lucis bonum educuntur. Romæ, ex typographia Varesij, MDCLXV, 4°, pp. 184, sllelt. et fig. (Par le P. Athanase Kircher.)

1970. — ***Montréal*** (*Canada*). — Manuel du Pélerin de Notre-Dame de Bon Secours à Montréal. Montréal, Lowel et Gibson, 1848, 18°.

1971. — ***Münich.*** — (*Panégyrique allemand dans*) Jubel-Fest bey Begehung der erstes Jahr Hundert von Uebersetzung der marianischen Gnaden-Bild in der Gotteshauss der PP. Augustiner in München. Tegernoæ, 1724, 4°. (Par le P. Albert Weinperger.)

1972. — ***Namur.*** — L'entree triomphante de Nostre Dame de consolation en l'eglise de Sainct Ignace de la Compagnie de Iesvs a Namvr, le dixiesme d'octobre 1649. Auec ce qui s'y est passé depuis : donnée povr estrenes de l'an M.DC.L avx devots de la Saincte Vierge. S. l. et a., 8°, pp. 16.

1973. — ***Navarre.*** — Concio de B. Virgine del Jugo miraculis celebri in regno Navarræ. Matriti, 1709. (Par le P. Charles Joseph de Minano.)

1974. — ***Nessel*** (*Bavière* [?]). — (*Un Panégyrique*) *dans :* Marianische Lob-und Ehren Predigten zum hundert-jährige Jubelfeste des 1661 aus Heybrunn überbrachten Gnaden-Bildnis der Mariæ zur Nessel. Regensburg, 1762, 4°, pp. 220. (Par le P. Ignace Maister.)

1975. — ***Notre-Dame d'Ay*** (*Ardèche*). — Manuel du pieux pèlerin aux pieds de Notre-Dame d'Ay. Par le P. Francisque Dubost, de la C. d. J. Lyon, Vitte et Lutrin, 1877, 18°, pp. viii-404. — Petit manuel... Ibid., pp. iv-68.

1976. — ***Notre-Dame de Liesse*** (*Aisne*). — Histoire des trois chevaliers de Notre-Dame de Liesse. 1622. — *Manuscrit* (?) (Par le P. Catherin TREPPIER.)

Cité par Chorier dans ses *Mémoires*.

1977. — Histoire de Notre-Dame de Liesse. (Avant 1630.) (Par le P. Antoine CAVAIGNAC.)

Le P. Sotwel cite cet ouvrage ; existe-t-il réellement ?

1978. — Image de Nostre-Dame de Liesse ou son histoire authentique par un Religieux de la Compagnie de Jesus. A Reims, chez Nicolas Constant, MDCXXXII, 8°, pp. 511, slleld. (Par le P. René DE CERISIERS.)

On cite une édition de 1622 ; existe-t-elle ?

1979. — Ad Lætiensem Deiparam Ode Votiva. Remis, apud Franciscum Bencard, M.DC.XXXIX, 4°, pp. 11. (Par le P. Germain RIPPAULT [?].)

1980. — Nostre Dame de Liesse par laquelle trois Gentils-hommes Françoys sont delivrez de la servitude des Turcques. Representée par la jeunesse de la Compagnie de Jesu, à Gand, le 4 et 5 Février 1644. In-4°, ff. 2.

1981. — Prodigiosus Deiparentis Favor... Wunderbahrer Gnaden-gunst Mariæ. In Dregen Hoch-Adelichen Ritter mit Ismeria, auss Egyptischer Gefangenschafft in Franckreich übertragen, trostreich erzeiget... In Cæsareo Societatis Jesu Gymnasio Lincij, Mense Aprili die... Anno M.DC.XCV. Musices compositore Domino Andrea Rochner. Lincij, Typis Joannis Raedlmayr, 4°, pp. 8.

1982. — Notes sur Notre-Dame de Liesse. (1854.) (Par le P. Félix LIOT.)

Elles sont insérées dans le *Journal de l'Aisne*, 17 octobre 1851.

1983. — Neuvaine à Notre-Dame de Liesse et Exercices de dévotions pour obtenir les dons du Saint-Esprit par l'intercession de la Très-Sainte Vierge. Traduit de l'italien par un Père de la Compagnie de Jésus. Paris, Douniol, 1855, 32°, pp. 128. (Par le P. Charles DANIEL.)

1984. — A Notre Dame de Liesse couronnée sous le titre de Mère de grâce, le 18 août 1857. Paroles de M. X. M. Musique du P. BASUIAU, de la Compagnie de Jésus. In-4, pp. 8.

1985. — ***Notre-Dame du Laus*** (*Hautes-Alpes*). — Histoire de Notre-Dame du Laus. Par le P. A. MAUREL, S. J. Marseille, (1852), 18°, pp. x-166. 2e Édit. Digne, 1856. — 3e Édit. Paris, Repos, 1864, 32°, pp. XLIV-166.

1986. — ***Nouvelle-Espagne*** (*Mexique*). — Zodiaco mariano, en que el sol de justicia Christo con la salud en las alas visitas como signos, y casas proprias para beneficio de los hombres los templos, y lugares dedicados à los cultos de su SS. madre, por medio de las mas celebres, y milagrosas imagenes de la misma Señora, que se veneran en esta America Septentrional, y reynos de la Nueva España. Mexico, Imprenta del colegio de San Ildefenso, 1755, 4°, pp. 328, sll. (Par le P. François DE FLORENCIA.)

Ouvrage posthume, publié par le P. Jean Antoine de Oviedo.

1987. — ***Nouvelle-Galice*** (*Mexique*). — Origen de los mas insignes Santuarios de la Nueva Galicia en la America Septentrional. En Megico, por Carrascoso, 1694, 4°, pp. 409, sllelt. (Par le P. François DE FLORENCIA.)

1988. — Origen de los dos celebres Santuarios de la Nueva Galicia, obispado de Guadalaxara en la America Septentrional. Noticia cierta De los Milagros Favores que hace la Virgen, a los que en ellos y en sus dos Imagenes la invocan. Sacada de los processos Autenticos, que se guardan en los archivos del obispado. Mexico, 1757, 4°, pp. 206, sllelt. (Par le P. François DE FLORENCIA.)

C'est une 2ᵉ édition ; la 1ʳᵉ ne serait-elle pas l'ouvrage précédent ?

1989. — ***Novi.*** — Per la festa di M. V. Lacrimosa patrona della città di Novi, orazione recitata dal molto reverendo padre Ferdinando MININI della comp. di Gesù nell'insigne chiesa collegiata il giorno 3 Agosto 1844. Novi, tip. di Giacinto Moretti, 1844, 8°, pp. 16.

1990. — ***Novogrodek*** (*Lithuanie*). — Nowa obrona utrapiony oyczyny od Boga z Nieba dana w obrazie nowocudownym Bogorodzicy Panny Maryi przy Kośćicle nowogrodskim S. J. w Nowogrodku y wokolicy całego Wojewodzetwa nowogrodzkiego w rożnych potrzebach od rożnych osob doznana. Wilno, Dʳ Akad. S. J., 1673, 4°.

C'est-à-dire : *Nova defensio afflictæ Patriæ a Deo e cœlo data in imagine neothaumaturga Deiparæ Virginis Mariæ penes Ecclesiam Novogrodecensem S. J. Novogrodecii et inter limites Palatinatus novogrodecensis in diversis necessitatibus a diversis personis experta.*

1991. — Effigies miraculosa B. V. Mariæ Novogrodecii in Lithuania narratione illustrata. Vilnæ, typ. acad. S. J., 1682, 12°. (Par le P. Jean DREWS.)

1992. — ***Nuestra Senhora de Lapa*** (*Portugal*). — Historia da appariçam, e milagres da Virgem da Lapa. Coimbra, na impressaõ de Diego Gomez de de Loureiro, 1630, 8°, ff. 252. (Par le P. Antoine LEYTE.)

1993. — Loreto Lusitano, Virgem Senhora da Lapa, residencia milagrosa do Real Collegio de Coimbra, da Companhia de Jesvs, em a Provincia da Beyra, Bispado de Lamego, verdadeyra, e puramente de novo historiada por seu zeloso devoto o Padre Antonio CORDEYRO da mesma Companhia de Jesus, Lusitano, Insulano. Angrense. Lisboa Oriental, na Officina de Felipe de Sousa Villela, Anno de M.DCC.XIX, fol., pp. 298, sll.

1994. — Ilias in Nuce, sive historiæ apparitionis et Miraculorum Beatissimæ Virginis de Lapa Compendium duodecim capitibus conclusum, ubi etiam de sacello, insigni sanctuario Purissimæ Dei Genitricis in Cœlum Assumptæ, quæ duo simulacra coluntur apud Lusitanos in Diœcesi Lamecensi. Romæ, typis Salomoni, 1751, 12°, pp. 34, sld. (Par le P. Emmanuel DE AZEVEDO.)

1995. — ***Nuria*** (?) (*Espagne*). — Historia y miracles de la Sagrada imatge de nuestra Senyora de Nuria, compost por son devot capella Francesco Marés, Dr. en el theologia, y treta de uns escrits molt antichs y guardats en la matexa casa de Maria. Tercera impresió. Barcelona, en la estampa de Antoine Lacavalleria, Any 1700, 8°. (Par le P. Joseph CASANI.)

Il y aurait une édition de 1666. Le P. Casani n'en serait que l'éditeur, et y aurait fait des additions.

1996. — ***Oggersheim*** (*Bavière*). — Lauretanische Wallfarth zu der Oggersheim Loreto-Capell Deren Patrum S. J., Oder Gründlicher Bericht, Sowohl von dem wahren Heil-Hausz zu Loreto, als auch von anderen Lauretanischen Capellen, nahmentlich von jener, welche zu Oggersheim, unweit der Chur-Pfältzischen Residentz-Stadt Mannheim aufgerichtet worden, wie auch Verschiedenen Unterweisungen, und Andachts-Ubungen, Welche zur Christlieb und heylsamen Besuchung dieser Capell dienlich saynd, Zum Nutzen der frommen Wahlfarthern, wie auch aller anderen eyfrigen Christen Verfasset von P. Matthæo VOGEL Priestern der Gesellschaft Jesu. Mayntz, bey Johann Henrich Haffner, 1744, 8°, pp. 864. — Mannheim, 1741, 1754.

1997. — ***Oostacker*** (*Belgique*). — Les origines du pèlerinage de Notre-Dame d'Oostacker. (Extrait des *Précis historiques*.) Bruxelles, Vromant, 1877, 8°, pp. 15. (Par le P. Victor VAN TRICHT.)

1998. — ***Palerme.*** — Panegirico della Madonna della Grotta, recitato nella Chiesa di Casa Professa, il giorno 15 Settembre del Sac. Giuseppe ORLANDO d. C. d. G. Palermo, Tamburello, 1872, 8°, pp. 30.

1999. — Palermo, città di Maria; Un fiore a Maria pel mese de' fiori. Descrizione del sac. Antonio ROTUNDA d. C. d. G. pel mese di Maggio 1874. Alcamo, tip. Sardi, 1874, 8°, pp. 36.

2000. — ***Paris.*** — Discours prononcé à N.-D.-des-Victoires le jour du couronnement de l'Image de la Ste Vierge (9 juillet 1853). Par le R. P. Alphonse CORAIL, S. J. Paris, Sagnier et Bray, 1853, 8°, pp. 45.

2001. — ***Pazquaro*** (*Mexique*). Máravillas de Ntra Sra de la Salud de la Ciudad de Pazquaro. En Mégico, 1742. (Par le P. Pierre SARMIENTO.)

2002. — ***Pekar*** (*Silésie*). — Mater admirabilis, seu historia imaginis miraculosæ B. V. Mariæ in oppido Silesiæ Piekarii, diœcesis Cracoviensis, ex opusculo polonico. Sandomiriæ, typ. S. J., 1726, 12°.

2003. — ***Pologne.*** — Regina Poloniæ ac Universi, augustissima Virgo Mater Dei Maria, in Regno Poloniarum beneficentia prodigiosarum Imaginum tam pace, quam bello, celeberrima, lyrica poesi a P. Michaele KRASUCKI, S. J., decantata. Calissii, typis S. J., 1663, 12°, pp. 333. — Ibid., 1686, 12°, pp. 10-334.

2004. — Methodus peregrinationis menstruæ Marianæ ad Imagines Deiparæ per Poloniam et Lithuaniam miraculis celebres. Vilnæ, typ. acad. S. J., 1682, 12°. (Par le P. Jean DREWS.).

2005. — ***Portugal.*** — Das Imagens, e Casas mais celebradas de N. S. em o Reino do Portugal. (17e S.) — *Manuscrit*. (Par le P. Pierre FRANCISCO.)

2006. — ***Prague.*** — Das Gnadenbild Maria von Foya und Scherpenhübel, welches zu Prag in der Kirche der Professhauses 1629, öffentlich ausgesetzet worden. Prag, Typis Academicis, 1731, 12°. (Par le P. Frédéric HABICHT.)

2007. — ***Puebla*** (*Mexique*). — Origen de la celebre Imagen de Ntrã Srã del Refugio de la Ciudad de Puebla, y pompa con que dicha Ciudad celebro su fiesta el año de 1747. En la Puebla, en 1747, 4°. (Par le P. Michel ORTEGA.)

2008. — ***Puy*** (*Le*). — Discours historiques de la tres ancienne devotion a N. Dame du Puy, et de plusieurs belles remarques, concernantes particulierement l'histoire des Evesques du Velay, et autres choses, tant Ecclesiastiques que Seculieres : Le tout recueilly des anciens et modernes Autheurs. Par le P. Odo DE GISSEY de la Compagnie de Jesus. A Lyon, chez Louys Muguet, MDCXX, 8°, pp. 636, sll. — Edition seconde, reveuë et accreuë par l'Autheur. A Tolose, Par Raymond Colomiez, 1627, 12°, pp. 664, sllelt. — Edition troisiesme... Av Pvy, Par François Varoles, 1644, 8°, pp. 539, sllelt.

2009. — Discours prononcé par le P. NAMPON le 10 Décembre 1854 lors de la bénédiction de la première pierre du monument qui va s'élever par les soins de Mgr l'évêque du Puy, à la gloire de l'Immaculée Conception, sur le rocher de Corneille au Puy (Hte Loire). Le Puy, Marchessou, 1854, 18°, pp. 12.

2010. — Discours sur le couronnement de Notre-Dame du Puy, par le R. P. NAMPON, de la Compagnie de Jésus. A Paris, Douniol, 1856, 8°, pp. 44.

2011. — Histoire de Notre Dame de France sur des documents la plupart inédits, par le P. NAMPON de la Compagnie de Jésus. Le Puy, Mlle Andiard, 1868, gr. 18°, pp. VIII-315.

2012. — ***Raab*** (*Hongrie*). — Sæcularis Memoria S. Imaginis B. V. Mariæ, quæ anno 1697. 17 Martii in Cathedrali Ecclesia Jaurinensi prodigiosis mixtis sanguine lacrymis immaduit. Oratio ab ipso Autore ex hungarico in latinum versa cum Præfatione contra Wielandi Mercurium Solemnitatem impugnantem. Jaurini, 1800, 8°. (Par le P. Antoine MAILLATH DE SZEKELY.)

2013. — ***Ravenne.*** — De Deiparæ Portuensis ad Ravennates adventu et cultu cum adnotationibus Carmen. (1770 [?].) (Par le P. Jean ARTETA.)

2014. — ***Reggio.*** — Per la solenne consacrazione del Tempio della Ghiara ad onore della SS. Vergine Maria fatta da sua Eccellenza Eminentissima Monsignor Francesco Maria d'Este, vescovo di Reggio e Principe nel dì XIII Ottobre MDCCCXVI. Discorso. Reggio, per G. Davolio, 12°, pp. 18. (Par le P. François FINETTI.)

2015. — ***Rennes.*** — L'Histoire de Nostre-Dame des Miracles, honorée à Rennes en l'Eglise de Saint-Sauveur Et les ceremonies faites en la même ville, l'an M.DCLVIII, le VII. d'avril, jour que la dite Image fut solennellement remise en son premier et ancien Autel. Par un P. D. L. C. D. J. A Rennes, chez Guillaume Vatar, sur l'imprimé de 1658, 12°, pp. 68-54, slp. (Par le P. George FAUTEREL.)

2016. — Rhedonæ ope Mariæ Virginis dictæ a miraculis et virtutibus, ab Anglis liberatæ, carmen. Rhedonis, apud Guillelmum Vatar, 1719, 4°. (Par le P. Philippe François BRILLON.)

2017. — ***Retzbach*** (?). — (De Peregrinatione ad Deiparam, Retzbaci in Franconia celebrem.) (En *allemand.*) (1640 [?].) (Par le P. Jean Georges VOGLER.)

2018. — ***Rocamadour*** (*Lot*). — Histoire de la bienheureuse Vierge de Roquemadour. Par le P. Odo DE GISSEY, de la Compagnie de Jesus. Toulouse, 1632, 12°. — Histoire et Miracles de N. D. de Roc-Amadour, au païs de Quercy, tirés de divers manuscrits. Tulle, 1632, 18°. — Villefranche d'Aveiron, chez Vedeilhié, sur l'imprimé de Tulle, en 1666, 8°, pp. 201, sllelt.

2019. — ***Rome***. — (Récit de la translation à Rome de la statue de N. Dame de la Victoire.) (Traduit de l'italien en *allemand.*) Prag, Rosenmuller, 1700 (?). (Par le P. André FREYBERGER.)

2020. — Il Pellegrino Guidato alla visita delle Imagini più Insigni della B. V. Maria in Roma ovvero Discorsi familiari sopra le medesime detti i Sabbate nella Chiesa del Gesù da Concezio CAROCCI Sacerdote della Compagnia di Gesù. In Roma, per il Bernabò, 1729, 12°, 4 vol., pp. 502, 490, 478 et 468, sldpelt.

2021. — Ragguaglio della manifestazione della B. Vergine che si venera nel Portico della Chiesa di S. Apollinare coll' aggiunta di nove considerazioni. Roma, Salomoni, 1777, 8°. — Ibid., Per Luigi Perego Salvioni, 1786, 12°, pp. 132. (Par le P. Joseph Marie MAZZOLARI.)

2022. — Memorie istoriche delle imagini di Maria Sma che si venerano in Roma coronata dal Rmo Capitolo di S. Pietro in Vaticano, ec. Roma, Salomoni, 1795, 8°, 4 vol. (Par le P. Xavier DEMARCO.)

2023. — Discorsi sul culto di Maria del P. Carlo PASSAGLIA della Compagnia di Gesù recitati del medesimo nei giorni 4, 5, e 6 giugno 1858 nel solennizarsi il secondo centenario da che l'imagine della Vergine venerata nella chiesa parrocchiale di S. Rocco sotto il titolo Mater Divinæ Gratiæ era coronata dal capitolo di S. Pietro. Roma, tipographia di Anacleto Sabotini, 1858, 8°, pp. 36.

2024. — ***Ronzière*** (*Puy-de-Dôme*). — Trésor du pieux pèlerin aux pieds de N. D. de Ronzière. Clermont-Ferrand, librairie catholique, 1864, 16°, pp. VIII-264. (Par le P. Francisque DUBOST.)

2025. — ***Saint-Omer***. — Histoire de Nostre-Dame des Miracles à Saint-Omer, par le P. Martin COUVREUR, de la Compagnie de Jésus. S. Omer, De l'imprimerie de la Vefve Charles Boscart, 1647, 8°. — Arras, 1859.

2026. — ***Saint-Lipka*** (*Lithuanie*). — Linda Mariana, sive de B. Virgine Lindensi seu ad S. Tiliam in Diœcesi Varmiensi, sub cura Patrum Societatis Jesu miraculis clarissima. Libri V. Authore P. Thoma CLAGIO Allensteinensi Pruteno

Soc. Jesu Presbytero. Coloniæ Ubiorum, apud Joannem Antonium Kinckium, 1659, 8°, pp. 829, sldelt.

Le P. Poszakowski dit que cet ouvrage fut traduit en allemand par un Jésuite et imprimé à Braunsberg.

2027. — Odæ votivæ Reginæ Cœlorum Lindensi in Prussia decantatæ. Cracoviæ, 1661, 4°. (Par le P. Casimir Wolodkowicz.)

2028. — ***Salette*** (La) (*Isère*). — Il ristoro della divozione. Discorso sull' apparizione di Maria Santissima sul Monte della Salette, detto in Napoli del P. Ferdinando Canger d. C. d. G. Napoli, Lorenzo Lapegna, 1866, 16°, pp. 21.

2029. — Salatmâda. Pondichéry, 187.. 18°. (Par le P. Louis Saint-Cyr.)

Notice, en tamoul, sur N. Dame de la Salette.

2030. — ***San Juan*** (*Mexique*). — Origen del celebre Santuario de Nuestra Señora de S. Juan del Obispado de Guadalaxara, en la America Septentrional. Mexico, 1696, 12°. — Ibid., 1801, 12°, pp. 220, sllelt. (Par le P. François de Florencia.)

2031. — ***Saragosse.*** — (Miraculum celebre à B. V. factum Cæsar-Augustæ in Hispania.)(En *flamand.*) (1646 [?].) (Par le P. Gilles de Smidt.)

2032. — *Letras* (chantées, en l'honneur de Notre Dame del Pilar en 1723, à la *Junta*, dispute littéraire, dont il était un des juges.) — *Manuscrit.* (Par le P. Joseph Andosilla.)

2033. — De mirabili Deiparæ apparitione in Cæsaraugustæ muris, et de cœlesti ipsius imagine, vulgo de *el Portillo.* (18e siècle.) — *Manuscrit.* (Par le P. Joseph Andosilla.)

2034. — Sermon en la primera Fiesta celebrada por la Real Compañia de Comercio de Zaragoza à su Titular, da Venida de Maria Santisima a esta Ciudad, que dixo en el Templo de San Felipe, y Santiago de la misma, el dia 2 de Enero de 1752... En Zaragoza, en la Imprenta Real, 1752, 4°. (Par le P. Julien Garcia de la Vera.)

2035. — Sermon de Nuestra Señora del Pilar. Çaragoça, Francisco Moreno, 1764. (Par le P. Brunon Marti.)

2036. — Breve Noticia de Nuestra Señora la Madre de Dios del Pilar, venerada en Capella, y su Novena, por Don Andres Rami, Racionero de la Parroquial de dicha Ciudad. En Zaragoza, por Francisco Moreno, 1765, 8°. (Par le P. Joseph François Clavera.)

2037. — (Divers poëmes à l'honneur de Notre-Dame *del Pilar.*) (En *espagnol.*) (1802.) — *Manuscrit.* (Par le P. Barthélemi Monton.)

2038. — ***Sasvar*** (?) (*Hongrie*). — Venæ poeticæ e fonte gratiarum Dei Matris Sas-Variensi ad rigandos lauros Perillustrium... Dominorum Neo-Baccalaureorum... a Musis Tyrnaviensibus Derivatæ, Anno M.DCC.XXXIV. Mense Majo Die... Tyrnaviæ, Typis Academicis, per Leopoldum Berger, 8°, pp. 86. (Par le P. Alexis Okoliczany.)

Le P. de Backer dit : *Sas-Variensi ;* le P. Stöger : *Jascariensi*. Ne serait-ce pas *Szathmariensi ?* En ce cas, ce serait la ville de Szathmar-Nemety.

2039. — ***Scherpen-Heuvel*** (*Belgique*). — Beweeringhe van de eere ende mirakelen der hoogh-verheven Moeder Gods Maria, tot Scherpen-Heuvel; deur J. D. S. J. T'Antwerpen, in de Plantynsche druckerye, by Jan Moerentorf, 1607, 4°, pp. 23. (Par le P. Jean David.)

2040. — ***Seville***. — Discurso historial de la antiguedad y milagros de Nuestra Señora de la Antigua, que està en la Capilla de su advocacion en la Santa Iglesia metropolitana de Sevilla, su autor el P. Francisco Ortiz, de la Compañia de Jesus. 1686. — *Manuscrit*.

2041. — Historia de Nuestra Señora de la Antigua, venerada en la Santa metropolitana y patriarcal iglesia de Sevilla, que rendida ofrece, y dedica à el Exmo y Rmo Señor, el Señor D. Luis de Salcedo y Azcona Arzobispo de la misma ciudade el P. Antonio de Solis, de la Compañia de Jesus. Impreso en la Vallestilla, 1739, 4°, pp. 342, sll.

2042. — Discurso sobre la virgen del Pilar que se venera en la cathedral de Sevilla, por el P. Juan Bernal, de la Compañia de Jesus. (17e S.). — *Manuscrit*.

2043. — ***Sichem*** (*Belgique*). — Briève Apologie du culte de Notre-Dame de Montaigu. (1600 [?].) (Par le P. Nicolas Boonaert.)

Il publia le même ouvrage en flamand.

2044. — Histoire miracvlevse de Nostre-Dame de Sichem, ou Mont-aigu en Brabant. Escripte en latin par Iuste Lipse. Traduicte en François au college de Tournon de la Compagnie de Iesvs par vn des Professeurs dudit College. A la fin est adiousté un abbregé des choses plus remarquables, arriuees en diuers lieux ; mais principalement à Tournon, par les Images faictes du Chesne de la mesme Nostre Dame de Sichem. Item un Poëme de l'inuention de ladicte image. A Tovrnon, Par Clavde Michel, 1615, 12°, pp. 421. (Par le P. Pierre Reboul.)

2045. — Notre-Dame de Montaigu. — Dans les *Précis historiques*, 1875, p. 881. (Par le P. François Kieckens.)

2046. — ***Sicile***. — Ragnagli degli Ritratti della SS. Vergine Nostra Signora più celebri, che si reveriscono in varie chiese nell' Isola di Sicilia. Opera postuma del R. P. Ottavio Cajetano della Compagnia di Giesù. Trasportato nella lingua volgare. Palermo, Andrea Colicchia, 1614, 4°. (Par le P. Thomas Tamburini.)

2047. — Opvscvlvm vbi Origines Illustrium Aedium SS. Deiparæ Mariæ in Sicilia, ad promouendum illius cultum, et pietatem explicantur. Panormi, 1657. (Par le P. Octave CAJETANO.)

Inséré au tome 2e de ses *Vitæ Sanctorum Siculorum... Panormi, Apud Cirillos, 1657, fol., 2 vol.* Il y occupe les pp. 281-300. A notre collège de Palerme, on conservait un Ms. intitulé : *Delle Madonne di Sicilia* (in-fol., 2 vol.), contenant les matériaux rassemblés par l'auteur sur cette question.

2048. — Icones aliquot et origines illustrium Deiparæ Mariæ quæ in Siciliæ Insula coluntur. Opusculum Posthumum R. P. Octavii CAIETANI Societatis Jesu. Accesserunt Meditationes de Vita ejusdem Deiparæ. Panormi, apud Cirillos, Anno 1657. Et iterum Panormi, ex Typografia Petri de Isola, 1663, 4o, pp. 97 et 37 grav., et pp. 51.

Les *Meditationes* sont du P. Jean Augustin Confalonieri.

2049. — Maraviglie di Dio in onore della sua Santissima Madre riverita nelle sue celebri immagini in Sicilia, e nelle Isole circonvicine Descritte dal P. Domenico Stanislas ALBERTI della Compagnia di Giesù. In Palermo, per Franc. Amato, 1718, 12o, 2 vol., pp. 459 et 462.

L'auteur laissa en manuscrit trois autres volumes.

2050. — ***Sienne***. — Relazione della Miracolosa Madonna del Presepio che si conserua dalle Monache Benedettine aggregate alla Congregazione Olivetana, nel Venerabile Monistero di Ogni Santi in Siena. In Siena nella Stamperia del Publico, s. a. (*1668*), 12o, pp. 96. (Par le P. Sébastien DE CONTI.)

2051. — ***Sierpc*** (*Pologne*). — Laski Cudowne przy kosciele sieprskim wniebowzięcia pelney łaski Bogarodzice Panny, w Woiewodztwie Plockim, opisane i do Druku podane przez X. Lukasza PAPROCKIEGO Societatis Jesu Theologá, Roku Panskiego 1652. Mieśiącá Styczniá w Warszawie, w Druk : Piotra Elerta, 4o, pp. 72.

Ce sont les miracles de la Vierge de Sierpc dans le palatinat de Plock.

2052. — ***Sokal*** (*Pologne*). — Kazanie podczas Oktawy Koronacyi cudownego Obrazu Niepokalanie poczętey Panny w Sokalu d. 11 sept. 1724. (Par le P. Étienne PUZYNA.)

Ce sermon pour le couronnement de N. Dame de Sokal est imprimé, p. 136-161 de *Chwala Koronna* (Gloria regni). Leopoli, typ. S. J., 1726, fol.

2053. — Glowa Matki Boskiey od J. O. J. W. Potockiego domu ukoronawana sprzyjających honorowi Swoiemu glowy y honory utrzymująca w oktawę Koronacyi na solenney tego aktu konkluzyi w sokalskim WW. OO. Bernardynow Kościele ogłoszona przez X. Mikołaja KIERMOWICZA S. J. lwowskiego Kaznodzióje B. P. 1724, d. 15 Września.

Panégyrique à l'occasion du couronnement de la statue de Marie dans l'église des Bernardins de Sokal. Il se trouve dans le recueil des Panégyriques prononcés à cette occasion : *Leopoli, 1726, 4o*, aux pages 327-354.

2054. — ***Spolète***. — Il ritratto della Beneficenza di Maria. Panegirico in onore della Miracolosa Imagine della Madonna della Piaggia che si riverisce in Spoleto nella Chiesa de' PP. della Compagnia di Giesu del P. Scipione Costanzo della medesima Compagnia. In Fuligno, per il Campitelli, s. a., 12°, pp. 23. — In Ferrara, dai tipi di Gaetano Bresciani, 1834, 18°.

2055. — Il novello santuario di nostra Signora Maria santissima Auxilium christianorum presso Spoleto. Fasti. Edizione seconda con nuove aggiunte. Roma, 1868, 16°, pp. 13. (Par le P. Antoine Angelini-Rota.)

2056. — ***Staniaki*** (*Pologne*). — W. kaplicy Matki Boskiey w Staniątkach. Piekary, 1848, 12°, pp. 16. (Par le P. Charles de Boloz Antoniewicz.)

C'est une poésie sur la chapelle de la Sainte Vierge à Staniaki.

2057. — ***Steenberghe*** (*Belgique*). — Notre-Dame de Steenberghe, près de Louvain, par le R. P. A. Pruvost, de la Compagnie de Jésus. Bruxelles, Vandereydt (1865), 18°, pp. 34.

2058. — ***Strassengel*** (*Styrie* [?]). — Narratio historico-poetica utriusque Thaumaturgæ Imaginis in Strassengel. Græcii, typis Widmanstadii, 1741, 16°. (Par le P. André Friz.)

2059. — ***Styrie***. — saCer MarIanæ stIrIæ zoDIaCVs, seu celebriores, gratiis et prodigiis claræ Beatissimæ Virginis, Deique Matris Mariæ in Styria Imagines... ab Illustrissimo Parnasso Græcensi in Applausum dedicatus. Typis Hæredum Widmanstadii, s. a. (*1709*), 8°, s. pag. (dernière signature : F_3.) (Par le P. Antoine Maurisberg.)

2060. — ***Suraz*** (?) (*Pologne*). — Krynice cudownych łask Maryi z żurowickich gór wynikające. Nieświez, Dr. S. J. (1745 [?]), 8°. (Par le P. François Kolert.)

C'est-à-dire : *Sources des grâces admirables de Marie jaillissant des montagnes de Suraz.*

2061. — ***Thierbach*** (*Haut-Rhin*). — Geistlicher Blumenkranz unserer lieben Frau von Thierenbach, etc. Aus dem französischen übersetzt und neu bearbeitet ; von P. H. Roulet, S. J. Colmar, Hoffmann, 1868, 18°, pp. 128.

2062. — ***Tolède***. — De la Descension de Nuestra Señora a la Santa Iglesia de Toledo (1611.) — *Manuscrit*. (Par le P. Jérôme Roman de Higuera.)

2063. — Libro de la Descension de Nuestra Señora a la Santa Iglesia de Toledo, y vida de S. Ildefonso Arzobispo de ella, escrito por el P. Francisco Portocarrero religioso de la Compañia de Jesus, natural de Medellin. Madrid, por Luis Sanchez, 1616, 4°.

2064. — ***Tongres***. — Diva Tungrensis Hanno-Belgica sive Imaginis ejus Tungros Hannoniæ mira per Angelos Deportatio. Ejus item beneficia et miracula fide atque ordine latine descripta. A. R. P. Philippo Bouchy Servio Societatis Jesu. Leodii, Typis Balduini Bronckart, M.DC.LI, 4°, pp. 137, sllelt. — Ibid., M.DCLI, 4°, pp. 192, sllelt.

2065. — Histoire de N. D. de Tongres et des principaux miracles opérés par son intercession. Tournai, 1842, 12°. (Par les PP. Elesban DE GUILHERMY et Jules PARIS.)

2066. — ***Trapani*** (*Sicile*). — Relatione dell' Imagine di N. S. di Trapani. (1680.) — *Manuscrit.* (Par le P. Philippe SCAFILIS.)

2067. — L'oggetto di Beatitudine alle Pupille de' Viatori. Panegirico Sacro della SS. Annunziata di Trapani. Trapani, presso il Franco, 1702, 4°. (Par le P. Antonin DI VINCENZO.)

2068. — La Vita ammirata in un Simulacro Panegirico Sacro in honore della SS. Annunziata di Trapani. Trapani, presso il Franco, 1702, 4°. (Par le P. Antonin DI VINCENZO.)

2069. — La libertà degli affetti Trapanesi in catena Orazione Panegirica in onore della Santissima Annunziata di Trapani, recitata dal P. Bartolomeo ROMEO della Compagnia di Giesù, nel suo corso Quaresimale nella Chiesa del Collegio di Trapani l'anno 1715... In Palermo, nella Stamperia di Francesco Amato, 1715, 4°, pp. 34, sld.

2070. — L'amore di parzialità panegirico sacro in Lode di Nostra Signora di Trapani detto dal P. Mario CORSONI della Compagnia di Gesù nel suo Corso Quaresimale nella chiesa del Collegio di Trapani l'anno 1723. In Palermo, Nella regia stamp. d'Antonio Epiro, 1723, 4°, pp. 28.

2071. — L'ammirabile Trasfigurazione della Virgine, Panegirico sacro in onore della Santissima Annunziata di Trapani detto dal P. Andrea M. SCIMONE Messinese della Compagnia di Gesù nel secondo sabbato del suo Corso Quaresimale nella Chiesa del Collegio di Trapani l'anno 1724... In Palermo, Per Gaspare Bayona, 1724, 4°, pp. 16, sld.

2072. — Al popolo di Maria eletto. Panegirico sacro in onore della Miracolosa statua della Madonna di Trapani detto nel corso Quaresimale nella Chiesa del Collegio di Trapani l'anno 1732. Palermo, Gramignani, 1732, 4°. (Par le P. Octave Marie HOMODEI.)

Il aurait encore prêché et publié un panégyrique pour la même fête en 1733.

2073. — Il Popolo in terra beato. Panegirico sacro in onore della miracolosa statua della Madonna di Trapani recitato dal P. Antonio PILA Siracusano della Compagnia di Gesù nel suo corso quaresimale nella Chiesa del Collegio di Trapani l'anno 1749... In Palermo, Appresso Angelo Felicella, MDCCXLIX, 4°.

2074. — Panegirico in onore della celebre e miracolosa Statua della Vergine di Trapani recitato nella stessa Citta di Trapani, dal P. Bartolomeo L'AMANTHIA (18e Siècle.)

Ce Panégyrique est inséré au t. II, p. 91, de la *Raccolta di varj discorsi italiani composti da alcuni Oratori Siciliani della Compagnia di Gesù. In Palermo, 1752.*

2075. — Orazione panegirica in onore della miracolosa statua della Madonna di Trapani recitata dal P. Benedetto Maria Ricciuli Catanese della Compagnia di Gesù nel corso del suo quaresimale nella Chiesa del Collegio di Trapani l'anno 1750... In Palermo, presso Pietro Bentivenga, MDCCL, 4°, pp. 23, sll.

2076. — Orazioni due panegiriche in onor della Prodigiosa statua della Madonna di Trapani del P. Gabriel Maria Thomas della Compagnia di Gesù... Trapani, Per Gramignani, 1755, 4°, pp. 41, sld.

2077. — ***Troki*** (*Lithuanie*). — Quatuor leucæ SS. Mariæ, seu publica ac Solemnis in ædem D. V. Mariæ trocensem, processio Odis IV expressæ. Antverpiæ, 1624, 4°. (Par le P. Mathias Casimir Sarbiewski.)

2078. — Panegiricus de cultu et origine imaginis thaumaturgæ B. V. Mariæ trocensis in Lithuania. Vilnæ, typ. acad. S. J., 1718, 4°. (Par le P. Adam Minkiewicz.)

2079. — Solemnitas Coronationis imaginis Thaumaturgæ B. V. Mariæ trocensis, 1718 d. 4 Sept. Vilnæ, typ. Acad. S. J., 1719, 4°. (Par le P. Adam Minkiewicz.)

2080. — ***Turin.*** — Mémoire abrégé sur l'image miraculeuse de Notre Dame de consolation, dite vulgairement la Consolata. A Turin, chez Ignace Soffietti, 1804, 8°, pp. 36. (Par le P. Jean Joseph Rossignol.)

2081. — ***Turzan*** (*Moravie*). — Diva Turzanensis, seu Historia Originis et Miraculorum Magnæ Dei Hominumque Matris Mariæ : Cujus venerabilis Statua, prope Brunam indicio cœlestis lucis in rubis inventa, Magno Populorum accursu honoratur. Olomucii, Typis Viti Henrici Etteli, 1658, 8°, pp. 264, sld. (Par le P. Aloys Boleslas Balbinus.)

La dédicace est signée : *Collegium et Domus Probationis Soc. Jesu Brunæ.* A partir de la page 205 (?) on trouve : *Aureum milliare Bruna Turzanum sive Devotiones Peregrini Divam Turzanensem visitantis.*

2082. — Marianische Kirchfahrt zu dem uralten Gnaden-Bild Mariæ von Dörnern zu Turass in Mähren. Glatz, Andreas Pega, 1682, 8°. (Par le P. Jean Dilat.)

C'est un cantique pour le pèlerinage de Notre-Dame des Épines en Moravie. Il est imprimé encore, p. 17-21, de *Deutsche Jesuiten-Poesie, Francfurth, 1731, 8°.*

2083. — Geschichte der heil. Jungfrau Maria von Turz'an. Brünn, 1719. (Par le P. Bohuslas Boczek.)

En 1716, il avait publié sur le même sujet un livre en bohémien dans lequel il faisait l'histoire des cinquante dernières années du pèlerinage, d'où le titre qu'il lui donna : *Annus Jubilæus.*

2084. — ***Tyrnau*** (*Hongrie*). — (Concio in Translatione Thaumaturgæ Virginis Tyrnaviæ ad Sacrarium erectum ab Emerico Esterhazy, Archiepiscopo Strigon.) (En *hongrois.*) 1742, 4°. (Par le P. Étienne Szabo.)

2085. — ***Valence*** (*Espagne*). — Historia de la Vergen de la Cueva Santa. Escriviola el P. Josef DE LA JUSTICIA de la Compañia de Jesus... En Valencia, por Bernardo Nogués, 1655, 4°, pp. 251, sllelt.

2086. — Historia de la Cueva Santa de Nuestra Señora de Gracia del Altura, por el P. Pascual DE AGRAMUNT, de la compañia de Jesus. Año de 1729. — *Manuscrit.*

Ce travail a été utilisé dans l'ouvrage suivant :

2087. — Compendio de la historia de la Virgen Ntra. Sra. de la Cueva Santa, con su novena, enmendada y añadida en esta tercera impresion con gustosas aunque resumidas noticias de la historia que escribió el P. Pascual DE AGRAMUNT, de la Compañia de Jesus, por el Dr Domingo Antonio de Chiva, presbitero de la congregacion de San Filipe Neri. Valencia, por Cosmo Granja, 1754, 8°.

2088. — (Deux Panégyriques en latin : l'un en l'honneur de l'image miraculeuse de la Vierge, vénérée à Valence, sous le titre de *Nuestra Señora de la Seo, o del Milagro;* l'autre, pour la *Madre de los Desemparados.*) (1730 [?].) (Par le P. Jérôme JULIAN.)

2089. — ***Valenciennes.*** — Histoire de la Naissance et du progrès de la Devotion à l'endroit de Nostre Dame de Bonne Esperance près la ville de Valenciennes. Avec les plus signalées guerisons depuis l'an MDCXXVI par un Père de la Compagnie de Jesus. A Valenciennes, de l'imprimerie de Jean Vervliet, 1630, 8°, pp. 142, sllelt. (Par le P. Pierre BOUILLE.)

2090. — Histoire de l'origine, progres et miracles de N. Dame de Bon Vovloir Av Dvché de Havré, Auec diuerses Prieres à la Vierge, par vn Pere de la Compagnie de Iesus. A Mons, chez François Waudret, M.DC.XXXIX, 12°, pp. 139, sllelt. (Par le P. Jacques BERNARD.)

2091. — La Cour sainte de la glorieuse Vierge Marie à Valentiennes ou discours moraux et historiques tant sur la feste et les mystères de la Nativité de N. Dame que sur l'origine et les pieces les plus considerables en la solennelle et devote procession qui se fait en cette ville annuellement, par le commandement de la mesme Vierge le jour de sa feste. Par le Reverend Pere D'OULTREMAN, de la Compagnie de Jesus. A Valentiennes, chez Jean Boucher, 1653, 8°, pp. 720.

2092. — ***Vassivière (N.-D. de)*** (*Puy-de-Dôme*). — Abbregé de l'histoire et miracles, tres bien averez, de N. Dame de Vasssiuière, près du grand Mont d'or en Auuergne, à vne lieüe de Besse : Le tout fidelement tiré des Memoires authentiques de M. Iean Cladiere, notaire iuré en l'officialité de Clermont, envoyez à Lyon, au R. P. M. C. I. A Lyon, chez Lovys Mvgvet, M.DC.XV, 8°, pp. 99. (Par le P. Michel COYSSARD.)

2093. — ***Velletri*** (*Italie*). — Istoria del Santuario della B. Vergine delle grazie che si venera nella SS. Basilica cathedrale di Velletri, scritta da un Religioso della C. di G. Velletri, 1854. — Edizione seconda. Velletri, tipogr. di

Angelo Sartori (1858), 8°, pp. 230. — Terza ediz. Ibid., 1882. (Par le P. Raphaël Ballerini.)

2094. — ***Vérone***. — Panegirico pel triduo dell' incoronazione solenne dell' Immagine di Maria Vergine fatto in Verona l'anno 1769. (Par le P. Xavier Bettinelli.)

Dans l'édition de ses *Opere edite ed inedite*. (Venezia, 1799-1801, 12°, 21 vol.), au t. XXIV, p. 157.

2095. — ***Vienne*** (*Autriche*). — Lobsprechung der Kaiserlichen Gottseligkeit (in dedicatione statuæ B. V. Mariæ Viennæ am Hof a Leopoldo Cæsare erectæ). (165. [?].) (Par le P. Philibert Boccabello.)

2096. — Gnadenbrunnen in dem wunderthätigen Bild der weinenden Mutter Gottes von Pötsch, welches in Originali, in der Wienerischen Metropolitankirche verehret wird, das ist : Ursprung solches Herkommen dieses Gnadenbildes, dessen übernatürlicher Weise aus den Augen ausgeflossenen Zähren zu Pötsch in Ungarn. Wien, 1703, 8°. (Par le P. Christophe Zenegg.)

2097. — Concio in B. V. Mariæ Pötschensis, quæ Viennæ ad S. Stephani colitur annua solemnitate. Viennæ, van Ghelen, 1747. (Par le P. Léopold Fischer.)

2098. — ***Vilna*** (*Lithuanie*). — Decem modi colendi Beatissimam Virginem in Ejus imagine Lauretana. Vilnæ, typ. Acad. S. J., 1648, 12°. (Par le P. Albert Kojalowicz Wijuk.)

2099. — ***Vilvorde*** (*Belgique*). — Notre-Dame de Consolation à Vilvorde. Monographie de cet établissement religieux par Ed. Terwecoren, S. J. Bruxelles, Imprimerie de J. Vandereydt, 1852, 12°, pp. lxiii-357.

2100. — O. L. V. ten troost te Vilvoorden, of korte geschiedenis van het Klooster en van het beeld, onder dien naem bekend. Te Brussel, J. Vandereydt, 1853, 18°, pp. xiv-129. (Par le P. Victor de Buck.)

2101. — ***Warth*** (*Bohême*). — Diva Wartensis, seu Origines, et Miracvla Magnæ Dei, Hominumqve Matris Mariæ, quæ à tot retro sæculis Wartæ, in limitibus Silesiæ, Comitatûsque Glacensis, magnâ populorum frequentiâ colitur, Clarissima Miracvlis ; Libris duobus comprehensa, et nunc primùm in lucem edita, Impensis Reverendissimi et Amplissimi Domini D. Simonis Abbatis Camencensis. Authore P. Bohvslao Aloysio Balbino è Soc. Iesv. Pragæ, Formis Cæsareo-Academicis. Prostant apud Nicolavm Hosing Bibliopolam. Ibidem, MDCLV, 4°, pp. 304, slt.

Cet ouvrage a été traduit en allemand par Ferdinand Augustin Tannern von Lewenthal : *Prague, 1657, 4°, pp. 317.*

2102. — ***Wavre Notre-Dame*** (*Belgique*). — Précis historique de Notre-Dame de Basse-Wavre. Bruxelles, imprimerie de J. J. Vanderborght, 1834, 18°, pp. vi-8, 44-4. (Par le P. J. B. Boone.)

2103. — ***Wending*** (*Bavière*). — Wallfahrtsbüchlein von U. L. Frau zu Wemding. Ellwangen, 1755, 8°. (Par le P. Antoine CRAMMER.)

2104. — ***Zapopan*** (*Mexique*). — Milagros de Nuestra Señora de Zapopan. 1751. — *Manuscrit*. (Par le P. Joseph CARRILLO.)

2105. — ***Znaim*** (*Moravie*). — Kurzverfassten Ursprung und fernern Geschicht der Marianischen Bildnuss von Foya in Niederlanden : wie solche erfunden, und folgender Zeit an verschiedenen Orthen, sonders in der Königlichen Stadt Znaim in der Kirche der Gesellschafft Jesu durch einige 130 Jahr verehret worden. Auch viele der andächtigen Verehrern dieser Marianischen Bildniskrafft der Verdiensten, und mächtigen Fürbitt der über gebenedeyten Jungfrauen Mariä in ihren bedrangten Anligen sonderliche und ganz wunderbare Gnadenhilf erlanget haben. Znaim gedruckt bei Anton Johann Preiss, 1760. (Par le P. Auguste GREVER.)

2106. — ***Zô-sè*** (*Chine*). — Le pèlerinage de Notre-Dame Auxiliatrice à Zô-sè, dans le vicariat apostolique de Nan-Kin. Chang-hai, imprimerie de la mission catholique à l'orphelinat de Tou-sai-wai, 1875, 8°, pp. XII-147. (Par le P. Gabriel PALATRE.)

2107. — ***Zuckmantel*** (*Silésie*). — Pielgrzymka do cudownego Obrazu Najswiętszéj Bogardzicy Maria Hilf w Zuckmantel. Lwów, u Pillera, 1849, 12°, pp. 32. (Par le P. Charles DE BOLOZ ANTONIEWICZ.)

C'est-à-dire : *Pèlerinage à l'image miraculeuse de la très sainte Mère de Dieu, Marie du Secours, à Zuckmantel.*

2108. — (Les Miracles de la B. Vierge du Saint Amour.) (En langue *bohème*.) Prag, 1642 (?). (Par le P. George FERUS ou PLACHY.)

2109. — La devocion à Maria SSmâ en su hermosa Imagen de la Luz. Obra traducida del Italiano. En Mégico, 1737, 8°, 2 vol. (Par le P. Luc RINCON.)

2110. — Marya przy Królewskim honorze lwim sercem utrzymana w Lwowie, albo Kazanie podczas Koronacyi Obrazu N. P. Maryi u W W. OO. Dominikanów miane R. 1751. d. 6. Lipca, a dla rozkazu Przełożonych y słuchających requizycyi do druku podane od X. Antoniego BIEYKOWSKIEGO S. J. Lublin, Dr S. J., 1751, fol., pp. 11.

C'est un sermon prononcé par le P. Bieykowski, pour le couronnement d'une image de la Ste Vierge.

2111. — De Historia B. Virginis quæ a Gratiis nuncupatur. (1761.) — *Manuscrit*. (Par le P. Frédéric SANVITALE.)

2112. — Il Santuario di Maria Santissima detta de' Bisognosi nei Marsi. In Roma, Nella Stamperia Salomoni, L'anno MDCCLXXXV, 12°, pp. 167 et 1 grav. (Par le P. Joseph Marie MAZZOLARI.)

2113. — Breve notitia della Chiesa della SS. Vergine di Misobolo... con un ragionamento. Torino, Avondo, 1791, 8°. (Par l'abbé Jean Dominique GIULI.)

2114. — Cantique en l'honneur de Notre-Dame du Chêne. 1864, 32°, pp. 3. (Par le P. Arsène CAHOUR.)

2115. — Inventaire des sacrées Reliques de Nostre Dame, et des lieux où elles se trouvent. Ensemble douze Eguillons et Motifs populaires à persuader de dire souvent l'Ave Maria. A Douay, de l'impr. de Balthazar Bellere, 1626, 12°, pp. 504 et 117. (Par le P. Antoine DE BALINGHEM.)

2116. — Reliquiæ B. Virginis. (1630 [?].) (Par le P. Jean NIESS.)

2117. — De Virginis Matris prodigiis. (1623.) — *Manuscrit*. (Par le P. Léonard LESSIUS.)

2118. — De los favores que hace a sus devotos la Virgen nuestra Señora. Valencia, Chrysostomo Garriz, 1635, 16°. (Par le P. Bernardin DE VILLEGAS.)

Traduit en portugais (1716) et en italien (1612).

2119. — Cielo estrelado de mil y veinte y dos exemplos de Maria, Paraiso espiritual y Tesoro de fa[illegible]res, y regalos con que esta Gran Señora ha favorecido, a los que se acogen a su proteccion y amparo. Por el Padre Juan DE ALLOZA, Sacerdote Professo de la Compañia de Jesus, natural de la Ciudad de los Reyes en el Peru. Madrid, 1654, fol. — En Valencia. En la Imprenta de Vicente Mace, Año 1691, fol., pp. 480 (?) sllelt.

2120. — Libellus Precum ad divam Virginem Consolatricem cum quinque miraculis. Treviris, 1661. (Par le P. Alexandre WILTHEIM.)

2121. — Patrocinio universal de la Santissima Virgen Maria, Madre de Dios, y Señora Nuestra. Confirmado con muchos exemplos. En Madrid, por Joseph Fernandez de Buendia, 1664, 4°, pp. 506, sll. (Par le P. Alphonse DE ANDRADE.)

Cet ouvrage a été inséré dans une des éditions de l'*Itinerario historial* du même auteur.

2122. — Compendio de' Miracoli della B. Vergine Maria. (17e S.) (Par le P. Archange BELBONO.)

Cet ouvrage aurait paru sous le pseudonyme de *F(rancesco) A(ntonio) G(uerrero)*.

2123. — Esempi e miracoli della Santissima Vergine Maria Madre di Dio detti dal Padre Carlo Bovio della Compagnia di Giesù, nella Chiesa della Casa Professa della medesima Compagnia... In Roma, per Nicolò Angelo Tinassi, MDCLXXII, 12°, pp. 498. — In Venezia, 1716, 5 vol. Ibid., 1749.

2124. — Un figliuolo di Maria, ossia un nuovo nostro fratello, storia della maravigliosa conversione dell' israelita Alfonso Ratisbonne avvenuta in Roma il 20 gennaio 1842 del barone Teodoro di Bussiere padrino del neofito. Edizione fatta sulla versione dal francese di G. Mazio della Compagnia di Gesù, stampatasi a Roma. Milano, 1842, 12°, pp. 84.

2125. — Conversione miracolosa alla fede cattolica di Alfonso Maria Ratisbonne tratta dai processi autentici formatisi in Roma nel 1842, 12°, pp. 53. (Par le P. Joseph Boero.)

X

POÉSIE. — THÉATRE

Musique. — Arts.

2126. — Triumphus quem olim Deiparæ Virgini Mariæ, cœli terræque imperatrici, cœlites decrevere nunc musæ universæ Dilinganæ in scenam christianam produxere, cum templum Societatis Jesu eidem virgini dedicaretur. Dilingæ, s. a. (*vers 1590*), 4°, ff. 15.

2127. — Tot tibi sunt dotes, Virgo, quot sidera cœlo. (1616.)

A ce vers, composé par le P. Bernard VAN BAUHUYSEN (*Bauhusius*), on reconnut la propriété de pouvoir être combiné de 1022 manières, nombre égal à celui des étoiles alors calculées par les astronomes. Erycius Puteanus donna ces différentes formes dans son : *Pietatis thaumata in Bernardi Bauhusi, e Societate Jesu. Protœum Parthenicum, unius libri versum, unius versus librum, stellarum numero, sive formis MXXII variatum... Antverpiæ, 1617, 4°, pp. 116.* — Un autre ouvrage sur le même sujet, ou le même, parut sous le titre : *Proteus Parthenius, id est, Bernardi Bauhusii Hexameter Marianus millies bis et vicies, sensu et metro servatis, variatus... Lovanii, 1633, 16°, pp. 74.* — Jacques Florent, grand vicaire de Tournai, trouva ce vers susceptible de 3312 combinaisons : *Versus Mariani Variatio finita... Tornaci, 1676, 4°, pp. 140. nch.* — Le P. de Franchis en trouva 2368 ; en 1650, le P. Dobert, minime, 2368; Bernouilli, 3212 en conservant la mesure, ou 40320, si la mesure n'est pas gardée; le P. Prestet, 3376. — Ce vers se trouve dans les *Epigrammata* du P. Bauhusius, plusieurs fois imprimés.

2128. — Epistolæ BB. Aloysii Gonzagæ, ad Claudium Aquavivam Societatis Jesu Quintum Generalem, et Stanislai Kostkæ, ad deiparam in Cœlos assumptam. Leodii, Typis Joannis Ouwerx, 1632, 4°, ff. 12 nch. (Par le P. Jean VINCART.)

2129. — Poemata de Annuntiatione et Assumptione Mariæ Virginis. (1632.) — *Manuscrit.* (Par le P. Jerôme GERMANO.)

2130. — Iac. BALDE S. I. De Laudibus B. Mariæ. V. Odæ Partheniæ. Monachii, Formis Lucæ Straubii, 1638, 12°. — ... — Anno M.DC.XLVIII. S. l., 12°, pp. 124, sldelt. — *A la fin :* Monachii, formis Lucæ Straubii : Sumtibus Joannis Wagneri Bibliopolæ. M.DC.XLVIII.

2131. — Declamationes Poeticæ in Laudem B. Virginis Mariæ. (1644.) — *Manuscrit.* (Par le P. Michel GODINEZ.)

2132. — Matri Misericordiæ Votum e letali morbo vitæ sibique redditus solvebat Sidronius DE HOSSCHE Societatis Jesu Sacerdos. S. l. et a. (*1646*), 4°, pp. 8.

2133. — Viftigh-iaerigh Ivbilé vande Weerdige ende Godtvrugtighe Iovfrovwe Maria Hovt-appel in haeren devoten Staet. S. l. (Anvers, Moret), MDCXLVI, 4°, pp. 14. (Par le P. Jacques DE CATER.)

Ce sont des poésies en flamand.

2134. — Ehrenpreis der allerseligsten Jungkfrawen vnd Mutter Gottes Mariæ. Auff einer schlecht, Harpffe ihres vnwürdigen Dieners gestimbt vnd gesung. München, 1647, 16°. (Par le P. Jacques BALDE.)

Avec les mélodies notées.

2135. — Olympia sacra in stadio Mariano ludis Apollinaribus celebrata. Sive certamen poeticum de laudibus B. Mariæ Virginis super ode parthenia germanica Vulgò Ehrenpreiss dicta. Monachii, Sumptibus Joannis Wagneri, Typis Lucæ Straubii, Anno M.DC.XLVII, 12°, pp. 55, sld.

L'ode allemande : *Ehrenpreiss*, est du P. Jacques BALDE. Chacune des strophes est suivie de cinq imitations en vers latins, par les PP. Simon MAIR (auteur aussi de la préface), Ernest BIDERMANN, Michel PEXENFELDER (?), SONNENBERG. Le cinquième, qui n'est pas nommé, ne serait-il pas le P. Balde lui-même?

2136. — Duodecim octonarrii iambici puri (qui sint veluti totidem stellæ Coronæ virgineæ.) 1647. (Par le P. Jérôme PETRUCCI.)

2137. — Ode votiva in laudem Magnæ Matris. (1650 [?].) (Par le P. Casimir WOTODOWICZ.)

L'auteur la fit imprimer sur soie et la suspendit à l'autel de la Sainte Vierge de Lipka.

2138. — Trzy piena o Nayświętszey Maryi Panny y inne wiersze przekształtowane. (1650 [?].) (Par le P. Jean KWIATKIEWICZ.)

2139. — Tempe Mariana. 1652. (Par le P. Simon CASIMIR.)

2140. — Maria die Himmels Thür durch welche Theophilus Der Statt Adana in Cilicia Verwalter in die ewige Seeligkeit eingengen... Von dem Löbl. Gymnasio der Societet Jesu In gemelter Churfürstl. Haupstatt Straubing, Den 6. Septemb. 1655. Gedruckt zu Straubing, Bey Simon Haan, 4°, ff. 4.

2141. — Leonardi FRIZON, e Societate Iesv, Musæ Partheniæ Libri tres... Lutetiæ Parisiorvm, Apud Florentivm Lambert, M.DC.LVII, 12°, pp. 166.

2142. — Rym polski o dzieciątku Jezus i Najswiętszéj Pannie. Wilno, Dr. akad. S. J., 1668. (Par le P. Stanislas SKOROBOHATY.)

Poème sur l'enfant Jésus et la Sainte Vierge.

2143. — Ode de Beatissima Virgine. 1670 (?). (Par le P. Jean KRASZEWSKI.)

2144. — Epistre de la très sainte Vierge et mère de Dieu, à Jesvs-Christ son fils, Perdu en la Ville de Jerusalem, à l'âge de douze ans. En Vers Latin et François. Tournay, veuve Adrien Qvinqvé, 1675, pet. 12°. pp. 44, slled. (Par le P. Jean VINCART.)

2145. — Marianam lyram in Parnassi montis vertice a triplici Musarum choro ingenti cum plausu, letitiaque pulsatam. Ad Sacros Deiparæ Virginis pedes emeritam. Venerabundus deponit in Bethlehemitico Societatis Jesu Templo Franciscus Burniach, et Texidor, Quartæ Classis Alumnus ejusdem Virginis obsequentissimus Cliens. Anno 1682. Barcin. apud Josephum Forcada, 4°, ff. 4.

2146. — Obsequiosa declamacion que a las plantas de Maria Madre, y Protectora de la Congregacion Suaristica, presentó en el Templo de Belen de la Compañia de Jesus, el noble Don Alexandro de Palau y de Aguilar. Año 1682. En Barcelona, en casa de Iacinto Andreu, 4°, ff. 4.

2147. — Echo Mariana, seu Epistolæ Sodalium. Carmen. Græcii, typis Widmanstadii, 1693, 8°. (Par le P. Frédéric Wibmer.)

2148. — Corona stellarum duodecim Natæ Reginæ Angelorum, eleganti carmine cum symbolis. Græcii, Widmanstad, 1697, 12°. (Par le P. Antoine Kogler.)

2149. — Carmina de Beatissima Virgine Matre. Authore Patre Dionysio Petavio Societatis Jesu Sacerdote. Parisiis, Ex Typographia Viduæ Antonii Lambin, MDCC, 8°, pp. 117.

2150. — Il Viaggio di Betelemme. — La Nascita di Gesu. — L'Ambasciata a Maria. Milano. (vers 1700.) (Par le P. Thomas Ceva.)

Ce sont des Oratorios.

2151. — Elegiæ Marianæ, in quibus B. V. Mariæ sensus suos exprimit, quos in diversis rerum eventibus fovet. Græcii, 1719, 8°. (Par le P. Sigismond Liechtenberg.)

2152. — (Laudes Deiparæ.) (En *polonais* [?].) (1720 [?].) (Par le P. Laurent Gintout.)

Le P. Poszakowski dit : « Laudes Deiparæ, composito ad numerum cantu, di- « vulgavit. »

2153. — Lyra Jesu et Mariæ Sacra, Sive in Mysteria eorumdem Vitæ et Gloriæ canora. 1720.—*Manuscrit*. (Par le P. George Stanislas Hostinio ou Hastink.)

2154. — Le Tiroucâvalour-Kalambam, — l'Adeikala-Mâlei et le Kali-Vemba. (1720 [?].) (Par le P. Joseph Constant Beschi.)

Ce sont des poèmes en tamoul, à l'honneur de la Sainte Vierge. — M. Eugène Sicé, dans son *Mémoire sur la vie... du P. Beschi*, 1841, 8°, pp. 20, dit que ce sont trois poèmes sur Notre-Dame de Bon-Secours de la ville de Tiroucavalour.

2155. — Carmen Carminum Proteus Virginis Deiparæ dotes exprimens supra siderum numeros ac penè innumeras : labore, et ingenio recusum R. P. Francisci de Franchis Societatis Jesu; a D. Laurentio Brunasso ex Ducibus S. Philippi Nerii Cujus ope in lucem prodit Sanctissimo Patri Benedicto XIII D. D. D. Neapoli. apud Franciscum Ricciardo, 1724, 4°, pp. 74, sll.

Voir le n° 2127.

2156. — Epigrammata in laudem B. Virginis Mariæ. 1726. — *Manuscrit.* (Par le P. Emmanuel CARVALHO.)

2157. — Umáde du Kham. 1732. — *Manuscrit.* (Par le P. Jean Ernest HANXLEDEN.)

C'est un poème, en langue malabare, sur la tristesse de la Sainte Vierge.

2158. — Sette canzonnette in aria marinaresca sopra le sette principali feste di Nostra signora. Milano, 1738, 8°. — Sette..., composte da un Religioso d. l. C. d. G. Bologna, 1752, 8°, pp. 55. (Par le P. Jérôme TORNIELLI.)

2159. — Risposta alla Censura fatta alle canzonette marinesche per la festività di Maria Sanctissima. Cosmopoli (*Napoli*), s. a. (*1738*), 8°. (Par le P. Janvier Sanchez DE LUNA.)

L'auteur prend la défense des *Sette canzonette*... du P. Tornielli.

2160. — Cantico a la Soberana Reyna de los Angelos, 8°. (1750 [?].) — *Manuscrit.* (Par le P. Joseph Emmanuel ESTRADA.)

2161. — Mariannische Harpffen, Das ist : Ausserlesene schöne Gesänger, welche nach Unterschid der Zeit In Einer Löbl. Bruderschafft ledigen Stands Manns-Persohnen unter dem Titel Mariæ Reinigung. In dem Kayserl. Profess-Hauss der Gesellschaft Jesu... Gesungen werden. Wienn, gedr. bey Joh. Jacq. Kürner (1750 [?]), 8°, pp. 99.

2162. — Poesias varias. (Par le P. Joseph ARNAL.)

Quelques-unes furent imprimées à Saragosse, en 1765, dans un recueil composé pour célébrer la fête de la Conception de la Sainte Vierge, et en 1766 d'autres en l'honneur de Notre-Dame del Pilar.

2163. — Virgo sine labe concepta, 1780. — *Manuscrit.* (Par le P. Roger Joseph BOSCOVICH.)

L'auteur offrit ce poème de plus de deux cents vers, composé en vingt-quatre heures, à l'Académie de l'Immaculée Conception de Rouen.

2164. — Maria es Aurora. Ilusion poetica. In-4°, pp. 6. (1780 [?].) — *Manuscrit.* (Par le P. Joseph ARNAL.)

2165. — Nouveaux chants à Marie pour le mois de Mai et les fêtes de la Sainte Vierge, par M. l'abbé LEFEBVRE. Tournai, Casterman, s. a. (1840 [?]), 32°, pp. 95.

Nombreuses éditions augmentées.

2166. — Canzoniere Mariano di Luigi BADO D. C. D. G. Genova, presso Antonio Bettolo, s. a. (1841), 8°, pp. 138. — Roma, 1843, 32°, pp. VII-255.

2167. — Chants à Marie. Seconde partie. Cantiques pour le mois de Mai, les fêtes de la Ste Vierge et sur divers sujets; par le R. P. N. LOUIS, de la C. de J., avec musique. Paris, Poussielgue, 1850, 8°, pp. 115. — 20e Edit., 1881.

2168. — Canciones a la Virgen Nuestra Señora. Bruselas, Greuse, 1850, 12°, pp. 162. (Par le P. Raimond GARCIA.)

2169. — Canticos al Señor y su Madre Santisima. S. l. et a. (1850). 8°, pp. 52. (Par le P. Raimond GARCIA.)

2170. — Pieśni mojowe ułożone przez X. ANTONIEWICZA.

Ces *cantiques pour le mois de mai* ont été publiés, après la mort du P. Charles de Boloz Antoniewicz, dans l'ouvrage de Jacques Nowakowski : *Sposób odprawienia Nabożenstwa majowego. Lwów, 1854, 8°, pp. 16-22.* De ces neuf cantiques, le premier n'est pas de lui, mais du P. Yves CZEZOWSKI.

2171. — Le Retour à Marie, cantique; par Arsène CAHOUR, S. J. Paris, Douniol, 1863, 32°, pp. 8.

2172. — La Vergine invitta. Inno popolare del P. Stanislas DI PIETRO d. C. d. G. Roma, 1866, 4°, pp. 4.

2173. — Chants à Marie, 3e partie; par les RR. PP. H. et F. DUMAS, M. DE BOYLESVE, DANIEL, LELASSEUR, etc., de la Compagnie de Jésus. 6e édition. Paris, Poussielgue, 1868, 18°, pp. 160.

2174. — La Marieide. Poesie sacre sui Misteri principali della Vita della Vergine SS. di Nicolò M. SUSINI d. C. d. G. Voghera, G. Gatti, 1869, 12°, pp. 10.

2175. — A toi! Consécration à Marie. Cantique après la Ste Communion. Nouveau cantique pour le renouvellement des vœux de religion. Nantes, imp. Forest, 1871, 8°, pp. 9. (Par le P. Louis MARQUET.)

2176. — Grand recueil de cantiques (650) inédits ou déjà publiés. Corrigés avec le plus grand soin et de très-notables changements. Édition classique (5e partie sur la Ste Vierge.) Paris, Poussielgue, 1873, 12°. (Par le P. Louis MARQUET.)

2177. — Madonna, Verses on our Lady and the Saints, by the Rev. Matthew RUSSEL, S. J. Dublin, M. H. Gill and Son, 1880, 18°.

2178. — Actio in honorem Virginis Mariæ in tres actus. Sevillæ, 1556 (?). — *Manuscrit.* — (Par le P. Pierre DE ACEBEDO.)

2179. — Lof ende eere Aen de alder-heylighste ende altydt Maghet Maria, van godt den vader verkosen, moeder van synen eenighen sone, van den H. Gheest vervult, van den aerts-engel Gabriel ghegroet onder wiens Standaert de sodaliteyt oft vergaderinghe der gehouwde mans, op-gherecht tot Brussel in 't Jaer 1607, by de Paters der Societeyt Jesu, nu vyftig jaer, tot haerder meerder eere ende glorie, Tot oefeninghe der deughden, ende saligheydt der zielen, Heeft ghedient ende opghewassen : Ende nu in haer Patronersse ende voorsprakersse. Met eenen Jubilarius overbleven sodalis van het Jaer 1607 haer verheught ende jubilaert Binnen Brussel in 't Jaer 1657 den 30 September. Tot Brussel, by Jan Mommeert, 4°, ff. 4.

2180. — Triumph Der Gebenedeyten Junckfrawen vnnd Himmelkönigin Maria, wie sie Gott erstlich auff Erden durch die heyligen Patriarchen vnnd Propheten, jha durch alle Geschlecht vnd Geschöpff selig sprechen vnd verehren lassen, vnd denn in der Himlischen Glory vnd Herrligkeit vber alle Chör der Engel erhöhet, durch ein Comedi zu Gedächtnuss geführt... ongestelt den 11 Junij 1617. Gedruckt zu Dilingen, bey Barbara Mayrin, Wittib, 4°, pp. 10.

2181. — Maria Auxiliatrix, das ist : Erweisung der grossen Hilff, welche Maria die Mutter Gottes, den jenigen laistet, von welchen sie verehret vnd angeruffen wird. Durch zwo Historien, von der Academischen Jugendt zu Dilingen, für Augen Gestellt. Anno M.DC.XXXVII. VIII Octobris. Formis Academicis. Operis Caspari Sutoris, 4°, pp. 4.

2182. — Parthenophile Comédie dédiée à Messire le tres-reverend et tres noble Seignevr Rene de Gveldre, Baron d'Arsen, Seignevr de Turnich et de Bacheim etc. Chevalier de l'ordre Tevtoniqve et commandateur ez maisons de Meinsidel et de Luxembourg. De l'insigne liberalité duquel les prix seront distribuez à la jeunesse du college de la Comp. de Jesus à Lux. Sera représentée le 11 de Septembre 1653. Imprimé à Treues, chez Hubert Reulandt, 1653, 4°, pp. 8. (Par le P. Hughelot.)

2183. — Maria mulier amicta sole et luna sub pedibus ejus, etc. Herrlicher Sig vnd Victori, so die Christen durch Fürbitt vnnd Beystandt Mariæ der Himmel-Königin wider jhren Ertzfeind Den Türcken Im Jahr 1571. Zu Wasser erobert haben. Von der Studirenden Jugent des gymnasij der Societet Jesu zu Landsberg in einer Action vorgestellt. Im Jahr Christi 1654. den 3. Vnd 6. Sept. Getruckt zu München, durch Lucam Straub, 4°, pp. 4.

2184. — Maria refugium peccatorum, Oder Marinus ein Freygelassener der Mutter der Gnaden, Wunderbarlich durch ein Marien-Bild als er zur Richtstatt hinauss geführt vom zeitlichen vnnd ewigen Todt erledigt, In einem Schawspil Von dem Churfürstl. Gymnasïo der Societet Jesu zu Burgkhausen vorgestellt, Den... September Anno M.DC.LVI. Getruckt zu München, bey Lucas Straub, 8°, pp. 4.

La même pièce fut jouée à Fribourg, en Suisse, en 1661.

2185. — Maria exhilaratrix. Comœdia historice digesta et in scenam Dilingæ data a Juventute Academica. Anno M.DC.LX. 2. et 6. die Septembris. Dilingæ, Formis Academicis, Apud Ignatium Mayer, 4°, pp. 8.

2186. — Maria exhilaratrix... Maria die Fröhlichmachende, Von der Jugend dass Gymnasij der Soc. Jesv in Landsperg vorgestellet, Den 4. vnd 6. September dess Jahrs 1662. Gedruckt in Chur-Fürstl. Haupt vnd Residentz Statt München, bey Johann Wilhelm Schell, 4°, pp. 4.

2187. — Maria refugium peccatorum... Maria Ein Zuflucht der Sünder, In Johanne Einem Fürtrefflichen Künstler zu Constantinopel, Fürgestellt Von der Studierenden Jugend der Schuelen der Gesellschaft Jesu zu Burghausen In dem Herbst-Spil, Den... vnd... Tag dess Herbst-Monats. Gedruckt zu München bey Sebastian Rauch. Im Jahr Christi 1682. 4°, pp. 4.

2188. — Thestylis levende ende stervende uyt Liefde tot de H. Maeghet Maria sal verthoont worden door de Jonckheyt van den Catechismus ghehauden in de Capelle van den H. Christophorus door de Paters der Societeyt Iesv. Den 11 ende 12 October 1702. Tot Brugghe, ghedruckt by Iacob Beernaerts, 4°, ff. 2.

La même pièce fut représentée, à Bruges encore, les 10 et 11 juillet 1726 : *Tot Brugge, by Pieter vande Capelle*, 4°, *ff.* 2.

2189. — Parthenophila in scenam dabitur a Figuristis Minoribus Gymnasii Societatis Jesu Gandavi die XXVI Julii 1730. Gandavi, Typis Petri de Goesin, 4°, ff. 2.

2190. — Theatrum Parthenium, seu dramata Mariana, edita, cum in diversis sodalitatibus Marianis Novus Magistratus Parthenius promulgaretur, auctore Ignatio WEITENAUER, Soc. Jesu. August. Vind. et Friburgi Brisgoiæ, Sumptibus Fratr. Ignatii et Antonii Wagner, Anno M.DCCLIX, 8°, pp. 515.

2191. — Maria rebellibus filiis Mater timoris. Drama. (Allemagne.) (18e S. [?].) — *Manuscrit*.

2192. — (Un drame, en *espagnol*, à l'honneur de la Ste Vierge.) (18e S.) (Par le P. Grégoire GARCES.)

2193. — Missa ac Litaniæ B. Virginis. — Canticum B. Virginis. Parisiis, apud Robertum Ballard, 1636, 4°. (Par le P. Charles D'AMBLEVILLE.)

Ce sont des morceaux de musique.

2194. — Cantiones musicæ IV vocum ad usum sodalitatum B. Virginis. Coloniæ, typis Greuenbochij, 1642, 8°. (Par le P. Jacques GIPPENBUSCH.)

2195. — Regina Gratiæ, Maria. Drama musicum. Coloniæ, Wilh. Metternich, 1696, 4°. (Par le P. Paul ALER.)

2196. — Regina pacis, Maria; Drama musicum. Coloniæ, Wilh. Metternich, 1697, 4°. (Par le P. Paul ALER.)

2197. — L'ardire di Adamo e Eva in pretendere d'essere uguali à Dio emendato dalla Penitenza della Vergine in accettare la dignità di Madre di Dio parole per Musica da cantarsi nella Festa della SS. Nuntiata celebrata nella Congregatione de' Nobili di Perugia. Musica del Signor D. Francesco Bagaglia... In Perugia, pel Desiderj, 1699, 4°, ff. 4.

2198. — Chants à Marie pour le mois de Mai avec accompagnement de piano. Paris, 1840, 12°. (Par le P. Joseph LAMBILLOTTE.)

2199. — Collection de Saluts pour toutes les Fêtes de l'année, avec accompagnement d'orchestre et de piano. Paris, C. Canaux et Cie. (1844-43.) In-fol., 12 livr. (Par le P. Louis LAMBILLOTTE.)

Outre les motets à la Vierge, insérés dans chaque livraison, il y a des fascicules pour des fêtes de Marie : pour l'Assomption, l'Immaculée Conception et le Mois de Marie. — Une *Seconde collection de douze saluts* parut en 1851. Une treizième livraison y fut jointe : elle ne renferme que : *Tota pulchra es, Maria! Chant en l'honneur de l'Immaculée Conception.*

2200. — Chants à Marie pour le mois de Mai et les fêtes de la Sainte Vierge. Paroles de M. l'abbé LEFEBVRE. Musique de M. l'abbé L. LAMBILLOTTE. Seconde édition. Paris, Poussielgue-Rusand, 1841, 12°, pp. 175.

Beaucoup d'éditions, soit pour les paroles seules, soit avec la musique.

2201. — Chants à Marie. Seconde Partie. Cantiques pour le Mois de Mai, les fêtes de la Sainte Vierge et sur divers sujets. Paroles de M***, Musique du R. P. LAMBILLOTTE. Paris, Poussielgue-Rusand, 1847, 8°, pp. 111 (*pour* 121.). — Ibid., 1847, 18°, pp. 140 (sans musique). — Chants à Marie... paroles du R. P. L. LOUIS, de la Compagnie de Jésus, musique du R. P. Louis Lambillotte, de la même Compagnie. Ibid., (1858), 18°, pp. 115. — ..... Troisième Partie. Paroles des PP. H. et F. DUMAS, M. DE BOYLESVE, Ch. DANIEL, F. LELASSEUR, J. DUFOUR, D. V. ALET, etc.... — Ibid., 1854, 8°, pp. 7-167.

Plusieurs éditions. La musique de quelques-unes de ces pièces est du P. Hippolyte BASUIAU.

2202. — Cantique à Notre-Dame des Malades. Paroles du R. P. LEFEBVRE. Musique du R. P. BASUIAU. Paris, 1858, 4°, pp. 3.

2203. — Douze Motets en l'honneur du Très S. Sacrement et de la Sainte Vierge. Solo et Chœurs avec accompagnement d'orgue. Formant quatre saluts complets, par le R. P. A. COLLIN, S. J. Paris, Regnier-Canaux, 1861.

2204. — A la Mère de Dieu. Cantique pour le mois de Mai. Solo et chœur à trois voix. Paroles de M. l'abbé CAHOUR. Musique de L. LAMBILLOTTE. Paris, Vᵉ Canaux (1863), 4°, pp. 7.

2205. — Iconologia Mariana, sev ivdicivm de Imaginibvs Sanctissimæ Virginis, et Honor iisdem imaginibvs in ecclesia præstitvs. Occasione harum Imaginum explicantur præcipua quæque mysteria vitæ, illustriores gratiæ, atque dotes Beatissimæ Virginis Mariæ. Authore P. Honorato NICQVETO, è Societate Iesv. Rothomagi, Apud Ioannem Tievcelin, M.DC.LXVII, 8°, pp. 442. — Ibid., Apud Martinvm Brocard, 1668, 8°.

2206. — Couronnes des Saints et en particulier de la Sainte Vierge. Lettre adressée au directeur des Précis historiques. Bruxelles, J. Vandereydt, 1860, 8°, pp. 20. (Par le P. Victor DE BUCK.)

2207. — Iconographie de la Sainte Vierge. (1880.) (Par le P. Charles CAHIER.)

Dans les *Études Religieuses*, 6ᵉ série, t. V, p. 917-925.

TABLE DES PRINCIPALES MATIÈRES

TABLE DES AUTEURS

A

B

C

D

E

F

H

I

J

K

L

M

N

O

P

Q

R

S

T

U

V

W

X

Z

ACHEVÉ D'IMPRIMER

EN LA FÊTE DE LA VISITATION DE NOTRE-DAME

Le deux juillet mil huit cent quatre-vingt-cinq

PAR ALPH. LE ROY FILS

IMPRIMEUR BREVETÉ

A RENNES

POUR

ALPHONSE PICARD, LIBRAIRE-ÉDITEUR

82, rue Bonaparte, 82

A PARIS

MÊME LIBRAIRIE

Sommervogel, S. J. Strasbourgeois. — *Dictionnaire des ouvrages Anonymes et Pseudonymes* publiés par des religieux de la Compagnie de Jésus depuis sa fondation jusqu'à nos jours. 1884, 2 vol. in-8, br. . . . . 30 fr. »

Renard (Joseph). — Catalogue des œuvres imprimées de Claude-François Menestrier, de la Compagnie de Jésus, ouvrage posthume publié par le P. Carlos Sommervogel, S. J. Strasbourgeois. Lyon, 1883, un vol. in-8 br., papier vergé. . . . 10 fr. »

Marcellino da Civezza. — *Saggio di bibliographia storica etnografica San Francescana Prato.* 1879, 1 vol. gr. in-8, br. . . . . 10 fr. »

Omont (Henri). — *Inventaire sommaire des manuscrits du supplément grec* de la Bibliothèque nationale. 1 vol. in-8, br. . . . . 7 fr. 50
Le même, papier vergé . . . . 15 »
Tiré à trois cents exemplaires en tout.

Le **Fonds du supplément grec** est composé de 1,010 numéros. Sauf les manuscrits de Coislin, tous les manuscrits grecs entrés à la Bibliothèque depuis 1740 jusqu'aujourd'hui, font l'objet du présent inventaire.

Catalogue des manuscrits grecs de la Bibliothèque royale de Bruxelles et des autres bibliothèques publiques de la Belgique, par Henri Omont. 1 vol. in-8, 62 p. . . . . 2 fr. »
Le même. — 1 vol. in-8, papier vergé . . . . 4 »
(Extrait de la *Revue de l'Instruction publique de la Belgique.*)

Robert (Ulysse). — *Inventaire sommaire des manuscrits des bibliothèques de France,* dont les catalogues n'ont pas été imprimés. Le premier fascicule, précédé de la bibliographie des catalogues imprimés des manuscrits des bibliothèques de France, contient l'inventaire des manuscrits des bibliothèques d'Agen, Aire, Aix, Ajaccio, Alençon, Alger, Arbois, Argentan, Arles, et le commencement du catalogue des manuscrits de la bibliothèque de l'Arsenal. — Le deuxième fascicule contient Arsenal (Paris) *suite*, Auch, Aurillac, Auxonne, Avallon, Avignon, Bagnère, Bastia, Baume-les-Dames, Bayeux, Bayonne, Beaune, Beauvais, Béziers, Blois, Bourbonne, Bourbourg, Bourg, Bourmont, Briey, Brioude, Brive, Cahors, Calais, Cambrai, Castres, Châlon-sur-Saône, Châlons-sur-Marne, Chambéry, Charolles, Chartres, Châteaudun, Châteauroux, Chaumont, Cherbourg, Clamecy, Clermont-sur-Oise, Cluny, Cognac, Compiègne, Condom, Confolens, Corbeil, Corte, Coutances, Dieuze, Digne, Dijon. — Le troisième fascicule contient Dijon (*suite*), Dinan, Dôle, Draguignan, Dunkerque, Étampes, Eu, Évreux, Foix, Fontainebleau, Fréjus, Gaillac, Gap, Gien, Grasse, Gray, Grenoble, Guéret, Hesdin, Joigny, Lamballe, Laval, Lavaur, Libourne, Limoges, Lisieux, Loches, Lons-le-Saulnier, Louhans, Lure, Lyon (palais des Arts), Mamers, Le Mans, Marseille, Meaux, Melun, Mende, Mézières, Mirecourt, Montauban, Montbard, Montbéliard, Mont-de-Marsan, Montreuil-sur-Mer, Mortain, Moulins, Nancy, Neufchateau, Neufchatel, Nice. Chaque fascicule, 1 vol. in-8 raisin, à deux colonnes, papier ordinaire. 4 fr. »
Le même, papier vergé . . . . 7 »

— *Indicateur des armoiries des villes, bourgs, villages, monastères, communautés, corporations, etc.*, contenues dans l'Armorial général de D'Hozier, par Ulysse Robert. 1879, 1 vol. in-8 . . . . 5 fr. »
Papier vergé. . . . . 7 »

— *Inventaire des cartulaires* conservés dans les bibliothèques de Paris et aux archives nationales, suivi d'une bibliographie des cartulaires publiés en France depuis 1840-1878. In-8, br. . . . . 6 fr. »

— *Supplément à l'histoire littéraire de la congrégation de Saint-Maur.* 1881, 1 vol. in-8, tiré avec marges pour recevoir des notes. . . . . 4 fr. »

Duplessis (Georges). — *Inventaire de la collection d'estampes* relatives à l'histoire de France, léguée en 1863, à la Bibliothèque nationale, par M. Michel Hennin, rédigé par M. Georges Duplessis, conservateur sous-directeur adjoint du département des Estampes à la Bibliothèque nationale, 1876-1885. 5 vol. in-8 . . 60 fr. »
Le même, 5 vol. in-8, papier vergé. . . . . 100 »

— *Catalogue de la collection de pièces sur les Beaux-Arts*, imprimées et manuscrites, recueillies par Pierre-Jean Mariette, Charles-Nicolas Cochin, et M. Deloyne, auditeur des comptes, et acquise récemment par le département des Estampes de la Bibliothèque nationale. 1881, 1 vol. in-8, papier ordinaire. . . . . 4 fr. »
Le même, papier vergé . . . . 5 »

RENNES, ALPH. LE ROY FILS, IMPRIMEUR BREVETÉ.

www.ingramcontent.com/pod-product-compliance
Ingram Content Group UK Ltd.
Pitfield, Milton Keynes, MK11 3LW, UK
UKHW021132260726
13994UKWH00001B/99

9 782329 315614